가족복지론

4판

| **이원숙** 저 |

학지사

4판 | 서문

오늘날 가족은 국내 환경뿐 아니라 글로벌한 차원에서의 변화에 영향을 받는다. 요즘 유럽은 브렉시트(Brexit: 영국의 유럽연합탈퇴)로 인해 경제난과 재정정책, 난민 수용을 둘러싼 국가 간 갈등으로 심각한 분열양상을 보이고 있다. 미국은 고용시장이 기대만큼 회복되지 않은 데다 브렉시트 현실화에 따른 우려가 작용하여 기준금리를 동결하기로 결정하였다. 가까운 일본의 금융시장도 요동치고 있어서 국채 수익률이 역대 최저까지 떨어졌다고 한다. 이런 국제적 상황이 우리나라에도 영향을 미칠점은 너무나 자명하다.

그런가 하면 가족에게 영향을 미치는 국내 환경변화도 녹록지 않다. 인구절벽, 가계부채, 청년실업, 노인빈곤 등이 각종 매체에서 빈번하게 주목되고 있다. 1970년 100만 명이던 신생아가 2000년 63만 명 그리고 지난해에는 43만 명으로 감소했다. 이는 장차 경제활동인구의 급격한 감소, 즉 인구절벽 현상을 가져올 것이다. 인구절벽 현상이 발생하면 생산과 소비가 모두 줄어들어 경제위기가 발생할 수 있다. 한편 통계청이 2016년 2월에 발표한 청년실업률은 12.5% 미만이지만 지난달 현대경제연구원에서 발표한 비자발적 비정규직, 그냥 쉬고 있는 청년을 포함한 체감 청년실업률은 34.2%에 이른다. 청년실업으로 인해 우리 사회에서는 3포 세대, 5포 세대라는 신조어까지 만들어졌다. 연애, 결혼, 출산에 이어 내 집 마련, 인간관계까지 포기한다는 의미다. 여기에서 연애, 결혼, 출산은 가족 형성의 토대라는 점에서 가족의 근간이 흔들릴까 우려된다.

가족학자들은 일정 연령에 이르면 모두가 결혼하여 가족을 이루고 자녀를 낳는 것이 인류역사상 항상 가능했던 것은 아니며, 이는 근대가족의 특성이라고 지적한다. 다시 말하면 우리가 알고 있던 가족의 개념이 더 이상 유지되지 않는 시대가 올 수도 있다는 의미다. 지나치게 비관적일지 모르지만, 필자는 몇 년 전부터 가족을 형성한다는 것이 사치가 되어 버린 것처럼 느껴진다고 농담을 하였다. 젊은이들이 가족을 형성하기가 그만큼 어려워졌다고 느꼈기 때문이다. 이와 같이 어려운 여건에도 불구하고 가족은 구조적이고 기능적인 변화를 도모한다. 또한 새로운 라이프스타일을 추구하면서 놀라울 정도로 유연하게 적응하면서 살아가는데, 이는 현대사회에서 가족의 다양성으로 나타나고 있다.

『가족복지론』은 1판에서부터 4판에 이르기까지 가족의 변화를 반영하기 위해 노력해 왔다. 1판에서는 가족폭력, 이혼가족, 재혼가족, 알코올중독가족과 장애인가족을 다루었다. 3판에서는 우리 사회가 다문화사회에 진입됨에 따라 알코올중독가족 대신 다문화가족을 포함하였다. 이번 4판 개정 작업에서는 아쉬운 마음이 남지만 장애인가족을 빼고 '새로운 가족이 온다' 라는 제목으로 양육미혼모가족, 북한이탈가족 그리고 동성애가족을 소개하였다.

가족을 둘러싼 끊임없는 환경변화를 『가족복지론』에 담아내기 위해 노력해 왔지만, 아직 미진한 점이 많다. 개인적으로 4판까지 올 수 있어서 뿌듯하고 감사하다. 1판부터 4판까지의 출판을 기꺼이 허락해 주신 학지사의 김진환 사장님께 감사드린다. 그리고 3판까지 애정을 가지고 작업을 도와주셨던 이지혜 부장님 그리고 새로운 파트너가 되어 주신 최윤희 과장님께도 감사를 드린다.

2016년 7월

이원숙

1판 | 서문

우리는 흔히 "인간은 사회적 동물이다."라는 표현을 사용하는데 이는 인간이 사회를 떠나서는 살 수 없음을 나타낸다. 인간에게 있어서 사회의 핵심은 가족이라고 할 수 있다. 또한 가족의 건강성은 사회의 건강성을 결정하는 잣대가 될 정도로, 가족은 우리 사회의 근간을 이루고 있다. 그러나 현실적으로 가족은 '우리 가족, 이대로 괜찮은가?'라고 우려할 정도로 수많은 도전과 변화에 직면해 있다.

오늘날 가족은 직계가족의 감소, 1세대 가구의 증가, 1인 가구의 증가, 출산율의 급격한 저하, 이혼율의 급격한 증가 등 구조적인 측면에서 빠르게 변화하고 있다. 그리고 아동학대, 아동성학대, 가정폭력, 노인학대 등의 가족 내 폭력 문제도 더 이상 간과하기 어려울 정도로 그 심각성을 드러내고 있다. 그런가 하면 이혼가족, 재혼가족 등 가족의 형태가 다양화되고, 여성의 취업이 증가함에 따라 맞벌이가족, 장애인가족, 노인부양가족 등 가족보호기능을 수행하는 데 있어서 어려움에 직면한 가족들도 많다. 또한 장애인가족, 알코올중독자가족 등과 같이 가족원 개인의 장애 또는 질병이 가족 모두에게 영향을 미치거나 심지어는 가족병으로 작용하기도 한다. 그리하여 현대사회의 가족은 구조적 · 기능적 변화를 경험하고 있을 뿐만 아니라 가치관과 가족에 대한 개념까지 도전받고 있다.

이와 같이 오늘날 가족은 그 어느 때보다도 다양하고 심각한 도전에 직면해 있다. 대다수 가족은 이렇게 급격한 사회변화에 적응하고 가족으로서의 기능을 수행하기 위해 노력하고 있다. 이런 시점에서, 다양한 형태의 가족이 가족으로서의 존엄성을 유지하고 건강하게 기능할 수 있도록 지원하는 가족복지의 필요성은 매우 크다고 하겠다. 이를 위해서 가족복지는 과거 병리적이고 결함중심적인 접근에서 벗어나 강점중심적이며 임파워먼트적인 접근을 할 필요가 있다. 이와 같은 가족복지의 접근은 사회복지실천의 최근 경향과도 맥을 같이한다. 이 책에서는 21세기 사회에서 가족은 그 유형에 관계없이 건강하게 기능할 수 있도록 지원받을 권리가 있으며, 가족복지는 가족을 서비스의 핵심 축으로 간주하는 가족중심적이고 강점중심적인 서비스를 지향해야 한다고 전제한다. 이 책은 가족복지에 관심을 가진 대학생과 대학원생 그리고 이 분야의 실무자를 위해 저술되었다.

제1장 가족에 대한 이해에서는 변화하는 사회에서 가족이 어떻게 변화하고 있는지를 살펴보았다. 가족에 대한 개념이 어떻게 변화하고 있는지를 살펴보고 가족의 기능 및 이에 관련된 이슈를 제시하였다. 이를 토대로 한국 가족의 구조적 · 기능적 변화를 조명하고, 21세기에서도 가족의 주요한 기능으로 남아 있을 것으로 예측되는 가족보호기능과 이와 관련된 가족가치관 그리고 가족복지의 과제를 탐색해 보았다.

제2장 가족에 관한 이론에서는 체계이론, 스트레스이론 그리고 가족생활주기 관점을 살펴보았다. 체계이론은 가족을 개인이 아니라 전체 가족의 맥락에서 접근할 뿐 아니라, 가족과 환경과의 상호작용을 조명하는 개념적 틀로서 유용하다. 그리고 스트레스이론은 가족의 스트레스를 이해하고 사회적 지지를 활성화하는 개념적 틀로서 적합하다. 마지막으로 가족생활에서 발생하는 예측 가능한 위기를 이해하도록 돕는 이론적 틀인 가족발달관점을 살펴보았다.

제3장에서는 가족복지 실천방법론에 대하여 다루었다. 여기에서는 가족복지의 기본적이고 핵심적인 실천방법론으로서 가족사회사업을 살펴보았다. 그러고 나서 최근 가족에 대한 실천방법론으로 널리 활용되고 있는 가족지지 서비스와 가족중심 서비스에 대하여 살펴보았다. 가족지지 서비스는 가족을 강화하기 위한 보다 예방적 차원의 서비스 모델이며, 가족중심 서비스는 가족보존철학을 기반으로 요보호가족을 주 대상으로 하는 서비스 모델이다.

제4장에서는 가족사정에 대하여 살펴보았다. 가족사정은 개입목적을 설정하는 과정이며 이를 토대로 개입방법이 결정된다는 점에서 매우 중요하다. 우선적으로 가족의 커뮤니케이션에 대한 사정을 살펴보고, 다음으로 가족의 구조 및

기능에 대한 사정 영역을 고찰해 보았다. 그다음으로 최근 가족중심실천에서 중요시하고 있는 사정 영역을 탐색하고, 마지막으로 핵심적인 가족사정의 도구를 소개하였다.

제5장 가족정책에서는 가족정책의 필요성을 토대로 가족정책의 발달과정, 개념 및 이슈를 살펴보았다. 그리고 나서 한국가족복지정책의 현주소를 점검하고, 앞으로 새로운 가족정책의 필요성과 방향 그리고 가족복지정책의 구체적인 과제를 규명해 보았다.

제6장에서는 최근 「건강가정기본법」이 통과되면서 우리 사회에서 관심이 증대되고 있는 건강가족에 대하여 살펴보았다. 여기에서는 건강가족의 개념, 기능, 특성을 토대로 건강가족을 어떻게 발달시키는가에 대하여 고찰해 보았다. 특히 민주적인 파트너십가족과 지배자가족이 가족기능에 따라 어떻게 차이가 나는지를 비교하고, 민주적 파트너십가족을 구축해 나가는 실천적 방법을 소개하였다.

제7장부터 제10장까지는 가족 내 폭력을 다루었다. 우리 사회에서 아동학대에 대한 사회적 관심은 성폭력이나 가정폭력에 비하여 상대적으로 미흡하였다. 제7장 아동학대가족에서는 신체적 학대, 정서적 학대, 성학대 및 방임에 대해 포괄적으로 접근하였다. 피해아동을 가족으로서, 피해자로서 그리고 아동으로서 다각적으로 조명해 보았으며, 피해아동에 대한 개별적 · 집단적 개입 그리고 아동학대가족을 위한 프로그램에 대하여 살펴보았다.

제8장 아동성학대가족에서는 근친성학대에 초점을 두었다. 아동성학대는 아동학대의 한 유형이기는 하나, 이론적 배경에서부터 치료 이슈까지 차이가 많기 때문에 아동학대가족과는 별도로 다루었다. 근친성학대의 유형, 성학대의 단계 그리고 남녀 피해아동에게서 나타나는 특징적인 행동적 지표를 살펴보았다. 다음으로 해부학적 인형면접, 피해아동에 대한 치료 이슈 및 프로그램 그리고 근친성학대가족의 치료 이슈 및 프로그램에 대하여 고찰하였다.

제9장에서는 가정폭력가족에 대하여 다루었다. 가정폭력은 성폭력과 더불어 우리 사회에서 여성에 대한 폭력의 차원에서 접근되어 왔다. 가정폭력에 대한 논의는 페미니스트 운동에서 출발하였기 때문에, 페미니스트 관점과 페미니스트 심리학 이론에서 가정폭력을 어떻게 설명하는지 그리고 전형적 페미니스트

상담과 강점중심적 상담의 특성은 어떠한지를 살펴보았다. 그리고 가족치료가 가정폭력에 적용 가능한지 그리고 쉼터의 통합적 서비스의 구성요소는 어떠한지에 대하여 규명해 보았다.

서구 사회에서도 노인학대는 다른 가족학대 분야에 비해 대중적 및 전문적 관심을 늦게 받았으며, 특히 우리 사회에서는 거의 방치되어 왔다고 해도 과언이 아니다. 제10장 노인학대가족에서는 왜 노인들이 피해사실을 밝히지 않는지 그리고 어떻게 노화가 학대와 방임의 가능성을 증대시키는지 등 노인학대의 특수성에 대해 살펴보았다. 그리고 노인학대의 유형, 피해노인에 대한 면접과 사정, 가해자에 대한 면접, 위기개입과 다양한 개입기법을 살펴보았다.

최근 이혼율이 급증하면서 이혼가족과 재혼가족이 새로운 가족유형으로 자리잡고 있으나, 아직 이들 가족에 대한 이해가 부족할 뿐 아니라 부정적 시각과 편견도 강하게 남아 있다. 이런 맥락에서 제11장 이혼가족에서는 이혼에 대한 사회적 통념에서 출발하여 이혼가족의 경제적 · 심리사회적 문제들을 살펴보았다. 사회적 통념과는 달리, 상당수의 이혼가족은 이혼위기에 적응하고 건강한 삶을 살아간다는 점에서 이혼가족의 탄력성과 적응유형에 대해 고찰해 보았다. 그리고 이혼의 단계와 발달주기, 이혼상담, 이혼중재 그리고 이혼가족의 문제 영역 등을 살펴보았다.

재혼가족은 흔히 핵가족으로 오인되지만 핵가족과는 근본적으로 다르다. 제12장에서는 재혼가족이 핵가족과 어떻게 차이가 나는지를 고찰하였다. 재혼가족의 성공적 적응에 있어서 계부모자녀관계는 매우 중요하므로, 재혼가족의 문제점과 과제를 계부모자녀관계에 초점을 두고 살펴보았다. 그리고 나서 재혼가족에 대한 상담과 재혼가족 프로그램에 대해 소개하였다.

제13장에서는 장애인가족에 대한 이해를 돕기 위하여, 장애의 개념과 정의 그리고 장애가 가족에게 미치는 영향에 대하여 살펴보았다. 실천적 관점에서 장애에 따른 정상적 반응으로서의 슬픔과 이에 대한 대처 방법을 고찰하고 장애인가족에 대한 서비스를 소개하였다.

알코올중독은 중독자 자신뿐 아니라 가족, 특히 배우자를 함께 병들게 하는 가족병이라는 점에서 관심을 가져야 할 필요가 있다. 제14장에서는 알코올중독자가족에게 초점을 두고 알코올중독의 개념 및 단계, 알코올이 가족에게 미치는 영향, 알코올중독자가족에 대한 개입 프로그램을 살펴보았다.

이화여자대학교에서 박사과정을 하면서 스승 이정숙 교수님으로부터 가족복지에 대한 애정을 배웠다. 그 후 오랫동안 가족복지를 공부하고 가르치면서 가족복지가 매우 필요한 분야이지만, 방대하기 때문에 다루기 어려운 분야라는 사실을 절감해 왔다. 지난 몇 년 동안 이 책을 준비하면서 과연 끝낼 수 있을까 두려웠던 시간들도 많았다. 이 책에서는 가족복지를 임상적 측면에서 접근하기 위하여 노력하였다. '가족에 대한 이론과 가족사회사업' '가족지지 서비스와 가족중심 서비스' '가족사정' 등에서는 가족복지실천의 최근 경향을 담아 내고자 하였다. 그리고 아동학대, 가정폭력, 노인학대 등 가족학대는 사회적 관심이 주어진 시기가 각기 다를 뿐 아니라 그 특성에도 차이가 있어서 이를 최대한 반영하고자 노력하였다. 한편, '이혼가족과 재혼가족' 에서는 아직도 남아 있는 부정적 인식을 극복하고 새로운 가족유형으로서 자리매김할 수 있도록 탄력성과 적응에 초점을 두었다. 마지막으로 '장애인가족' 에서는 강점중심적인 접근을 반영하기 위해 노력하였으며, '알코올중독자가족' 에서는 가족을 활용한 다양한 개입방법에 초점을 두었다.

이 책을 쓰면서 가족복지에 대한 생각을 정리할 수 있는 보람 있는 시간을 가졌다. 필자 나름대로 가족복지에 대한 애정을 가지고 많은 노력을 하였지만, 여러 분야를 다루다 보니 미진한 부분이 많은 것 같아 안타까운 마음을 금할 수 없다. 이 책이 나오기까지 항상 버팀목이 되어 주었던 사랑하는 가족, 친구, 선배교수, 동료교수에게 깊은 감사를 드린다. 그리고 좋은 의견을 개진해 준 이연호, 손덕순 그리고 천덕희 선생에게 고마움을 전하고자 한다. 마지막으로 이 책의 출판을 허락해 주신 학지사의 김진환 사장님 그리고 출판을 도와주신 이지혜 과장님께 감사를 드린다.

2004년 6월

이원숙

차 례

제 1 장

가족에 대한 이해

가족은 사회를 이루는 가장 기본적인 제도로서 시대와 문화에 따라 변화를 거치면서 인류 역사상 가장 오랫동안 지속되어 온 제도다. 가족은 친밀하고 지속적인 상호작용을 통하여 개인의 발달과 성장에 필수적인 환경체계를 제공해 왔다. 그리고 가족은 사회를 구성하는 기초단위로서 사회의 구성원을 배출하는 역할을 수행하고 있다.

현대사회의 핵심적 제도인 가족은 다른 제도와 마찬가지로 사회변화의 영향을 받는다. 토플러(A. Toffler)는 농업혁명과 산업혁명에 이어 최근 수십 년간 진행되어 온 테크놀로지의 변화를 '제3의 물결' 이라고 불렀다. 이와 같은 맥락에서 네즈빗(Nesbitt)은 정보사회를 가장 주요한 사회변화로 지적하고 있다.

이와 같은 사회변화에 따라 가족에도 핵가족의 증대, 가족형태의 다양화, 가족구조의 단순화, 가족기능의 축소 내지 변화, 부부 권력구조의 평등화, 가족역할의 대체기능의 증대, 가족생활주기의 변화, 가족 가치체계의 다양화 등 여러 변화가 나타나고 있다. 여기에서는 우선 가족에 대한 개념과 가족의 기능을 살펴보고, 다음으로 한국 가족의 변화를 고찰해 보고자 한다.

제1절 가족의 개념

1. 전통적 가족 개념

김두헌은 가족을 "친애의 정으로서 접근하기 쉽게 되어 있는 일정한 범위의 혈통관계자의 집단으로서, 한집에 거주하며, 의식과 기타 일상생활을 공동으로 하고 재산을 공동으로 수용하는 집단" 이라고 정의하였다. 그리고 미국의 인류학자 머독(Murdock)은 "가족은 사회적으로 인정받는 성적 관계를 유지하는 최소한 두 명의 성인 남녀와 한 명 이상의 자녀를 포함한다." 고 규정하였다. 한편, 레비스트라우스(Lévi-Strauss)는 가족에 대해 "결혼으로 형성되고, 결혼한 부부가 출생한 자녀들로 구성되지만 다른 근친자가 포함될 수 있으며, 가족구성원은 법적 유대, 경제적 · 종교적 그리고 그 외 다른 권리와 의무, 성적 권리와 금기,

애정, 존경 등 다양한 심리적 감정으로 결합된 것" 으로 정의하였다.

이들의 개념은 조금씩 다르기는 하지만 모두 결혼과 혈연을 토대로 한 협의의 개념에 속한다. 전통적 개념으로 보면, 가족은 혼인, 혈연 및 입양으로 이루어진 관계자들의 집단이며, 이들은 의식주를 공동으로 해결하고 정서적 · 정신적 유대와 공동체적 생활방식을 갖는 집단이라고 말할 수 있다(최경석 외, 2001: 16-17; 여성한국사회연구소, 2002: 3에서 재인용).

2. 현대적 가족 개념

근대 이래로 핵가족은 인류의 가장 보편적인 가족 모습으로 여겨지면서 정상과 비정상을 구분하는 준거틀로 작용해 왔다(이여봉, 2006: 19). 그러나 급변하는 사회변화와 더불어 이혼가족, 재혼가족, 무자녀가족, 조손가족, 결혼이민자가족, 미혼모부자가족, 기러기가족, 동성애가족 등 다양한 형태의 가족이 대두되고 있다. 가족에 대한 전통적 개념은 이렇게 새로 등장한 다양한 형태의 가족을 포괄하기 어렵다는 점에서 도전받고 있다. 이에 따라 다양한 가족유형을 포괄할 수 있는 가족에 대한 새로운 개념 정의가 시도되고 있다.

이효재는 가족을 "일상적인 생활을 공동으로 영위하는 부부와 자녀들, 그들의 친척, 입양이나 기타 관계로 연대의식을 지닌 공동체집단" 이라 하여 비혈연적인 관계라도 연대의식을 갖고 지속적인 관계를 유지하는 집단은 가족으로 볼 수 있다는 광의의 가족 개념을 제시하였다. 그리고 미국 사회복지사협회는 가족을 "자신들 스스로가 가족으로 생각하면서 전형적인 가족 임무를 수행하는 2인 이상의 사람들" 이라고 규정하였다(Miller, 1984). 이와 같은 맥락에서 아이힐러(Eichler)는 "가족은 한 명 혹은 그 이상의 자녀를 포함하거나 포함하지 않을 수 있으며(예: 무자녀 부부), 이 자녀가 혼인관계에서 태어날 수도 있고 그렇지 않을 수도 있는(예: 입양아동 혹은 배우자가 전혼에서 낳은 자녀) 사회집단이다. 이들 성인관계는 결혼에 근원을 둘 수도 있고 그렇지 않을 수도(예: 사실혼 관계 부부) 있다. 이들은 거주지가 같을 수도 있고 그렇지 않을 수도(예: 주말부부) 있다. 이들 성인은 성적으로 동거할 수도 있고 그렇지 않을 수도 있으며, 이 관계는 애정,

매력, 경건성, 경외감 같은 사회적으로 패턴화된 감정을 포함했을 수도 있고 그렇지 않을 수도 있다."고 정의하였다(Eichler, 1988: Collins, Jordan, & Coleman, 1999: 24-25에서 재인용).

이상에서 전통적인 가족 개념과 현대적인 가족 개념을 살펴보았다. 특히 현대적 가족 개념은 사회변화에 따라 대두되고 있는 다양한 형태의 가족을 포괄하고자 한다는 점에서 의의가 있다. 가족은 사회 속의 개방체계(open system)이고 개인을 사회와 연결시키는 매개체로서 존재하기 때문에, 사회가 가족을 바라보는 관점은 가족 안의 개개인에게 직접적인 영향을 미친다. 가족의 개념을 어떻게 규정하는가 그리고 어떤 가족 개념에 의거하여 정책이 형성되는가에 따라 다양한 형태의 가족들이 경험하는 현실은 현저히 달라질 수 있다. 핵가족만을 정상가족으로 간주할 경우 다른 형태의 가족들은 비정상가족이 되어 사회적으로 낙인을 받을 것이다. 또한 핵가족만을 염두에 둔 가족정책은 다른 형태의 가족들을 소외시키고 불이익을 가져다줌으로써 사회통합이 저해될 것이다(이여봉, 2006: 21 참조). 이런 관점에서 이제 우리 사회는 유일한 '정상적 가족(the family)'의 개념에서 벗어나 '다양한 형태의 가족(families)' (박민자, 이경아, 2005: 414)의 개념을 수용해 가는 시점에 도달하였다. 이와 같은 맥락에서 콜린스(Collins) 등은 현대 가족의 삶의 양식과 구조는 유동적이며 변화하고 있다는 점에서 가족에 대한 광의의 개념적 접근이 필요하다고 지적한다(Collins et al., 1999: 25-26).

제2절 가족의 기능

가족은 구성원을 위해서 그리고 가족이 포함되어 있는 더 큰 사회를 위해서 고유한 기능을 수행한다. 현대사회는 가족의 사회적 역할이나 중요성이 과거에 비해 축소된 경향이 있다. 과거에 가족은 개인의 문화적 · 사회적 · 경제적 요구를 충족시키는 기능을 수행하고 사회의 새로운 구성원을 생산하는 역할을 담당하였다. 현대사회의 다변화는 과거에 가족이 독립적으로 수행하던 기능을 사회로 이전시켰으며, 이에 따라 가족이 수행하는 기능도 변화하였다. 그럼에도 불구하고 사회가 유지되려면 가족이 기본적으로 수행해야 하는 기능이 있다. 여기에서는 한국사회뿐 아니라 국제 사회에서도 보편적으로 인정받고 있는 가족의 기본적 기능과 이와 관련된 이슈들을 중심으로 살펴보고자 한다(UN, 1996: 42-56).

• **부부 결속의 구축**

사회적으로 인정받은 부부관계를 토대로 한 부부 상호 간의 정서적 결속은 가족생활의 기반이 된다. 이는 심리사회적 특성이 강하므로 이 기능에 대한 주요 책임은 가족에게 있다. 결혼에는 정서적 결속 외에도 배우자의 친척들과의 사회적 결속, 법적 결속, 비공식적인 경제적 결속이 수반된다.

• **생식과 성관계**

결혼은 사회적으로 합법적인 성관계를 인정하는 방식이다. 피임법의 발달과 더불어 섹슈얼리티가 생식과 구분되기는 하지만, 아직도 이는 생물학적 토대를 가지고 있으며 배우자들 간의 연결고리로서의 핵심 기능을 수행한다. 인구 재생산은 사회의 존속을 위해서 필수적인 부분이라고 할 수 있으며, 대다수 사회는 가족에게 자녀 수와 출산 터울의 결정을 자율에 맡기고 가족건강에 필수적인 가족계획에 대한 정보를 제공한다.

• **가족구성원에 대한 이름과 지위 부여**

결혼한 부모에게서 태어나는 아이는 자동적으로 가족의 이름과 그에 따른 법적 자격을 부여받는다. 그러나 사회에 따라 여자아이에게는 남자아이와 동등한 권리가 허용되지 않는 경우도 있으며, 미혼부모의 자녀, 고아, 유기된 아동, 입양아동에게는 이름과 지위 부여가 자동적으로 보장되지 않는다. 최근에는 결혼하지 않은 부모에게서 태어난 아이에게도 결혼한 부모에게서 태어난 아이와 동일한 권리를 주어야 한다는 주장이 제기되고 있다.

• **아동과 가족구성원에 대한 기본적 보호**

아동과 다른 가족구성원에 대한 기본적 보호(basic care of children and relatives)는 가족의 핵심 기능 중 하나다. 신생아가 생존하려면 오랜 기간 보호가 필요하기 때문에 아동보호는 가족의 기본 책임으로 간주된다. 인간발달에는 신체적 보호뿐 아니라 정서적 관여와 아동과의 상호작용이 필요하다. 부모의 역할은 유아기뿐 아니라 아동기, 청소년기, 심지어는 그 이후까지도 중요하다. 부모훈련은 자녀양육 경험이 없는 부모에게 부모역할을 수행하는 데 필요한 기술과 정보를 제공하는 효과적인 방법이다. 흥미로운 사실은 아버지가 출산과정에 참여하면 자녀와의 결속력이 높아지고, 이는 결과적으로 아동학대의 예방에 기여한다는 점이다. 그러나 적절한 훈련과 지지가 제공되지 않을 때, 아동보호에 대한 책임은 일부 부모, 특히 확대가족이나 친족 지지망이 단절되어 있는 부모에게 커다란 부담이 될 수 있다.

맞벌이가족과 한부모가족이 증가하면서 어린 아동에 대한 보호가 중요한 이슈로 대두되고 있다. 대다수 사회에서 부모가 생계유지 및 생산적 과업을 수행해야 할 경우 아동보호는 할머니, 형제자매 그리고 다른 친척이 담당해 왔지만, 오늘날에는 전문적인 아동보호서비스에 대한 욕구가 점차 증대되고 있다. 아동보호체계뿐 아니라 탄력적 근무제도, 육아휴직 및 유급 가족간호제도 등 제도적 장치도 요구되고 있다.

요보호 가족구성원에 대한 보호는 전통적으로 성별에 기초한다. 다시 말해서, 아동, 노인, 신체적 혹은 정신적 장애를 가진 가족구성원에 대한 보호는 전형적으로 여성이 수행해 왔다. 그러나 여성의 사회활동이 증가하면서 요보호 가족구성원을 보호하는 역할의 분담이 필요해지고 있다.

• **아동의 사회화와 교육**

가족은 아동을 교육하고 사회화하는 과업이 있다. 교육은 아동과 사회의 미래에 커다란 영향을 미치고, 가족은 아동의 정서적 · 사회적 양육의 책임이 있다. 아동의 기본적 자아 이해와 자존감은 가족 내에서 발달한다. 또한 가족은 사회적 · 문화적 가치를 전승해야 하는 책임이 있다. 전통은 가족을 통해 학습되고 풍성해지는 한편, 가족구성원의 일상생활 속에서 변화해 간다. 아동은 가족의 사회화 기능을 통해 책임 있는 성인으로 성장하며 특정 문화에서 인간답게 살아갈 수 있는 기술을 습득한다. 그런 의미에서 가족의 사회화 기능은 인간을 인간답게 만드는 중요한 역할을 한다.

흔히 아동이 부모에게 미치는 영향은 간과되기 쉽다. 하지만 아동은 처음부터 부모를 사회화한다. 예를 들어, 부모는 아동발달, 또래 및 형제자매 관계, 학교, 패션 그리고 사회변화에 관해 자녀에게 배운다. 그리하여 자녀를 돌보는 데 따르는 스트레스와 어려움에도 불구하고, 아동의 보호와 양육은 부모에게도 개인적 · 정서적으로 풍요로운 경험이 된다.

• **가족구성원의 보호**

가족구성원의 보호(protection of family members)는 가족의 주요 기능 중 하나다. 이는 모든 종류의 폭력, 심리적 · 신체적 · 성적 · 사회적 폭력으로부터 취약한 가족구성원을 보호하는 것이다. 한편, 가족폭력은 오랫동안 은폐되어 왔으며, 최근에야 공개적으로 다루어지기 시작하였다.

• **가족구성원에 대한 정서적 지지 및 레크리에이션**

가족은 구성원에 대한 정서적 지지, 친밀감, 이해의 주요 원천이지만, 항상 긍정적이지는 않다. 만약 관계가 적의적이거나 지나치게 소유적이고 경직되어 있다면, 심각한 문제를 초래할 수 있다.

가족구성원에 대한 정서적 지지는 주로 여성이 제공해 왔다. 오늘날 많은 여성이 가정 밖에서 일하고 있지만, 여성은 여전히 가족 간의 긴장을 해소하고 남편에게 휴식처를 제공하며 자녀에게 위안을 주는 일차적 역할을 수행하고 있다. 그러나 여성 자신의 정서적 욕구가 충족되지 못하고 일차적 정서적 지지 제공자로서의 역할이 분담되지 않는다면, 여성은 다른 가족구성원들이 자신에게 정서적으로 의존하는 것을 지나치게 부담스러워 할 수 있다. 따라서 기존의 성역할에 따라 역할분담된 가족구성원에 대한 정서적 지지는 가사에 대한 역할분담과 마찬가지로 가족 문제에서 다루어져야 하는 중요한 이슈다.

표 1-1 여성할례

여성의 성기에 할례를 한다고? 여성할례는 문화적 관습 때문에 여성의 생식기 일부를 절제해 손상을 입히는 행위이다. 즉, '순결한 몸'으로 시집을 가기 위해 여성 성기 중 음핵, 소음순, 대부분의 대음순을 어린 나이에 잘라 낸 뒤 남은 부분을 질긴 실로 봉합하는 끔직한 행위이다. 여성이 성행위의 쾌락을 느끼는 것은 죄악이고 결혼 전 순결을 지켜야 한다는 망상이 빚어 낸 범죄이기도 하다. 할례는 아프리카와 중동지역에서 주로 15세 이하의 소녀를 대상으로 행해지는데, 심각한 통증과 함께 지속적인 출혈, 감염, 불임 등의 부작용이 있으며 심한 경우 사망에 이르기도 한다. 지금까지 약 1억 4000만 명의 여성이 고통을 받았다고 한다.

1997년 세계적인 모델인 와리스 다리는 비인간적인 여성할례의 실체를 고백함으로써 전 세계에 여성할례의 비인간적 잔인성을 알리는 대단한 용기를 보여 주었다. 그녀는 유엔인권대사로 거듭나서 이런 끔직한 '전통'을 근절하기 위해 노력하고 있다. 그녀의 이야기는 〈사막의 꽃〉 또는 〈데저트 플라워〉(2009)라는 영화로 만들어졌다.

2003년 에티오피아 수도인 아디스아바바에서 '전통 관습에 관한 아프리카국가위원회' 주최로 국제연합 아프리카경제위원회 회의가 열렸고, 회의 마지막 날을 세계 여성할례 철폐의 날(2월 6일)로 지정하였다. 지난 30년간의 노력으로 할례를 경험하는 사춘기 소녀의 비율이 30% 감소하였지만, 아직까지도 지역사회를 지배하는 사회규범으로 작동하여 가족들은 할례의 위험성을 알면서도 어린 딸이 할례를 받게 한다. 이를 거부하면 훗날 딸의 결혼이 어려워지고 집안의 사회적 지위에 타격을 받을까 두려워하기 때문이다.

출처: 유니세프한국위원회(2015. 2. 6.); 이명옥(2005. 11. 9.).

• **재화와 서비스의 교환**

가족구성원이 가정 밖에서 생산활동에 참여하게 되면서 가족은 생산단위에서 소비단위로 전환되었다. 그러나 다른 측면에서 볼 때, 가족은 여전히 생산단위의 기능을 수행한다. 대부분의 사람에게 가족은 많은 기본적 서비스(예: 요리, 청소, 세탁, 일상생활의 경제적 자원, 교육과 레크리에이션 등)의 주요 제공자다. 이런 물질적 자원(주거를 포함하는)은 가족생활을 유지하는 데 핵심 요소다.

여성의 가사 역할분담은 주요 이슈가 되고 있다. 여성의 경제활동이 증가하면서 가족소득에 대한 기여도가 점차 높아지고 있다. 그러나 가사의 역할분담 문제가 적절히 다루어지지 않으면, 가사는 여성에게 이중부담으로 작용할 것이다.

제3절 한국 가족의 변화

1. 가족 환경 변화

한국은 지난 70여년간 급격하고 놀라운 사회변화를 경험해 왔다. 한 예로 1953년 1인당 국민소득은 67달러였으나 2007년 2만 달러 시대에 진입하였고, 2014년에는 28,180달러에 도달하였다. 이런 사회변화 속에서 가족을 둘러싼 환경에도 많은 변화가 있었다. 무엇보다도 저출산, 고령화, 소득의 양극화와 갈등의 심화 그리고 여성의 경제활동참여 증가는 대표적인 가족 환경 변화 요인으로 지적되고 있다(통계청, 2009. 1. 20., 보도자료; 통계청, 2015. 8.).

우리나라의 합계출산율은 1960년 6.0명이었으나 1983년 2.06명으로 인구 대치 수준으로 낮아졌다. 심지어 2005년에는 1.08명으로 세계 최저수준을 기록하였다. 그 후 2015년 1.24명으로 다소 높아졌으나 2018년 0.98로 낮아졌다(통계청, 2019: 93). 우리 사회가 직면한 저출산 문제는 심각하고, 현재의 만혼이나 비혼 등의 현상으로 미루어 보아 쉽게 개선될 것으로 보이지 않는다. 우리나라에서는 대체적으로 결혼 이후 출산을 하므로 초혼연령의 증가는 자동적으로 자녀 출산 시기의 지연을 의미한다. 보다 구체적으로 초혼연령은 2000년 남자 29.3세, 여자 26.5세였으며, 2010년 남자 31.8세, 여자 28.9세 그리고 2018년에는 남자 33.2세, 여자 30.4세로 높아졌다(통계청, 2019: 141). 첫 자녀 출산연령은 2010년 30.1세로 처음으로 30세를 넘어섰고, 2018년에는 31.9세를 나타내고 있다(통계청, 2019: 149).

급격한 출산율 저하는 고령화 문제와 직결된다. 평균기대수명의 연장으로 인하여 노인인구는 증가하는 반면, 저출산으로 인해 아동 및 청소년 인구는 감소하면서 인구의 고령화가 빠르게 진행되고 있다. 우리나라의 평균기대수명은 1970년 62.3세였으나 2010년에는 80.2세로 증가해서 지난 40년간 17.9년이나 증가하였다. 2017년 평균기대수명은 82.7세(남자, 79.7세, 여자 85.7세)이다(통계청, 2019: 96). 노인인구가 증가하면서 노인인구의 비율이 2015년 12.8%에 이르렀고 조만간 고령사회로 진입하게 된다. 노인인구의 비율은 2030년 24.5% 그리고 2040년 32.8%로 지속적으로 증가할 것으로 전망된다. 이와 같은 급속한 인구 고령화에 따라 인구구성에도 커다란 변화가 예측되며, 노인부양비와 노령화지수도 급격하게 높아질 것이다. 노인부양비는 2015년 17.5명에서 2030년 38.2명, 2040년에는 58.2명으로 높아질 것으로 예상된다. 그리고 노령화지수는 각기 93.1, 212.1 그리고 303.2로 급증할 것이다(통계청, 2019: 91). 노인부양비와 노령화지수의 급격한 증가가 가족에게 미치는 파급효과는 매우 크리라 예상된다.

저출산과 고령화 문제가 가족의 구조적 변화에 보다 직접적인 영향을 미친다고 하면, 소득의 양극화와 갈등의 심화 그리고 여성의 경제활동참여 증가는 가족의 기능적 변화에 보다 많은 영향을 미친다. 1997년 외환 위기 이후 사회 양극화와 이로 인한 사회적 갈등에 대한 우려의 목소리가 높다. 통계청에서도 향후 10년간 사회변화의 주요 요인의 하나로 양극화를 들고 있을 정도이다(통계청, 2009. 1. 20. 보도자료). 최근에 와서는 소득 양극화가 점차 심해져서 임계점에 다다르고 있다는 지적도 있다(오창민, 2014. 6. 8.). 한편, 서울시에 거주하는 남성 80.5%, 여성 86.4%가 '여성이 직업을 갖는 것이 좋다.' 고 답한 것에서 보는 것처럼 맞벌이가 점차 대세가 되어 가고 있다(송충현, 2011. 5. 15.).[1] 그러나 현실에서 여성의 경제활동기회는 아직 제약이 많다. 2015년 남성의 고용률은 71.1% 그리고 여성의 고용률은 49.9%로 최근 3년간 격차가 다소 감소하는 추세이긴 하지만 여전히 21.2%의 커다란 차이를 보이고 있다(통계청, 2016: 36-38).

2. 가족구조의 변화

1) 가구의 축소 및 1인 가구의 증가

가구원 수는 1960년까지 지속적으로 증가하였다. 가구원 수의 감소는 1970년대 초반까지만 해도 완만히 진행되다가 1980년대 들어서면서 좀 더 급격히 진행되었는데, 이는 산업화 · 도시화가 급속하게 진행된 시기와 일치한다(여성한국사

1) 2010 서울 서베이 및 통계청 사회조사 자료를 분석한 '서울 부부의 자화상' 에 대해 보도된 내용이다.

회연구소, 2002: 50-51). 또한 국가 주도하에 적극적인 가족계획정책이 실시되면서 가구의 규모가 단기간에 축소되었다. 최근에 와서는 결혼에 대한 태도 변화, 만혼, 비혼 등도 가구의 축소에 영향을 미쳐 왔다. 그리하여 〈표 1-2〉에서 보는 바와 같이 평균 가구원 수는 1980년 4.62명, 1990년 3.77명, 2000년 3.12명, 2010년 2.69명, 2017년 2.47명으로 지속적으로 감소하고 있다(통계청, 2019: 132). 그리하여 우리나라의 가구원 수는 1952년 5.4명에서 2010년 2.7명으로 절반으로 감소하였다(통계청, 2015. 8.: 3).

표 1-2 가구원 수별 가구 분포 및 평균 가구원 수

연도	가구원 수별 가구 분포(%)						평균 가구원 수(명)
	1인 가구	2인 가구	3인 가구	4인 가구	5인 가구	6인 가구	
1980	4.8	10.5	14.5	20.3	20.0	29.8	4.62
1990	9.0	13.8	19.1	29.5	18.8	9.8	3.77
2000	15.5	19.1	20.9	31.1	10.1	3.3	3.12
2005	20.0	22.2	20.9	27.0	7.7	2.3	2.88
2010	23.9	24.3	21.3	22.5	6.2	1.8	2.69
2015	27.2	26.1	21.5	18.8	4.9	1.5	2.53
2017	28.6	26.7	21.2	17.7	4.5	1.3	2.47

출처: 통계청(2019), p. 132.

한편, 주목할 만한 현상의 하나는 1인 가구의 증가다. 〈표 1-2〉에서 보는 바와 같이 1980년 불과 4.8%였던 1인 가구가 1990년 이후 급격한 증가 추세를 보이면서 2010년에는 23.9% 그리고 2017년에는 28.6%에 이르렀다.

특히 65세 이상 인구에서의 1인 가구의 증가는 노인부양 문제와 관련하여 주목해야 할 것이다. 〈표 1-3〉에서 보는 바와 같이, 노인 1인 가구는 1990년 8.9%였으나 2000년 16.2%, 2010년 20.2% 그리고 2017년 33.7%로 증가하였다. 보다 구체적으로 2017년에는 65～69세 노인의 27.2%, 70～79세 노인의 33.1%, 심지어 80세 이상 노인의 46.3%가 1인 가구 형태로 거주하고 있다(통계청, 2019: 140).

표 1-3 가구의 세대 구성 및 연령별 노인인구 (단위: %)

구분	2000년	2010년	2017년			
			전체	65~69세	70~79세	80세 이상
1세대 가구	28.7	35.0	34.4	37.0	36.2	25.4
2세대 가구	23.9	25.3	25.7	30.4	24.4	21.0
3세대 이상 가구	30.8	19.0	5.5	4.8	5.6	6.1
1인 가구	16.2	20.2	33.7	27.2	33.1	46.3
비친족 가구	0.4	0.4	0.8	0.7	0.7	1.1

출처: 통계청(2019), p. 140.

2) 세대 구성의 단순화

세대별 구성에도 변화가 보인다. 첫째, 〈표 1-4〉에서 보는 바와 같이, 3세대 가구의 감소가 뚜렷하다. 다시 말해서, 1980년 17.6%였던 3세대 가구는 2000년 9.9% 그리고 2017년에는 6.9%로 감소하였다. 둘째, 1세대 가구가 크게 증가해 왔다. 1980년 8.8%였던 1세대 가구는 2000년 17.1% 그리고 2017년에는 25.2%를 차지할 정도로 급증하였다. 셋째, 핵가족의 비율이 지속적으로 증가하고 있다.

표 1-4 혈연가구의 세대수별 분포 (단위: %)

연도 \ 구분	1세대	2세대	3세대	4세대
1980	8.8	73.1	17.6	0.6
1990	12.0	74.1	13.6	0.3
2000	17.1	72.9	9.9	0.2
2005	20.6	70.5	8.7	0.1
2010	23.3	68.4	8.2	0.1
2015	24.3	68.1	7.5	0.1
2017	25.2	67.8	6.9	0.1

출처: 통계청(2019), p. 134.

〈표 1-5〉에서 보는 바와 같이, 부부, 부부와 미혼자녀, 한부모와 미혼자녀로 구성된 핵가족의 비율은 1980년 72.9%였으며, 2017년에는 82.1%로 증가하였다. 넷째, 한부모와 자녀로 구성된 가족이 약 7가족 중 1가족을 차지하고 있다.

표 1-5 가족의 형태별 분포

(단위: %)

연도	혈연	핵가족			직계가족		기타 가족
	가구 수[1] (천 가구)	부부	부부와 미혼자녀	한부(모)와 미혼자녀	부부와 양(편)친	부부와 양(편)친과 자녀	
1980	7,470	6.4	56.5	10.0	0.6	10.4	16.1
1990	10,167	9.3	58.0	8.7	0.9	9.3	13.8
2000	11,928	14.8	57.8	9.4	1.2	6.8	10.1
2005	12,491	18.1	53.7	11.0	1.2	5.7	10.4
2010	12,995	20.6	49.4	12.3	1.2	5.0	11.6
2015	13,693	21.8	44.9	15.0	1.1	4.2	13.0
2017	13,747	22.7	44.8	14.6	1.0	3.9	12.9

주: 1) 일반가구에서 비혈연가구 및 1인 가구를 제외한 가구 수임.
출처: 통계청(2019), p. 135.

3) 가족유형의 다양화

(1) 이혼 및 재혼가족의 증가

우리사회에서 이혼가족이 새로운 형태의 가족으로 자리 잡고 있다. 〈표 1-6〉에서 보는 바와 같이, 이혼건수는 1980년에 2만 3,662건에 불과하였던 것이 1990년에는 4만 5,694건 그리고 2000년에는 11만 9,455건으로 급증하였다. 급기야 2003년에는 16만 6,617건으로 정점을 이루었다가 점차 감소하여 2018년에는 10만 8,684건으로 감소하였다. 한편, 인구 천 명당 이혼건수를 나타내는 조이혼율

표 1-6 조혼인율과 조이혼율

(단위: 건, 인구 천 명당)

연도	총 혼인건수	조혼인율	총 이혼건수	조이혼율
1980	403,031	10.6	23,662	0.6
1990	399,312	9.3	45,694	1.1
2000	332,090	7.0	119,455	2.5
2003	302,503	6.3	166,617	3.4
2010	326,104	6.5	116,858	2.3
2018	257,622	5.0	108,684	2.1

출처: 통계청(2019), p. 145.

을 살펴보면, 1980년에는 0.6건에 불과하였으나, 1990년 1.1, 그리고 2000년 2.5로 증가하였다. 그 후 2003년에는 3.5까지 올라갔다가 2015년에서 2018년에는 2.1로 낮아졌다(통계청, 2019: 145).

이혼가족의 증가에 따라 재혼가족도 증가하는 추세에 있다. 〈표 1-7〉에서 보는 바와 같이, 재혼은 1990년 4만 2,663건, 2000년 5만 9,639건이었으며, 2005년에는 7만 9,942건으로 가장 많았다. 그 후 감소추세를 보여 2018년에는 5만 7,132건을 기록하였다. 남편 재혼+아내 재혼의 비율은 1980년 39.8%에서 점차 증가하여 2005년에는 58.3%까지 높아졌다. 그 후 다소 낮아지고 있지만 2018년에도 54.0%를 차지하여 가장 보편적인 재혼형태이다. 또한 남편 초혼+아내 재혼의 비율은 1990년까지 재혼형태 중에서 가장 낮은 분포를 보였으나, 2000년 27.2%, 2010년 25.6% 그리고 2018년 28.0%로 증가하였다. 그리고 남편 재혼+아내 초혼의 비율은 1980년 45.5%로 재혼형태 중에서 가장 높은 분포를 나타냈으나, 그 후 급격히 감소하여 2005년에는 16.4%까지 감소하였다. 2018년에는 17.9%를 나타내고 있으나, 여전히 재혼형태 중에서 가장 낮은 분포를 보이고 있다(통계청, 2011: 169; 통계청, 2019: 146).

표 1-7 재혼형태 분포 (단위: %)

연도	총 재혼건수	남편 초혼+ 아내 재혼	남편 재혼+아내 초혼	남편 재혼+아내 재혼
1980	31,341	15.3	45.0	39.8
1990	42,663	21.8	34.0	44.2
2000	59,639	27.2	19.2	53.5
2005	79,942	25.3	16.4	58.3
2010	71,369	25.6	19.5	54.9
2018	57,132	28.0	17.9	54.0

출처: 통계청(2011), p. 169; 통계청(2019), p. 146.

(2) 다문화가족의 증가 및 기타 다양한 가족

다문화가족의 증가 현상이 뚜렷하게 나타나고 있다. 2015년 전체 외국 출신 부부는 33만 188명이다. 이 중 외국인 아내는 26만 4,681명이고 외국인 남편은

6만 5,507명이다(통계청, 2019: 139).[2] 그리고 2018년 다문화 혼인은 2만 2,698건이며, 이 중 외국인 아내는 1만 6,608명 그리고 외국인 남편은 6,090명이다(통계청, 2019: 147).

다문화 관점에서 접근해야 할 또 하나의 가족형태는 북한이탈주민 가족이다. 이들은 언어가 동일하지만 사회문화적 차이가 커서 이들의 남한 적응은 커다란 도전이다. 과거의 북한이탈주민이 기아에 따른 죽음과 같이 극단적 환경의 폐해를 극복하거나 정치적 박해를 벗어나기 위한 최후의 수단으로 탈북한 것에 비하여, 최근에는 '더 나은 삶의 조건과 환경' 을 찾기 위한 목적이 탈북 이유에 포함되고 있다. 특히 관심을 모으는 것은 어려운 이주과정을 거쳐 가족단위의 입국이 증가하고 있다는 사실인데, 독신으로 먼저 입국한 사람이 북한과 중국 등에 잔류한 자신의 가족을 추후 데려오는 소위 '연쇄이주(chain migration)' 가 급증하기 때문이다(최명민, 이기영, 최현미, 김정진, 2009: 201-202 참조).

그 외에도 21세기 가족의 대표적 특징은 다양성이라고 할 정도로, 오늘날 가족은 다양한 형태로 살아간다. 독신가구, 떨어져 사는 가족 혹은 기러기가족, 무자녀가족 등이 사회적 관심을 받아 왔다. 최근에는 저출산 문제와 관련하여 양육미혼모에 대한 관심이 높아지고 있다. 또한 성적 소수자 가족인 동성애가족에 대한 논란도 활발하게 벌어지고 있다.

3. 가족기능의 변화

사회변화에 따라 가족의 구조뿐 아니라 기능도 변화되어 왔다. 한국 가족의 기능은 산업화 과정 중에서 서구사회와 유사한 양상을 나타내기도 하지만, 한국사회의 특수성을 반영하기도 한다(여성한국사회연구회, 2002: 53). 여기에서는 가족복지와 긴밀한 관계에 있는 기능을 중심으로 살펴보고자 한다.

2) 부부 중 한 사람이 국제결혼이주자이거나 혼인 귀화자인 경우다.

1) 경제공동체의 기능

가족의 경제적 기능은 산업화로 가족과 일터가 공간적으로 분리됨에 따라, 생산기능은 약화 혹은 상실되고 소비기능은 강화되었다. 이는 가장이나 가족구성원의 직업 및 수입 정도에 따라 가족이 누릴 수 있는 생활기회나 생활양식이 결정된다는 뜻이며, 나아가 이러한 소비생활 수준이 가족생활 만족도에 직접적인 영향을 미치게 되었음을 의미한다.

과거 우리나라는 높은 수준의 경제성장률을 유지하였으나 2000년대 이후 경제성장률이 둔화되어 왔다. 특히 외환위기 이후 평생직장의 개념이 붕괴되고 정규직 고용비중이 감소하는 등 노동시장의 불안정성이 크게 증가하고 있어 가족의 경제적 기반이 상당히 위축되고 있다. 1200조 원에 육박하는 가계부채는 한국 경제의 가장 큰 위험요인으로 지적되기도 한다(김수현, 2016. 1. 6.). 소득이 낮은 저소득층과 영세 자영업자들부터 점차 빚 상환에 어려움을 겪게 될 처지로 내몰리고 있으며, 자칫 외부 충격이 가해지면 한국 경제가 가계부채발 위기로 치달을 수 있다는 경고가 나오기도 한다.

특히 청년실업의 문제는 최근 몇 년 우리 사회의 고민거리였다. 2015년 20대 실업률은 9.1%(남자 10.6%, 여자 7.6%)를 기록하고 있다(통계청, 2016: 183). 청년층 취업의 어려움이 가중되면서 니트족(NEET: Not in Education, Employment or Training) 비율이 정년대졸자 4명 중 1명꼴로 OECD 회원국 중 세 번째로 높은 것으로 나타났다(김병규, 2014. 12. 27.). 청년취업의 어려움을 겪는 젊은 세대를 지칭하는 'n포 세대' 라는 용어까지 나오게 되었다. 연애, 결혼, 출산 등 가치를 부여할 만한 건 뭐든 포기하도록 내몰린다는 의미를 가진 이 용어는 경제적 이유로 가족 형성을 포기 혹은 지연시켜야 하는 젊은 세대의 절망을 반영하고 있다(홍석호, 2015. 8. 28.).

2) 성생활과 출산통제기능의 변화

가족은 합법적으로 성관계를 맺고 다음 세대의 노동력을 생산하는 역할을 맡아 왔다. 오늘날 성은 출산을 위한 도구보다는 부부간의 정서적 친밀감을 표현하는 수단으로 받아들여진다. 부부간 성생활의 중요성은 과거보다 훨씬 높아졌고 출산의 중요성은 상대적으로 감소하였다. 피임약의 개발과 보급, 성전환 기술에서부터 시험관 아기의 탄생과 생명복제기술의 발달에 이르기까지 현대의학의 놀라운 발전은 남녀관계는 물론 성적 욕망과 재생산에까지 영향을 미친다. 인간배아복제의 추진으로 여성의 재생산기능에서의 변화가 예측된다. 다른 한편, 과학실험과 기술이용 과정에서 여성이 자신의 몸과 관련된 충분한 정보를 제공받지 않은 채 자기결정권을 침해당할 우려와 생명공학기술이 여성의 몸에 미치는 부정적 영향(과배란, 호르몬 조절, 난소암 등)도 심각하게 제기될 수 있다(장혜경 외, 2005: 15 참조).

최근 결혼과 출산이 늦어지면서 연약한 아기가 늘고 있으며 산모의 육체적·정신적 건강에도 문제가 생길 소지가 적잖이 크다. 보건복지부의 '통계로 보는 사회보장 2014' 보고서에 의하면, 지난 10년간 저체중 신생아 비율과 조산율이 높아져 왔다. 2003년 4.1%였던 저체중 신생아 비율은 2013년 5.5%까지 올라갔다. 조산율 역시 같은 기간에 4.5%에서 6.5%로 높아졌다. 최근 TV 프로그램에서 인기를 끌었던 '삼둥이' 형제와 같은 다태아의 상당수가 저체중 문제를 가지고 있다고 우려되고 있다(김태훈, 2015. 2. 28.).

3) 자녀양육기능 강화 및 사회화 기능 왜곡

자녀양육기능은 그 어느 때보다 강화되어 가족에게 큰 부담으로 작용하고 있다. 과거에 비해 자녀의 수가 줄어든 대신 자녀에게 투자하는 시간적·경제적 부담은 상상할 수 없을 만큼 커졌다. 자녀양육 부담의 증가로 출산 감소현상이 지속되고, '특별한' 자녀로 키우고자 부모의 경쟁이 과열되면서 다시 자녀양육 부담을 가중시키는 악순환이 발생하고 있다. 특별한 자녀로 키우고자 하는 경쟁은 사교육 열기로 나타난다. 2015년 사교육비 총액은 약 17조 8천억 원에 이르고 있으며, 학생 1인당 월평균 사교육비는 24만 4천 원이다(통계청, 2016. 2. 26., 보도자료: 1). 여기에는 영유아 사교육비와 유학비용 등이 포함되지 않았으므로 실제는 이보다 더 큰 규모라고 할 수 있다. 이처럼 과열된 사교육문화가 정착된 배경은 '고도성장이 만들어 낸 시대적 부산물'이라는 게 교육계의 정설이다. 과거 고도성장기에 성장의 혜택을 누릴 수 있는 지름길은 명문대학에 들어가는 것이었다. 이런 경험을 한 세대가 자신들의 자녀를 성공시키기 위한 방법으로 사교육에 과도한 투자를 하게 되었다는 것이다. 무리한 사교육비 지출은 가족구성원의 삶의 질을 떨어뜨리고 부부의 노후준비에 어려움을 초래한다. '에듀푸어'는 '실버푸어'로 이어질 소지가 다분하다. 자녀의 미래와 노후 대비를 맞바꾸는 셈이다. 최근 좋은 대학을 졸업했다고 좋은 직장에 들어가고 성공하는 시대는 끝났다는 인식이 확산되면서 사교육 현실에 의문을 품는 부모도 늘어나고 있지만 '남들도 하니까' 하면서 사교육을 끊지 못하는 것이 현실이다(송응철, 2016. 3. 8.). 이와 같이 자녀에게 무조건 쏟아붓는 투자는 한동안 지속되겠지만 과거와는 달리 더 이상 자녀에게 부양을 기대할 수 없다는 점에서 노후준비가 자녀에 대한 투자에 제동 역할을 하게 될 가능성이 있다.

한편, 과거나 오늘날이나 가족은 다음 세대를 사회화시키는 중심적인 역할을 담당한다. 그러나 급변하는 사회 속에서 가족은 과거와 같은 권위를 가지고 일관성 있는 사회화 역할을 담당하기가 힘들어졌다. 아울러 교육현장의 치열한 생존경쟁과 입시 및 교육제도하에서 가족의 사회화 기능은 혼란되고 왜곡되어 있다. 이런 혼란과 왜곡을 극복하고 통합하는 일은 개별 가족의 능력을 벗어나는 일이다. 이에 따라 국가와 사회가 나서서 전반적인 교육환경을 정화하지 않는 한, 가족의 사회화 기능은 혼란에서 쉽게 벗어나지 못할 것이다.

4) 노인부양기능 약화

가족 내 자녀양육의 비중이 점차 강화되고 있는 것과는 달리 노부모부양기능은 점차 축소되고 있다. 과거 평균수명이 낮았을 때는 성인자녀가 노인부양을 해야 하는 기간이 상대적으로 짧았으나, 오늘날 평균수명의 연장으로 그 어느 때보다도 노부모세대와 자녀세대 그리고 손자녀세대 등 3세대 이상이 동시에 생존해 있는 기간이 늘었다. 이에 따라 오늘날의 중년세대는 상당 기간 자녀를 양육하면서 동시에 노부모를 부양해야 하는 샌드위치세대다. 더구나 베이비붐세대이면서 소자녀화를 주도한 현재의 중년세대가 노년에 이르면, 노인부양의 규범적 강제력은 지금보다 훨씬 약해질 가능성이 크다. 그리하여 중년세대는 더 이상 자신들이 제공했던 부양서비스를 가족에게 기대하기 어려울 것이며, 이로 인한 세대 간 갈등이 증대할 가능성도 크다(이여봉, 2006: 227-228 참조).

700만 이상의 베이비부머(1955~1963년생)의 은퇴가 시작되었다. 상당수의 베이비부머는 매달 월급을 받아 자녀교육비 등 생활비로 쓰고 나면 은퇴 이후를 대비할 여력이 없었다는 점에서 노후준비가 부족하다. 퇴직 후 고정소득이 가구당 평균 소득의 절반 이하이면 빈곤한 것으로 간주하는데, 우리나라 노인빈곤율은 OECD 국가에서도 가장 높지만 연금의 소득대체율은 최하위권 수준인 것으로 나타났다(연합뉴스, 2015. 3. 15.; 조재길, 2012. 9. 20.). 이런 상황에서 이미 약화되고 있는 노인부양기능은 시험대에 오르게 될 것이다.

한편, 노인부양비의 증가에서 짐작되는 바와 같이 한 자녀 가족이 증가하면서 앞으로는 결혼한 부부 두 명이 양쪽 집안의 노인 네 명을 부양해야 하는 문제로 인해 가족 간의 갈등 또한 심화될 가능성이 농후하다.

제 2 장

가족에 관한 이론

사회복지실천에서 체계이론이 차지하는 비중은 매우 크며, 이는 가족복지에서도 예외가 아니다. 체계이론은 가족을 개인이 아니라 전체 가족의 맥락에서 접근하며, 가족과 환경과의 상호작용을 조명하는 개념적 틀로서도 유용하다. 그리고 현대사회에서 가족은 사회여건의 변화 및 이에 수반된 구조적 · 기능적 변화 때문에 스트레스에 취약하지만, 이와 동시에 스트레스를 해결하기 위하여 가족구성원에게 사회적 지지를 제공하는 최우선적인 출처이기도 하다. 이에 따라, 스트레스 이론은 가족의 스트레스를 이해하고 사회적 지지를 활성화하는 개념적 틀로서 유용하다. 한편, 개인과 마찬가지로 가족도 예측 가능한 방식으로 성장하고 변화한다는 점에서 가족을 발달적 관점에서 조명할 필요가 있다. 가족발달 또는 가족생활주기 관점은 가족생활에서 발생하는 예측 가능한 위기를 이해하는 데 도움이 되는 이론적 틀이다. 따라서 이 장에서는 대표적인 가족이론인 체계이론, 스트레스이론 그리고 가족발달주기 관점을 살펴보고자 한다.

제1절 체계이론

체계이론은 가족을 개인이 아니라 전체 가족의 맥락으로 접근한다는 점에서 유용성이 크다. 가족이 단순히 개인들의 집합체가 아니라 부분들의 총합보다 커다란 전체이기에 개인의 행동은 전체의 맥락, 다시 말해서 가족의 맥락에서 보다 분명하게 이해될 수 있기 때문이다. 가족을 하나의 체계로 간주할 때, 사회복지사는 가족을 서로 연계된 단위의 집합체로 본다(Collins, Jordan, & Coleman 1999: 40). 예를 들어, 개인의 장애행동(불안, 우울, 알코올중독, 섭식장애)은 개인의 결함이 아니라 결함이 있는 체계가 반영된 것으로 간주한다. 그렇다면 개인이 현재 직면하고 있는 어려움은 불균형(disequilibrium) 상태에 있는 체계를 암시한다고 할 수 있다(Goldenberg & Goldenberg, 1998: 20).

체계로서의 가족에 대한 개입은 가족구성원이 어떻게 서로에게 영향을 미치는가에 초점을 두고 있다. 다시 말해서, 가족의 상호작용과 관계는 상호적이고 패턴화되어 있으며, 반복적이라는 것을 이해해야 한다. 사회복지사는 개인의 행동

배경에는 어떠한 가족생활이 있는지, 특히 각 구성원이 어떻게 상호작용하고 있는지 이해할 필요가 있다. 가족의 상호작용에 대한 초점은 가족사회복지사가 '왜' 가 아니라 '무엇' 이 일어나고 있는가에 먼저 관심을 가져야 한다는 의미다.

주요 개념은 다음과 같다.

• **체계로서의 가족**

체계는 질서 있고, 상호 관련되며, 기능적 전체를 구성하는 요소들의 집합체(a set of elements)다(Zastrow & Kirst-Ashman, 1997: 151). 보다 구체적으로 보면, 첫째, 구성요소의 집합체는 무작위가 아닌 특정 차례 혹은 패턴으로 배열되어 있어야 한다. 둘째, 구성요소들은 어떤 방식이든 간에 상호적 관계 혹은 연관을 가져야 한다. 셋째, 구성요소의 집합체는 기능적이어야 한다. 이 구성요소들은 일정의 정규적 과업, 활동 혹은 기능을 함께 수행할 수 있어야 하며, 일정 목적을 충족시킬 수 있어야 한다. 넷째, 구성요소의 집합체는 전체(whole)를 구성해야 한다.

가족도 하나의 체계이며, 체계이론의 개념은 가족체계에도 적용된다. 홀먼(Holman)에 의하면, "가족은 복잡한 구성요소(가족구성원들)로 구성되어 있는 역동적 체계로 인식될 수 있다. 각 구성요소가 특정 기간에 어느 정도 안정된 방식으로, 연관되는 네트워크에 직간접적으로 관련된다."고 하였다(Holman, 1983: 23: Kirst-Ashman & Hull, Jr., 2002: 302에서 재인용). 즉, 가족구성원은 가족 내에서 다른 구성원과 고유한 관계를 가지고 있다. 가족구성원은 그 관계가 어떠하든 간에 가족체계로서 함께 기능하게 된다. 그러나 이들 관계가 항상 긍정적이고 유익한 것은 아니다. 때로 가족관계는 부정적이고 적대적일 수 있다. 예를 들어, 3세 여자 아동은 새로 태어난 남자 동생을 심하게 질투할 수도 있다(Zastrow & Kirst-Ashman, 1997: 152).

나아가서 사회체계로서의 가족은 각 가족구성원의 개인적 특성의 합보다 크다. 일반체계이론을 발전시킨 생물학자 폰 베르탈란피(von Bertalanffy)는 체계의 구성 부분이 하나의 패턴으로 조직화되면 개별 부분보다 더 큰 총체가 된다고 제시한다. 개인의 행동을 타인과 상호작용하는 것을 관찰함으로써 보다 잘 이해할 수 있는 것처럼, 가족사회복지사는 가족구성원이 다른 가족구성원과 어떻게 상호작용하는지를 관찰함으로써 가족을 보다 잘 이해할 수 있다. 예를 들어, 부모에게 순종하지 않고 가족규칙을 지키지 않은 아동을 '나쁜' 아동으로 간주하는 것이 아니라, 가족구성원의 상호작용 방식에 따라 아동에게 그런 행동이 형성되었다고 보아야 한다(Collins et al., 1999: 40-41).

• 경계

경계(boundary)는 살아 있는 세포를 둘러싼 막에 비유될 수 있는, 개인과 하위체계들을 둘러싸고 외부와의 접촉을 통제하는 비가시적 경계다. 가족체계에서 경계는 특정 가족체계의 구성원을 결정한다. 예를 들어, 부모와 아동은 가족체계의 경계에 속해 있는 반면, 친구는 아무리 가까워도 이에 속하지 못한다(Zastrow & Kirst-Ashman, 1997: 152). 이런 가족의 경계는 문화와 생활방식에 따라 달라질 수 있다. 문화에 따라 확대가족 혹은 친척이 가족으로 간주되기도 하고, 생활양식에 따라 유모 같은 사람이 가족구성원으로 간주될 수도 있다. 또한 가족에 따라 매우 분명한 경계를 가지고 있는 경우도 있으며, 가족과 외부세계 사이의 경계가 불분명한 경우도 있다. 이에 따라 가족사회복지사는 누가 가족체계에 속하는지 그리고 누구와 상호작용하는지를 자세히 살펴보기 위해서 가족의 경계를 규명해야 한다(Collins et al., 1999: 48).

경계는 가족과 외부세계를 분리시키기도 하지만 체계 내에서 하위체계를 구분하기도 한다. 예를 들어, 경계는 배우자 하위체계와 형제자매 하위체계를 구분해 준다. 경계는 하위체계의 구성원들이 불필요한 간섭 없이 기능을 수행할 수 있도록 분명하게 설정되어야 한다. 동시에 하위체계의 구성원과 다른 사람들 간의 접촉이 허용될 만큼 충분히 개방되어야 한다. 부모-자녀 간에 분명하면서도 융통성 있는 경계는 필요할 때 친밀감을 허용하면서도 개별성을 존중하고 보호해 주며, 각 하위체계가 과업과 책임을 자유롭게 수행하도록 한다. 그리하여 경계는 가족 내 모든 하위체계 간의 상호 의존성을 유지하면서 하위체계 간의 자율성을 보장해 준다(Goldenberg & Goldenberg, 1998: 32). 이런 관점에서, 건강한 가족은 필요할 때 새로운 생각과 개념, 자원을 수용할 수 있을 만큼 명확하지만 융통성 있는 경계를 가지며, 동시에 정체성과 목적성을 유지할 수 있을 만큼 폐쇄성도 지닌다(Collins et al., 1999: 48). 사회복지사는 지나치게 폐쇄적이거나 개방적 경계를 가진 가족은 위험에 노출될 가능성이 크다는 사실을 인지해야 한다. 지나치게 폐쇄적인 경계가 가지는 위험성은 근친성학대가족에서 흔히 발견된다. 가해자는 피해아동과 다른 가족구성원이 외부인과 접촉하는 것을 제한하거나 성학대 피해사실을 폭로하는 것은 가족을 배반하는 것이라고 위협하는 등 가족과 외부세계와의 상호작용을 통제함으로써 성학대의 비밀성과 지속성을 지키려고 한다.

가족은 외부세계와의 융통성 있고 분명한 경계뿐만 아니라 확고한 세대 간 경계를 필요로 한다. 다시 말해서, 부부는 자녀양육의 파트너가 되어야 한다. 부모 중 한 사람이 다른 한 사람에 대항하여 자녀들과 동맹을 맺는 경우, 역기능적 세대 간 경계가 형성된다. 그리고 자녀가 부모의 역할을 대신 수행하면, 가족은 세대 간 경계 문제에 직면하게 된다. 흔히 알코올중독자 가족에서는 어느 한 명의 자녀가 부모의 역할을 담당한다. 만약 아동이 가사, 자녀양육 혹은 가족구성원의 정서적 욕구를 충족시키는 일차적 책임을 지게 된다면, 세대 간 경계가 훼손된 것이다(Collins et al., 1999: 49).

- **개방체계와 폐쇄체계**

개방체계와 폐쇄체계는 체계이론의 주요 개념이다. 개방체계는 주변 환경으로부터 투입(input)—새로운 정보—을 허용하며, 주변과의 지속적인 상호작용을 통하여 체계를 유지한다. 그리고 개방체계는 체계 내 구성원들 간의 상호작용뿐 아니라 확대가족(예: 조부모, 숙모, 삼촌 혹은 사촌), 학교, 교회, 이웃과 같은 외부체계와의 상호작용에 관여하거나 혹은 관여하지 않을 수 있는 자유가 있다. 이런 맥락에서 가족은 외부환경에 영향을 미치며, 역으로 외부환경은 가족에 영향을 미친다. 개방체계에서는 가족 내부 및 외부에서 열린 대화가 권장되기 때문에 의견 불일치와 반대 의견을 인정하며, 가족의 지속적 기능을 위협하지 않는다. 그리하여 개방체계는 타협, 커뮤니케이션, 역할 변화에 대한 융통성, 상호의존성, 고유성 등의 속성을 가진다(Goldenberg & Goldenberg, 1998: 25-27).

한편, 폐쇄체계는 이론적으로 다른 체계와 상호작용하지 않는다. 즉, 폐쇄체계는 다른 체계로부터 투입(input)도 산출(output)도 허용하지 않는다(Compton & Galaway, 1988: 125). 극단적인 경우 일부 가족은 외부세계와의 교류를 차단하고, 경직된 행동패턴을 강요하기도 한다. 이런 폐쇄체계는 엔트로피(entropy)—불충분한 투입으로 점진적 퇴행이 진행되면서, 심지어 해체되거나 궁극적인 장애를 가져오는 상태—를 향해 가는 경향이 있다. 폐쇄된 가족체계는 구성원의 요구를 가족의 안녕에 예속시키는 엄격한 규칙과 위계적 권력구조를 강요한다. 이런 가족체계에서는 가족에 대한 충성심이 최우선시되며, 규칙은 절대적이고, 전통은 지켜져야 하며, 행동일탈은 혼란을 야기시킨다. 예를 들어, 폐쇄된 가족체계는 가족의 읽을거리와 TV 프로그램을 일일이 검사하고, 아동이 들어오고 나가는 것을 통제 · 감시하며, 경직된 일상을 최대한 지키는 방식으로 안정성을 추구한다(Goldenberg & Goldenberg, 1998: 25-27).

• **엔트로피와 부적 엔트로피**

엔트로피(entropy)는 체계가 해체 · 고갈되고 본질적으로 소멸해 버리는 자연적 경향이다. 이 개념은 영원히 지속되는 것은 없다는 것을 의미한다. 예를 들어, 사람은 나이를 먹고 궁극적으로 사망에 이르며, 자녀들은 성장하면 자신의 가족을 이루기 위하여 원가족을 떠난다. 한편, 부적 엔트로피(negative entropy) 혹은 네겐트로피(negentropy)는 엔트로피의 반대 개념으로서 체계가 성장과 발전을 향해 움직이는 과정이다. 예를 들어, 부부관계는 향상될 수 있으며, 아동에 대한 신체적 학대는 중단될 수 있다. 네겐트로피는 가족체계가 최대한도로 성장 · 발전하도록 하는 데 유용한 개념이다(Zastrow & Kirst-Ashman, 1997: 153).

이상적인 조건하에서 개방체계는 네겐트로피를 가진다. 개방체계는 적응할 수 있으며, 새로운 경험에 열려 있고, 현재 상황에 부적합한 패턴을 변경할 수 있다. 외부세계와의 교류를 통해서 개방체계는 보다 고도로 조직되고, 일시적 위험에 직면하더라도 이를 효율적으로 회복시키는 자원을 발달시킬 수 있다(Nichols & Everett, 1986: Goldenberg & Goldenberg, 1998: 27에서 재인용). 대조적으로 폐쇄체계는 이런 교류 기회를 상대적으로 결여하고 있으며, 이는 스트레스를 다루는 능력을 감소시킨다. 가족 외부와의 제한된 접촉 혹은 단절된 접촉은 위기가 닥쳐왔을 때 두렵고 혼란스럽고 비효과적인 반응을 초래할 것이다. 경직된 체계 혹은 지속적 스트레스, 아니면 이 두 가지가 결합된 극단적인 경우에는 가족 내 혼돈과 혼란이 야기된다.

• **하위체계**

하위체계는 전체로서의 체계를 유지하기 위해서 특정 기능 혹은 과정을 수행하도록 할당된 부분이다. 현존하는 모든 체계는 다양한 하위체계로 구성되며, 가족은 세대, 성별, 관심 혹은 역할과 기능으로 형성된 하위단위를 가지고 있다 (Minuchin, 1974: Goldenberg & Goldenberg, 1998: 27-28에서 재인용). 가족 내에서 가장 지속적인 하위체계는 부부, 부모-자녀 그리고 형제자매 하위체계다.

부부 하위체계는 가장 기본적인 하위체계다. 결혼 초기에 부부 하위체계는 가족생활의 근간이며, 가족생활주기 전반에 걸쳐 주요한 역할을 수행한다. 대체적으로 가족의 성공 여부는 남편과 아내가 성공적인 관계를 형성해 내는 능력에 달려 있다고 해도 과언이 아니다. 하위체계의 역기능은 자녀를 희생양으로 만들거나, 부모 중 한 사람이 자녀와 동맹을 맺어서 다른 한쪽 부모에게 대항하는 방식 등으로 가족 전체에 반향을 일으킨다. 부부가 함께 의사결정을 하고, 갈등을 관리하며, 가족의 미래를 계획하고, 상대방의 성적 욕구와 의존 욕구를 충족시키면서 남녀 간의 상호작용과 부부간의 친밀감을 보여 주는 방식은 장차 자녀가 그들의 배우자와 어떤 관계를 맺어 나갈 것인가에 영향을 미친다.

그리고 부모-자녀 하위체계는 아동에게 양육, 지도감독, 한계설정과 사회화 경험 등에 대해 가르친다. 부모와의 상호작용을 통해서 아동은 권위를 가진 사람을 어떻게 대하는지를 배우는데, 그 과정에서 의사결정과 자기발전의 능력이 강화 혹은 약화될 수 있다. 이 하위체계에서의 문제—반항, 가출 등을 포함하는 심각한 세대 간 갈등—는 가족해체 혹은 불안정을 반영한다. 특히 아버지-딸, 어머니-맏아들, 어머니-막내 자녀 하위체계는 가족집단에서 흔히 형성되는 일시적 동맹들인데, 이들 하위체계가 과잉 발달하거나 혹은 장기화되면 부부체계에 치명적 영향을 미칠 수 있다. 한편, 아동은 형제자매 하위체계를 통해서 타협, 협동, 경쟁, 상호 지지 그리고 친구에 대한 애착패턴을 발달시킬 수 있다. 여기에서 대인 간 기술의 기초가 형성되고 이는 후에 학교생활과 직장생활에 영향을 미친다(Goldenberg & Goldenberg, 1998: 28-30).

- **피드백**

피드백(feedback)은 체계가 자신의 기능을 모니터하고 안정된 상태를 유지하기 위해 적응하는 데 도움이 되는 목적추구적 메커니즘으로서(Compton & Galaway, 1988), 몇 가지 방식으로 이루어질 수 있다. 우선 피드백은 외부 출처로부터 체계의 수행 혹은 행동에 관한 정보가 주어질 수 있다. 이 경우 피드백은 전체 가족체계, 하위체계 혹은 가족구성원 개인을 대상으로 행해질 수 있다. 다음으로 피드백은 가족체계 내의 개인이나 하위체계로부터 다른 구성원에게 주어질 수 있다. 예를 들어, 형제자매 하위체계는 알코올중독 어머니에게 자신들이 고통받고 있음을 전달할 수 있다. 마지막으로 체계, 하위체계 혹은 체계 내의 개인은 가족체계 외부에 피드백을 줄 수 있다. 예를 들어, 가족은 집주인에게 부엌 싱크대가 고장이 났는데 고쳐 줄 때까지 월세를 내지 않겠다고 피드백을 줄 수 있다(Zastrow & Kirst-Ashman, 1997: 153).

피드백에는 긍정적(확장적) 피드백(positive feedback/amplifying)과 부정적(축소적) 피드백(negative feedback/attenuating)의 두 종류가 있다. 이 용어 자체는 나쁘다거나 좋다는 의미가 아니라 체계 내의 교정적 과정(corrective process)을 의미한다. 부정적 피드백은 교정적이며 체계를 일정의 작동범주 내에 고정시킨다. 따라서 부정적 피드백은 현 상태(status quo)를 유지하는 데 기여한다. 예를 들어, 십 대 청소년이 흥분했을 때, 부모가 침착하게 규칙준수의 필요성을 설득한다면 십 대 청소년의 흥분이 가라앉을 것이다. 만약 매 맞는 여성이 쉼터에 입소했다가 집으로 돌아오라는 배우자의 간청을 받아들였다면 부부체계에 부정적 피드백이 도입된 것이다.

긍정적 피드백은 체계의 작동을 강화시킴으로써 체계를 교정한다. 긍정적 피드백에서는 투입과 산출 간에 배가적 효과(multiplier effect)가 있어서, 투입이 증가하면 산출도 증가한다. 예를 들어, 십 대 청소년이 흥분했을 때 부모도 같이 흥분하여 울고 고함을 쳤다고 하자. 그러자 청소년이 점점 더 감정이 고조되어 저항하게 되었다면, 여기에서는 긍정적 피드백 고리가 작동된 것이다. 부정적 피드백이 체계를 통제하는 기능을 가지고 있다면, 긍정적 피드백은 체계의 불안정성을 초래한다. 앞서 매 맞는 여성의 경우, 피해 여성이 상담을 통해서 부부관계의 문제를 이해하고(산출) 쉼터에서 제공되는 서비스(투입)를 받아들인다면, 체계는 더 불안정해지고 역동적 변화와 관계의 해체 중 하나를 택할 수밖에 없다(Dinitto & McNeece, 1997: 56).

사회복지사는 문제가 되는 가족의 행동패턴(예를 들어, 보다 심각한 가족 문제를 은폐하기 위해서 가족구성원 하나를 희생양으로 만드는 것)에서 벗어나도록 클라이언트에게 긍정적 피드백을 통해 동기를 부여하기도 한다. 이와 같이 가족체계가 현재 문제가 되고 있는 기능 수준을 타파하고 새로운 수준에서 기능할 수 있도록 변화를 촉진하는 것은 가족체계가 평형상태로 돌아가는 것보다 장기적 측면에서 보다 치료적일 수 있다. 이에 따라 사회복지사는 과거의 기능 수준으로 돌아가도록 가족을 도울 것인지 아니면 새로운 대안을 선택하도록(예를 들어, 청소년이 성장하면서 독립성을 추구함에 따라 가족규칙을 재검토하거나 혹은 가족의 상호작용 패턴을 변화시켜서 구성원들이 보다 새롭고 조화로운 방식으로 기능하도록) 도울 것인지를 결정해야 한다(Goldenberg & Goldenberg, 1998: 24-25).

• **항상성 그리고 안정과 변화**

항상성(homeostasis)은 체계가 상대적으로 안정되고 지속적 평형상태 혹은 균형을 지키려는 경향을 의미하는데(Zastrow & Kirst-Ashman, 1997: 151), 모든 체계는 안정성, 질서, 일관성을 가져야 유지될 수 있다. 항상성은 어떤 행동이 허용되는지를 결정하는 가족규칙을 통해서 공고해진다. 일정 온도를 유지하기 위해서 난방장치나 에어컨을 작동시키는 것처럼, 항상성은 가족 내 지속적인 균형이 유지되도록 해 준다.

가족은 흔히 현 상태(status quo)를 유지하기 위해 노력한다. 가족은 외부환경의 변화와 가족구성원의 변화하는 욕구에 반응하도록 압력을 받게 되며, 그 과정에서 일관성과 변화 사이의 균형을 추구한다. 안정성은 예측하기 어려운 요구에 끊임없이 반응해야 하는 수고를 덜어 줌으로써 일상생활에서 가족구성원이 기능하는 데 도움이 된다. 그렇기에 가족은 균형과 안정성을 유지하기 위하여 일단 변화를 거부하고 저항하는 경향이 있으며, 사회복지사는 이런 저항을 정상적이고 예측 가능한 반응으로 인식해야 한다(Collins et al., 1999: 41-43). 그렇지만 가족사회복지사는 안정성이 곧 건강성이라고 가정해서는 안 된다.

안정과 변화 사이의 균형 개념은 가족을 이해하는 데 매우 유용하다. 가족은 구성원의 발달적 변화(예: 유아에서 학령기 자녀로의 변화)로부터 내적 압력을 받는다. 동시에 가족은 변화하는 외적 조건(예: 전업주부가 직장에 복귀하도록, 아동이 전학을 하도록, 혹은 배우자가 직업 전환을 하도록)에 적응해야 한다. 성공적인 가족은 변화하는 상황에 따라 새로운 전략을 채택하고, 규칙을 수정하며, 새로운 접근을 시도하는 등 문제를 해결하는 새로운 방식을 습득해 나간다(Goldenberg & Goldenberg, 1998: 34).

• **동등종결과 다중종결**

동등종결(equifinality)은 하나의 귀착점에 이르는 서로 다른 방법이 있음을 의미하는 개념이다(Zastrow & Kirst-Ashman, 1997: 154). 개방체계는 동등종결의 원칙으로 작동된다. 대조적으로 폐쇄체계는 동등종결의 속성을 가지지 않으며, 종결상태는 오로지 최초의 조건에 따라 결정된다. 개방체계에서는 처음에는 서로 다른 조건이었지만 동일한 결과에 도달할 수도 있고(동등종결), 처음에는 동일한 상태였지만 서로 다른 결과가 산출될 수도 있다(다중종결). 예를 들어, 자녀를 양육하고 행복한 결혼생활을 하는 데 한 가지 방식만 있는 것은 아니다. 그리고 관계가 불안정하게 시작되었다고 해서 반드시 파국에 이르는 것도 아니다. 반대로 외견상 잘 어울리는 부부라 할지라도 여러 가지 이유에서 관계가 악화될 수도 있다. 동등종결의 개념은 동일한 결과를 획득하기 위하여 여러 지점 혹은 여러 기법으로 가족에 개입할 수 있음을 의미한다(Goldenberg & Goldenberg, 1998: 26).

제2절 스트레스이론과 가족스트레스 모델

스트레스는 삶이고 삶은 스트레스라고 할 만큼 스트레스는 인간의 삶에 내재되어 있다. 이에 따라 인간사회의 가장 기본적인 단위인 가족 역시 스트레스를 피할 수 없다. 오늘날 기혼 취업여성의 증가, 평균수명의 연장, 신체적 · 정신적 질환자에 대한 장기보호, 가족규모의 축소로 인한 보호책임 분담의 어려움 등 사회적 여건의 변화로 가족은 과거 어느 때보다 더 많은 책임을 수행하며 이에 따른 스트레스를 경험하고 있다.

구조적인 측면에서 가족의 상호 의존성은 요보호 가족구성원에게 보호와 사회적 지지를 제공하지만, 일부 가족구성원에게는 지나친 역할부담 혹은 스트레스의 원인이 되기도 한다. 보다 구체적으로, 체계로서의 가족은 어느 지위(예: 아버지, 어머니의 지위)에 공백이 생기면 다른 가족구성원이 이를 대신해야 한다. 예를 들어, 최근 이혼의 증가에 따라 한부모가족이 증가하고 있는데, 한부모는 자신의 역할 이외에 공백상태에 있는 배우자의 역할까지 수행해야 하므로 스트레스가 아주 많아진다. 이와 같은 가족의 구조적 요인 외에도, 특정 지위에 있는 가족구성원에게 새로 혹은 추가로 과업이 부여됨으로써(예를 들어, 장애인 배우자를 돌보는 여성에게 노부모 보호 과업이 추가되는 경우) 지나친 역할부담을 가져올 수 있다. 특정 가족구성원에 대한 과도한 역할부담이 구조적 원인에 의한 것이든 아니면 새로운 과업에 의한 것이든 간에, 해당 가족구성원이 수행해야 하는 복합적 요구는 가족스트레스와 불균형을 가져올 수 있다(Hill, 1988: 79).

이와 같이 현대사회의 가족은 사회적 여건의 변화 및 구조적 · 기능적 변화로 인해 스트레스에 취약한데, 가족과 스트레스를 연계적으로 접근하는 이유는 다음과 같다.

첫째, 스트레스는 가족 내 특정 구성원에게만 영향을 미치는 일이 극히 드물며, 대체적으로 가정 밖에서 발생한 스트레스는 정도의 차이는 있으나 조만간 가족구성원 전체에 영향을 미친다. 또한 가족구성원이 스트레스에 반응하는 방식은 다른 가족구성원이 감내해야 하는 부담과 반응양식에 영향을 준다.

둘째, 가족 자체가 스트레스를 유발할 수 있다. 가족생활주기는 배우자 선정, 결혼생활의 적응, 임신, 자녀양육, 퇴직 등 여러 단계가 있으며, 이들 단계는 즐거움뿐만 아니라 스트레스를 내재하고 있다.

셋째, 가족은 스트레스를 해결하고자 할 때 최우선적으로 시도하는 곳이다. 일단 사람은 자신의 자원을 통해 스트레스를 해결하고자 하며, 이것이 미흡할 경우 가족에게 도움을 요청하고, 그 후에야 외부 도움을 추구하는 경향이 있다 (Figley, 1983: 10-11; Rice, 1987: 120).

1. 스트레스이론

스트레스는 스트레스요인(stressor)에 대한 신체적 · 정서적 반응으로 정의될 수 있다. 스트레스요인은 개인의 평형을 깨트리고 스트레스반응을 야기하는 요구, 상황 혹은 여건이다. 매순간 인간은 적응을 요구하는 스트레스요인에 반응하고 있다. 스트레스에 관한 이론에는 생물학적 이론, 심리학적 이론, 인지-교류이론, 사회스트레스이론, 총체적 건강이론 등 다양하게 발전하고 있다. 여기에서는 일반적응 신드롬과 인지-교류이론 그리고 최근의 스트레스에 대한 연구결과에 대해 살펴보고자 한다.

1) 일반적응 신드롬

일반적응 신드롬(general adaptation syndrome)은 대표적인 생물학적 스트레스이론이다. 셀리에(Selye)에 의하면, 인간은 스트레스요인이 무엇이든지 간에 동일한 방식으로 반응하게 된다. 다시 말해서, 부정적인 스트레스요인(예: 전기충격)에 반응하는 것과 동일한 방식으로 긍정적 스트레스요인(예: 첫사랑)에 반응한다. 이를 토대로, 셀리에는 스트레스반응이 경각반응단계, 저항단계, 소모단계의 3단계로 진행되며 이 스트레스 단계를 일반적응 신드롬이라고 명명하였다(Rice, 1987: 24).

첫 번째 단계인 경각반응단계(stage of alarm reaction)에서 신체는 스트레스요인을 인지하고 이에 대항하거나 도피할 준비태세를 갖춘다. 그러나 대항-혹은-도피

(fight-or-flight) 반응은 단순히 대항이나 도피로 해결될 수 없는 스트레스요인이 있다는 문제가 있다.

두 번째 단계인 저항단계(stage of resistance)에서 신체는 항상성으로의 복귀를 시도한다. 다시 말해서, 신체는 스트레스요인으로 야기된 손상을 회복하고자 노력한다. 대체적으로 인간은 생애과정에서 경각반응과 회복의 두 단계를 반복적으로 경험한다.

세 번째 단계인 소모단계(stage of exhaustion)는 신체가 장기간 극심한 스트레스 상태에 있을 때 발생한다. 높은 수준의 스트레스 상태가 장기간 지속되면 고혈압, 궤양 혹은 편두통과 같은 스트레스성 질병에 걸리기 쉽다(Rice, 1987: 25-26; Zastrow, 1987: 255-257).

표 2-1 셀리에와 일반적응 신드롬

스트레스 생리학이 학문 분야로 존재할 수 있었던 것은 셀리에가 통찰력 있는 과학자였기도 하지만, 실험용 쥐를 다루는 데 서툴렀기 때문이기도 하다. 1930년대 젊고 이름 없는 조교수였던 셀리에는 복도 저편에 있던 생화학자가 난소에서 분리해 낸 추출물이 신체에 어떻게 작용하는지 연구하기 시작하였다. 셀리에는 매일 쥐에게 이 물질을 주사하려고 했으나 손재주가 없어서 쥐를 쫓아다니고 빗자루를 휘두르기 일쑤였다. 몇 달이 지난 후 셀리에는 놀라운 사실을 발견하였다. 쥐들에게 소화성 궤양이 생겼고 부신이 엄청나게 커졌으며 면역 조직이 위축되어 있었던 것이다. 그는 난소 추출물의 효과를 발견했다고 기뻐했다.

훌륭한 과학자였던 셀리에는 난소 추출물 대신 식염수를 주사한 대조군을 설정했고, 또다시 매일같이 쥐들에게 주사를 놓기 위해 쫓아다녔다. 어찌된 영문인지 몇 달 후 대조군의 쥐들에게도 똑같은 증상이 나타났다. 결과적으로 쥐들에게 나타난 증상은 난소 추출물의 효과가 아니었던 것이며, 셀리에가 주사를 놓고자 쫓아다님으로써 쥐들이 경험했던 불쾌감에 의한 것이었다. 이렇게 하여 셀리에는 오늘날 스트레스 관련 질병이라는 거대한 빙산의 일각을 발견한 셈이었으며, 이를 발전시켜 일반적응 신드롬으로 이론화하였다.

출처: 이재담, 이지윤 역(2008), pp. 28-30.

2) 스트레스의 인지-교류이론

인지이론은 스트레스 메커니즘에 정보가 인지되고 축적되고 기억되는 과정에 근거하여 접근한다. 라자러스(Lazarus)는 인지이론, 성격이론, 행동의학 등 여러 사회과학적 이론을 토대로 스트레스의 인지-교류이론(cognitive-transactional model of stress)을 발달시켰다(Rice, 1987: 29). 교류모델은 다음과 같이 가정한다. 첫째, 동일한 환경이 개인에 따라 스트레스로 인지될 수도 있고 그렇지 않을 수도 있다. 이는 외적 자극을 절대적으로 스트레스라고 규정할 수 없다는 뜻이다. 특정 사건이 스트레스로 인지되는지의 여부는 개인의 인지적 평가에 달려 있다. 둘째, 개인이 동일한 사건을 한 시점에서는 스트레스라고 해석하였으나, 다른 시점에서는 그 평가를 달리할 수 있다. 이는 개인의 신체적 조건의 변화 혹은 심리적 상태의 변화에 기인한다.

라자러스에 의하면, 스트레스는 환경의 요구와 대처자원 간의 불일치이며, 평가와 대처라는 두 가지 인지과정이 작용한다. 여기에서 평가(appraisal)는 어떤 것의 가치를 정하거나 그 질(quality)을 판단하는 것을 의미하며, 대처(coping)는 개인이 환경적 요구와 내적 요구 그리고 이들 간의 갈등을 다루는 행동적 · 인지적 노력으로 정의된다(Rice, 1987: 79).

특정 상황이 스트레스라고 평가될 때, 이 상황에 의미를 부여하고 대처과정에 영향을 미치는 평가에는 '일차적 평가, 이차적 평가, 재평가' 가 있다. 일차적 평가는 상황에 대한 최초의 평가이며, 이차적 평가는 상황의 요구와 개인의 대처기술 간의 합치 정도에 대한 평가다. 보다 쉽게 말하자면, 일차적 평가는 "내가 어려움에 처해 있는가?"에 대한 대답이며, 이차적 평가는 "내가 이 어려움에 대해 무엇을 할 수 있는가?"에 대한 대답이다. 재평가는 일차적 및 이차적 평가를 내린 후 교류과정에서의 피드백에 의거한다.

3) 신항상성과 스트레스반응

셀리에는 스트레스를 받으면 신체는 저항단계에서 항상성으로의 복귀를 시도한다고 하였다. 새폴스키(Sapolsky)에 의하면, 항상성의 개념은 펜실베이니아대학교의 피터 스털링(Peter Sterling)과 조지프 아이어(Joseph Eyer)의 연구 성과에 의해 재확립되었으며, 록펠러대학교의 브루스 매큐언(Bruce McEwen)에 의해 신항상성 개념으로 확장되었다.

항상성과 신항상성의 개념에는 차이가 있다. 첫째, 항상성 개념에서는 신체에 가장 적합한 단 하나의 수준, 수치, 양이 있다고 본다. 그러나 잠을 잘 때와 스키

점프를 할 때의 혈압이 다르다. 가장 이상적인 기준 상태는 스트레스 상태와 다르다는 것이 신항상성적 개념의 핵심이다. 둘째, 항상성 개념에서는 국소적인 조절 메커니즘에 따라 이상적인 고정점에 다다른다고 보지만, 신항상성에서는 다르게 본다. 예를 들어, 캘리포니아 주에 물이 부족하다고 하자. 항상성적 해결책은 화장실의 물탱크를 작게 만들어 물 사용을 줄이는 것이다. 반면, 신항상성적 해결책은 작은 물탱크 이외에도 물 절약을 홍보하고 물을 많이 쓰는 농사 대신 물이 적게 드는 다른 작물을 생산하도록 한다. 결과적으로 항상성은 관련된 밸브나 장치를 고치는 것이다. 반면, 신항상성은 뇌가 행동의 변화를 포함한 신체 전반의 변화를 조절하는 것이다(이재담, 이지윤 역, 2008: 30-31).

그렇다면 스트레스란 신체의 신항상성을 깨뜨리는 모든 것을 의미하며, 스트레스반응은 신체가 신항성성을 되찾으려는 시도라고 정의할 수 있다. 스트레스반응은 전형적인 생리학적인 반응과는 차이가 있다. 몸이 따뜻하면 땀이 나고 피부 속의 혈관이 확장된다. 반대로 몸이 추우면 혈관이 수축된다. 더운 것과 추운 것은 서로 다른 생리적 자극이며 이에 따라 신체반응도 달라진다. 그러나 스트레스반응은 스트레스가 무엇이든 간에 동일한 반응이 나타난다. 왜 그럴까?

곰곰이 생각해 보면, 스트레스반응은 이치에 맞는다. 만약 사자에게 쫓기는 얼룩말이라면, 살기 위해 뛰어야만 한다. 인간과 같은 척추동물에게 스트레스반응의 핵심은 근육을 활발히 움직일 것이라는 사실을 바탕으로 한다. 그렇다면 근육은 지금 당장 쉽게 사용할 수 있는 형태로 준비되어 있는 에너지를 필요로 한다.[1] 셀리에와 더불어 스트레스 연구분야의 대부로 널리 알려진 생리학자 캐넌은 위급상황에 대처하는 스트레스반응의 적응적 양상에 초점을 맞추었다. 그는 스트레스를 견뎌 내는 신체의 능력에 대한 낙관론을 제기하였다. 그러나 현

1) 스트레스반응의 특징 중의 하나는 저장부위로부터 신속하게 에너지를 동원함과 동시에 더 이상 에너지가 저장되지 않도록 억제하는 것이다. 지방세포, 간, 근육에서 나온 포도당 등이 근육으로 쏟아져 들어간다. 그리고 신체가 포도당을 동원하고 있다면, 산소와 영양분을 주요 근육에 가능한 한 빨리 전달하기 위해 심박수, 혈압, 호흡량이 증가하게 된다. 그리고 전쟁 중의 군인이 총상을 입고도 통증을 느끼지 못하는 것처럼 신체적 고통을 지각하는 능력이 둔해진다. 또한 위급한 상황을 벗어나는 데 도움이 되도록 기억력이 향상되고 감각이 예리해진다. 반면, 신체는 위급한 상황 동안 비용이 많이 드는 장기적 계획을 중단한다. 그리하여 스트레스를 받는 동안 소화작용이 억제되고, 성장과 생식이 중단되며 면역력 역시 억제된다.

대인이 너무나 잘 알고 있는 것처럼 스트레스는 우리를 병들게 한다. 셀리에는 스트레스반응 중에 분비되는 호르몬이 고갈되기 때문에 소모단계에서 병이 난다고 믿었다. 마치 탄약이 떨어진 군대처럼 위협적인 스트레스에 대항할 방어력이 바닥나 버린다는 것이다.

그러나 오늘날 발달한 스트레스연구에 의하면, 스트레스가 아무리 오래 지속된다 하더라도 주요 호르몬이 바닥나는 일은 매우 드물다. 오히려 스트레스반응이 너무 많이 활성화되면, 이 반응이 스트레스 자체보다 더 파괴적이 될 수 있으며 스트레스와 관련된 질병이 발생한다. 즉, 스트레스반응은 위급상황에서 매우 효과적이지만 비용이 많이 드는 반응이다. 정신적 스트레스와 같이 스트레스가 오래 지속되면 스트레스반응이 오랫동안 활성화되어 신체는 그 대가를 치르게 되는 셈이다(이재담, 이지윤 역, 2008: 32-37).

2. 가족스트레스 모델

1) 힐의 ABCX모델

가족스트레스에 관한 이론에서는 가족스트레스요인을 가족체계를 파괴하거나 혹은 변화시킨다고 인식되는 사건이라고 규정한다. 이들 사건은 일상적으로 기대되는 변화 수준을 넘어서서, 가족체계 자체를 변화시킬 만큼 충분히 비일상적이다(Hansen & Hill, 1964; Stephens et al., 1990: 5).

미네소타대학의 가족사회학자였던 힐(Hill)이 1940년대에 제시한 ABCX모델은 오늘날까지 널리 활용되고 있다. ABCX에서는 어떤 사건(A)이 위기(X)를 생성하려면 가족의 자원(B)과 가족의 사건에 대한 정의(C)와 상호작용해야 한다. 힐은 ABCX모델을 교류모델이라고 명명하지 않았으나, 가족이 사건을 위협적이라고 평가(정의)하고 가족의 자원이 요구에 부응하기에 부적합하다고 평가하였을 때(이차적 평가) 가족스트레스가 된다는 점에서 교류모델로 볼 수 있다(Rice, 1987: 123).

그 후 힐은 ABCX수정모델을 제시하였다. 힐의 수정모델에는 두 가지 핵심 개념이 있다. 하나는 스트레스 사건으로 인한 변화요구량이며, 다른 하나는 스트레스에 대한 가족취약성이다.

- 변화요구량(the amount of change): [그림 2-1]에서 보는 바와 같이, 변화요구량은 사건의 결과에 따라 가족에게 요구되는 적응의 정도다. 예를 들어, 생계유지자의 사망, 이혼과 같은 사건은 가족구조에 본질적인 변화를 가져온다. 그리고 가족구성원이 수감되는 사건은 가족 전체에 변화를 요구하지만, 이것이 배우자 폭력이나 아동학대 때문이라면 가족에게 환영받을 수 있다. 이처럼 변화의 영향은 가족이 변화를 어떻게 평가 혹은 정의하는가에 달려 있다.
- 가족취약성(family vulnerability): 힐의 모델에서 가족취약성은 가족스트레스 생성의 핵심이 된다. 근본적으로 스트레스 사건과 가족취약성이 상호작용하여 위기 수준이 결정된다. 그렇지만 가족의 취약성에 관련 없이, 사건이 위협적일수록 위기 가능성이 높아진다. 반대로 사건에 내재된 위협 수준과 관련 없이, 가족취약성이 높을수록 스트레스를 경험할 가능성이 커진다. 즉, 스트레스요인이 위기를 생성할 가능성은 가족취약성 수준과 스트레스요인의 강도에 달려 있다.

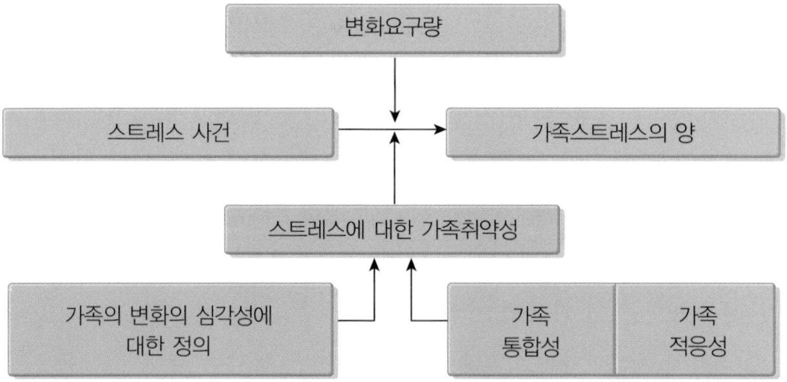

| 그림 2-1 | **힐의 ABCX수정모델**

출처: Rice, P. L. (1987), p. 124.

- 가족평가: 가족의 취약성에는 여러 요인이 관련된다. 가족취약성은 변화의 심각성에 대한 정의(평가)와 가족의 통합성 및 적응성에 의해 결정된다. 가족이 변화의 심각성에 대한 정의를 어떻게 내리는가는 가족구성원 개인의 사정과 가족 전체의 집단적 사정의 결합체다. 가족구성원이 경험하는 스트레스는 어떤 의미의 변화인지 그리고 개인적 영향력이 스트레스 사건을 변경시키거나 변화의 영향력을 감소시킬 수 있는가에 대한 인식에 따라 달라진다.
- 가족자원: 가족의 취약성에 영향을 미치는 또 다른 요인은 가족의 자원이다. 가족자원은 가족구성원 개인이 가지고 있는 자원과 가족체계가 가지고 있는 자원의 결합체다(Rice, 1987: 123-125).

2) 맥커빈과 패터슨의 이중ABCX모델

가족이 하나의 스트레스요인에만 노출되는 경우는 극히 드물며, 대체적으로 스트레스 사건은 축적되게 마련이다. 맥커빈(McCubbin)과 패터슨(Patterson)은 가족스트레스의 이중ABCX모델을 발전시켰는데, 이는 복합적 스트레스요인에 적응하려는 가족의 노력이 반영되어 있다. 힐의 가족스트레스 모델에서와 같이 위기 시 가족의 취약성은 스트레스요인(a 요인)과 기존의 자원(b 요인) 그리고 가족의 인지(c 요인) 간의 상호작용에 의해 결정되지만, 이 모델에서는 스트레스요인의 축적과 이에 수반되는 영향이 추가되었다.

- 축적(aA): 가족이 만성질환과 같은 단일 스트레스요인에 대응하는 일은 극히 드물다. 예를 들어, 가족구성원의 만성적 질환은 가족에게 재정적 부담, 보호책임의 증가, 부부 혹은 형제자매 간의 갈등 증가 등 질환과 관련된 고통과 어려움을 가져온다. 이런 고통에는 가족갈등처럼 해결이 어려운 것도 있고 보호책임의 증가와 같이 해결이 불가능한 것도 있어서 만성적 고통으로 남는다.
- 자원(bB): 자원은 가족구성원 개인과 전체로서의 가족이 가지고 있는 심리적 · 사회적 · 대인적 · 물질적 자원을 의미한다. 장기적 관점에서 볼 때,

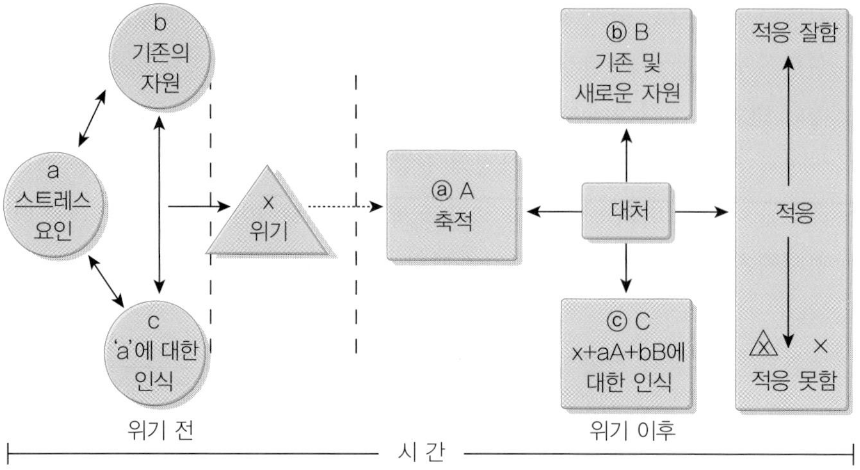

| 그림 2-2 | **가족적응의 이중ABCX모델**

출처: Patterson, J. M., & McCubbin, H. I. (1983), p. 27에서 재편집.

자원에는 두 가지 유형이 있다. 하나는 기존의 가족자원으로서 이는 위기에 대한 가족취약성을 완화시킨다. 다른 하나는 스트레스요인과 고통의 축적에 반응하는 과정에서 강화 혹은 발달된 새로운 자원이다.

- 인지(cC): 이 모델에서 cC요인은 두 가지 유형의 인지를 의미한다. 첫 번째 'c'는 위기를 초래했다고 믿는 스트레스요인에 대한 가족의 정의다. 가족은 스트레스를 절망적이라고 느낄 수도 있고 반대로 도전으로 간주할 수도 있다. 두 번째는, 장기적으로 스트레스요인을 관리하기 위한 건설적인 노력을 하는 가족은 전체 상황에 대한 인식을 재정립할 것이다. 일반적으로 기존의 상황을 도전, 성장기회 혹은 의미 있는 상황으로 받아들이는 노력은 가족의 대처능력과 적응을 촉진시킨다(Patterson & McCubbin, 1983: 28-29).

3) 스티븐스(Stephens)의 스트레스와 대처에 대한 모델

스트레스와 대처에 대한 모델에 의하면, 스트레스는 가족의 사회적 지지를 동원하게 되며, 이는 스트레스를 감소시켜 가족구성원 및 가족 전체의 안녕에 긍정적 효과를 미치게 된다. [그림 2-3]에서 보는 바와 같이, 위쪽의 사각형들은 생애스트레스를 경험하는 가족구성원 개인의 경험, 반응 및 적응을 보여 주며, 아래쪽 사각형들은 가족의 경험, 반응 및 적응을 나타낸다. 가족구성원 개인이 직면하는 스트레스요인(A)은 개인적 자원의 한계를 넘어섰거나 안녕을 위협하는 것으로 인식된 어떤 사건 혹은 변화를 포함한다. 이 스트레스요인은 급성적 혹은 만성적이고, 변화의 폭도 크거나 혹은 작으며, 물리적 환경과 대인관계 등 그 출처도 다양하다. 스트레스를 경험하는 특정 가족구성원은 문제를 자력으로 해결하려고도 하고, 다른 사람에게 도움과 지지를 바라는 등 여러 방식으로 반응할 수 있다(B). 이 반응양식은 특정 가족구성원이 스트레스 상황에 어떻게 적응할 것인가, 다시 말해서 심리적 · 사회적 · 신체적 건강에 어떤 영향을 미치게 될 것인가를 결정한다(C).

가족구성원 개인이 스트레스를 경험 · 반응 · 적응하는 특정 시점에서 가족은 그 개인이 직면하고 있는 스트레스 상황을 인식하게 된다(D). 가족은 직접적 관찰, 친구 혹은 본인으로부터 스트레스 상황을 인지하게 되며, 이를 토대로 스트레스에 처해 있는 그 개인의 욕구에 반응한다(E). 이는 대체적으로 사회적 지지라는 혜택이 있지만, 때로 가족구성원들의 반응은 스트레스에 처해 있는 개인의

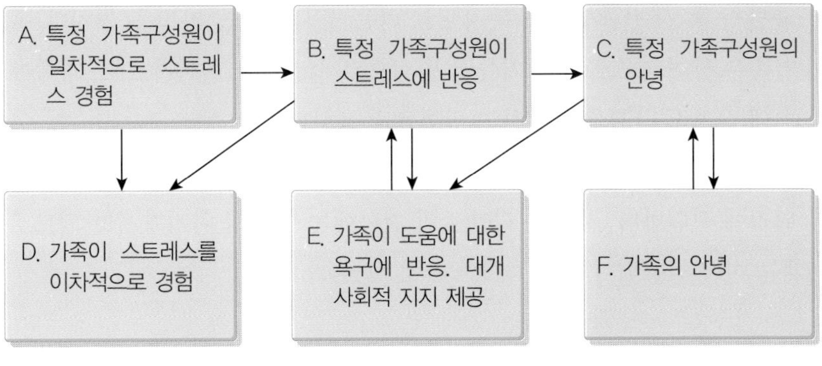

| 그림 2-3 | **스티븐스의 가족의 스트레스와 대처에 대한 모델**

출처: Stephens, M. A. P. (1990), p. 14에서 재편집.

대처노력을 방해할 수도 있다. 궁극적으로 가족구성원들은 심리적·사회적·신체적 안녕에 영향을 받는다(F)(Stephens, 1990: 13-15).

제3절 가족발달주기 관점

가족발달주기 관점은 가족체계이론을 토대로 가족생활에서 발생하는 예측 가능한 위기를 이해하는 이론적 틀이다. 그러나 가족발달단계 모델은 몇 가지 단점도 있다. 첫째, 각 가족은 고유하므로 발달단계는 가족에 따라 상이할 수 있다. 둘째, 발달모델은 한 개인, 대체적으로 첫 자녀의 이정표에만 초점을 두는 경향이 있다. 셋째, 이혼가족, 재혼가족, 무자녀가족 등 가족형태가 다양해지고 있으나 기존의 가족생활주기는 이를 제대로 반영하지 못하고 있다.

1. 가족발달주기의 개념

가족주기란 가족도 개인과 마찬가지로 탄생과 죽음을 반복한다는 것을 전제로 하여, 부부가 혼인해서 사망할 때까지 가족이 겪게 되는 주요한 경험을 단계적으로 설정한 것이다. 일반적으로 가족은 결혼, 첫 자녀의 출생, 부모의 은퇴와 같은 출발점 혹은 전환사건을 특징으로 하는 유사한 발달과정을 거친다. 이와 같이 가족은 상대적으로 예측 가능한 방식으로 성장하고 변화하므로, 가족을 이해하는 데 각 발달단계를 검토하는 방법은 유용하다.

가족발달주기의 각 단계에서 가족은 고유한 발달문제, 과업 그리고 해결이 필요한 위기에 직면한다. 새로운 단계로의 전환에는 일종의 위기가 수반되므로 가족체계는 이에 적응해야 한다(Collins et al., 1999: 61-62).

2. 가족주기

오늘날 우리나라에서는 가족주기를 ① 형성기, ② 확대기, ③ 확대완료기,

표 2-2 가족주기

가족주기	내 용
형성기	결혼부터 첫째아 출산시점까지의 기간
확대기	첫째아 출산부터 막내아 출산시점까지의 기간
확대완료기	막내아 출산부터 자녀의 결혼 시작 시까지의 기간
축소기	자녀의 결혼이 시작되는 시점부터 자녀의 결혼이 완료된 시점까지의 기간
축소완료기	자녀를 모두 결혼시킨 시점부터 배우자가 사망할 때까지의 기간
해체기	배우자 사망부터 본인 사망 시까지의 기간

④ 축소기, ⑤ 축소완료기, ⑥ 해체기의 6단계로 구분하는 것이 가장 보편적이다(김승권, 김유경, 조애저, 김혜련, 임성은, 2009: 404).

가족주기의 첫 단계, 형성기의 시작시점인 초혼연령은 최근에 결혼한 부인일수록 점점 상승하는 추세를 보여 1979년 이전 결혼한 부인들은 21.61세였으나, 1980～1989년 결혼한 부인은 23.42세, 1990～1999년 결혼한 부인은 25.00세, 그리고 2000～2012년 결혼한 부인은 27.24세로 나타나고 있다.

확대기의 시작시점인 첫째아 출산 시 부인연령도 초혼연령 상승의 영향으로 최근에 결혼한 부인일수록 높아져 1979년 이전 결혼한 부인은 23.14세였으나, 2000～2012년 결혼한 부인은 28.70세였다. 확대기의 종료시점이면서 확대완료기의 시작시점인 막내아 출산 시 부인연령은 1979년 이전 결혼한 부인은 26.87세, 1980～1989년 결혼한 부인은 28.17세로 높아졌다. 1990～1999년에 결혼한 부인은 29.78세, 2000～2012년 결혼한 부인은 31.07세에 출산을 완료할 것으로 추정된다. 첫째아 출산부터 막내아 출산까지의 기간을 살펴보면, 1979년 이전에 결혼한 부인은 3.73년, 1980년대는 3.33년, 1990년대는 3.21년 그리고 2000년대에 결혼한 부인은 2.37년으로 결혼년도가 최근으로 오면서 첫째아와 막내아 사이의 출산 간격이 좁아지는 경향을 보였다. 이는 우리 사회의 출산율 감소를 반영하는 것으로 짐작된다.

확대완료기의 종료시점이며 축소기의 시작시점인 자녀 결혼 시작 시 부인연령은 최근으로 오면서 점차 상승하는 추세로 1979년 이전 결혼한 부인의 경우 54.78세였으나, 2000～2012년에 결혼한 부인은 59.45세로 추정된다. 그리고 축소기의 종료시점이며, 축소완료기의 시작시점인 자녀 결혼 완료 시 부인연령은 1979년 이전 결혼한 부인은 59.47세, 2000~2012년 결혼한 부인은 63.90세로 추정된다. 자녀 결혼 시작과 자녀 결혼 완료까지의 소요기간은 1979년 이전에 결혼한 부인은 4.69년의 차이를 보였으나 1980년대는 3.28년으로 감소하였다. 그러나 1990년대 3.33년으로 다시 증가해서 2000년대에 결혼한 부인은 4.45년의 차이를 보인다. 이는 저출산의 영향으로 자녀 결혼 시작부터 완료까지의 기간이 감소해 나가다가, 최근 혼인가치관의 약화, 대학원 진학 및 취업 등으로 인한 만혼화와 결혼 기피 등의 영향으로 다시 증가한 것으로 추정된다. 또한 주목할 것은 자녀 결혼 완료 후 남편 사망시기까지의 소위 빈둥지 기간이다. 1979년 이전에 결혼한 부인은 16.67년이었는데 1980년대는 25.18년으로 크게 증가하였다. 자녀의 만혼 등의 영향으로 1990년대는 24.05년 그리고 2000년대는 22.02년으로 다소 감소하기는 했으나 1980년대 이후 20년 이상의 기간이 유지되고 있다(김승권, 2012: 806-810).

해체기의 시작시점인 남편 사망 시 부인연령은 1979년 이전 결혼한 부인은 76.14세, 2000~2012년 결혼한 부인은 82.92세로 추정되었으며, 해체기의 종료시점인 부인 사망 시 연령은 각기 78.10세에서 90.62세로 추정되었다. 이는 평균수명의 연장 및 남녀 간 평균수명의 차이가 반영된 결과로 보인다.

이상의 결과를 종합해 보면, 부인의 결혼에서부터 사망에 이르기까지 가족주기의 전체 기간은 최근에 결혼한 부인일수록 점점 길어질 것으로 기대된다. 즉,

표 2-3 가족주기 각 단계의 시작 및 종결 당시 부인의 평균연령 (단위: 세)

초혼 연도	초혼 연령	첫째아 출산	막내아 출산	자녀 결혼 시작	자녀 결혼 완료	남편 사망	본인 사망
1979년 이전	21.61	23.14	26.87	54.78	59.47	76.14	78.10
1980~1989년	23.42	24.84	28.17	56.73	60.01	85.19	88.15
1990~1999년	25.00	26.57	29.78	58.18	61.51	85.56	89.38
2000~2012년	27.24	28.70	31.07	59.45	63.90	85.92	90.62

출처: 김승권 외(2012), pp. 806-810.

1979년 이전 결혼한 부인은 56.49년이었으나, 2000~2012년 결혼한 부인은 63.38년으로 추정되어 약 30여 년 동안 6.89년 정도 더 연장된 것으로 나타났다. 이러한 가족주기 전체 기간의 연장은 사망 수준의 개선에 따른 평균수명의 연장이 가장 크게 작용한 것으로 보이며, 향후 그에 따른 가족주기 전체 기간의 연장 추세는 지속될 것으로 보인다(김승권 외, 2012).

3. 가족생활주기 단계의 특성

앞에서 살펴본 가족주기는 결혼시점이 각기 다른 기혼여성이 결혼부터 사망에 이르기까지의 각 단계별 기간의 변화를 보여 주고 있다. 다음에서는 가족생활주기 단계에 따른 가족의 과업 및 가족관계를 보다 구체적으로 알아보기 위하여 콜린스(Collins) 등의 가족발달단계를 토대로 그 특성을 살펴보고자 한다.

1) 결혼/파트너 되기

가족생활주기의 각 단계는 역할과 과업에 적응해야 한다는 점에서 위기의 전환시점이다. 변화는 가족에게 스트레스와 갈등을 초래한다. 새로 파트너가 된 부부가 직면하는 세 가지 주요 과업은 ① 서로가 만족할 수 있는 관계의 수립, ② 확대가족과의 관계(새 파트너를 수용해야만 하는)의 재조정, ③ 부모기에 대한 결정이다. 부부는 각기 성장하면서 습득한 생활방식을 새로운 부부관계에 가져오기 때문에 가족생활의 모든 영역에서 첨예하게 대립할 수 있다. 이에 따라 부부는 재정관리, 가사유지, 사회 및 여가활동 그리고 시댁 혹은 처가와의 관계를 포함한 대부분의 생활양상에서 타협이 필요하다(Collins et al., 1999: 65).

이여봉은 남편의 친족구조에 아내 한 사람을 편입시키는 것을 결혼으로 정의해 온 부계중심적 전통의 영향을 받고 있는 한국사회에서 시집(친가) 및 친정(처가)에 대한 부부의 책임과 의무에 관한 의견충돌은 때로 심각한 상황으로 치닫기도 한다고 지적한다. 이에 따라 부부가 각자 원가족과 맺고 있던 관계를 결혼과 더불어 새로이 규정하고 재설정하는 작업이 필요하다(이여봉, 2006: 99-101 참조).

2) 첫 자녀 출산

처음 부모가 되면 보호제공 역할과 관련하여 갈등을 경험할 수 있다. 자녀를 희망했던 부부라도 자녀와 배우자의 욕구를 함께 충족시키려면 많은 노력을 기울여야 한다. 다시 말해서, 신생아의 부모 노릇은 시간과 에너지가 필요하며 새로운 수준에서 자기희생과 자아부인(self-denial)을 필요로 한다. 부모기 적응은 사회가 부모기술 혹은 아동발달에 대한 교육을 적절하게 제공하지 않은 채, 아동의 욕구를 충족시키는 지식과 기술을 자동적으로 갖출 것을 기대한다는 점에서 어려운 과업이다. 특히 자신의 부모와 '성인 대 성인' 으로서 관계를 재정립하는 입장에 있는 새로 부모가 된 사람은 자녀양육과 관련하여 자신의 부모에게 조언이나 도움을 받아야 할 수도 있다(Collins et al., 1999: 66). 또한 직장을 다니는 주부는 육아와 직장을 양립하는 데 따르는 부담을 떠안을 수밖에 없다. 직장을 고수하는 경우에는 아기에게 죄책감을 갖게 되고, 육아부담으로 직장을 포기한 경우에는 상실감과 불안감을 갖게 된다. 반면에 남편은 새로 태어난 아기로 인해 자긍심과 부양책임을 느끼는 동시에, 자신에게로 향하던 아내의 관심이 아기를 돌보느라 줄어드는 데서 상실감을 느낄 수 있다(이여봉, 2006: 209 참조).

부모기의 주요 과업은 상호 만족스러운 부모자녀관계를 발달시키는 것이다. 자녀가 타인을 신뢰하는 것을 익힐 수 있도록 부모는 자녀의 욕구를 충족시키는 대상이 되어야 한다. 그러나 새로 부모가 된 사람, 특히 자신조차 미충족욕구를 가진 부모는 자녀와의 초기 관계에서 나타나는 일방성 때문에 좌절하게 된다(Collins et al., 1999: 66-68).

3) 학령 전 자녀가족

학령 전 시기는 아동이 기본적인 생활습관을 습득하고 행동반경이 넓어지며 환경에 대한 호기심을 갖고 적극적으로 탐구하는 시기다(유희정, 2001: 196). 운동기능이 향상됨에 따라 아동은 슈퍼영웅을 흉내 내는 등 온갖 시도를 해 본다. 그러나 아동은 아직 안전에 대한 의식이 부족하기 때문에, 부모의 감독이 부적절하면 아동이 위험해질 수 있다. 따라서 이 단계에서 부모는 아동의 안전을 보호하는 동시에 적절한 자극을 주어야 한다. 독립성을 격려하면서 아동을 보호하는 과업은 어려운 일이기는 하다. 이는 부모가 너무 많은 독립을 허용함으로써 아동을 위험에 처하게 하거나 혹은 너무 보호적이라서 발달을 저해할 수 있기 때문에 중요한 문제다.

이 시기에 부모의 에너지 수준이 문제될 수 있다. 특히 자녀 간의 터울이 짧을 때 부모의 에너지 고갈이 심각해질 수 있다. 가족역동에 있어서 동생의 출생은 첫 자녀에게는 반갑지 않은 일이고 형제자매 간에 경쟁의식이 생길 수 있으며, 이로 인해 부모의 스트레스가 가중될 수 있다.

이 발달단계 중, 아동은 점차 일, 놀이와 사랑을 강조하는 복잡한 사회관계를 발달시켜야 한다. 아동이 의미 있는 타인들과의 접촉을 통해서 부모로부터 점차 형제자매 그리고 또래집단으로 관계를 확장시키는 것이 가장 적합한 발달이다 (Collins et al., 1999: 68).

4) 학령기 자녀가족

첫 자녀가 학령기 연령에 도달하면 아동의 학교 및 과외활동에 따라 가족패턴은 다시 바뀐다. 이 단계의 가족과업에는 아동이 또래 그리고 부모 이외의 권위적인 인물과 협동적으로 상호작용하는 공적인 학습상황에 적응하도록 지지해 주는 것이 포함된다. 그리고 또 다른 과업은 학교환경에서 생존하는 데 필요한 기술과 태도를 습득하도록 돕는 것이다.

현대사회에서 학교에서의 성공은 인생의 성공과 직결된다. 부모는 학교에서 자녀가 잘 적응할 수 있도록 '학문적 문화(academic culture)' 를 조성하고 공부에 관한 긍정적인 태도를 표명해야 한다(Collins et al., 1999: 70). 부모는 아동이 학교라는 새로운 세상을 해석하는 데 도움을 주며, 무엇인가를 성취하였을 때 이를 강화해야 한다. 무엇보다도 부모는 아동이 자신의 학습에 대한 책임감을 발달시키도록 도와야 한다. 이와 동시에, 부모는 학교의 스트레스에서 벗어나 돌아올 수 있는 안전한 장소를 아동에게 제공해 줄 수 있어야 한다. 또한 이 단계에서 부모는 아동과 관여된 제도에 강하게 연계되어 있어야 한다. 학교와의 긴밀한 유대는 아동의 능력과 기술을 발달시키는 데 도움이 될 수 있다.

우리 사회의 교육제도는 아동기 자녀의 학교생활과 교육생활을 위해 어머니의 적극적인 참여를 요구하고, 이러한 역할을 활발히 수행하려면 어머니는 항상 대기상태여야 한다. 학벌을 중심으로 성취경쟁이 과열되어 온 한국사회에서, 중산층의 전업주부는 또래 자녀를 둔 어머니들끼리의 정보교환을 위한 사교활동에 나서고 자신들이 모은 정보를 바탕으로 각각 '내 자녀 우등생 만들기' 에 돌입한다. 그러나 지나치게 어린 시기의 과도한 인지자극은 아동의 성격이나 정서에 오히려 부정적 스트레스로 작용할 가능성이 매우 크며, 과도한 사교육비 지출은 가정경제를 압박하기도 한다. 반면, 맞벌이가족의 부모는 경제적으로는 많은 도움이 되지만 자녀의 학업을 적극적으로 도와주지 못한다는 죄책감에 시달리기도 한다. 한편, 저소득층의 부모는 스스로 부모역할을 제대로 하지 못한다고 생각하여 열등감 및 죄의식을 느낀다(이여봉, 2006: 210-211 참조).

5) 십 대 자녀가족

가족에게 있어서 흔히 청소년기는 혼란기다. 일반적으로 이 시기 가족의 과업은 청소년들이 성장하여 마침내 가족을 떠나 독립할 수 있는 기술을 습득하도록 돕는 것이다. 부모는 책임과 독립을 점차 허용하면서 일하는 데 필요한 습관이 발달되도록 보조한다.

청소년기는 모순의 시기다. 청소년은 성인기를 향해 고투하면서 그 이전의 모든 발달단계를 점검하게 된다. 청소년기의 과업에는 다른 사람에 대한 신뢰의 학습, 안정된 정체성의 확립, 생의 목적에 따른 궁금증 해결이 포함된다. 청소년들이 미래의 방향을 설정하는 과정에서 친밀감, 관계, 도덕성, 또래 유대 그리고 인생의 목적에 관한 질문들은 중요한 의미를 갖는다. 이 시기에는 부모로부터의 승인보다는 친구의 승인을 선호하기 때문에 또래 기준에 맞추어 행동한다. 청소년들이 또래와의 긴밀한 관계를 수립함에 따라 가족과의 유대는 느슨해지는데, 이는 일부 부모에게는 받아들이기 어려운 전환이다. 이 시기 부모는 어느 정도의 틀을 유지한 채로 독립을 위한 자녀들의 노력을 뒷받침해 주고 격려해야 하는 어려움을 겪는다(Collins et al., 1999: 70-72).

우리나라 부모가 청소년기 자녀에 대해 가지는 가장 큰 고민이자 관심거리는 역시 학업문제다. 그 외에도 성, 이성친구, 자녀의 비행(흡연, 알코올 · 약물복용 등) 문제 등이 있다(유희정, 2001). 청소년기 자녀를 둔 어머니의 경우, 자녀의 학업성취도에 따라 자신의 지위가 상승하는 듯한 대리만족감을 느끼기도 하고, 자녀의 학업성취도가 만족스럽지 않을 경우 자신의 인생 전체가 실패한 듯한 좌절감과 죄의식을 느끼기도 한다(이여봉, 2006: 217). 자녀의 교육문제로 고민하는 것은 한국사회의 모든 가족이 경험하는 공통된 현상이나, 계층적 차이가 있다. 즉, 안정된 중산계층의 부모는 가족의 모든 자원을 동원하여 자녀의 상급학교 진학을 적극 지원할 수 있는 시간적 여유와 정신적 · 물질적 자원을 소유하고 있다. 그러나 빈곤가정에서는 자녀의 학업지도를 방치할 수밖에 없고 게다가 무능한 아버지에 대한 원망과 동정, 온종일 일하고 집에 없는 어머니에 대한 반감과 연민 등을 경험한다. 또한 아버지가 자녀를 구타하거나 아버지와 싸워서 자녀가 가출하는 경우도 흔히 볼 수 있다(유희정, 2001: 198).

6) 자녀진수기 가족

청년이 독립함에 따라 가족의 규모가 축소되고 부모의 책임이 변화된다. 청소년은 영구히 집을 떠나는 것으로 귀결되는 일련의 점진적 단계를 거쳐서 독립을 하게 된다(Collins et al., 1999: 72). 자녀의 독립은 이 시기에 부부가 적응해야 할 중요한 과업이다. 가사와 양육에 소모되는 시간과 에너지는 급격히 감소하지만, 이와 함께 찾아오는 시간적 여유는 때로 상실감을 동반한다. 특히 자녀양육기 동안 가족에게만 전념해 온 중년의 전업주부는 제각기 짝을 찾아 떠나는 자녀들의 뒤에서 상실감을 맛볼 수도 있다(이여봉, 2006: 106 참조).

현재 한국사회에서 부모세대는 고속성장기에 경제활동을 해서 아직 경제적 능력을 소유하고 있는 반면, 불황으로 인한 취업난 때문에 자녀는 청년 중기까지도 경제적으로 부모에게 의존하는 경우가 흔하다. 현재의 한국 중산층 이상 가정에서는 자녀의 혼수 마련 역시 고스란히 부모의 부담으로 남아 있고, 이는 초로의 부모가 장성한 자녀의 미래를 위해 또 한 번의 경제적 투자를 해야 함을 의미한다. 자녀의 혼수 마련에 따른 부담 때문에 중산층 부모가 자신들의 노후를 준비할 여력이 소진된다(이여봉, 2006: 218 참조).

7) 중년기 부모 및 노년가족

자녀가 모두 떠난 이후 대개의 부부는 직장에서 은퇴하고 집안일 역시 크게 줄어들어서 다시금 서로를 바라볼 수 있는 여유가 생긴다. 평균기대수명이 늘어나면서 결혼지속연수가 평균적으로 길어진 반면, 소자녀화 덕분에 자녀를 양육해야 하는 기간은 짧아졌다. 이와 같은 가족주기의 변화는 자녀들을 출가시키고 난 후 부부가 둘이서 살아가는 기간을 연장시켰다(이여봉, 2006: 107).

이 시기 중년부부의 주요 과업은 부부로서 자신들을 재확립하는 것이다. 배우자관계에서 새로운 역할과 규칙을 발견하면서, 부부는 새롭게 연애단계에 접어들 수 있다. 그러나 이 단계는 그동안 부부를 함께 묶어 주었던 자녀가 없는 상태에서 같이 살아야 할 이유를 발견하지 못하는 부부에게는 힘든 시간이 될 수 있다(Collins et al., 1999: 73).

한편, 노년가족의 단계는 부부 중 한 사람이 사망할 때까지 지속된다. 가족주의를 중시하는 유교사상의 영향으로 자녀와 부모관계가 의존적이고, 노부모를 자녀가 부양하는 것이 효라는 가치관이 규범화되어 있는 우리 사회에서 자녀와의 관계 정립은 노후의 생활만족도, 심리적 안녕 등을 좌우하는 결정적인 요인으로 밝혀지고 있다(김태현 외, 1998; 유희정, 2001).

그리고 노년기의 부부는 질병과 죽음에 직면하게 된다. 부부 중 어느 한쪽이 만성질환으로 자리에 눕기 시작하면 부부간 역할구도는 변화를 겪을 수밖에 없다. 자녀 또는 사회적 자원의 도움을 받을 수 있으나 현실적으로 아픈 배우자 간병의 일차적 책임은 건강한 배우자의 몫이 될 가능성이 크다. 전통적인 역할분담에 기초하여 결혼생활을 유지해 온 부부에게 노년에 이르러 상대편이 해 오던 역할을 맡아야 하고 간병까지 해야 하는 상황은 상당한 스트레스를 유발한다(이여봉, 2006: 109-110 참조).

노년가족은 자신 또는 배우자의 죽음을 회피할 수 없으며 이에 따라 자신이나 배우자의 죽음에 적응하는 것은 또 하나의 불가피한 과업이다. 퀴블러 로스(Kübler-Ross)는 죽음이 닥쳤을 때 부인, 분노, 타협, 우울증 그리고 수용의 단계를 거쳐 죽음을 받아들이게 된다고 하였다(Kübler-Ross, 1969). 베커(Becker)는 임종 환자는 그들의 과거, 남아 있는 날들, 죽음 그리고 사후문제에 관하여 논의하기를 원하지만, 오히려 돌보는 사람과 가족이 이와 같이 무거운 주제에 직면할 준비가 되어 있지 않아서 회피한다고 지적하였다(Becker, 2001: 54). 죽음은 인생의 끝과 상실에 대한 괴로움 및 두려움에도 불구하고, 죽어 가는 당사자에게 인생을 마무리할 수 있는 기회를 주고 주변의 가까운 사람들과 관계를 정리할 수 있도록 한다. 이는 또한 남아 있는 가족이 가족구성원이 떠난 자리를 큰 동요 없이 극복할 수 있도록 해 주기도 한다(이여봉, 2006: 111 참조).

이상에서 가족생활주기 및 특성을 살펴보았다. 콜린스 등은 가족생활주기 단계 및 이에 따른 주요 과업을 〈표 2-4〉와 같이 제시하였다.

표 2-4 가족생활주기 단계 및 주요 과업

단 계	가족 과업
1. 결혼	• 관계에 헌신하기 • 역할과 규칙 형성하기 • 원가족에서 분리하면서 부부로서 차별화하기 • 구체적이고 개인적인 욕구와 관련하여 타협하고 협상하기
2. 학령 전 자녀가족	• 부부단위를 삼각형으로 재안정시키기 • 자녀를 수용하고 가족에 통합시키기 • 서로에 대한 그리고 일에 대한 관계 재고하기
3. 학령기 자녀가족	• 보다 많은 독립 허용하기 • 새로운 사회적 제도를 수용할 수 있도록 가족경계 열기 • 역할변화를 이해하고 수용하기
4. 십 대 자녀가족	• 경계를 조정하여 십 대의 독립에 대처하기 • 개인의 자율성에 대한 새로운 개념에 적응하기 • 규칙변화, 한계 설정 및 역할 타협
5. 자녀진수기 가족	• 십 대에게 학업과 직업훈련을 통하여 독립된 생활 준비시키기 • 청년의 독립 수용하기
6. 중년기 부모	• 빈 둥지(empty nest)에 적응하기
7. 노년가족	• 손자녀 및 자녀의 배우자들과 관여하기 • 노화문제에 대처하기

출처: Collins, D., Jordan, C., & Coleman, H. (1999), p. 63에서 재인용.

제 3 장

가족복지 실천방법론

가족사회사업은 가족복지의 대표적 실천방법론의 하나로, 초점이 넓어 개인의 인성과 사회체계의 복잡한 상호관계를 강조한다. 이와 같은 가족사회사업은 가족의 일상생활에서 분명하게 규정된 구체적 사건과 상호작용에 초점을 맞춘다는 점에서 공식적인 사무실 환경에서 수행되고 가족기능과 관계의 추상적 패턴과 구조에 관심을 쏟는 가족치료와는 차이가 있다(Collins, Jordan, & Coleman, 1999: 6 참조).

가족사회사업과 같은 맥락에서 가족을 지원하는 구체적 서비스 모델들이 1980년대 이래 발달되어 왔다. 이 중 가족지원 서비스는 예방적 차원에서 모든 가족을 대상으로 한다는 특성을 가진 반면, 가족중심 서비스는 요보호가족이 주 대상이다. 가족중심 서비스는 가족기반 서비스, 가정기반 서비스 혹은 가족보존 서비스라는 용어와 혼용되어 왔다(Ronnau, 2001: 36).

한편, 가족치료는 1950년대 이후 발달하기 시작하였고 나단 애커먼(Nathan Ackerman), 머레이 보웬(Murray Bowen), 제이 헤일리(Jay Haley), 버지니아 사티어(Virginia Satir), 살바도르 미누친(Salvador Minuchin) 등이 대표적인 선구자들이다. 최근에는 포스트모더니즘과 사회구성주의이론의 영향을 받아 해결중심치료, 이야기치료 등이 관심을 모으고 있다(김유숙, 2002; 박태영, 2001; Nichols & Schwartz, 2005).

따라서 이 장에서는 우선 가족복지의 대표적 실천방법론으로서 가족사회사업에 대해서 살펴보고자 한다. 다음으로 구체적인 서비스 모델로서 예방적 차원의 가족지원 서비스와 요보호가족을 주 대상으로 하는 가족중심 서비스에 대해 소개하고자 한다. 마지막으로 가족치료의 주요 모델에 대하여 간략히 살펴보도록 한다.

제1절 가족사회사업

1. 가족사회사업의 목적 및 특성

1) 가족사회사업의 목적

가족사회사업은 모든 가족구성원의 발달적 · 정서적 욕구를 충족시키면서 가족이 보다 완전하게 기능하는 것을 습득시키는 데 일차적인 목적이 있으며 구체적 목적은 다음과 같다(Collins et al., 1999: 2).

- 가족이 변화(혹은 개입)에 대한 준비를 갖추도록 가족의 강점을 강화시키는 것
- 가족이 효과적인 가족기능을 유지할 수 있도록 가족치료 이후 추가 지원을 제공하는 것
- 효과적이고 만족스러운 일상생활을 유지하기 위해서 가족기능에 구체적 변화를 창출하는 것

2) 가족사회사업의 특성

가족사회사업은 가족의 일상생활과 일상환경에 관심을 가지고 있다는 점에서 가정과 지역사회에 기반을 두고 있다. 가정은 문제가 발생하는 곳이기도 하지만 해결책을 모색하는 환경이기도 하다. 가족사회복지사는 일차적으로 클라이언트 가족의 가정 혹은 지역사회에서 업무를 수행하기 때문에, 일상환경에 문제가 있는 가족의 삶에 즉각적인 변화를 가져올 수 있다. 총체주의적 철학(wholistic philosophy)을 바탕으로 하는 가족사회사업은 가족구성원을 가족단위에서 분리하고 사회적 맥락과 동떨어진 채 개별적으로 상담하는 전통적 접근과는 차별화된다. 이와 같은 가정을 토대로 가족사회사업에서 가족중심적 접근은 필수적일 뿐만 아니라 실제적이다.

가족사회복지사는 도움받기를 꺼려 하거나 접근하기 어려운 가족을 쉽게 도와줄 수 있는 위치에 있다. 대체적으로 가족은 일상환경에서 보다 안전하게 느끼

며 가정에서는 보다 편하게 사회복지사와 상호작용할 것이다. 가족의 입장에서 볼 때, 내가 살고 있는 터전에서 도움을 받는 것은 파트너십 관계의 구축과 원조과정에 보다 적극적으로 참여하게 한다. 또한 이는 가족이 스스로의 삶을 형성토록 하는 변화, 즉 가족을 임파워먼트하는 효과가 있다.

가족이 지역사회에서 비공식적 · 공식적 지지망을 규명하고 육성하도록 돕는 것은 가족기능의 향상 및 유지에 중요하다. 그러므로 가족사회사업의 궁극적 목적은 지지, 교육 그리고 새로운 기술의 발달을 통해서 가족구성원에게 보다 건강하고 만족스러운 환경을 발달시키는 것이다. 가족사회사업에서 특정 가족구성원의 욕구가 다른 구성원의 욕구를 우선해서는 안 되며(Collins et al., 1999: 2-4; Johnson, 1986), 이는 가족사회복지사에게 당면한 문제다. 다시 말해서, 가족사회복지사는 가족과 일하면서 모든 가족구성원의 권리와 욕구가 충족되도록 노력해야 한다.

2. 가족사회복지사의 역할

최근 사회복지실천 분야에서는 클라이언트의 자기결정의 원칙을 중요시할 뿐 아니라 관계형성단계부터 클라이언트의 임파워먼트를 강조하고 계획된 변화과정의 파트너로 간주하는 경향이 있다. 이런 경향은 가족사회사업에서도 그대로 적용된다. 가족사회복지사의 역할은 가족에게 효과적인 도움을 줄 수 있는 방법에 대한 인식의 변화와 맥을 같이하고 있으며, 이에 따라 가족은 더 이상 수동적인 수혜자가 아니고 전체 변화과정의 적극적인 동반자와 참여자로 인식되고 있다. 이를 토대로 가족사회복지사는 다음과 같은 역할을 수행한다(Collins et al., 1999: 8-10).

- 감정이입적 지지자의 역할: 가족사회복지사는 가족의 한계점 또는 자원의 결핍을 인지하되, 가족강점을 규명하고 강화하는 철학에 토대를 두어야 한다. 강점에 대한 인식은 가족사회복지사가 가족에 관여하고 결속감을 발달시키도록 해 주며, 이는 다시 클라이언트가족에게 변화에 대한 동기를 부여

하고 변화 가능성에 대한 희망을 준다. 가족이라면 모두 강점을 가지고 있는데, 때로 사회복지사가 역기능과 병리, 심지어 가족문제에 일차적 초점을 두어 역기능을 강화시키는 오류를 범하기도 한다.

- 교사/훈련가의 역할: 이 역할에서 가족사회복지사는 가족에게 결핍되어 있는 것 혹은 기술이나 지식이 부족한 영역을 육성한다. 가족문제를 병리의 증거라기보다는 기술결핍의 결과라는 관점에서 접근한다면, 가족은 비방어적인 태도로 문제해결에 참여한다. 문제 영역에는 커뮤니케이션, 부모기술, 문제해결, 분노관리, 갈등해결, 가치명료화, 금전관리, 일상생활기술 등이 포함된다.
- 자문가의 역할: 이는 가족에게 특정 문제에 관해 조언을 주는 역할이다. 예를 들어, 전반적으로 기능적인 가족일지라도 청소년기 자녀를 다루는 데 어려움을 경험할 수 있으며 이에 대해 구체적으로 도움이 필요하다.
- 가능케 하는 자의 역할: 이 역할을 통해 가족사회복지사의 도움 없이는 접하지 못했을 기회를 줄 수 있다. 예를 들어, 가족에게 이용 가능한 자원을 알려 주고 이들이 서비스를 이용할 수 있도록 돕는 것은 가족을 임파워먼트하는 효과가 있으며, 과업을 완수함으로써 형성되는 임파워먼트는 후속 과업의 성공 가능성을 높여 준다.
- 동원가의 역할: 가족사회복지사는 원조체계와 지지망에 대한 지식을 토대로 가족이 다양한 지역사회 집단과 자원의 서비스를 받도록 이것들을 활성화시키고 관리한다.
- 중재자의 역할: 가족사회복지사는 가족과 지역사회 간 갈등이 있거나 혹은 가족구성원 간에 갈등이 있을 때 이를 중재한다.
- 옹호자의 역할: 가족사회복지사는 가족의 편에 서서 그들의 입장을 대변하는 역할을 수행한다.

표 3-1 사례로 본 가족사회복지사의 역할

사례1: 명호를 만나 오늘 무엇을 하며 지냈는지 묻자, 오늘도 친구들이랑 싸웠다며 속상해하였다. 사회복지사는 어머니와 담임교사로부터 명호가 친구들을 귀찮게 하고 물건을 가져가 망가뜨려 매일 싸운다는 얘기를 종종 들었다. "오늘 친구랑 싸워서 많이 속상하겠다." 명호의 감정과 기분을 읽어 주자, 명호는 친구관계에서 힘들었던 일들을 이야기하였다. 다른 조언을 하지 않고 명호의 이야기만 10분 넘도록 계속 들어주었더니 "어휴~ 이제야 억울한 게 풀렸네~ 기분 좋아졌어요."라고 하였다. 이후 명호는 "근데요. 저 친구들이랑 사이좋게 지내고 싶어요. 내일 제가 먼저 가서 친구한테 말할 거예요."라고 하였다(감정이입적 지지자의 역할).

사례2: 연지는 다른 아이들보다 뚱뚱해서 빈혈이 있을 것이라고는 생각하지 못했다. 지역아동센터에서 실시하였던 건강검진 결과 연지는 불균형적인 영양상태로 빈혈을 앓고 있음이 판명되었다. 연지의 부모는 겉모습만 보고 건강하다고 믿었는데, 빈혈이라는 말에 걱정을 많이 하였다. 영양을 고려한 바른 식습관에 관한 교육을 하여 인스턴트 위주로 먹던 식탁에 변화가 생겼다(교사/훈련가의 역할).

사례3: 호진이는 어머니와 동생과 함께 살고 있다. 국민기초생활수급자인 어머니는 자활근로로 생계를 유지하고 있다. 국민기초생활수급제도 외에 어떠한 형태의 지원에 대해서도 전혀 알지 못했던 어머니는 사회복지사가 제공한 지역사회자원에 관한 정보를 갖게 되면서 이용 가능한 복지관 등의 자원을 적극적으로 활용하였다(가능케 하는 자의 역할).

사례4: 석준이 형제는 아버지가 야간 일을 하시고, 밤 시간에 돌봐 줄 어른이 전혀 없어 위험에 심각하게 노출되어 있었다. 아동보호전문기관과 협력하여 방학 중 머무를 수 있는 단기쉼터를 소개받아 입소를 도왔다(동원가의 역할).

사례5: 현호 어머니가 갑자기 쓰러져 응급실에 입원했을 때 아버지는 의사에게 어머니의 상태가 어떤지 물어보고 싶어 하였다. 그러나 응급실의 긴급한 상황에서 누구에게 물어보아야 할지 모르겠고, 의료진이 전혀 신경 쓰지 않아 며칠 동안 속병을 앓았다. 사회복지사는 주치의가 보호자에게 3일 동안 한 차례도 환자상태를 알리는 상담을 하지 않은 불합리에 대해 항의하였다. 이후 담당의는 보호자인 아버지에게 연락하였고, 어머니의 상황을 지속적으로 알려 주었다(옹호자의 역할).

출처: 강명순 외 부스러기사랑나눔회 지역사회복지사 팀(2008), pp. 155-209.

3. 가족사회사업의 가정

가족사회사업에는 가족에 대한 효과적인 가정들이 있으며, 여기에는 가정기반의 지지, 가족중심의 철학, 위기개입의 중요성, 가족의 교육 가능성, 생태학적 접근이 포함된다. 이를 보다 구체적으로 살펴보면 다음과 같다(Collins et al., 1999: 11-16).

- 가정기반의 지지는 몇 가지 장점이 있다. 첫째, 가족기능을 사무실에서 사정하는 것보다 가정을 기반으로 하여 사정하면 보다 정확하다. 둘째, 사무실중심의 개입은 그 효과가 가정과 지역사회로 전환되는가에 대한 의문이 있었는데, 가정기반의 개입은 문제가 발생하는 장소에서 개입한다는 점에서 보다 생산적이다. 셋째, 가정기반 서비스는 운송수단의 결여 그리고 약속 불이행과 같은 치료의 장애요인을 극복하는 데 도움이 된다. 나아가, 가정기반 서비스는 보다 넓은 범주의 클라이언트, 특히 불리한 위치에 있거나 장애를 가진 클라이언트에게까지 접근 가능하며, 중도탈락이 감소되고, 모든 가족구성원에게 비교적 쉽게 관여할 수 있으며, 가정은 개입의 자연적 환경이라는 장점을 가진다.
- 가족중심의 철학은 가족사회사업에 있어서 가족이 치료의 중심축이라는 믿음으로서, 이는 여러 가지 이점이 있다. 예를 들어, 가족중심 개입은 개입목표였던 아동에게만 효과가 국한되지 않는다. 즉, 부모가 개입과정에서 습득한 부모기술을 다른 자녀에게 적용할 수 있다는 점에서 예방 효과가 있다. 그리고 개입목표가 아니었던 형제에게까지 확대되는 '형제 일반화(sibling generalization)' 효과를 기대할 수 있다.
- 가족사회복지사는 스트레스 사건 동안 가족에게 위기개입을 한다. 시간제한적 위기개입은 가족사회사업의 주요 요소이며, 위기상황에서 가족에 대한 '현장' 지원을 가능케 한다. 가족에 대한 위기개입은 위기를 해소하고 가족의 적응적 대처기술을 발달시킨다는 목적을 지니며, 문제해결과 의사결정에 초점을 둔다. 위기개입을 통하여 가족사회복지사는 가족이 경험하는 구체적이고 실제적인 문제해결을 돕는 과정에서 현재의 위기 극복뿐 아니라 새로운 성장과 보다 나은 대처를 추구한다.
- 가족사회복지사는 부모기술, 아동관리기술과 같이 가족구성원의 기술향상을 돕는다. 여기에는 효과적 행동의 강화, 분노조절, 타임아웃기법, 역할극

을 통한 긍정적 행동훈련, 사회기술훈련, 이완기법훈련, 부모기술과 아동관리기법의 훈련 등이 포함된다. 부모기술훈련은 학대를 근절하고 아동의 행동을 긍정적 방식으로 변화시킨다는 효과성이 밝혀졌다. 특히 학대와 행동문제는 가족사회복지사가 가족에 개입하는 주요 원인이 되고 있다.

- 사회복지 분야 및 타 전문 분야에서 생태학적인 접근의 중요성이 인지되어 왔으며, 이는 주변부에 있는 가족에 대한 개입에 보다 적합하다. 가족의 사회적 맥락은 위험과 동시에 기회를 제공할 수 있다는 점에서 가족사회복지사는 가족을 통합적으로 이해하기 위해 생태적 위험과 기회의 잠재적 출처를 규명해야 한다. 또한 가족사회복지사는 가족구성원이 가족 내에서 수행하는 역할과 가족 외부에서 수행하는 역할 사이에 갈등이 없는지 살펴보아야 한다. 흔히 가족의 내적 기능이나 사회적 환경 중에서 어느 하나에만 초점을 두는 오류를 범하기 쉽지만, 효과적인 가족사회사업은 가족과 사회환경 모두에서 강점과 자원을 규명하고 이 양자를 연계시킨다.

제2절 가족지원 모델

1. 가족지원운동의 역사적 배경

싱어(Singer)와 파워즈(Powers)에 의하면, 가족지원운동(family support movement)은 이혼율의 급증, 경제적 위기, 여성의 경제활동참여 증가 등으로 가족의 보호기능이 위태로워진 시점에서 가족의 전통적인 보호제공의 역할을 강화시키기 위한 풀뿌리적 노력에서 출발한 것이다(Singer & Powers, 1993: 2-3). 미국에서 이 운동은 여러 분야에서 점진적으로 대두되었는데, 아동복지 분야가 대표적이다. 1970년대 이래 아동에 대한 개입은 가족과 지역사회 맥락에서 접근해야 한다는 인식이 형성되었다. 다른 한편, 노인복지 분야에서도 양로원에 대한 대안이 모색되고 가능하면 노인이 자신의 집에서 생활하거나 가족구성원들과 함께 생활할 수 있도록 보조하는 지원 서비스에 대한 요청이 대두되었다.

그 외에도 의료가 발달함에 따라 가정에서 의료기구에 의존하여 생존해 나가는 환자가족을 위한 지원 서비스에 대한 욕구도 증대하였다.

가족지원운동의 이념은 잔여주의적 전통에서 크게 벗어나 모든 가족이 강점을 가지고 있음을 강조한다. 가족지원 모델에서는 적절한 여건이 주어지면 가족은 변화하고 성장할 능력을 가지고 있다고 전제한다. 또한 이는 장애, 고령 등과 같이 보호가 필요한 가족구성원도 가족과 지역사회에 긍정적인 기여를 할 수 있다고 간주한다. 사회복지사는 가족을 경직된 프로그램에 맞추지 않고 자원을 규명하여 이를 가족욕구에 따라 적절하게 연계시키고자 한다. 덧붙여, 사회복지사와 가족구성원의 관계는 평등한 파트너십이며 궁극적인 의사결정의 권한은 가족에게 있다는 것을 인지하고 있어야 한다.

2. 가족지원 모델

앞서 가족지원운동의 역사적 배경과 원칙을 알아보았는데, 여기에서는 가족복지 실천현장에서 가족지원의 전달체계가 어떤 방향으로 수립될 수 있는지를 살펴보고자 한다. 레온(Leon)에 의하면 가족지원 모델은 사회복지실천의 가치와 원칙을 공유하며 가족을 지지하는 협동적 모델이며, 그 특성은 다음과 같다(Leon, 1999: 14-24).

1) 생애주기에 걸친 서비스

사회복지실천과 가족지원 모델은 '환경 속의 개인' 의 개념, 발달욕구를 충족시키기 위한 전 생애주기에 걸친 서비스, 가족체계에 대한 강조를 공유하고 있다. 생애주기의 각 발달단계는 성장의 기회가 되기도 하지만 때로 발달을 저해하기도 한다. 모든 개인을 발달적 측면에서 고유하다는 점에서 서비스 전달은 가족체계 내의 개인의 욕구에 따라 개별화되어야 한다. 예를 들어, 지배(mastery)와 자아존중감 문제를 경험하고 있는 10세 아동을 위한 서비스는 독립성을 추구하는 17세 청소년에게 필요한 서비스와는 차별화되어야 한다.

2) 강점 관점과 임파워먼트

강점 관점과 임파워먼트의 개념은 사회복지이론에 내재되어 있으며 가족지원 모델이 중요시하는 개념이다. 강점 관점의 준거틀에는 클라이언트 자원과 지역사회 자원을 규명하고 이의 활용을 촉진하는 사회복지사와 클라이언트의 상호작용이 내재되어 있다. 사회복지사는 클라이언트체계(가족 혹은 지역사회)와 관계를 형성하고, 문제를 중심으로 클라이언트체계를 규명하는 것이 아닌 체계의 자질과 기술을 토대로 접근한다. 이런 접근법의 차이는 사회복지사가 사용하는 전문용어에도 반영되고 있다. 즉, 강점중심 모델은 임파워먼트, 탄력성 그리고 강점과 같은 용어를 선호하며, 이는 클라이언트의 자질과 자원을 반영하고 있다.

3) 서비스의 통합 및 생물-심리사회적 접근

생물-심리사회적 접근(bio-psychosocial approach)은 모든 클라이언트체계(개인, 가족, 집단, 지역사회)가 생물학적 · 심리학적 · 사회적 요인의 영향을 받는 다면적 특성을 가진다고 간주한다. 이 접근은 사회복지실천의 고유한 특성을 반영하는 동시에 가족지원 모델과 통합된다. 이 관점에 의하면, 클라이언트의 문제는 복잡하고 대체적으로 한 가지 이상의 클라이언트 기능과 관련되어 있으며, 전체 클라이언트체계와 관련된 다차원적 개입이 필요하다.

4) 협동적 파트너십

의료, 정신보건, 학교 그리고 지역사회 환경의 공동 노력은 전체 클라이언트체계에 효과적으로 서비스를 제공하는 방식이다. 협동적 파트너십을 통해 클라이언트를 위한 네트워크를 형성하고 '윈-윈(win-win)' 상황을 조성하는 노력이 필요하다. 협동적 관계는 자원, 인력, 책임 그리고 비용을 나눌 수 있다는 장점이 있다. 무엇보다도, 협동적 파트너십은 아동과 가족에게 통합 · 조정된 서비스를 제공할 수 있는 기회가 많아진다. 가족지원 모델은 협동적 파트너십을 통해서 통합되고 조정된 지역사회중심의 서비스를 제공하고자 한다.

5) 공식적 · 비공식적 지역사회 자원

지역사회에 존재하는 공식적 · 비공식적 자원을 규명하고 이를 새로운 서비스 전달체계와 통합하는 것이 중요하다. 예를 들어, 사회복지활동에 관심을 가진 교회는 공식적 지역사회 자원으로 활용될 수 있다. 그리고 다양한 재능과 기술을 가진 자원봉사자들은 지역사회의 비공식적 자원에 해당한다.

6) 통합적 요소로서의 결과 측정

최근 사회복지실천 분야에서 서비스 전달의 결과 측정에 대한 필요성이 점차 강조되고 있다. 이는 프로그램 평가와 효율성이 기금수혜 여부에 커다란 영향을 미치기 때문이다. 후원기관이 서비스 전달의 효과성을 지속적으로 요구함에 따라, 보다 많은 사회복지기관이 비용과 관련된 결과 측정과 서비스 효과성 측정을 서비스 전달체계의 통합적 요소로 간주하고 있다.

제3절 가족중심 서비스

1. 역사적 배경

가족중심 서비스는 전통적인 아동복지 서비스, 특히 위탁보호에 대한 비판에서 비롯되었다. 1960년대와 1970년대 아동복지 분야에서는 서비스의 질, 특히 위탁보호에 대한 비판이 강력하게 제기되었다. 보다 구체적으로 가정에서 보호되거나 아니면 규제가 심하지 않은 시설에서 생활해도 될 아동들이 위탁보호나 소년원, 수용치료센터 등에 배치되었을 뿐만 아니라, 대체시설에는 아동에 대한 전문적인 보호계획이 부재하였고 그 결과 불필요한 장기 위탁보호나 위탁가정을 전전하게 되는 문제를 가져왔다. 그 외에도 위탁보호 대상아동의 증가 및 이에 따른 비용의 증대, 대체보호의 부정적 효과에 대한 우려, 위탁보호 예방이 가능하다는 믿음, 탈시설화 경향 등이 위탁보호를 예방하는 프로그램의 개발을 촉진시켰다.

가족중심 서비스는 보다 빨리, 보다 집중적인 서비스를 제공한다면 많은 아동이 가정에서 보호될 수 있다고 가정한다. 「1980년의 입양보조 및 아동복지법(Adoption Assistance and Child Welfare Act of 1980)」은 가족보존 서비스를 촉진시키는 데 기여하였다. 이 법은 가족해체를 예방하기 위한, 분리된 가족을 재결합시키기 위한, 그리고 아동이 가족과 재결합할 수 없다면 영구적 환경에 아동을 배치하기 위한 '합리적 노력'을 요구한다. 아직까지 합리적 노력의 기준은 불분명하지만, 점차 가족보존 서비스는 가족에게 이용 가능한 일련의 예방적 재결합 서비스에 포함되고 있다.

가족보존 서비스는 1980년대 중반 이래 발전해 왔지만 사회복지실천에서 이 서비스 자체는 낯설지 않다. 가족보존 서비스의 방법론적 · 이념적 유래는 자선조직협회와 인보관운동에서 찾아볼 수 있다. 19세기 말에서 20세기 초, 자조와 미국사회에 대한 동화를 증진시키기 위해서 이민자와 저소득가족의 가정에 서비스를 제공하였던 자선조직협회(Charity Organization Society: COS)의 '우애방문원' 은 가족중심 서비스의 선구자라고 할 수 있다. 우애방문원은 식품이나 연료지원, 법적지원, 복지후원금, 의료보호, 교육보조 등을 제공하였다. 그리고 1800년대와 1900년대 초기의 인보관운동(Settlement House Movement)은 가정기반 서비스는 아니었지만 가족이 자족할 수 있도록 도움을 주었다. 인보관은 흔히 도시에 위치하여 이민자와 저소득가족에게 서비스를 제공하였는데, 이 서비스는 개별사회사업, 탁아, 교육, 레크리에이션, 건강보호, 법적 보조 및 지역사회 행동이었다.

가장 초기의 가족보존 프로젝트는 1949년에 복합적 문제를 가진 가족에게 집중적인 가정기반 접근을 시도한 세인트 폴 가족센터 프로젝트이며, 이는 오늘날의 가족보존 서비스와 관점이 비슷했다. 1970년대에는 일련의 예방적 서비스 프로그램이 도입되었고, 가정기반 서비스의 개념이 위탁보호의 대안적 개념으로 대두되었다. 가장 대표적인 프로그램은 1974년 워싱턴 주 타코마의 가톨릭 지역사회에서 위탁보호와 정신병원 입원에 대한 대안으로 개발되었던 시간제한적이고 집중적인 가정기반 서비스인 가정구축 프로그램(the Homebuilders program)이다(Pecora, Reed-Aschcraft, & Kirk, 2001: 6-14).

한편, 우리나라의 부스러기사랑나눔회에서 실시해 온 지역사회복지사 파견사업은 일종의 가족보존 서비스라고 볼 수 있다. 이 사업은 강점중심, 통합적 실천, 가족과 지역사회중심의 실천을 목표로 하고 있다(부스러기사랑나눔회 지역사회복지사, 2005: 21 참조).

2. 가족중심 서비스

가족중심 서비스는 문제가 있는 가족을 위한 사례관리, 상담/치료, 교육, 기술구축, 옹호, 구체적 서비스 제공(주거, 음식, 의복 등)과 같은 일련의 서비스를 말한다. 이는 가족보존 서비스 혹은 가족기반 서비스라고 불리기도 하며, 주로 아동복지기관에서 활용되고 있다. 최근 가족중심 서비스는 소년범죄, 발달장애, 입양 그리고 위탁보호 재결합 프로그램 등 새로운 서비스 영역을 도모하고 있다.

프로그램의 설계와 구체적인 개입방법에는 각기 차이가 있지만, 대다수 프로그램은 다음과 같은 특성 중에서 일부 혹은 전체를 가지고 있다.

- 주 책임 사회복지사 혹은 사례관리자가 가족과 지지적이며 임파워먼트적인 관계를 수립하고 유지한다.
- 광범위한 원조 선택사항(예: 음식, 교통수단과 같은 구체적 형태의 지지적 서비스들이 임상적 서비스와 함께 제공될 수 있다)이 사용된다.
- 사회복지사의 담당사례는 두 가족에서 열두 가족의 수준에서 유지된다.
- 한 명 혹은 그 이상의 보조 사회복지사가 팀 구성원으로서 일하거나 주 책임 사회복지사를 보조한다.
- 사회복지사(혹은 보조 사회복지사)는 위기 전화 혹은 응급 시에는 하루 24시간 이용 가능하다.
- 가정은 일차적 서비스 환경이며 가족, 확대가족, 이웃, 지역사회를 포함한 자연적 원조 자원이 최대한 활용된다.
- 부모는 일차적 보호제공자, 양육자, 교육자로서 가족에 대한 책임이 있다.
- 서비스의 제공은 대개 1~4개월 정도로 기간을 제한한다(Pecora et al., 2001: 4).

표 3-2 가족중심 서비스의 실천사례

지역사회복지사 파견사업의 목적	지역사회복지사 파견사업은 빈곤지역의 지역아동센터를 이용하는 아동 중 정서, 적응, 교육, 건강, 경제 등 사회복지적 지원이 필요한 아동과 가족을 대상으로 한다. 이는 생태체계적 관점에서 개인–가족–지역사회 차원의 사회복지 서비스를 제공하여 빈곤해체가정의 아동과 가족이 스스로 문제해결의 주체가 되어 그들이 거주하고 있는 지역사회가 사회안전망의 역할을 수행할 수 있도록 지원함을 목적으로 한다.
지역사회복지사의 역할	지역사회복지사는 연간 17~20건의 사례를 담당하고 그 역할은 다음과 같다. ① 사례관리자 역할을 한다. • 아동의 가족을 중요한 체계로 인식하고 참여시킨다. • 아동의 욕구를 충족시키고 문제를 해결하는 데 도움이 되는 지역사회 내의 서비스와 자원을 확인하여 연계한다. • 아동과 가족에게 필요한 서비스를 지속적으로 평가하기 위해 팀 단위의 접근법을 활용한다. • 서비스를 조정한다. ② 직접적인 서비스 제공자 역할을 한다. • 문제해결을 위해 도움이 되는 상담을 한다. • 정기적인 가정방문과 집안에서 활용할 수 있는 양육기술이나 정보를 제공하고 교육한다. • 학교나 병원, 동사무소 등에 필요한 서비스를 요청할 시 대변자로서의 역할을 수행한다. • 가족들과 관련기관들 사이에서 공통의 기반을 확인시키고 공통의 목표를 활성화시킨다.

출처: 부스러기사랑나눔회 지역사회복지사(2005), pp. 35-37 참조.

3. 가족중심 가치의 적용 및 함의

가족중심 서비스의 가치가 아무리 이상적이라고 하더라도 이를 실천에 옮길 수 없다면 그 의의는 퇴색될 수밖에 없다. 가치는 가족중심 서비스에서 실천의 준거틀 역할을 수행할 수 있어야 한다. 여기에서는 가족중심 서비스의 가치가 어떻게 실천에 적용될 수 있는지 그리고 어떠한 함의 혹은 한계점을 가지고 있는지를 살펴보고자 한다(Ronnau, 2001: 45-51).

• 가족은 아동발달에 기본적인 역할을 담당한다.

가족중심 서비스 실무자는 '가족' 이 아동에게 어떤 가치가 있는지를 이해하고 접근해야 한다. 먼저 아동에게는 가족구성원들이 유일한 원가족임을 인식해야 한다. 과거에는 아동을 문제가족으로부터 격리시키는 것이 일반적인 대응방법이었으나, 아동과 가족 간의 관계 단절은 신중하게 고려되어야 하며, 외상이 적고 손상이 덜한 대안들이 우선적으로 모색되어야 한다. 설사 가족으로부터의 격리가 불가피할지라도 가장 해가 적고 가족의 통합을 최대한 유지할 수 있는 방식으로 접근해야 한다. 예를 들면, 아동을 부모와 격리시켜야 할 경우 안전하고 건강한 친족에게 위탁보호를 맡기는 방법이나 가족의 방문이 용이하도록 접근성을 배려하는 위탁보호 배치를 할 수 있다.

가족중심 또는 가족보존 서비스의 최악의 상황은 가족을 보존하기 위해 아동을 위험에 처하게 하는 것이다. 안전이 보장될 수만 있다면 아동을 가족과 격리시키지 말아야 하는 것은 자명하지만, 필요하다면 위험에 처한 아동이나 가족구성원을 위험으로부터 격리 · 보호해야 한다. 아동을 위험으로부터 보호하는 것과 가족을 보존하는 것이 서로를 배제한 채로 강조될 때, 아동이나 가족에 대한 위험은 더 커진다. 따라서 아동복지의 사정, 특히 위험영역에 대한 사정절차를 개선하기 위한 끊임없는 노력이 필요하다. 위험에 처한 아동과 취약한 가족구성원에 대한 보호는 가족중심 서비스의 최우선 과제였으며 앞으로도 마찬가지다.

• 가족은 체계의 일부다.

가족중심 서비스에 체계 준거틀을 적용하는 것은 큰 의미가 있다. 항상성, 경계, 하위체계 그리고 동등종결과 같은 체계의 개념들은 사회복지사가 복잡한 상황을 이해하고 효과적으로 개입하는 데 도움이 될 수 있다. 무엇보다도 체계관점은 가족을 둘러싼 환경을 사정하는 데 유용하다. 때로는 가족에게 문제가 있는 것이 아니라 외부환경이 가족의 욕구 충족의 장애요인이 될 수도 있으며, 이 경우 변화노력의 초점을 환경에 맞추어야 한다.

반면에 체계관점의 약점은 복잡성에 있다. 즉, 상호 관련된 복잡한 체계에서 개입의 초점을 어디에 두어야 하는가 하는 어려움이 있다. 그리고 체계관점의 적용은 비밀보장에 대한 문제를 유발한다. 다시 말해서, 더 많은 기관이 관여할 수록 보다 많은 사람이 가족에 대한 사적 정보를 접하게 된다는 문제점이 있다.

• **클라이언트는 동료다.**

가족구성원은 원조과정에서 모든 권리와 특권과 책임성을 갖는 완전한 파트너다. 사회복지사는 원조과정에 가족구성원이 충분히 참여할 수 있도록 훈련 및 준비시키는 데 시간과 노력을 아낌없이 투자해야 한다. 가족구성원은 원조과정에 참여해 본 경험이 거의 없고 기술도 부족하다는 점에서 사회복지사는 가족의 시큰둥한 초기 반응에 실망할 필요는 없다.

클라이언트를 동료로 대하는 것은 어렵고도 시간이 걸리는 과정이다. 때로 클라이언트에게 목적 설정이나 우선순위를 결정하는 권한을 주었을 때 방향이 빗나갈 수 있다. 이는 학습기회로 간주할 수 있겠지만 시간낭비의 가능성은 피할 수 없다.

• **강점이 강조되어야 한다.**

전통적인 사회복지실천은 결함 모델을 토대로 하고 있어서 사회복지사는 클라이언트의 문제를 찾고 이를 고치는 데 많은 에너지를 소모하였다. 반면, 강점 관점에 의한 접근은 가족구성원의 강점들을 찾아내어 강화시키는 데 초점을 둔다. 강점에는 소질, 능력, 취미, 부모로서의 책임 수행, 꿈, 포부뿐 아니라 친구, 이웃 그리고 친척과의 관계까지 포함된다. 모든 강점은 가족의 욕구를 충족시키는 중요한 자원이 될 수 있다.

그러나 대다수 클라이언트 가족은 약물남용, 신체적 학대 혹은 방임 등의 복합적인 문제를 갖고 있다. 강점 관점의 실천은커녕 이들 가족을 참여토록 하는 것조차 어려운 과업일 수 있다. 이런 견지에서 볼 때 강점 관점의 실천은 말처럼 쉬운 것은 아니며, 기술과 연습 그리고 인내력이 필요한 어려운 도전이라고 할 수 있다.

• **가정이 가장 중요한 환경이다.**

가족중심 접근은 사무실에서 가족을 만나는 것을 배제하지는 않지만, 서비스는 가장 효과적이고 익숙한 곳에서 제공되어야 한다는 점을 중시한다. 대부분의 경우 가족에게 가장 편리한 장소는 가정이다. 가족 맥락(공동체, 이웃, 집)에서의 서비스 제공은 보다 정확한 사정뿐 아니라, 신속한 원조관계의 수립 및 개입을 가능케 한다. 또한 이는 클라이언트와 권력을 공유하고, 클라이언트에게 시간과 에너지를 할애하며, 가족이 살고 있는 실제 세계를 경험하고자 하는 사회복지사의 의지를 클라이언트에게 전달할 수 있다.

반면에 역할의 설정과 명료화는 어려워지고, 가족의 사생활을 침해할 수 있다는 문제가 제기될 수 있다. 또한 사회복지사가 가족생활의 세세한 부분까지 알게 됨으로써 비밀보장의 문제가 증폭될 것이며, 클라이언트의 집을 오가는 동안 사회복지사의 안전에 대한 문제도 제기될 수 있다.

• **가족의 욕구에 기초한 서비스를 제공한다.**

가족중심 서비스에서는 다양하고 복잡한 가족의 욕구를 감안하여 '서비스 배합(array of services)' 개념을 적용한다. 이는 가족에게 제공되는 서비스 패키지는 각 가족의 욕구에 맞게 구성되어야 한다는 것이다. 가족의 욕구는 시간에 따라 바뀌기 때문에 패키지는 융통성이 있어야 한다. 그리고 가족구성원의 서비스 욕구가 여러 체계와 관련되면 조정과 협력이 필요하다. 나아가, 가족에게 필요한 서비스를 이용할 수 없다면 이를 창출해야 하며, 비공식적이고 자연발생적인 서비스가 가능하다면 이를 활용하도록 한다.

그러나 현실적으로 대다수 지역사회에는 서비스가 충분치 않으며, 비공식적 서비스의 개발 및 활용은 장시간이 소요된다. 이런 상황에서 서비스의 조정은 사회복지사에게 과도한 부담이 될 수 있으며, 기관 간 영역갈등의 소지도 있다.

• **가족과 사회복지사는 지역사회를 기반으로 활동한다.**

가족은 지역사회에서 살고 있다는 점에서, 효과적이고 지속적인 해결책은 소비자 친화적이며, 지역사회 친화적이어야 한다. 때로 지역사회는 장애가 되기도 하나 그보다는 자원의 출처가 되는 경우가 더 많다. 자원봉사자, 이웃, 서비스 집단, 교회는 가족의 욕구를 충족시킬 수 있는 자원의 일부다.

그러나 전체 지역사회를 근거로 활동하는 것은 자칫 사회복지사에게 무리한 요구가 될 수 있다. 또한 이론적으로는 협력이 바람직하지만 자원이 감소되는 시기에는 이의 실천에 어려움이 따를 수 있다.

제4절 가족치료

1950년대 이래 다양한 가족치료 모델이 개발되어 왔다. 가족치료의 전통적 모델에는 보웬의 가족치료, 전략적 가족치료, 구조적 가족치료, 경험적 가족치료, 정신분석적 가족치료 그리고 인지행동 가족치료 등이 있다. 한편, 최근에 발전한 가족치료에는 해결중심치료, 이야기치료 등이 있다. 여기에서는 대표적인 가족치료 모델인 구조적 가족치료, 경험적 가족치료, 인지행동 가족치료, 해결중심치료 그리고 이야기치료를 간략히 소개하고자 한다.

1. 구조적 가족치료

미누친이 가족치료 현장에 처음 나타났을 때 기법의 대가로서의 그의 영향력은 대단하였다. 그러나 그의 가장 주요한 공헌은 가족구조의 이론을 정립하고 가족치료기법을 구조화시키는 길잡이 역할을 하였다는 점이다. 이 구조적 접근법은 크게 성공하여 1970년대 실천현장을 주도하였다. 미누친은 필라델피아 아동상담소를 설립하였다. 이 상담소는 세계적으로 유명해져서 수천 명의 가족치료자들이 구조적 가족치료의 훈련을 받았다(Nichols & Schwartz, 2005: 127-129). 미누친의 이론이 이처럼 인기가 있었던 이유는 단순하고 포괄적이면서도 실용적인 이론이었다는 점 때문이다.

구조적 가족치료자는 문제가 역기능적 가족구조에 의해 유지된다고 보았다. 이에 따라 치료는 가족구조를 변화시켜서 가족의 문제를 해결할 수 있도록 하는 것이다. 여기에서 치료목표는 구조의 변화이며, 문제해결은 체계적 목표의 부산물이다. 구조적 가족치료자는 가족구성원이 구조를 변화시키는 데 도움을 주기 위하여 가족체계에 참여한다. 치료자는 경계선을 바꾸거나 하위체계를 재정비하기 위하여 가족구성원 각각의 행동과 경험을 바꾼다. 이처럼 문제를 해결하는 것은 가족이 해야 할 부분이고, 치료자는 단지 가족의 기능이 변화하도록 도와줄 뿐이다(김유숙, 2002: 165 참조).

미누친은 구조적 가족치료의 세 가지 단계—① 지도력을 가지고 가족에 합류하기, ② 가족의 저변에 형성되어 있는 구조를 지도화하기, ③ 이 구조를 변형시키기 위해 개입하기—를 제시하였다. 이 단계들은 간단해 보이지만 무제한적으로 형성될 수 있는 가족패턴의 다양성 때문에 사실은 매우 복잡하다(Nichols & Schwartz, 2005: 136).

2. 경험적 가족치료

경험적 가족치료 영역은 인본주의적 심리학에서 시작되었으며 즉각적인 지금-여기(here-and-now)를 강조한다. 경험적 가족치료는 게슈탈트 치료와 참만남 집단(encounter group)으로부터 역할놀이와 정서적 직면기법을 도입하였고, 조각기법과 가족그리기 같은 표현적인 기법들은 예술과 심리극의 영향을 받았다.

경험적 가족치료의 두 대가는 칼 휘태커(Carl Whitaker)와 버지니아 사티어(Virginia Satir)라고 할 수 있다. 휘태커의 비인습적 사고는 과감하고 창의적인 가족치료 접근법의 바탕이 되었다. 그는 치료자의 적극적인 개인적 관여가 가족을 변화시키고 가족구성원 간에 융통성을 증진시킬 수 있는 최고의 방법이라고 믿었다. 휘태커는 1955년 애틀랜타 정신진료소를 설립하였고, 그곳에서 경험주의 가족치료가 태동하였다. 1995년 휘태커의 사망은 가족치료계의 커다란 손실이었다(김유숙, 2002: 133-134; Nichols & Schwartz, 2005: 148 참조).

한편, 사티어는 가족치료의 발전에 가장 핵심적 인물 중 하나였다. 그녀는 애정, 감성 그리고 사랑을 개방적이고 상호적으로 나누는 것이 건강한 가족생활의 기반이 된다고 믿었다. 추상적 개념들과 전략적 접근방법들에 매료되어 있던 가족치료 분야에서, 사티어는 양육적 치료자의 전형이었다. 그녀의 따뜻함과 진솔함은 전 세계에서 열린 시연과 워크숍 과정에서 놀라운 영향력을 발휘하였다(Nichols & Schwartz, 2005: 149).

경험적 가족치료는 가족문제의 원인과 결과가 정서적 억압에 있다는 전제하에 발달하였다. 경험적 가족치료자의 목표를 한마디로 정의하면, 가족을 안정된 상황에 머무르게 하는 것이 아니라 성장시키려는 것이다. 감수성, 느낌의 표현, 자발성과 창조성, 확실성의 성장이 치료의 근본 목표다. 치료자는 가족이 자기인식, 자기신뢰, 인간적 성장을 할 수 있도록 돕는다. 휘태커는 가족구성원에게 가족의 일부로서 소속감을 가지게 하는 동시에, 독립된 개인으로 자유를 인식할 수 있도록 지원하는 데 최선을 다했다. 그는 가족이 치료를 받으러 오는 이유는 그들이 서로 가까워지는 능력과 개별화하는 능력이 부족하기 때문이라고 생각하였다. 정서적으로 건강하게 되는 방법은 과거의 경험을 통해 우리 내면의 깊은 곳에 잠재되어 있는 충족되지 못한 욕구와 기대를 드러내 놓는 것이다. 따라서 치료자의 역할은 치료과정을 통하여 이와 같은 잠재력을 쉽게 표현할 수 있도록 도와주는 것이다. 그는 가족의 특징에 따라 자극을 주거나 반대로 따뜻하게 지지하면서 가족이 충분한 경험을 할 수 있도록 배려하였다.

사티어의 성장의사소통치료는 자아존중감을 높이고 자기인생에 대한 선택권을 스스로 갖는 개인의 성장을 최대의 목표로 삼았다. 그녀는 이러한 치료목표를 달성하기 위하여 가족체계에 다음과 같은 변화를 일으키고자 하였다.

첫째, 각 가족구성원은 다른 사람이 있는 데서 자기 자신과 다른 사람에 관하여 보고 듣고 느끼고 생각하는 것에 관해 분명하게 말할 수 있어야 한다.

둘째, 각 개인은 자신이 다른 사람과 다른 점에 관해 말할 수 있으며 그것은 존중되어야 한다. 또한 어떤 것을 결정할 때 강요에 의해서가 아니라 탐색과 협상을 통해서 결정한다.

셋째, 서로의 차이점을 인식하고 이를 성장의 도구로 삼는다(김유숙, 2002: 136-137 참조).

이와 같이 경험적 가족치료는 가족구성원 개인의 자기표현을 격려함으로써 가족을 강화시키고자 한다. 이는 또한 문제해결이 아니라 정서적 안녕에 주안점을 둔다는 특징을 지니고 있다. 치료자는 경험을 촉진시키기 위해서 다양한 표현적 기법뿐 아니라 치료자 자신의 인간성을 활용한다. 경험적 가족치료는 1980년대에 전성기를 상실했지만, 최근 정서중심 부부치료 등을 통해 새롭게 부각되고 있다.

3. 인지행동 가족치료

행동주의 치료자는 1970년대부터 가족과 함께 일하기 시작하였다. 이들은 부모에게 행동수정을 훈련시키거나 부부에게 의사소통의 기술을 가르치는 데 학습이론을 적용하였다. 행동주의 치료자는 체계역동에 대해 익숙하지 않았을 뿐만 아니라 대학을 중심으로 연구하였다. 게다가 가족치료의 대가들은 대체적으로 임상현장에서 작업하였기 때문에 행동주의치료는 가족치료의 주류에서 벗어나 있었다. 그러나 지난 10여 년 동안 가족역동을 깊이 이해하고 인지이론을 행동주의 방법론에 통합하면서 행동주의 가족치료에 커다란 변화가 일어났다 (Nichols & Schwartz, 2005: 189). 아직까지 인지행동치료는 가족치료 분야에서 제한적인 영향을 발휘하고 있으나 최근 증거중심 실천(evidence-based practice)에 대한 강조와 더불어 앞으로 가족치료에서 그 활용이 확대될 것으로 예측된다 (Corcoran, 2003 참조).

행동주의치료는 러시아의 생리학자 이반 파블로프(Ivan Pavlov)로 거슬러 올라갈 수 있다. 파블로프의 조건반사에 대한 연구는 '고전적 조건화(classical conditioning)'를 발전시켰다. 행동주의 가족치료에 가장 커다란 영향을 끼친 것은 스키너(B. F. Skinner)의 '조작적 조건화(operant conditioning)'다. 여기에서 조작적이란 용어는 자발적인 행동반응을 가리키는 말로서, 비자발적 반사행동과는 반대의 의미다. 조작적 반응의 빈도는 그 결과에 따라서 결정된다. 다시 말해서, 긍정적으로 강화된 반응은 보다 빈번하게 발생하고, 처벌되거나 무시된 것은 소거된다는 것이다(Nichols & Schwartz, 2005: 189-190). 그러나 실제적으로 인지행동 가족치료를 이끌어 간 인물은 제럴드 패터슨(Gerald Patterson), 로버트 리버만(Robert Liberman) 그리고 리처드 스튜어트(Richard Stuart)다.

행동주의치료에서는 가족증상을 학습된 반응이라고 본다. 이에 따라 행동주의 가족치료는 구체적인 행동목적을 규명하고 이들 목적을 성취하는 데 학습이론기법을 활용한다. 그리고 이 과정을 촉진시키기 위해 사회적 강화물을 이용하여 표적으로 삼은 특정의 가족문제를 해결하는 것이 목표다. 행동주의 가족치료는 ① 문제행동의 기초선 빈도를 결정하기 위해 그리고 치료 성공에 대한 정확한 피드백을 제공하기 위해 주의 깊고 자세한 사정, ② 각각의 고유한 클라이언트 가족에게 적합한 강화의 조건을 고안하도록 하는 전략에 주안점을 두고 있다.

행동주의자가 문제행동을 수정하는 데 초점을 두는 것은 이 접근법의 강점이자 약점이다. 현재 드러나는 문제에 집중함으로써 행동주의자들이 효과적인 기법들을 개발해 낼 수 있었다는 것은 강점이라고 할 수 있다. 무엇보다도 행동주의치료의 가장 핵심적인 강점은 무엇이 일어나는지 관찰하고 변화를 측정하는 일관성에 있다. 그러나 행동은 개인의 한 부분이며 문제를 가진 개인은 가족의 한 부분일 뿐이다. 이런 점에서 볼 때 가족구성원들 간에 갈등이 문제행동을 유발하고 있다면 단순히 문제행동을 수정하는 것으로는 한계에 도달할 것이다. 이런 제한점에도 불구하고 행동주의 가족치료는 아동문제와 부부문제를 다루는 데 효과적인 기법이 되고 있다(Nichols & Schwartz, 2005).

4. 해결중심치료

해결중심치료는 유행성 면에서 볼 때 이 시대의 치료적 접근법이라고 할 수 있을 것이다. 해결중심치료의 특징들, 즉 실용적 미니멀리즘(pragmatic minimalism), 인지에 대한 강조 그리고 쉽게 가르칠 수 있는 기법이라는 점에서 오늘날 워크숍 분야에서 가장 인기 있는 가족치료 모델이 되었다. 뿐만 아니라 치료비용에 대한 사회적 관심은 해결중심치료에 대한 보험업계의 주목을 집중시켰다.

해결중심치료는 전략적 치료, 특히 MRI(Mental Research Institute)모델에서 출발하였으나 문제에 대한 초점에서 탈피하였다. 전략적 치료자들이 문제에 관련된 상호작용을 탐구하고 문제해결에 비효과적이었던 방법들에 관심을 두었다면, 해결중심 치료자는 효과적이었던 해결책을 탐색하였다. 보다 구체적으로, 이 두 가지 접근법의 진정한 차이는 MRI접근법이 행동에 초점을 두고 있는 반면, 해결중심 모델은 인지를 강조한다는 것이다. 해결중심치료에서는 치료를 받으러 오는 사람은 이미 효과적으로 행동할 수 있는 능력을 갖춘 사람이며 단지 부정적 마음자세(negative mind-set)가 그들의 행동을 방해하고 있을 뿐이라고 가정한다. 이에 따라 클라이언트가 문제가 없었던 예외적 상황을 보도록 하면서 이런 예외가 바로 해결책이 된다는 것을 깨닫도록 해 주는 것이 해결중심치료가 가지고 있는 장점이다.

해결중심치료는 스티브 드 세이저(Steve de Shazer)와 김인수(Insoo Kim Berg) 부부 그리고 이들이 일하고 있는 밀워키에 있는 단기가족치료센터의 동료들이 발전시켰다. 팔로 알토(Palo Alto)에서 일한 드 세이저는 MRI접근법의 영향을 받은 학자이자 해결중심이론을 전개하는 데 가장 크게 기여하였다. 한편, 김인수는 임상가로 알려져 있지만 이론의 발전에도 상당히 기여하였다. 특히 그녀는 전세계적으로 치료자들을 훈련시켰으며 알코올중독, 부부치료 그리고 빈곤층 가족을 위한 가족중심 서비스에 해결중심 모델을 적용해 왔다.

이미 1980년대 초반에 드 세이저 팀은 모든 클라이언트에게 '포뮬라 과제(formular tasks)' 라고 지칭되는 동일한 과제를 줌으로써 해결중심 오리엔테이션을 실험하기 시작하였다. 과제 중 하나는 첫 번째 회기에서 주어지는 것인데, 클라이언트에게 그들의 삶 혹은 관계에서 계속 유지되기를 바라는 것이 무엇인지 관찰하도록 하는 것이었다. 이 과제는 클라이언트가 자신의 삶의 부정적 측면에서 벗어나 긍정적 측면을 생각해 보도록 방향성을 변화시키는 데 도움이 되었다.

기적질문(miracle question)은 "오늘밤에 당신이 잠들었을 때, 기적이 일어나서 이 문제가 해결되었다고 가정해 봅시다. 당신은 이것을 어떻게 알 수 있을까요? 무엇이 달라져 있을까요?" 라고 묻는 것이다. 질문은 클라이언트에게 목적에 대한 비전을 제공함으로써 문제해결의 마음자세를 활성화시킨다. 이는 또한 클라이언트가 문제를 넘어서는 시각을 확보하도록, 다시 말해서 그들이 진정으로 원하는 것은 문제를 없애는 것이 아니라 문제가 가로막고 있던 것을 제거할 수 있다는 점을 보도록 한다.

예외질문(exception question)은 클라이언트가 드러내는 문제상황을 무시하고 그 대신 클라이언트가 문제가 없었던 시점에 관심을 가지도록 하는 것이다. 예외질문의 형식은 다음과 같다.

- "과거에 문제가 일어났어야 하는 상황이지만 문제가 발생하지 않았던 때는 언제입니까?"
- "그때는 문제가 발생했던 때와 어떻게 달랐습니까?"
- "배우자가 당신에게 긍정적인 영향을 주는 일을 했을 때 당신은 이를 어떻게 배우자에게 알리겠습니까?"

최근 해결중심치료에서는 척도질문(scaling questions)이 부각되고 있다. 척도질문은 다음과 같이 묻는다. 예를 들어, "0에서 10점까지의 척도에서 0점은 나에게 전화를 걸 때 우울했던 점수이고, 10점은 기적이 일어난 다음 날의 기분이라고 합시다. 지금은 몇 점쯤 될까요?" 클라이언트가 2점이라고 대답한다면 치료자는 "그렇다면 3점으로 올라가기 위해서는 무엇을 해야 할까요?"라고 물어볼 수 있다. 이런 방식으로 치료자와 클라이언트는 '나는 우울하거나 혹은 우울하지 않다.' 는 식의 이분법적 사고에 고착되지 않고 목적을 향한 작은 변화를 인식하면서 키워 나갈 수 있다.

이상 살펴본 해결중심치료는 단순하다는 비판을 받아 왔지만, 클라이언트를 비관주의에서 벗어나 건설적 행동을 실행하도록 돕는 유용한 요소를 지니고 있다. 최근 해결중심 치료자들은 이런 비판을 의식하여 전반적인 철학과 클라이언트와의 관계의 중요성을 인식하고 있다(Nichols & Schwartz, 2005: 234-246 참조).

5. 이야기치료

현재 가족치료 분야를 지배하고 있는 이야기치료 모델은 포스트모더니즘의 완벽한 표현이라고 할 수 있다. 지식이 발견되는 것이 아니라 구성되는 것이라고 간주할 때, 가족치료의 주도적 접근법에서 사람들이 행동하는 방식이 아니라 사람들이 의미를 구성하는 방식에 관심을 가지는 것은 매우 당연하다고 하겠다. 삶은 복잡하기 때문에 우리는 이를 설명하는 방식을 발견한다. 이들 설명, 즉 우리가 우리에게 하는 이야기가 우리의 경험을 조직하고 우리의 행동을 형성한다는 것이다.

이야기 운동(narrative movement)의 창시자는 마이클 화이트(Michael White)다. 그는 부인인 세릴 화이트(Cheryl White)와 함께 덜위치(Dulwich) 센터에서 일하면서 훈련, 임상, 집필을 하고 있다. 화이트는 원래 공학자였는데 기계보다는 사람들과 함께 일하는 것이 더욱 흥미가 있음을 발견하고 사회사업으로 전공을 바꾸었다. 이 같은 배경을 감안하면, 그가 철두철미한 반기계론자이고 기계적 성격을 지닌 체계론적 사고와 사이버네틱스를 거부하였다는 것이 전혀 놀랍지 않다. 그는 사람들이 어떻게 세계를 지도화하는가(how people map the world)에 관심을 가졌다. 나아가서, 그는 제도의 비인간화 양상을 비판하는 미셀 푸코(Michel Foucault)의 영향을 받아서, 어떻게 문제가 사람에게 영향을 주는가에 대한 이론을 발달시켰다(Nichols & Schwartz, 2005, 249-250).

이야기치료는 존경심을 가지고 비난하지 않는 접근을 중요시하며, 사람을 그들의 삶의 전문가로 간주한다. 이 치료는 문제와 사람을 분리해서 보며 사람들은 문제와의 관계를 변화시키는 데 도움이 되는 여러 기술—능력, 신념, 가치, 헌신—을 가지고 있다고 전제한다. 이야기치료는 때로 '다시 쓰는(re-authoring)' 혹은 '다시-이야기하는(re-storying)' 대화를 포함하는 것으로 알려져 있다. 이와 같이 이야기는 이야기치료에서 매우 핵심적인 위치를 차지하고 있다. 이야기 치료자는 이야기를 '지배적 이야기'와 '대안적 이야기'의 측면에서 본다. 예를 들어, 나는 스스로에게 '훌륭한 운전사'라는 이야기를 쓸 수 있다. 내가 운전을 잘했던 경우가 많고 잘못했던 경우도 있겠지만, 나의 이야기에서는 잘했던 경우만 선별되고 이들이 우세해지는 것이다. 일단 우세해지면, 이들 사건은 서로 연계되고 시간이 지남에 따라 훌륭한 운전사라는 이야기를 형성하게 된다. 이와 같은 지배적 이야기는 현재 나에게 영향을 줄 뿐 아니라 앞으로 행동이 가지는 의미에 영향을 미친다. 흔히 클라이언트의 지배적 이야기는 문제로 가득 찬 이야기(problem-saturated story)다. 이에 따라 이야기 치료자는 대안적 이야기를 추구하는 데 목표를 둔다. 이 대안적 이야기는 문제의 영향력을 감소시키고 새로운 삶의 가능성을 추구하게 만든다.

이야기치료의 주요한 치료기법은 외재화(externalization)다. 외재화는 새로운 말하는 방식이라고 할 수 있다. 이야기치료에서는 외재화를 기법이나 기술이 아니라 대화에서의 태도이며 지향점이라고 주장할 정도다. 예를 들어, "나는 우울증을 가진 사람이다." 대신 치료자는 "우울증이 당신을 밖에 외출하기 어렵게 하고 있다."와 같은 방식으로 이야기함으로써 우울증이라는 문제를 외재화하는 것이다(Morgan, 2000: 1-18 참조; Nichols & Schwartz, 2005). 다음은 외재화 질문의 예들이다.

- "무엇이 이 문제를 확대시킵니까?"
- "무엇이 이것을 축소시킵니까?"
- "누가 이것으로부터 이득을 얻습니까?"
- "누가 이 문제를 정당화하거나 방어할까요?"
- "누가 이 문제와 이것이 의도하는 바에 반대할까요?" (Freedman & Combs, 2002; Nichols & Schwartz, 2005: 257에서 재인용)

이야기치료의 단계는 ① 외재화: 사람이 문제가 아니다, ② 사람과 문제 중 누가 책임이 있는가, ③ 문제 이야기의 행간 읽기, ④ 전체 이야기 다시 쓰기, ⑤ 새로운 이야기 강화하기, ⑥ 파괴적 · 문화적 가설 해체하기의 순으로 진행된다.

이야기 접근법의 강점이자 단점이 바로 인지에 대한 초점이다. 장점의 측면에서, 이야기치료는 사이버네틱 모델—가족이 역기능적 순환고리에 고착되어 있다는—을 거부함으로써 문제가 있는 가족에게 무엇인가 잘못되었다는 생각을 거부하였다. 반면, 불행히도 이야기치료는 가족치료의 세 가지 주요 개념—① 심리적 증상은 흔히 가족갈등에 관련된다는 것, ② 인간 문제를 상호적으로 사고하는 것, ③ 가족을 하나의 단위로 보는 것—까지 무시해 버렸다. 마지막으로 이야기치료는 가족을 넘어서 가족이 자리한 문화적 가설(cultural assumptions)에까지 관심을 넓혔다. 일부에서는 엄격한 치료적 중립성을 고수하지만, 많은 치료자들이 불공평한 문화적 가설에 의문을 제기해야 한다는 것이 오늘날의 입장이다(Nichols & Schwartz, 2005: 256-261 참조).

제 4 장

가족사정

사정은 개입목적을 설정하는 핵심적 과정이며, 이를 토대로 개입방법의 선택이 이루어진다는 점에서 개입의 효과성(그리고 궁극적으로 개입결과까지)은 사정의 정확도에 달려 있다고 해도 과언이 아니다. 커스트-애쉬맨(Kirst-Ashman)과 헐(Hull, Jr.)은 가족에 대한 사정 차원으로 가족 커뮤니케이션, 가족구조, 가족생활주기에 대한 적응, 가족갈등의 영역 그리고 가족관계를 제시하였다(Kirst-Ashman & Hull, Jr., 2002). 헵워스(Hepworth) 등은 가족사정의 차원으로 가족맥락, 가족강점, 가족체계의 경계 및 경계유지, 권력구조, 의사결정 과정, 가족목적, 가족의 믿음과 인지 패턴, 가족역할, 가족구성원의 의사소통 방식 그리고 가족생활주기를 제시하였다(Hepworth, Rooney, & Larsen, 2002; Hepworth, Rooney, Rooney, Strom-Gottfried, & Larson, 2006). 한편, 산다우-베클러(Sandau-Beckler)는 가족중심실천에서 가족강점, 가족의 스트레스와 탄력성, 가족도전, 가족의 문제해결 능력과 과거 성공경험, 가족의 변화에 대한 준비성, 가족역동과 구조 등을 제시하였다(Sandau-Beckler, 2001). 이들을 토대로, 여기에서는 첫째, 가족사정 영역들을 고찰해 보고 둘째, 가족중심실천에서 대두되고 있는 사정 영역을 알아보고, 마지막으로 가족사정에 유용한 도구를 살펴보고자 한다.

제1절 가족사정 영역

1. 가족체계

가족은 체계다. 체계이론의 개념은 가족체계에도 적용이 된다. 가족을 체계로 접근하는 것은 가족을 사정하고 문제해결을 돕는 데 효과적이다. 예를 들어, 모든 부분(가족구성원들)은 다른 모든 부분(다른 가족구성원들)과 관계를 갖는다. 가족사정에서는 표면적으로 덜 중요하고 드러나지 않는 것이어도 구성원들 간의 모든 관계를 사정하는 것이 중요하다. 또한 체계이론은 한 가족구성원에게 영향을 미치는 사건이 실제로 모든 가족구성원에게 영향을 미칠 수 있다고 전제한다. 예를 들어, 자녀가 자동차 사고로 중상을 입었다면, 이는 자녀뿐 아니라 가족구성원 모두에게 영향을 미치게 된다.

가족을 체계의 개념으로 접근할 때 특히 도움이 되는 두 가지 개념은 '경계'와 '하위체계' 다. 경계는 다른 비가족환경과 가족을 구분하는 비가시적인 분계선이다. 이는 체계의 정체성을 보호하며 가족체계의 구성원을 결정해 준다.

하위체계는 체계 내의 체계다. 하위체계의 가장 대표적인 예는 부부 하위체계와 형제자매 하위체계다. 가족체계에서는 보다 미묘한 하위체계들이 형성될 수 있다. 예를 들어, 어머니는 특별히 가까운 딸과 하위체계를 구성할 수 있다. 경계는 가족체계 내의 하위체계도 구분시켜 준다. 예를 들어, 부모는 부부로서의 자신들의 하위체계를 유지하고 발달시킬 필요가 있다(Kirst-Ashman & Hull Jr., 2002: 302-303).

나아가서 체계이론의 개념은 가족체계를 사정하는 데도 유용하지만, 보다 큰 체계가 가족에게 어떠한 영향을 미치는지를 사정하는 데도 도움이 된다. 가족을 올바로 사정하려면 그 가족이 기능하고 있는 사회적 · 문화적 맥락을 이해해야 한다(Hepworth et al., 2006: 242). 사회복지사가 서비스를 제공하는 대다수 가족들이 빈곤문제, 실직문제 등 다양한 스트레스 요인을 가지고 있다는 점에서 가족맥락을 사정하고 이것이 가족의 기능에 미치는 영향을 사정할 필요가 있다. 그 외에도 사회경제적 지위, 가족형태, 성 정체성 그리고 억압과 차별의 경험, 문화 등이 어떤 영향을 미치는지 고려해야 한다(Hepworth et al., 2006: 257 참조).

2. 가족규범

가족규범(family norm)은 가족집단 내에서 어떤 행동이 적절한가를 구체화하는 규칙이다. 가족행동에 영향을 미치는 가족규칙은 많은 경우 분명하지도 않고 언어화되지도 않는다. 오히려 가족규칙은 암묵적이거나 모든 가족구성원이 이해는 하고 있으나 결코 논의하지 않는 반복된 가족 상호 교류다(Kirst-Ashman & Hull, Jr., 2002: 303).

가족규칙이 기능적이면 이들 규칙은 가족이 환경적 스트레스, 개인적 욕구 그리고 가족단위의 욕구에 융통성 있게 반응하도록 해 준다. 문화적인 차이가 고려되어야 하겠지만, 대체적으로 기능적 규칙은 가족에게 해결책을 탐색할 기회를 제공하고, 구성원이 능력 있고 적응적이며 건강하게 발달하도록 만든다. 가족규칙의 사정에서, 가족구성원이 서로 합의하고, 구성원의 욕구에 가족체계가 반응하도록 허용하는 규칙이 최적의 규칙이라는 점을 유의해야 한다. 문화적 차이는 있으나 기능적 규칙의 예는 다음과 같다.

- "우리 가족은 모든 사람의 아이디어와 피드백을 중요하게 여긴다."
- "서로 간의 차이점을 인정한다. 가족구성원이 무조건적으로 동의하고 동일한 것을 좋아해야 할 필요는 없다."
- "어떤 감정—실망, 두려움, 상처, 분노, 비판, 기쁨 혹은 성취 등—이든지 이를 솔직하게 이야기하는 것이 바람직하다."
- "다른 가족구성원과 의견 차이가 생기면 이를 해결하는 것이 중요하다."
- "실수를 인정하고 사과하는 것이 좋다. 다른 가족구성원들이 이해하고 지지해 줄 것이다."

한편, 문화적인 차이가 있겠지만 다음의 가족규칙은 문제의 소지가 있다.

- "우리 집에서는 아버지만 자신의 욕구와 기대를 표현할 수 있으며 다른 가족구성원은 아버지의 욕구나 기대에 일치하지 않는 표현을 할 수 없다."
- "어머니와 함께 있을 때는 입 조심을 해야 한다. 화를 내실 수 있으니까."
- "자아통제는 힘을 상징한다. 다른 사람이 자신의 약점을 보지 못하도록 해라."
- "가족문제에 대한 깊이 있는 토론을 피해라."
- "자신의 행동에 대한 책임을 지지 마라. 항상 다른 사람에게 책임을 전가하도록 해라."
- "다른 가족구성원과의 차이점을 인정하지 않는다."
- "논쟁에서는 반드시 이겨야 한다."(Hepworth et al., 2006: 248)

가족사정에서, 모든 가족은 기능적인 규칙뿐 아니라 역기능적인 규칙을 가지고 있음에 주목해야 한다. 기능적 규칙과 역기능적 규칙을 함께 규명하면 가족기능에 대해 균형 있게 접근할 수 있다. 사회복지사는 전체 가족과 개별 가족구성원이 효과적 · 생산적으로 기능할 수 있도록 하는 규칙을 수립하는 데 도움을 주는 것이 중요하다. 문제가 있는 가족의 경우, 대부분 가족규칙을 보면 가족 전체 혹은 개개 구성원이 효과적 · 생산적으로 기능하는 것을 허용하지 않는다. 따라서 역기능적 규칙은 찾아내서 변화시켜야 하며, 기능적 규칙은 개발하고 강화시킬 필요가 있다.

3. 가족역할

역할이론을 가족체계에 적용시키면, 가족구성원 개개인은 가족의 구조에 통합된 여러 역할을 수행하며 어떤 기대 · 허용 · 금지된 행동을 대변하게 된다. 니콜스와 슈워츠(Nichols & Schwartz, 1999)에 의하면, 가족역할은 서로 독립적이 아니며 역할행동은 둘 혹은 그 이상 사람들을 상호 교류에 관여시킨다. 가족체계 내의 역할은 법적 지위, 연령적 지위 혹은 문화적 · 사회적 각본에 의거하여 할당될 수 있다. 특히 남성과 여성의 역할에 대한 인식이 바뀌고 있지만, 아직도 많은 문화에서 성별에 따라 역할이 할당되고 있다(Hepworth et al., 2006; 275에서 재인용). 가족역할에는 공식적 역할 이외에도 비공식적 역할이 있을 수 있다. 예를 들어, 문제아, 억눌린 자, 유명한 스타, 희생양, 완벽주의자, 투사 혹은 말썽꾼 등이 비공식적 역할에 해당된다. 각 가족과 개개 구성원은 독특하기 때문에 어느 역할이 이상적이라고 규정하기는 어렵다. 이에 따라 가족역할은 전체적 관점에서 보았을 때 가족에게 유익한지 아니면 불이익을 가져오는지에 따라 평가되어야 한다(Kirst-Ashman & Hull, Jr., 2002: 305).

역할과 역할기대는 사회적 상호작용 과정에서 학습된다. 역할에 대한 만족도는 역할 당사자들이 상호작용에서 어느 정도 조화를 이루는가에 달려 있다. 삶의 전환은 흔히 역할행동의 변화, 융통성 혹은 수정을 요구한다. 가족은 역할전환에 적절히 적응하지 못해서 어려움을 겪을 수 있다. 예를 들어, 노부모는 성인자녀에게 의존하는 역할전환에 적응하기 어려울 수 있으며, 중년부모들은 자녀가 독립해 나간 빈 공간에 적응하기 어려울 수 있다.

가족갈등은 가족구성원 개개인이 역할에 불만족하거나 역할에 대한 이견이 있거나 혹은 지나친 역할부담이 있을 때 발생할 수 있다. 예를 들어, 부모는 자녀훈육에 대해 이견을 가질 수 있다. 즉, 부모 중 한쪽은 엄한 훈육을 주장하고 다른 한쪽은 허용적 태도를 선호할 수 있다. 역할 간 갈등(interrole conflict)은 가족구성원 개인이 여러 역할을 수행하는 데서 발생한다. 예를 들어, 여성은 아내, 어머니, 딸, 근로자 그리고 노부모의 보호제공자로서의 다양한 역할을 수행하는 데 어려움을 경험할 수 있다.

가족사정에서는 가족 내에서의 역할의 분배, 이들 역할이 규정되는 방식 그리고 역할갈등을 이해하는 것이 중요하다. 각 문화와 가족은 나름대로 역할에 대한 정의를 내리고 있다는 점에서, 사회복지사는 가족의 역할과 구성원들의 욕구가 어느 정도 부합되는지를 사정해야 한다. 그러고 나서 가족구성원이 각자 주어진 역할에 얼마나 만족하고 있는지를 고려해야 한다. 만약 만족하지 못하고 있다면, 가족이 역할을 수정하거나 변화시킬 여지가 있는지를 사정해야 한다(Hepworth et al., 2006: 276).

4. 권력구조

권력(power)은 '한 가족구성원이 다른 가족구성원의 행동을 변화시키는 능력이다.' 권력은 명백하게 구체화하기 어려운 모호한 개념이다. 대개 권력은 체계 내의 다른 사람들보다 서열이 높고 더 많은 특권을 가지며 보다 많은 존경을 받고 자원에 대한 접근과 통제력을 더 많이 가지는 것을 의미한다(Kirst-Ashman & Hull, Jr., 2002: 305).

모든 가족은 권력구조를 발달시킨다. 가족체계는 이 구조를 통해서 구성원의 행동을 허용 가능한 범위 내에서 유지시킨다. 예를 들어, 부모 하위체계는 그들의 역할에 부여된 권력을 자녀를 사회화시키는 데 사용한다. 권력의 또 다른 차원은 지배적 가족구성원이 다른 구성원에게 자신이 선호하는 해석 혹은 관점을 강요하는 능력과 관련된다. 이런 견지에서 볼 때, 권력은 가족에게 파괴적 결과를 가져올 수 있으며, 구성원은 지배적 구성원이 선호하는 방식으로 사건 혹은 상황을 느끼거나 반응해야 한다는 압력을 받는다. 가족에 따라 가족구성원이 그 가치에 대한 의문을 품고 있어도 특정 관심이나 전통이 강요될 수 있다. 이 경우 갈등을 회피하기 위하여 협조할 수는 있지만 이는 갈등의 출처가 된다. 그리고 권력은 특정 가족구성원을 희생양으로 만들기도 하고, 가족폭력 혹은 아동학대 상황하에서 지배적 가족구성원이 가족체계의 경계설정 패턴을 좌우할 수도 있다.

가족의 권력기반과 권력배분의 사정에는 여러 요인들이 고려되어야 한다. 여기에는 누가 '권력의 균형' 을 유지하고 있는가, 누가 공식적으로 지명된 지도자인가, 권력집단을 형성하기 위해 제휴한 구성원들이 어느 정도까지 암묵적인 권력을 가지고 있는가 등이 포함될 수 있다.

모든 가족은 권력문제를 피할 수 없으며 어떤 방식으로든 권력을 할당해야 한다. 가족 내 권력은 가족구성원 개개인의 심리적 욕구를 충족시키고 체계의 건강을 증진시키는 기능성이 사정되어야 한다.

한편, 권력과 관련하여 가족은 가족체계 내에서뿐 아니라 사회의 공식적 및 비공식적 조직에 내재되어 있는 계급주의, 편협함, 선입견, 차별 혹은 역사적 억압으로 인해 힘의 부재를 경험할 수 있다(Hepworth et al., 2006: 266). 예를 들어, '가족'을 핵가족만으로 제한하는 사회정책이 수립되어 있다면 다른 형태의 가족들은 서비스에서 배제되어 불이익을 받게 될 것이다. 이와 같은 외적인 권력은 가족구조 내에서의 권력 차이가 어떠하건 간에 가족의 기능과 안녕에 영향을 미친다.

5. 가족의 의사결정 과정

가족의 의사결정 방식은 권력구조와 밀접하게 연관되어 있다. 효과적인 의사결정은 체계의 안녕에 결정적인 영향을 미치지만, 대다수 가족은 의사결정 방식을 의도적으로 선택하지는 않는다. 오히려 가족의 의사결정 방식은 대체적으로 체계발달의 형성단계에서 구축되며, 흔히 원가족에서 부모가 보여 주었던 의사결정 모델의 영향을 받는 경향이 있다. 물론 의사결정 과정은 가족생활주기에 따라 변화한다. 즉, 어린 자녀는 의사결정자의 역할을 하게 될 기회가 거의 없다. 그러나 자녀가 청소년이나 성인이 되면, 설사 최종적인 의사결정의 권리는 부모 하위체계가 가진다 하더라도 가족 의사결정에 보다 많은 영향력을 발휘하게 될 것이다. 또한 의사결정은 가족의 전통 혹은 문화에 따라 핵가족의 범위를 넘어서 확대가족까지 확장되기도 한다. 문화적 영향과 가족 내 권력배분의 다양성을 감안할 때, 의사결정은 상황에 따라 변화되거나 외적인 힘에 영향을 받는다.

이런 맥락에서 가족의 의사결정 사정은 어떤 의사결정이 가족의 안녕을 촉진시키는지, 가족체계를 혼란케 하는지 혹은 갈등을 초래하는지를 결정하는 데 목적이 있다. 장기화된 혹은 미해결된 갈등은 가족을 분열시키고 일부 구성원을 가족으로부터 분리시키는 결과를 낳을 수 있다. 가족의 의사결정 과정을 사정하기 위해서는 효과적인 의사결정에 대해 이해하고 있어야 한다. 다음에서는 그 구체적 지침을 살펴보고자 한다.

① 효과적인 의사결정은 가족구성원들 간에 열린 피드백과 자기표현을 요구한다. 이는 타협, 이견을 가질 수 있다는 점에 대한 합의, 차이점을 타협하거나 해결하기 위해 순서를 정하는 것과 같은 기술을 포함한다.

② 구성원은 체계 내에 있는 다른 구성원과의 갈등을 두려워하지 않고 각자 생각하고 느끼는 바를 이야기할 수 있어야 한다.

③ 열린 피드백과 자기표현 없이는, 내적 및 외적 스트레스와 위기에 대한 적응을 요하는 전환기적 발달단계에 발생하는 가족구성원 개인의 욕구를 의사결정 과정에 반영하지 못할 것이다.

④ 효과적인 의사결정은 각 가족구성원이 체계의 모든 구성원들이 '소중하다' 는 철학적 자세 혹은 태도를 가질 것을 요구한다. 다시 말해서, 가족은 각 구성원에게 영향을 미치는 의사결정을 내릴 때 해당 구성원의 욕구를 고려할 것임을 합의해야 한다.

⑤ 효과적인 의사결정은 가족체계의 구성원이 해결이 아니라 욕구의 관점에서 생각할 것을 요구한다. 때로 가족구성원은 삶의 경험에 따라 이분법적

논리(네 방식 아니면 내 방식으로 하는 것 그래서 둘 중 한 사람이 지는 것)로 문제해결에 접근하도록 조건화되어 있다. 이런 편협한 접근은 경쟁적인 해결책을 중심으로 접근하기 때문에 타협점을 찾는 것을 저해한다.

⑥ 효과적인 의사결정은 가족구성원에게 대안을 창출할 수 있는 능력을 요구한다.

⑦ 효과적인 의사결정은 가족구성원에게 대안의 경중을 평가하도록 요구한다.

⑧ 효과적인 의사결정은 가족에게 의사결정 사항을 수행해 나가는 데 구성원 개인에게 과업을 할당하는 방식으로 가족을 조직하도록 한다.

⑨ 효과적인 의사결정은 새로운 정보와 새롭게 대두되는 가족구성원 개인 또는 가족 전체의 욕구에 따라 이미 내렸던 의사결정에 대해 타협하고 조정할 수 있는 융통성을 요구한다(Hepworth et al., 2006: 269-271).

6. 가족목적

전형적으로 가족은 특정 목적을 달성하기 위해 구성원들이 협동하는 사회적 집단이다. 가족구성원이 함께 가족목적에 관해 논의하기도 하고 아동이 선호하는 바를 표명하기도 하지만, 가족목적은 의사결정과 권력에서와 마찬가지로 대개는 부모 하위체계에서 수립된다. 가족목적은 다음의 두 가지 방식으로 수립된다. 첫째, 가족은 사회가 수립한 공통 목적(아동을 사회화하는 것, 주요 문화적 패턴을 전승하는 것 그리고 가족구성원의 개인적, 양육적 그리고 안전의 욕구를 충족시키는 것 등)을 어느 정도 채택하고 받아들일 것이다. 둘째, 파트너는 개인적 목적을 가지고 오는데, 이는 아마도 그들 가족 혹은 원가족의 선호도에 근거할 가능성이 크다.

가족목적은 다양하고 위기 시에 훼손될 수도 있지만, 문제해결의 자원으로 활용될 수 있다는 점에서 강점으로 간주된다. 가족 내 상호작용 패턴은 부분적으로 목적을 이루기 위한 것이므로, 사회복지사가 체계의 목적을 고려하지 않고 가족의 상호작용을 사정한다면, 상호작용 패턴의 의미를 제대로 파악할 수 없을 것이다. 다음은 가족목적의 강점과 단점을 사정하는 데 유용한 질문들이다.

- 가족집단을 이끌어 가는 목적들이 가족구성원 모두에게 분명한가?
- 가족구성원은 가족의 주요 목적을 어느 정도 인식하고 있는가?
- 주요 목적 및 우선순위와 관련하여 가족구성원들이 합의하였는가?
- 가족 개개인의 일차적 목적과 관련하여, 합의의 부재로 가족이 갈등을 경험한 적이 있는가?
- 가족이 지키는 공통 목적이 구성원 개인의 욕구를 충족시키고 전체로서의 집단의 안녕을 증진시키는가?
- 가족이 지지하는 암묵적 목적과 관련된 상호작용의 패턴은 어느 정도인가?
- 가족목적은 가족의 강점과 미래에 대한 희망을 얼마나 나타내는가?

요약해 보면 가족목적이 명료할수록, 주요 목적과 관련하여 합의가 존재할 수록 그리고 가족 개개인의 욕구와 관심을 반영할수록 가족목적은 강점으로 작용한다(Hepworth et al., 2006: 272-274).

7. 가족의 믿음과 인지 패턴

가족구성원의 행동은 가족 개개인, 가족 단위 그리고 보다 큰 세계에 대한 공유된 인식 혹은 믿음과 불가분의 관계에 있다. 이 공유된 인식은 중립적인 외부 관찰자의 견해와 일치할 수도 있지만 현실을 왜곡한 것일 수도 있다. 이런 왜곡은 흔히 가족이 동의하는 신념 혹은 믿음의 한 부분인데, 상호작용 패턴과 관계를 형성하고 유지하고 정당화하도록 돕는다.

가족 내에서 특정 구성원이 다른 가족구성원과 다르다고 혹은 일탈적이라고 간주하는 신념은 해로울 수 있다. 특정 가족구성원에게 꼬리표(아픈, 나쁜, 미친 혹은 게으른 등)를 붙이게 되면 문제의 근원이라는 비난을 초래할 뿐 아니라, 다른 구성원들에게도 일부 책임이 있다는 사실을 감춘 채 희생양을 만들어 버린다. 많은 가족에서 '가족 내의 검은 양' '똑똑한 사람' '우리 집 아기' '엄격한 부모' '가족 귀염둥이' '광대' '착한 아이' 혹은 '바보'와 같은 영구적인 꼬리표가 구성원에게 붙어 있기도 한다. 때로 '재주가 많은' '잘생긴' 혹은 '영리한' 과 같은 일견 긍정적으로 보이는 꼬리표조차도 특정 가족구성원을 다른 가족구성원으로부터 분리시키고, 관계를 소원하게 하며, 해당 개인에게 부여되는 관심과 칭찬에 다른 가족구성원이 분개할 수도 있다는 점에서 유의할 필요가 있다. 꼬리표는 가족구성원에게 스테레오 타입의 역할을 부여한다. 다시 말해서, 꼬리표에 부여된 특성에 따라 관계가 형성되면서 해당 가족구성원이 가지고 있는 다른 자질, 태도 및 감정이 간과되고 행동의 선택범위가 제한된다(Hepworth et al., 2002: 289-290; Hepworth et al., 2006: 274-275).

8. 의사소통의 사정

가족구성원이 의사소통하는 방식은 가족이 체계로서 얼마나 효과적으로 기능하고 있는지와 직결된다. 가족구성원은 언어적 · 비언어적 채널을 통해서 메시지를 전달하며, 다른 언어적 · 비언어적 메시지를 통해서 이들 메시지의 의미를 규정한다. 그러므로 사회복지사의 과업은 의사소통의 일치성, 다시 말해서 메시지의 언어적 · 비언어적 요소가 일치하는가를 사정하는 것이다. 의사소통이론에 의하면, 메시지는 다음의 세 가지 의사소통 수준에서 의미가 결정된다.

- 언어적 수준: 모순된 의사소통은 2개 혹은 그 이상의 서로 상반되는 메시지가 언어적 채널을 통해서 연속적으로 전달될 때 발생한다. 예를 들어, "나는 너를 사랑한다. … 나는 너를 미워한다." "너는 내 충고를 따라야 한다. … 너는 네 스스로 결정을 내려야 한다." 등이 이에 해당된다.
- 비언어적 수준: 의사소통은 제스처, 얼굴표정, 목소리의 톤, 자세, 시선 등을 포함하는 여러 비언어적 형태를 통해서 의미가 규정된다. 비언어적 메시지는 언어적 메시지를 강화하거나, 언어적 표현을 부정 혹은 수정하거나, 비언어적 표현을 부정하거나 수정할 수 있다.
- 맥락적 수준: 의사소통이 발생하는 상황도 언어적 · 비언어적 표현을 강화시키기도 하고 반대로 의미를 상실시키기도 한다. 예를 들어, 교회에서 예배 도중 엄마가 아이에게 "얌전히 있지 않으면 지금 당장 매를 들겠다."라

고 말했다고 하자. 그러나 예배 도중에 아이를 때릴 수 없다는 점에서 이 언어적 의사소통의 맥락은 의미를 상실한다.

기능적 의사소통은 의사소통 수준 사이의 불일치를 규명하고 명료화를 추구한다. 기능적 의사소통에서는 피드백이 허용되며, 비일관된 메시지를 피드백을 통하여 명료화시킨다. 이에 따라 가족 의사소통의 사정에서는 언어적 · 비언어적 · 맥락적 수준 사이의 일관성에 초점을 맞추어야 한다.

의사소통의 일관성 이외에 메시지의 명료성을 사정하는 것도 중요하다. 라잉(Laing, 1965)은 일부 가족이 어떻게 의사소통을 어지럽히거나 위장하고 이견이나 갈등의 본질과 출처를 흐리게 하는지 기술하기 위해 신비화(mystification)라는 개념을 사용한다. 의사소통의 신비화는 다른 사람의 경험을 부인하거나("네가 그렇게 생각한다면 미쳤음이 틀림없다."), 메시지가 특정인에게 전달되었는데도 이를 무시하고 불특정 대상에게 반응하거나, 회피적 반응을 하거나, 신랄한 반응을 보내는 등의 여러 작전을 통해 이루어질 수 있다(Hepworth et al., 2006: 277-278).

모든 가족은 의사소통의 장애를 가지고 있다. 가족에 따라 의사소통을 모니터하고 다른 사람에게 부정적 영향을 미쳤을 경우 이를 수정하는 규칙을 가지고 있다. 이런 가족은 부정적 의사소통을 예방하는 '규칙들', 예를 들어 '우리 집에서는 다른 사람에게 소리를 지르거나 욕을 하지 않는다.' 혹은 '다른 사람이 이야기할 때에는 집중해서 듣는 것이 중요하다.' 등의 규칙을 가지고 있다. 반면, 파괴적인 의사소통 방식을 가지고 있으면서도 이를 거의 의식하지 못하는 가족도 있다. 이들은 의사소통이 다른 가족구성원에게 미치는 부정적 영향에 대해 전혀 책임지지 않으려 하고, 보다 촉진적인 의사소통 방식으로의 전환에 저항하는 경향이 있다. 이에 따라 사회복지사가 가족의 의사소통 방식을 관찰할 때, ① 부정적 의사소통 패턴의 존재, ② 부정적 패턴의 침투성, ③ 습관화된 의사소통을 수정할 수 있는 가족구성원 개개인의 상대적 능력을 사정하는 것이 중요하다(Hepworth et al., 2002: 294).

9. 가족생활주기

가족생활주기의 사정은 전체로서의 가족이 거쳐 나가는 발달단계를 통하여 가족문제에 대한 보다 명확한 통찰력을 제공해 줄 수 있다. 가족은 시간이 지나면서 성숙하고 진보를 거듭해 가족발달단계에 적합한 과업을 성공적으로 완수해야만 한다. 이들 과업이 완수되지 않으면 문제가 표면화된다.

과거에는 가족생활주기가 훨씬 더 예측 가능하였으나, 오늘날에는 복잡성, 예측 불가능성 그리고 상이한 문화적 · 대인관계적 맥락 때문에 전통적 가족생활주기로 설명할 수 있는 한계가 드러나고 있으며 이에 따라 가족생활주기의 다양성이 불가피해졌다. 이런 맥락에서 카터(Carter)와 맥골드릭(McGoldrick)은 클라이언트의 개별화된 생애전환(life transitions)단계와 그들을 둘러싸고 있는 사회체계와의 역동적 상호작용에 초점을 맞추어야 할 필요성을 강조한다. 사회복지사는 흔히 가족이 가장 커다란 스트레스를 경험하고 있을 때 도움을 요청받게 된다. 이에 따라 가족이 거쳐야 하는 광범위한 생애전환단계와 가족욕구에 민감하게 반응함으로써 사회복지사는 효과적인 개입방향을 설정할 수 있다(Carter & McGoldrick, 1999: Kirst-Ashman & Hull, Jr., 2002: 306-308에서 재인용).

제2절 가족중심실천에서의 사정

지난 20년 동안 가족중심실천은 크게 주목받아 왔다. 가족중심실천에서는 사정과정에 가족을 관여시키는 것을 중시하고 있다. 즉, 가족은 가족문화와 신념, 도전에 대한 전문가라고 할 수 있으며, 사회복지사는 이런 가족의 전문성을 변화과정에 도움이 되는 가치 있는 자원으로 간주해야 한다는 것이다. 나아가 가족의 전문성을 존중함으로써 사회복지사와 가족은 진정한 협동적인 파트너십을 발달시킬 수 있다는 것이다. 여기에서는 산다우 베클러(Sandau-Beckler)가 제기하는 가족중심실천에서의 사정요소를 중심으로 살펴보고자 한다(Sandau-Beckler, 2001: 93-127).

1. 가족의 강점 사정

가족의 강점에 대한 사정은 가족기능의 긍정적 양상, 개별 가족구성원 특유의 강점과 기여도 그리고 다른 체계와의 상호작용에서 가족의 강점을 탐구하도록 해 준다. 사회복지사는 가족이 강점을 규명하도록 도움을 주는데, 이 접근법은 가족에게 생소할 수 있다.

이에 따라 사회복지사는 강점에 대한 개념 정의(예를 들어, 가족구성원의 재능, 능력, 희망, 기술, 기회, 자원, 소망 등)가 목적 달성에 기여하는 바를 가족에게 이해시켜야 한다. 그리고 사회복지사는 가족 상호작용 영역에서 강점을 찾아낼 수 있다. 가족구성원 상호 간의 지지, 헌신, 상호 인정, 가족구성원으로서의 정체성, 적응성과 융통성, 가족의 관여도 그리고 가족의 자부심은 모두 가족관계에서 나타나는 강점에 해당한다. 또한 사회복지사는 가족이 다른 사람에게 도움을 요청하는 것, 가족구성원을 옹호하는 것, 가족구성원을 위한 자원을 찾는 것, 필요한 보호를 받는 것, 가족을 위해 자원을 사용하는 것 등 가족과 다른 사람과의 상호작용 영역에서 가족의 강점을 사정할 수 있다. 나아가 사회복지사는 가족의 자연적 지지망, 전문적 지지망 그리고 과거 성공적 대처전략을 통해서 가족의 강점을 규명해 낼 수 있다. 가족의 강점은 가족의 능력감을 증진시키고 가족의 자기효율성과 확신을 증대시킴으로써 동기를 향상시킨다.

2. 가족의 스트레스와 탄력성

가족에 대한 보호기능을 가진 것으로 알려진 가족 탄력성과 강점, 자원 그리고 자연적 치유과정은 가족사정의 또 다른 준거틀이다. 개인 · 가족 · 지역사회의 능력, 자원 그리고 대처전략은 사회복지사가 효과적 개입을 계획하는 데 유용하다. 앞서 살펴보았던 힐(Hill)의 ADCX 준거틀과 이중 ABCX모델 등은 스트레스 사건에 대한 위기 전과 위기 후 가족의 반응을 사정하는 도구들이다.

정상적 발달사건과 비발달적 사건 그리고 이들 사건이 가족기능에 미치는 영향은 가족이 어떻게 반응할 것인지 그리고 가족에게 제공되는 서비스가 가족스트레스를 감소시킬 수 있는지를 결정하는 데 중요하다. 가족 스트레스 및 적응과 관련된 탄력성 모델은 사회적 지지 혹은 가족의 생애사건, 가족체계의 자원, 가족의 적응 방식 · 대처 · 문제해결 능력, 문화적 결속력, 가족에게 있어서의 사건의 의미 등의 영역을 사정한다.

3. 가족의 문제해결 능력과 과거 성공경험

가족 혹은 가족구성원과 현재의 관심사를 검토할 때 해결중심 질문은 사정과정에 대한 방향을 제시해 준다. 이들 질문은 가족구성원이 희망하는 결과를 규명하고 문제 대처 시 과거 성공경험을 탐구하도록 돕는다. 특히 앞서 살펴보았던 '기적질문'은 사회복지사가 가족 혹은 가족구성원이 선호하는 결과를 사정하는 데 유용하다(DeJong & Berg, 1998: 77-78). 기적질문은 클라이언트에게 희망을 주고, 만약 문제가 해결된다면 삶이 어떻게 바뀔지 상상해 볼 수 있도록 한다.

그리고 예외적 시기에 대한 질문은 과거 성공적인 문제해결의 경험을 찾는 데 유용하다(Sandau-Beckler, 2001: 106). 문제행동이 발생하지 않을 때 가족구성원들이 어떻게 느끼고 생각하고 행동하는지 논의해 보면 문제를 감소시키는 데 무엇이 효과적으로 작용할지 찾을 수 있다(Miley, O'Melia, & DuBois, 1995: 207).

이와 같은 예외발견질문(exception-finding questions)은 가족구성원이 현재 및 과거의 성공적 전략과 강점을 규명하도록 도와주며, 이미 성공한 해결책의 적극적 도입은 행동변화를 가속화시키는 데 유용하다.

4. 가족의 변화에 대한 준비성의 사정

가족의 변화에 대한 준비성을 평가하는 데 동기는 중요한 요소의 하나다. 변화의 전환이론 모델(Transtheoretical Model of Change)은 변화에 대한 준비성을 5단계로 구분한다. 첫째, 숙고 이전단계(precontemplation stage)에서 개인은 문제가 존재한다는 것을 인식하지 못하거나 문제의 영향이 대수롭지 않다고 보기 때문에 이 시점에서 변화의 필요성을 느끼지 못한다. 둘째, 숙고단계는 개인이 문제가 있다는 인식을 시작하고 변화의 필요성을 고려하는 특징을 가지고 있다. 전형적으로 개인은 양가감정을 느끼고 변화의 득실을 저울질하게 된다. 셋째, 준비단계는 개인이 변화를 실험하고 변화에 대한 선택들을 고려하는 것이 특징이다. 치료 선택사항들, 사회적 지지, 각 선택에 대한 장애물이 고려된다. 넷째, 행동단계에서 개인은 변화를 위한 행동지향적 수순을 밟기 시작한다. 이 단계에서 개인은 변화가 삶에 미치는 효과 그리고 사회적 지지망에 미치는 영향을 고려하게 된다. 다섯째, 유지단계는 개인이 행동변화를 6개월 이상 유지하는 것이다. 이 단계에서 변화하기 전 모습을 보일 수도 있지만 이는 항구적 변화과정의 정상적 부분으로 간주된다.

이들 단계는 직선적 과정이라기보다는 순환적 혹은 나선적 과정이며, 이에 따라 초기 단계로의 퇴행이 흔히 나타난다. 이 모델은 클라이언트의 준비성 단계에 따라 전략이 도입되거나 변화과정이 전개되어야 한다는 것을 시사한다.

5. 가족안전에 대한 사정

아동과 가족의 안전은 가족복지실천에서 가장 중요한 관심사의 하나다. 아동에 대한 사정 영역에는 신체적 학대, 정서적 학대, 성학대, 정서적 방임과 신체적 방임이 포함된다. 즉각적 위험이 초래될 수 있는 조건 혹은 상황으로는 한쪽(혹은 양쪽) 부모가 통제가 되지 않거나 부모의 전반적 성향이 부정적이며, 아동에 대한 비현실적 기대를 가지고 있거나 이미 학대가 중간 또는 심하게 가해졌을 때, 그리고 가족이 아동을 데리고 도망갈 우려가 있는 상황 등이 있다.

그리고 가족안전계획은 가족의 안전성을 사정하는 중요한 요소다. 외부의 관심을 끌 정도로 위험한 사건이 발생하면 사회복지사는 가족을 위한 공식적인 안전계획을 세울 필요가 있다. 가족구성원 개인, 때로는 가족구성원 모두의 안전이 위협될 수 있는데, 배우자학대와 아동학대는 흔히 가족이 도움을 요청하게 되는 병행 요인이다.

6. 세대 간 양상의 사정

가족구조의 역사적 양상에도 주목할 필요가 있다. 가족사는 어떠한가? 가족의 부모는 어떤 상황에서 성장했는가? 조부모와 부모의 초기 환경이 각 세대의 행동 및 생활방식에 어떻게 영향을 미쳤는가? 가족 내 알코올중독, 아동학대, 범죄와 같은 역사가 있는가 등을 사정한다(Kirst-Ashman & Hull, Jr., 2002: 306).

오늘날 가족중심실천에서는 강점, 탄력성 등에 초점을 두고 세대 간 양상을 사정하는 도구를 활용하는 경향이 있다. 강점중심 가계도(strength-based genogram)는 세대 간에 나타나는 가족구성원의 독특한 자질과 강점을 규명하는 사정도구다. 그리고 탄력성중심 가계도(resiliency-based genogram)도 강점중심 도구이며, 영웅, 탄력성이 강한 구성원, 용감한 구성원, 현명한 구성원, 동정심이 많은 구성원과 가족의 선택이라고 지칭되는 특수한 가족 속성을 가진 세대 간 구성원을 사정한다. 이들 구성원이 어떻게 가족에 영향을 주었는지, 그들의 삶이 가족에게 가르쳐 준 것은 무엇인지, 가족구성원에게 필요한 강점은 무엇인지 등을 사정한다. 이를 통해서 가족구성원은 전승된 강점을 볼 수 있고, 이들 강점은 가족구성원 개인과 가족이 목적을 달성하는 자원이 된다. 또한 이들 가족구성원과의 연계는 강점과 자부심의 출처가 되며, 흔히 어려운 문제에 봉착했을 때 가족구성원에게 희망을 준다.

7. 자원체계에 대한 사정

가족의 자원체계와 관련하여 친구, 가족, 사회복지사는 클라이언트 가족의 사회적 지지망을 구성한다. 비공식적 지지망과 구체적 서비스는 가족이 기능하는 데 필수적인 요소들이다. 가족사정에서 가족의 사회적 지지망이 가지고 있는 도움제공 능력에 대한 사정이 반드시 필요하다. 이는 지지적인 사회적 망이 목적설정뿐 아니라 변화과정의 핵심이 되기 때문이다.

생태도는 가족이 상호작용하는 개인, 집단, 조직, 기관과 가족 간의 관계를 도형화하여 지지의 출처, 강점 그리고 가족자원의 긴장과 고갈을 규명하는 데 유용하다. 또한 가족이 연계성, 자원, 에너지 흐름의 방향 그리고 자원체계의 부정적 요인에 대해 인식하도록 해 준다. 그리고 사회적 망 지도는 가족구성원이 구성하고 있는 지지망과 지지 수준을 평가하는 사정도구로 이용된다. 이 도구는 구체적 지지, 정서적 지지, 조언의 영역 등을 규명한다. 이는 가족구성원이 언제 그리고 어떤 상황에서 친구 혹은 가족에게 지지와 조언을 요청할 수 있는지를 명확하게 밝혀 준다. 이 도구를 통해 가족구성원은 어떻게 지지를 성공적으로 활용하는지 그리고 어떻게 미활용 자원을 탐색할 수 있는지를 규명할 수 있다.

제3절 가족사정도구

1. 생태도

생태도는 가족의 생태학적 체계를 그림으로 보여 준다. 이는 가족구성원과 가족관계를 나타내 주며, 개인과 가족이 자신들의 강점과 약점을 인식하는 데 도움이 된다. 생태도는 가계도와 더불어 특정 시점에서의 가족에 대한 관점을 제공하기 때문에, 이 도구들은 시간에 흐름에 따른 가족의 변화를 모니터하고 평가하는 데 활용될 수 있다. 생태도는 클라이언트가 다른 관점에서 자신의 상황을 시각화할 수 있도록 해 주며, 변화가 필요하거나 혹은 자원이 부재한 것으로 보이는 영역을 제시해 주고, 보다 큰 지역사회와 환경에서 지지가 가능한 영역을 조명해 주는 데 도움이 된다(Kirst-Ashman & Hull, Jr., 2009: 168). 생태도는 우선 중앙에 가족체계를 나타내는 커다란 원을 그리는 작업부터 시작한다. 중심원 내부에 가족구성원들을 그려 넣는다. 남자는 네모, 여자는 원으로 표시한다. 이 네모 혹은 원 안에 해당 가족구성원의 연령을 기재해 두면 좋다. 가족과 상호작용하는 다른 체계들은 중심원 외부에 보다 작은 원으로 표시한다. 이들 체계에는 확대가족, 친구, 학교, 사법기관, 사회복지기관, 교회, 직장, 의료기관 등이 포함될 수 있다. 일단 가족이 상호작용하고 있는 의미 있는 체계들을 설정하고 난 후 이들과의 관계를 선으로 표시한다. 예를 들어, 강한 관계는 두꺼운 선

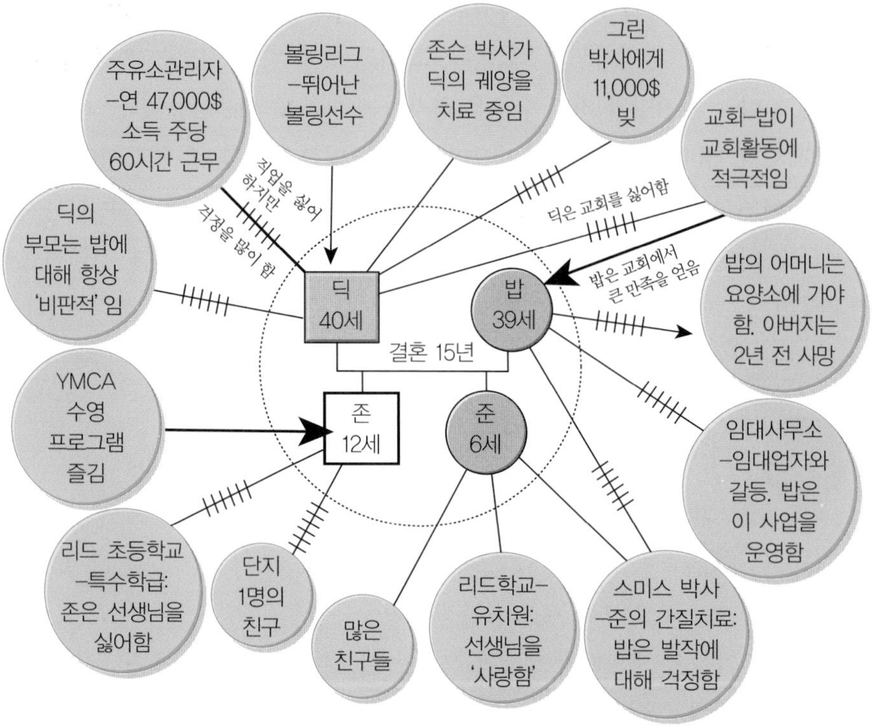

| 그림 4–1 | **생태도**

출처: Sheafor, B. W., Horejsi, C. R., & Horejsi, G. A. (2006), p. 257.

그리고 약한 관계는 가는 선으로 표시하며, 스트레스가 있거나 갈등관계는 사선으로 표시한다. 체계들 간에 에너지 혹은 자원의 상호 교환관계는 화살표로 표시한다(Kirst–Ashman & Hull, Jr., 2009: 168 참조).

2. 가계도

가족은 공간적으로 존재할 뿐 아니라 시간적으로도 존재하는 것으로서, 시계열적으로 조명할 필요가 있다(Hartman, 1978: Compton & Galaway, 1989: 168에서 재인용). 생태도와 더불어 가계도는 가족을 사정하는 데 널리 사용되어 왔으며,

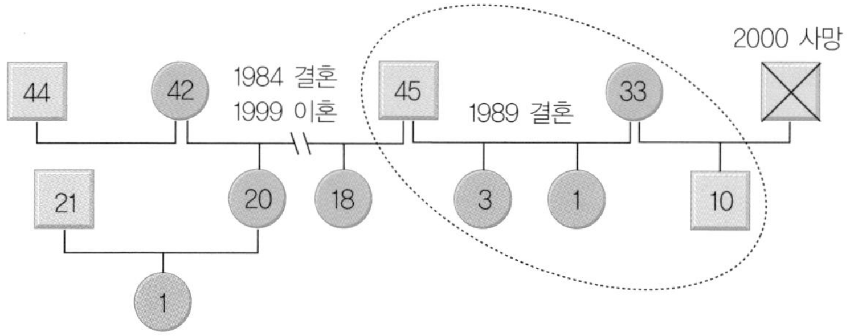

| 그림 4-2 | **가계도**

출처: Sheafor, B. W., Horejsi, C. R., & Horejsi, G. A. (2006), p. 256.

여러 세대를 살펴볼 수 있다는 장점이 있다. 특히 가계도는 주요한 사건들, 가족 구성원의 출생과 사망, 의사소통과 관계패턴, 직업 등 가족에 관한 연대기적 청사진을 보여 준다(Kirst-Ashman & Hull, Jr., 2009: 170).

가계도는 사회복지사와 가족구성원의 공동작업을 통해 가장 잘 구성해 낼 수 있다. 생태도와 마찬가지로 가계도에서도 남성은 네모로, 여성은 원으로 표시한다. 세모는 성별을 알 수 없는 경우에 사용한다. 결혼은 남성과 여성을 연결하는 선으로 표시하며 대체적으로 결혼 연도를 선 위에 표기한다. 이혼은 결혼을 의미하는 선을 가로지르는 사선으로 표기한다. 아동은 출생 순으로 왼쪽에서 오른쪽으로 표시해 나간다. 사망은 네모, 원 혹은 세모 위에 ×표시를 한다. 점선은 보통 함께 거주하고 있는 가족구성원을 의미한다.

3. 사회적 지지망

사회적 지지망 사정은 사회복지실천을 위해 개발된 사정도구를 사용하는 것이 편리하다. 이는 척도선별에 따른 시간 및 노력을 절약할 수 있다는 장점을 지닌다. 트레이시(Tracy)와 휘태커(Whitaker)는 클라이언트의 사회적 지지자원을 사정하는 도구로서 사회적 망 지도(social network map)를 개발하였는데, 이는 그동안 사회복지실천분야에서 널리 사용되어 왔다. 망 지도는 다음 두 단계로 사정한다. 우선 망지도는 ① 가구(동거가족), ② 가족 및 친척, ③ 친구, ④ 직장 또는 학교 등에서 형성된 유대, ⑤ 클럽 · 조직체 · 종교집단과 관련한 유대, ⑥ 이웃, ⑦ 기관 또는 공식적 서비스 제공자의 7개 영역에서 망구성원을 규명한다. 다음에는 개인과 망구성원들 간의 관계에 관한 일련의 질문이 주어진다. 여기에는 망구성원이 개인에게 제공하는 사회적 지지(구체적 지지, 정서적 지지, 정보 · 조언), 관계의 친밀 도, 접촉빈도, 관계지속기간 등이 포함된다.

사회적 망 지도는 ① 망규모: 전체 망구성원의 숫자, ② 영역규모: 7개 영역 구성원의 숫자 및 비율, ③ 정서적 · 구체적 · 정보적 지지의 이용 가능성에 대한 인지: 각 지지유형을 '거의 항상' 제공하는 망구성원의 비율, ④ 비판성: 개인에게 '거의 항상' 비판적인 것으로 인지되는 망구성원의 비율, ⑤ 친밀도: 매우 가깝게 인지되는 망의 비율, ⑥ 상호성: '쌍방적 도움' 관계에 있는 망의 비율, ⑦ 방향성: 클라이언트가 도움을 제공하는 망구성원의 비율 그리고 클라이언트에게 도움을 제공하는 망구성원의 비율, ⑧ 안정성: 관계지속기간, ⑨ 접촉빈도: 서로 만나는 빈도에 관한 정보를 제공해 준다.

이상에서 살펴본 바와 같이 사회적 지지망의 사정은 클라이언트의 사회적 및

| 그림 4-3 | **트레이시와 휘태커의 사회적 망 지도**

출처: 이원숙(1997), p. 206에서 재인용.

		생활 · 영역 ([그림 4-3]내용)	나에게 구체적 도움을 준다	나에게 정서적 도움을 준다	나에게 정보 · 조언을 준다	나에게 비판적 일 때가 있다	도움의 방향	친밀도	접촉 빈도	알고 지낸 기간
____ 명		1. 가족 2. 친척 3. 직장 · 학교 4. 클럽 · 교회 5. 친구 6. 이웃 7. 전문가 8. 기타	1. 가끔 2. 자주 3. 항상	1. 가끔 2. 자주 3. 항상	1. 가끔 2. 자주 3. 항상	1. 가끔 2. 자주 3. 항상	1. 서로 돕는 관계 2. 내가 그 사람에게 3. 그 사람이 나에게	1. 별로 가깝지 않다. 2. 가까운 편이다. 3. 매우 가깝다.	0. 보지 못함 1. 1년에 몇 번 2. 1달에 한 번 정도 3. 1주일에 한 번 정도 4. 거의 매일	1. 1년 미만 2. 1~5년 3. 5년 이상
성명	NO.									
	01									
	02									
	03									
	04									
	05									

| 그림 4-4 | **트레이시와 휘태커의 사회적 망 사정**

출처: 이원숙(1997), p. 206에서 재인용.

환경적 자원에 관한 정보를 체계적으로 수집하는 데 유용하다. 초기 면접단계에서는 클라이언트의 비공식적 자원의 규명에 일차적인 목적이 있으나, 부분적으로 치료적 효과도 기대된다. 사회적 지지망의 사정과정에서는 가족이 지지망에 대한 통찰력을 가질 수 있도록 도와주고, 이의 개선을 위한 대안을 모색하도록 격려한다(이원숙, 1997: 207-208; Tracy & Whittaker, 1990: 461-470).

4. 강점 사정

최근 사회복지실천에서 클라이언트의 강점 활용에 대한 관심이 점차 증가하고 있다. 헵워스(Hepworth)와 라슨(Larsen)은 병리에 대한 관심은 클라이언트의 성장 잠재력을 파악하는 데 장애가 될 뿐 아니라 상당수의 클라이언트는 이미 자신감이 결여되고 무가치하다고 느끼는 상태에서 도움을 요청하므로, 원조과정에서 자아존중감을 향상시켜 주는 것이 중요함에도 불구하고 병리에 초점을 둔다면 이를 제대로 수행하기 어렵다고 지적한다(Hepworth & Larsen, 1993: 194-195).

가족구조, 문화적 영향, 인종적 배경 그리고 여러 다른 환경적 변수로 인한 차이 때문에 가족의 강점을 사정하는 것은 쉬운 일이 아니다. 이런 다양성에도 불구하고, 비버스와 햄슨(Beavers & Hampson, 1990)은 능력 있는 가족은 타협능력, 개인적 표현의 명료성, 개인적 선택과 양가성에 대한 존중 그리고 서로에 대한 제휴적 태도(affiliative attitude)에 높은 수준의 일관성을 유지한다고 지적한다. 기능적인 가족은 특정 구조와 생활 방식을 가진 가족에게 국한되는 것이 아니라 다양한 구조와 생활 방식을 가진 가족에서 발견될 수 있다. 다시 말해서, 가족의 건강성은 가족구성원의 상호작용의 본질 그리고 가족구성원이 주고받는 지지에 따라 결정되는 것이다(Miley et al., 1995: 203). 〈표 4-1〉은 원래 계부모가족의 강점을 사정하는 도구이나, 여기에서는 일반가족을 대상으로 하는 문항만을 선택해 소개하였다.

표 4-1 가족의 강점

1 거의 전혀	2 가끔 한 번씩	3 때때로	4 빈번하게	5 거의 항상

( ) 1. 우리 가족은 서로를 위해 좋은 일을 한다.
( ) 2. 우리 가족은 느끼는 대로 말할 수 있다.
( ) 3. 우리는 가족을 자랑스러워한다.
( ) 4. 문제가 있을 때 자녀의 제안도 환영받는다.
( ) 5. 우리 가족은 필요시 도움을 요청할 수 있는 친구와 친척이 있다.
( ) 6. 우리는 서로에게 관심이 있다는 사실을 표현한다.
( ) 7. 우리는 서로의 이야기를 경청한다.
( ) 8. 우리는 가족으로서 함께 뭉친다.
( ) 9. 우리 가족은 유사한 가치와 신념을 가진다.
( ) 10. 우리 가족은 지역사회 혹은 종교집단 활동에 참여한다.
( ) 11. 나는 우리가 가족으로서 친밀한 것에 대해 행복하다.
( ) 12. 우리는 서로에 대한 감정을 이해하는 것이 중요하다고 믿는다.
( ) 13. 우리는 가족 전통을 가지고 있고 이를 지켜 나간다.
( ) 14. 자녀는 규칙과 훈육에 대한 의견을 말할 수 있다.
( ) 15. 문제가 있을 때, 우리는 동일한 문제를 겪는 다른 가족에게 기꺼이 도움을 요청할 의사가 있다.
( ) 16. 우리는 가족 내 다른 사람들이 어떻게 느끼는지에 대해 관심을 쏟는다.
( ) 17. 우리는 논쟁하지 않으면서 문제에 대해 이야기할 수 있다.
( ) 18. 우리는 우리 가족의 역사에 대해 자랑스러워한다.
( ) 19. 집안일은 가족구성원들에게 공정하게 나누어진다.
( ) 20. 우리 가족은 필요할 때 외부의 전문적 도움을 받을 의사가 있다.
( ) 21. 우리는 서로를 존중한다.
( ) 22. 우리는 함께 이야기 나누는 것을 즐거워한다.
( ) 23. 가족구성원은 서로에게 충성심을 느낀다.
( ) 24. 주요한 가족문제를 결정할 때 각 가족구성원은 의견을 표명할 수 있다.
( ) 25. 떨어져 사는 가족구성원과 만남을 지속하고 있다.

개별적 강점 점수표

가족 돌봄 1, 6, 11, 16, 21번 문항의 총점
의사소통 2, 7, 12, 17, 22번 문항의 총점
가족 자부심 3, 8, 13, 18, 23번 문항의 총점
가족결속감 4, 9, 14, 19, 24번 문항의 총점
지역사회 및 가족유대 5, 10, 15, 20, 25번 문항의 총점

출처: Duncan & Brown (1992): Miley, K. K., O' Melia, M., & DuBois, B. L. (1995), p. 204에서 재편집.

제 5 장

가족정책

가족정책은 사회가 아동을 필요로 하고 그 아동들이 건강하게 자라고 교육을 받아 궁극적으로 생산적인 근로자, 시민 그리고 부모가 되도록 한다는 전제에서 출발한다. 아동을 출산하고 사회화하는 역할에 가족을 대체할 만한 것이 없으며, 사회가 추구하는 목표에 도달하려면 애정이 담긴 양육과 돌봄이 필수적이라는 점이 더욱 분명해지고 있다. 20세기 후반 가족정책에 대한 관심이 증가하게 된 것은 이와 같은 가족의 역할이 위협을 받는 상황 혹은 위협을 받을 것이라는 상황에 기인하고 있다. 유엔은 1994년 '세계 가족의 해'를 맞이하여 가족정책의 필요성을 다음과 같이 제기했다.

첫째, 가족은 보편적으로 사회의 기본적 단위로 인지되고 있다. 사회변화는 가족의 역할과 기능에 변화를 가져왔지만, 그럼에도 불구하고 가족은 그 구성원의 성장과 안녕에 본질적인 정서적, 물질적 지지를 제공해 왔다.

둘째, 가족에 대한 주제는 광의의 사회정책과 발달 문제의 주축이다. 최근 핵심적인 사회적 안전망으로서의 가족의 위치에 대한 인식이 증대되고 있다.

셋째, 가족은 살아 있는 그리고 진화해 나가는 사회제도로서, 인류 역사상 가장 어려운 시련을 맞이하고 있다. 오늘날 사회가 너무 급격하게 바뀌고 있어서 변화속도 자체만으로도 가족에게 커다란 스트레스가 되고 있다(UN, 1996: 9-10).

이와 같이 오늘날 가족은 자력으로는 해결할 수 없는 다양한 문제로 인해 존재 기반을 위협받고 있다. 동서양을 막론하고 현대사회 가족이 직면하고 있는 문제들, 즉 인구 감소, 맞벌이 부부의 일-가족 균형 및 조화, 이혼가족의 자녀문제, 고령사회 진입에 따른 부양의 위기, 세대불평등의 심화 등은 개별 가족의 힘으로 도저히 해결이 불가능하다. 이들 가족문제는 급격한 사회변동이 진행되면서 가족의 변화 속도와 사회의 변화 속도 간 지체(lag) 현상이 발생함에 따라 긴장과 갈등이 표출된 결과다. 이에 따라 가족문제를 사회문제로 인식하고 정책적 개입을 시도함은 극히 자연스러운 귀결이라 하겠다(함인희, 2010: 12).

우리 사회에서도 1990년대 후반 이후 가족정책에 관한 논의가 활발하게 이루어져 왔다. 2003년에는 국회에서 「건강가정기본법」이 통과되었다. 그리고 2004년 시범사업을 걸친 이후, 2005년부터 건강가정지원센터가 전국적으로 설립되어 서비스를 제공하고 있다. 그리고 2005년 「정부조직법」이 개정되면서 여성부가 여성가족부로 개편되었다. 2008년에는 여성가족부의 가족 및 보육정책 기능이 보건복지가족부로 이관되었다가, 「정부조직법」의 개정(2010. 1. 18.)에 따라 다시 여성가족부로 이관되었다. 여기에서는 가족정책의 발달과정과 개념을 살펴보고 한국의 가족정책의 실제를 소개하고자 한다.

제1절 가족정책의 발달과정 및 개념

1. 가족정책의 발달과정

카머만(Kamerman)에 의하면, 가족정책은 세 가지 단계로 발달해 왔다. 가족정책의 기원은 19세기 후반 그리고 20세기 초 프랑스와 스웨덴으로 거슬러 올라갈 수 있으며, 가족에 관한 인구학적 · 경제적 문제, 특히 낮은 출산율과 저임금에 대한 관심에서 비롯되었다. 가족 혹은 아동수당은 자녀 유무와 자녀 수를 토대로 제공되었는데, 위에서 언급한 문제들을 해소하고 사회가 추구하는 목적을 달성하기 위한 일차적 정책도구였다. 이는 제2차 세계대전 이후 유럽에서 채택되었으며 그 결과 자녀를 가진 가족의 경제적 부담이 다소 경감되었고, 전후 베이비붐은 낮은 출산율에 대한 사회적 관심을 해소시켰다.

유럽에서 가족정책 발달의 두 번째 단계는 1960년대에 시작되었다. 역사상 가장 높은 경제적 성장률을 기록하였던 이 시대에 일부 국가는 빈곤문제가 재발하였고, 자녀가 있는 저소득가족의 문제에 관심을 갖는 국가도 나타났다. 이후 10여 년 동안 서구 산업화된 국가는 소득이전, 건강보호, 교육, 주거, 고용 그리고 사회복지 서비스의 모든 영역에서 사회적 보호체계를 확대시켰다. 그리고 노인에 대한 사회정책이 대다수 유럽과 미국에서 시작되었다.

세 번째 가족정책단계는 스웨덴에서 다소 일찍 나타났지만 유럽에서는 1970년대에 대두되었다. 세 번째 단계에서는 가족구조와 성(gender) 역할에서의 가족변화에 대처하는 데 초점이 있었다. 한부모가족의 경제적 취약성에 대한 관심은 이들 가족에게 재정적 지원을 제공하는 정책변화를 가져왔다. 한부모가족, 재혼가족, 맞벌이가족이 증가함에 따라 아동에 대한 사회화와 사회적 · 정서적 지원은 서비스 제공의 주요한 구성요소가 되었다. 또한 성평등(gender equity)의 문제는 새로운 관심과 목적이 되었다. 여성의 노동시장 참여가 늘어나면서 일하는 부모에 대한 부모휴가, 보다 탄력적인 근무시간정책과 아동보호 서비스의 공급 등 다양한 가족정책이 필요해졌다.

최근 유럽과 미국의 가족정책은 새로운 형태의 가족과 생활양식 패턴, 한부모가족과 그들의 경제적 불안정성 및 시간부족의 문제 그리고 일하는 부모와 이에 수반된 일과 가족생활의 균형에 대한 욕구에 초점을 두고 있다. 한편으로는 가족구조 변화와 성역할 변화 그리고 다른 한편으로는 일과 가족생활의 균형에 대한 이중적 초점은 모든 산업화된 사회의 가족정책에 영향을 주는 핵심 사안들이다(Kamerman, 1995: 927-928).

2. 가족정책의 개념 및 유형

카머만에 의하면, 가족정책은 정부가 아동과 그 가족을 위해서 하는 것, 특히 자녀가 있는 가족에 영향을 미치기 위해서 고안된 공공정책 그리고 이들 가족에게 영향을 주고자 하는 의도는 없었으나 뚜렷한 영향력을 가진 정책이다. 가족정책에는 명시적 정책과 묵시적 정책이 있다. 명시적 가족정책은 가족구성원 개개인의 가족역할 혹은 전체로서의 가족 단위를 위한 특정 목적을 성취하기 위해서 의도적으로 고안된 정책과 프로그램이다. 명시적 가족정책에는 인구정책, 자녀가 있는 가족에게 일정 소득 수준을 보장해 주려는 소득보장정책, 일하는 부모를 위한 고용관련급여, 모자보건정책, 아동보호정책 등이 포함된다. 한편, 묵시적 가족정책은 가족과 관련되지는 않으나, 다른 정책 영역에서 취해진 가족에게 영향력을 미치는 조처를 포함한다. 예를 들어, 소득세의 증가는 저소득계층 맞벌이가족의 기혼취업여성의 근로의욕을 감소시킬 수 있다.

나아가 카머만은 가족정책을 정책 분야, 정책도구(혹은 정책기준), 정책관점의 세 가지 측면에서 접근한다. 가족정책 분야는 「가족법」, 소득이전정책(아동 혹은 가족수당, 출산급여 등), 부양자녀에 대한 소득세 감면 그리고 아동보호 서비스와 같이 뚜렷하게 가족을 목표로 하는 법을 포함한다. 도구로서의 가족정책은 다른 사회정책의 목표와 도구로 가족정책이 활용되는 것을 의미한다. 예를 들어, 가족정책은 더 많은 자녀의 출산을 권장하는 인구학적 목적을 달성하는 도구로 사용될 수 있다. 관점으로서의 가족정책은 모든 사회정책에서 가족에게 미치는 효과와 영향력이 고려되어야 한다고 가정한다. 명시적 가족정책이 부재할 경우, 관점으로서의 가족정책은 유용성이 매우 크다(Kamerman, 1995: 929-930).

그리고 가족정책은 가족의 복지를 위한 정부개입이 효과적인가 그리고 어떤 경우에 정부가 개입해야 하는가 등에 대한 시각에 따라 개념화될 수 있다. 첫째, 보수적 또는 자유주의적 시각에서 가족은 사회통제의 가장 기본적 제도라는 인식하에 전통적 가족의 유지를 고수하고자 노력하며, 이에 따라 다른 형태의 가족은 다소 병리적으로 간주하는 경향이 있다. 둘째, 진보적 시각은 변화하는 가족의 요구에 대응해서 가족정책을 수립해 나가야 한다는 입장이다. 여기에서는 가족에게 국가적 · 사회적 지원이 필요하다는 인식하에 아동의 권리와 성인의 권리에 균형 있게 접근하는 정책을 추구한다. 셋째, 여권론적 시각은 기존의 가족정책이 출산보호주의, 부계중심의 온정주의, 가부장제적 인식을 반영한다는 비판적 관점에서, 여성들에게 진정한 선택과 평등을 제공할 수 있는 방식 그리고 가족과 사회 모두에서 성평등을 실현할 수 있는 방향으로 재정립되어야 한다고 주장한다(조홍식, 김인숙, 김혜란, 신은주, 2001: 178-181 참조).

최근 윤홍식은 가족주의를 토대로 가족정책의 재유형화를 논의하였다. 그는 가족주의(familism)와 가족책임주의(familialism)의 개념을 구분한다. 전자가 단위로서의 가족의 이해가 개별 가족구성원은 물론이고 사회 전체의 이해보다 우선한다는 의미라고 한다면, 후자는 가족 내 성별 분업에 근거한 남성생계부양자와 돌보는 자로서의 여성을 전제한다. 복지와 관련해서 가족책임주의는 개별 시민의 경제적 부양과 돌봄의 책임이 가족에게 있음을 의미한다. 만약 가족책임주의가 복지국가가 확대되면 소멸해 가는 과도기적 현상이라면, 이는 한국뿐 아니라 복지가 발달되지 않은 국가의 보편적 특성이라고 할 수 있다. 그러나 국가 복지가 확대되어도, 특히 돌봄 영역에서 공적 개입이 증가한다고 해도 가족책임주의가 한 사회의 습속으로 존재하는 한, 돌봄 제공방식은 가족책임주의의 영향에서 벗어날 수 없다. 이 경우 가족이 해당 사회의 복지 제공방식을 결정하는 준거가 된다는 점에서 '준거적 가족책임주의(criterial familialism)'라고 개념화할 수 있다. 이런 논의를 바탕으로 윤홍식은 가족책임주의에 기반한 가족정책의 유형화를 시도한다. 우선 돌봄 제공방식의 탈가족화와 가족화의 축이 있다.[1] 이는 탈가족화 우선형, 가족화 우선형, 탈가족화 · 가족화 병행형으로 구분할 수 있다. 이들 유형이 각기 공적 방식 혹은 사적 방식으로 이루어지는가에 따라 총 6개의 유형으로 구분된다. 그의 연구에 의하면, 협소한 육아휴직 이용대상자와 이의 낮은 급여수준을 감안할 때 한국은 낮은 수준의 탈가족화 우선형에 가까운 것으로 분류될 수 있다. 단 아동양육수당제도가 확대된다면 가족화에 대한 공적 지원이 확대된다는 점에서 (사적) 탈가족화 · 가족화 병행으로 전환될 가능성도 남아 있다(윤홍식, 2012: 263-279).

한편, 로슨(Lawson) 등은 정책입안자와 가족 안녕에 관심을 가진 전문가들이 분석적 · 평가적 지침으로 사용할 수 있는 가족정책의 연속선(family policy continuum)을 다음과 같이 제기하였다.

첫째, 가족둔감적 틀(family-insensitive framework)이 있다. 이 틀에서 가족은 정책입안과정에서 전적으로 무시되거나 간과된다. 이런 정책에서는 가족에게 서비스가 제공되지 않거나 지원되지 않으며 최악의 경우에는 가족에게 유해하게 작용하기도 한다.

둘째, 가족민감적 틀(family-sensitive framework)에서는 가족에 대한 영향평가 그리고 가족의 기능이 체계적으로 사정되지 않는다. 또한 실천면에서 가족민감적 접근은 의도하지는 않았지만 가족에게 해로움을 가져올 수도 있다.

셋째, 가족초점적 틀(family-focused framework)에서 가족은 그들의 가치에 부합되는 관심을 받게 되며, 정책결정과정에서 ① 가족에게 해가 되지 않을 것이라는 점 그리고 ② 가족이 이끌어 낼 수 있는 모든 예견 가능한 지원과 혜택이 규정되고 극대화될 것이라는 점을 확실히 한다.

---

1) 탈가족화는 아동, 노인, 장애인에 대한 돌봄 책임이 국가 또는 시장을 통해 완화되는 수준이다(윤홍식 외, 2010; 윤홍식, 2013: 272에서 재인용). 한편 가족화는 가족원의 가족원에 대한 직접 돌봄에 대한 국가의 지원수준을 의미한다(윤홍식, 2012: 273).

넷째, 가족지지적 틀(family-supportive framework)에서는 정책이 가족에게 미치는 직접적 · 간접적 영향이 중시되며, 명시적 목적은 가족을 지지하고 가족의 능력을 구축하는 데 있다. 가족영향 분석이 의제(agenda)를 설정하고 정책적 고려를 하는 토대가 된다.

다섯째, 가족중심적 접근(family-centered approach)에서는 가족의 안녕이 최우선시된다. 정책이 가족과 관련되는 한 총체적(holistic)이며 가족중심적이다. 이 접근법에서 가족은 교육과 보건과 같은 다른 부문을 능가하는 최고의 지위가 부여된다. 가족중심적 틀에 있어서, 가족은 단순히 클라이언트나 대상이 아니라 정책의 파트너이자 동료이며 평가자가 된다.

이와 같은 가족정책 연속선은 정책입안자들이 가족친화적 의제를 설정하도록 할 뿐 아니라 기존의 정책을 분석하고 새로운 정책이 추가되는 과정에서 보다 가족중심적인 정책을 추구하도록 하는 데 기여할 것이다(Lawson, Briar-Lawson, & Hennon, 2001: 136-138).

제2절 한국의 가족정책

1. 기존 정책에 대한 비판과 새로운 가족정책의 방향에 대한 논의

그간 우리 사회에서는 가족정책의 새로운 방향에 대한 정책적 논의가 활발하게 이루어졌으며, 이는 오늘날의 가족정책의 방향을 설정하는 데 영향을 미쳤다. 손승영은 우리나라에서 지금까지의 가족정책은 단편적 차원에서 부분적으로만 시행되어 왔으며, 정부 차원에서 체계적으로 표명해 온 명시적 가족정책이 없기 때문에 종합적이고 체계적인 가족중심적 정책의 개발과 실시가 필요하다고 하였다. 또한 그동안의 가족정책은 요보호가족을 대상으로 그때그때 필요한 해결책을 땜질식으로 제시해 왔을 뿐 한국 가족의 변화를 사회변화의 연결고리 속에서 이해하고 정책화하려는 시도는 전무했다고 비판하였다(손승영, 2001: 3). 이와 같은 맥락에서 박숙자는 가족정책이 지난 40여 년간의 가족변화를 제대로 반영하고 있지 못하며, 일반 가족의 안녕과 행복을 위한 정책이라기보다는 일부 저소득층 요보호가족의 최소한의 복지를 위한 사회안전망 기능에 불과하였다고 지적하면서, 21세기 정보화시대를 맞이하여 가족의 다양한 변화욕구에 부응하는 새로운 가족정책이 필요하다고 주장하였다(박숙자, 2001). 나아가서 김승권은 최근 증가하는 이혼가족, 사별가족, 재혼가족 등의 비정형적 가족과 후기산업사회에서 새로운 가족형태로 대두할 미혼모가족, 동성애가족, 공동체가족 등을 위한 정책이 강구되어야 한다고 제시하였다(김승권, 2001). 그 외에도 일과 가족의 조화를 이루는 가족정책, 양성평등적 가족정책, 가족생활주기를 반영하는 가족정책, 가족구성원 모두의 권리와 욕구가 인정되는 가족정책(김승권, 2001; 손승영, 2001; 최경석 외, 2001: 141-142) 등이 다양하게 제기되어 왔다.

한편, 가족정책의 새로운 방향 모색에 대한 논의를 토대로 바람직한 가족정책에 대한 연구도 이루어졌다. 장혜경 등은 가족정책기본계획 수립을 위한 연구에서 다음과 같은 가족정책의 기본원칙을 제시하고 있다(장혜경 외, 2005b).

첫째, 가족에 대한 사회적 책임성의 확대가 이루어져야 한다. 현재 한국 가족의 문제는 개별 가족 차원에서는 해결하기 어려운 상황으로 사회적 차원에서 종합적인 가족지원정책이 마련되어야 한다.

둘째, 정책의 포괄성 확보가 이루어져야 한다. 일반 가족의 안정성과 개별 구성원의 삶의 질 향상을 위한 포괄적 가족정책을 마련하여 가족정책의 예방적 성격을 확대함과 동시에 다양한 계층과 욕구에 부합되는 종합적 · 다층적(multi-dimensional) 가족정책을 통해 포스트모더니즘의 사회적 필요에 부응한다. 셋째, 형평성과 다양성의 지향이다. 가족정책이 성, 세대, 계층 간의 형평성을 확보함으로써 사회정의를 실현한다. 이를 통해 개인의 선택으로 형성된 다양한 가족의 삶을 존중하고, 서로 다른 가치가 공존할 수 있도록 하며, 다양한 가족의 욕구를 충족시켜야 한다. 넷째, 선택권과 책임성의 조화가 이루어져야 한다. 개인의 자발적 선택을 존중하고, 선택에 따른 개인의 책임을 원만히 수행할 수 있도록 가족정책을 통해 지원하고 이에 대한 사회적 차별과 배제를 최소화한다.

2. 가족 관련법의 제정

1989년 「한부모가족지원법」과 1999년 건전가정의례의 정착 및 지원에 관한 법률 이외에 가족정책의 기반이 되는 법이 거의 전무하였던 한국사회에 2004년 「건강가정기본법」은 체계적인 가족정책의 출발을 의미하였다. 그 후 다양한 가족 관련법의 제정이 이어졌다.

1) 「건강가정기본법」

(1) 「건강가정기본법」의 제정 배경

외환위기 이후 가족의 문제를 더 이상 개별 가족과 구성원에게만 일임할 수 없다는 사회적 위기의식이 형성되었고 이에 대한 사회적 · 정책적 대응의 필요성이 요청되었다. 이에 2003년 4월 보건복지부가 「건강가정육성기본법(안)」을 발표한 것을 계기로 가족의 변화에 대한 대응방식에 관한 논의가 촉발되었다. 이에 가정학계에서는 「건강가정육성기본법(안)」을 발의(2003. 7. 21.)하였고, 당시 사회복지계는 「가족지원기본법(안)」을 대안 입법으로 발의(2003. 8. 22.)하였다.

「건강가정기본법」은 제정과정을 둘러싸고 격렬한 찬반 논란에 휩싸였다. 「건강가정기본법」 제정과정에서 가족과 가족정책에 대한 담론 구도를 단순화하면 정부-가정학계 대 사회복지계-여성 및 시민사회계였다(김인숙, 2007: 260). 가족이 변화하고 있다는 인식의 공유에도 불구하고 양 법안의 현실인식은 매우 상이한 관점에 근거하고 있었다. 「건강가정육성기본법(안)」의 경우 가족의 형태적 · 기능적 변화는 '가족위기'의 상황이고, 이에 대한 주된 책임은 가족과 그 구성원에게 있으며, 국가의 역할은 국민교육 및 제도를 통해 건강한 가족을 육성해야 한다는 것이었다(정민자, 2003: 윤홍식, 2004: 28에서 재인용). 반면, 「가족지원기본법(안)」은 가족의 변화를 인정함으로써 가족의 형태적 · 기능적 다양성에 근거한 국가지원의 필요성을 강조하였다(김인숙, 2003: 윤홍식, 2004: 28에서 재인용).

이러한 양 법안의 입장 차이는 근본적으로 조정되지 못하고, 부분적 조정과정을 거친 「건강가정기본법」이라는 형태로 2003년 12월 21일 국회 본회의를 통과하여 2004년 2월 제정되었다.

(2) 「건강가정기본법」의 제정 의의 및 개정 논의

제정과정에서의 논란에도 불구하고, 이 법이 한국 가족정책의 역사에서 갖는 의의는 부인하기 어렵다. 즉, 국가가 가족에 대한 개입 의사를 가족정책의 이름으로 적극적으로 표명한 최초의 법적 장치라는 점이다(김인숙, 2007: 254). 이와 같은 맥락에서 정재훈 등은 「건강가정기본법」은 우리나라에서 최초로 저출산, 이혼율, 빈곤가족의 증가와 같은 가족문제에 대하여 국가의 책임이나 분담을 적극적으로 표명했다는 역사적 의의를 가지고 있다고 지적한다(정재훈 외, 2005: 17).

그럼에도 불구하고 「건강가정기본법」 제정과정에서 발생하였던 논란은 법 제정 이후에도 지속되고 있다. 2014년 남인순 의원 등은 「건강가정기본법」 일부개정법률안(의안 제1910148호)을 발의하였다.[2)]

2) 기타 가족 관련법의 제정

우리 사회에서 결혼이민자가족이 급격히 증가하면서 이에 대한 국가적 대책이 요구되었다. 이런 맥락에서 2006년 여성결혼이민자가족의 사회통합지원방안(2006. 4. 26.)이 마련되었다. 2007년에는 「결혼중개업의 관리에 관한 법률」이 제정되었고 2008년에는 「다문화가족지원법」이 제정되었다. 그 외에도 「가족친화 사회환경의 조성 촉진에 관한 법률」(2007. 12. 14.), 「아이돌봄지원법」(2012. 2. 1.), 「양육비 이행확보 및 지원에 관한 법률」(2014. 3. 24.)이 제정되었다.

---

2) 「건강가정기본법」 일부개정법률안은 제안 이유를 다음과 같이 제시하고 있다. 「건강가정기본법」은 '가족'을 혼인·혈연·입양으로 이루어진 사회의 기본단위로 정의하고 법률의 제명 및 내용에 가치판단이 내포된 '건강가정'이라는 용어를 사용하고 있어 사실혼으로 이루어진 가족, 동성가족, 독신가구, 동거가구 등 혼인·혈연·입양 외의 관계로 이루어진 다양한 형태의 가족에 대한 편견과 차별을 조장하고 이들 가족을 건강하지 못한 가정으로 인식하게 하는 문제가 있다. 또한 이 법은 가정의 구성 및 혼인과 출산의 중요성을 강조하여 성적 소수자 등의 자유와 행복추구권을 침해할 우려가 있으며, 가족해체를 가족관계의 변화가 아닌 사회병리적인 현상으로 보고 있어 이혼가정에 대한 부정적인 인식을 야기하는 문제가 있다. 이에 이 법의 제명을 현행 「건강가정기본법」에서 「가족지원기본법」으로 변경하고 다양한 가족형태가 출현·증가하고 있는 사회적 추세에 부합하도록 가족의 정의 등 관련 내용을 정비함으로써 다양한 형태의 가족에 대한 차별과 편견을 예방하고 지원을 강화하려는 것이다(남인순 외, 2014. 4. 11.).

3. 건강가정기본계획과 다문화가족정책 기본계획

「건강가정기본법」이 '건강가정'을 둘러싼 관점의 차이를 좁히지 못하고 있으나, 현실적으로 「건강가정기본법」의 제정은 우리나라 가족정책과 전달체계의 수립이란 점에서 한 획을 그었다. 그 대표적인 것이 건강가정기본계획과 다문화가족정책 기본계획이다. 「건강가정기본법」 제15조에 의거하여 건강가정기본계획을 5년마다 수립하도록 되어 있다. 이와 같은 맥락에서 「다문화가족지원법」 제3조의 2에 의거하여 다문화가족 지원을 위하여 5년마다 다문화가족정책 기본계획을 수립하여야 한다.

1) 건강가정기본계획

(1) 제1차 및 제2차 건강가정기본계획

제1차 건강가정기본계획(2006~2010)의 목표는 가족돌봄의 사회화, 직장 · 가정의 양립, 다양한 가족에 대한 지원, 가족친화적 사회환경 조성, 새로운 가족관계 및 문화조성 그리고 가족정책 인프라 확충이었다(관계부처 합동, 2011: 11). 그리고 제2차 건강가정기본계획(2011~2015)은 가족가치의 확산, 자녀돌봄 지원 강화, 다양한 가족의 역량강화, 가족친화적인 사회환경 조성, 가족정책 인프라 강화와 전문성 제고 등 5개 영역의 시행계획을 수립 · 추진하였다. 제2차 건강가정기본계획의 성과로는, 첫째, 양성평등한 가족관계 및 가족정책 추진기반 마련, 둘째, 자녀양육 부담 경감을 위한 보육 · 돌봄 지원 강화, 셋째, 한부모, 다문화 등 다양한 가족 대상 지원 서비스 확대, 넷째, 일 · 가정 양립 지원을 통해 가족친화 사회환경 조성을 들고 있다(관계부처 합동, 2016. 2.: 4-5). 한편, 이의 한계와 향후 과제는 다음과 같이 제시되고 있다. 첫째, 취약가족 중심의 정책에서 다양한 가족을 포괄하는 가족정책이 필요하다. 둘째, 여성의 경제활동 증가와 함께 맞벌이가족이 증가하였음에도 불구하고, 맞벌이가족을 위한 정책이 미흡하다. 셋째, 일 · 가정 양립을 위한 다양한 제도가 도입되었으나, 여전히 현장에서 실천이 어려우며 특히 남성의 활용도는 매우 낮다. 넷째, 가족해체의 증가에 대응하여 가족관계 개선을 위한 정책의 강화가 필요하다(관계부처 합동, 2016. 2.: 2).

(2) 제3차 건강가정기본계획

제3차 건강가정기본계획(2016~2020)은 '다양한 가족의 삶의 질 향상' '남녀 모두 일 · 가정 양립 실천'의 2대 목표 아래, 6개 정책과제, 20개 단위과제 및 53개 세부과제로 구성되었다(관계부처 합동, 2016. 2.: 12). 이의 특징은, 첫째, '가족관계 증진을 위한 서비스 기반 조성' 정책과제 신설을 통하여 보편적 가족서비스를 주요 정책과제로 부각, 둘째, 일 · 가정 양립을 여성만의 문제가 아닌 남성과

표 5-1 제3차 건강가정기본계획의 비전, 목표 및 정책과제

정책비전	모든 가족이 함께 행복한 사회 구현	
정책목표	다양한 가족의 삶의 질 향상 남녀 모두 일 · 가정 양립 실현	
정책과제	1. 가족관계 증진을 위한 서비스 기반 조성	1-1. 맞춤형 가족교육 지원 1-2. 가족상담 활성화 1-3. 가족여가활동 확대
	2. 가족유형별 맞춤형 서비스 지원 강화	2-1. 맞벌이가족 지원 2-2. 한부모가족 지원 2-3. 다문화가족 지원 2-4. 취약 · 위기가족 지원
	3. 정부-가족-지역사회 연계를 통한 돌봄 지원 강화	3-1. 아이 키우기 좋은 여건 조성 3-2. 돌봄 부담 해소를 위한 지역사회 조성 3-3. 가족돌봄 여건 조성
	4. 남성과 여성, 기업이 함께하는 일 · 가정 양립 실천	4-1. 일 · 가정 양립 제도 정착 4-2. 남성의 일 · 가정 양립 지원 강화 4-3. 기업의 일 · 가정 양립 실천 촉진
	5. 생애주기별 출산친화적 사회문화 조성	5-1. 고비용 결혼문화 개선 5-2. 임산부 배려문화 조성 5-3. 작은 육아문화 확산 5-4. 양성평등 가족문화 조성
	6. 가족환경 변화에 대응한 정책 추진체계 강화	6-1. 가족정책 법 · 제도 정비 6-2. 가족정책 전달체계 강화 6-3. 새로운 가족환경 변화에 선제적 대응

출처: 관계부처 합동(2016. 2.), p. 11.

기업 모두가 함께 실천해야 한다는 점을 강조하여 정책과제 발굴, 셋째, 맞벌이 가족 지원, 남성의 일 · 가정 양립 지원 강화, 임산부 보호 등 새로운 정책수요가 증가하고 있는 분야의 단위과제 신설, 넷째, 작은 결혼문화, 임산부 배려문화, 소비주의적 육아문화 개선 등 생애주기별 출산친화적 사회문화 조성의 강조에 있다(관계부처 합동, 2016. 2.: 13).

2) 다문화가족정책 기본계획

(1) 제1차 다문화가족지원정책 기본계획

「다문화가족지원법」에 의거하여 다문화가족 지원을 위한 기본계획을 5년마다 수립한다. 제1차 다문화가족지원정책 기본계획(2010~2012)이 수립 · 추진되었다.[3] 정책분야별 주요 추진성과로는, 첫째, 국제결혼으로 인한 다문화가족 증가에 적극 대응하여 다문화가족 지원을 위한 정책추진체계 구축, 둘째, 국제결혼 건전화를 위하여 법령 · 제도 개선과 함께 베트남 등 국제결혼 상대국과의 협력 강화, 셋째, 다문화가족의 안정적 정착을 위하여 한국어교육, 통 · 번역 지원 등 맞춤형 서비스 확대, 넷째, 다문화가족 자녀의 건강한 성장을 위한 교육 등 지원강화, 다섯째, 다문화가족에 대한 인식 제고를 위한 교육 및 홍보 추진이 제시되었다(여성가족부, 관계부처 합동, 2012. 12.: 8-9). 그리고 그 한계와 향후과제로는 첫째, 한국인 배우자, 자녀 등을 대상으로 한 결혼이민자의 문화 등에 대한 이해제고 미흡, 둘째, 취학자녀 지원 등의 다소 부족한 상황, 셋째, 가족해체 등에 대한 예방정책 및 해체된 다문화가족지원책에 대한 관심 소홀, 넷째, 결혼이민자의 초기적응 지원은 대폭 증가한 반면, 결혼이민자의 역량강화 및 취업 지원 요구에 대한 대응 부족, 다섯째, 다문화가족에 대한 사회적 관심이 증대한 반면, 역차별 논란, 외국인 혐오증(제노포비아) 등으로 인한 다문화가족에 대한 부정적 인식 야기 등이 지적되고 있다(여성가족부, 관계부처 합동, 2012. 12.: 11-12).

---

3) 제1차에는 '다문화가족지원정책 기본계획'이었으나 제2차는 '다문화가족정책 기본계획'으로 변경되었다(여성가족부, 관계부처 합동, 2012. 12.: 3).

(2) 제2차 다문화가족정책 기본계획

제2차 다문화가족정책 기본계획 수립의 환경적 맥락은 다음과 같다. 첫째, 국제결혼비율은 안정세를 보일 것으로 예상되며, 다문화가족은 지속적으로 증가하여 2020년 100만 명으로 예상된다. 둘째, 시간이 지남에 따라 결혼이민자, 한국인 배우자 및 자녀의 연령이 상승하여 정책 수요 변화가 예상되며, 한국인과 재혼한 결혼이민자가 이전 결혼에서 낳은 본국거주 자녀의 입국과 이혼 · 사별 등으로 다문화가족의 다양화가 예측된다. 셋째, 우리나라 국민은 여러 문화가 공존하는 것에 대해 부정적으로 인식하고 있으나 아직 이민자를 위협적인 대상으로는 생각하지 않고 있다. 단, 일부 한국인은 결혼이민자 등 외국인과 거리감을 가지고 있으며 외국인에 대한 인식, 감정, 태도에 있어서 선진국과 개발도상국을 구분하는 이중적 태도를 보인다. 이런 다문화가족을 둘러싼 환경적 맥락을 토대로 한 다문화가족정책 기본계획은 〈표 5-2〉와 같다.

표 5-2 제2차 다문화가족정책 기본계획의 비전, 목표 및 과제

정책비전	활기찬 다문화가족, 함께하는 사회	
정책목표	• 사회발전으로서의 다문화가족 역량강화 • 다양성이 존중되는 다문화사회 구현	
정책과제 (86)	다양한 문화가 있는 다문화가족 구현(7)	1-1. 상대방 문화 · 제도에 대한 이해 제고 1-2. 쌍방향 문화교류 확대 및 사회적 지지 환경 조성
	다문화가족 자녀의 성장과 발달 지원(15)	2-1. 다문화가족 자녀의 건강한 발달 지원 2-2. 한국어능력 향상 2-3. 학교생활 초기적응 지원 2-4. 기초학력 향상 및 진학지도 강화 2-5. 공교육 등에 대한 접근성 제고
	안정적인 가족생활 기반 구축(16)	3-1. 입국 전 결혼의 진정성 확보 3-2. 한국생활 초기적응 지원 3-3. 소외계층 지원 강화 3-4. 피해자 보호
	결혼이민자 사회경제적 진출 확대(16)	4-1. 결혼이민자 일자리 확대 4-2. 직업훈련교육 지원 4-3. 결혼이민자 역량 개발 4-4. 사회참여 확대

	다문화가족에 대한 사회적 수용성 제고(21)	5-1. 인종 · 문화 차별에 대한 법 · 제도적 대응 5-2. 다양한 인종 · 문화를 인정하는 사회문화 조성 5-3. 대상별 다문화 이해 교육 실시 5-4. 학교에서의 다문화 이해 제고 5-5. 다문화가족의 입영에 따른 병영 환경 조성
	정책추진체계 정비(11)	6-1. 다문화가족 지원대상 확대 및 효과성 제고 6-2. 다문화가족정책 총괄 추진력 강화 6-3. 국가 간 협력체계 구축

출처: 여성가족부, 관계부처 합동(2012. 12.), p. 26.

제2차 다문화가족정책 기본계획에서는 환경변화와 정책 수요를 고려하여 중점추진과제의 방향을 다음과 같이 제시하고 있다(여성가족부, 관계부처 합동, 2012. 12.: 27).

- 가족구성원 간 상대방의 문화를 존중하는 평등한 가족문화 구축 및 가족서비스 강화
- 다문화가족 자녀 취학 및 학교생활 지원과 군대 및 사회의 다문화 이해 제고 중점 추진
- 신규 입국 결혼이민자에 대해서는 사회통합적 차원의 서비스를, 일정기간 경과 후부터는 취업 등을 강화
- 다문화가족정책의 공고화를 위해 정책추진체계 구축 및 다문화가족지원센터 등의 서비스 전달체계 효율화 및 평가 강화
- 주요 국제결혼 상대국과의 협력 강화를 통해 제도적 사각지대 개선 및 인권침해 예방

4. 건강가정지원센터와 다문화가족지원센터

건강가정지원센터와 다문화가족지원센터는 건강가정기본계획과 다문화가족정책 기본계획을 시행하는 핵심 전달체계다. 최근 건강가정지원센터와 다문화

가족지원센터의 통합이 논의되면서 통합센터가 점차 늘어 가고 있다. 여기에서는 이들 센터에 대해 간략히 살펴보고, 이 두 센터의 통합이 어떤 방향으로 진행되고 있는지 소개하고자 한다.

1) 건강가정지원센터의 현황 및 서비스

건강가정지원센터는 2004년 3개소 설립으로 시작되어 지속적으로 증가해 왔다. 2015년 151개였다가 일부는 통합서비스센터로 변경되고 2016년 83개소가 운영되고 있다(여성가족부 가족정책과, 2016. 1.b: 13). 전달체계로서의 건강가정지원센터의 특징은 중앙건강가정지원센터가 있다는 점이다. 중앙건강가정지원센터는 2011년 8월 명칭이 변경되어 한국건강가정진흥원으로 출범하게 되었으며, 시 · 도 및 시 · 군 · 구 건강가정지원센터의 사업지원 및 평가, 직원 전문성 및 역량강화 교육, 가족지원프로그램의 개발 및 보급 등의 기능을 가지고 있다. 시 · 군 · 구 건강가정지원센터의 공통사업은 〈표 5-3〉과 같다.

표 5-3 시 · 군 · 구 건강가정지원센터의 공통사업

구분 / 영역	시 · 군 · 구 센터 공통사업	설 명
가족돌봄 나눔 *3가지 사업 중 2가지 선택	모두가족 봉사단	• 기존 가족봉사단의 활동 내용을 '돌봄'을 주제로 전환하여 운영
	모두가족 품앗이	• 전업주부와 맞벌이 주부가 함께 운영하는 품앗이, 남성이 참여하는 품앗이 등 다양한 그룹 운영
	아버지-자녀가 함께하는 돌봄 프로그램	• 1일 2시간 이상, 연간 24시간 이상
가족교육	생애주기별 가족교육	• 가족 내에서 발생하는 문제를 예방하고 가족구성원의 역량을 강화시키기 위한 부모, 부부, 조부모, 자녀 등 가족을 대상으로 한 생애주기별 다양한 교육 • 예비/신혼기 · 중년기 · 노년기 부부교육 등 • 예비부모교육, 영유아기 · 아동기 · 청소년기 자녀를 둔 부모교육 등
	남성대상 교육	• 아버지교육, 찾아가는 아버지교육, 남성대상 자기돌봄 교육 등 • 연간 20시간 이상
가족상담	가족(집단)상담	• 생애주기에 따라 발생되는 가족 내 다양한 갈등과 문제의 해결을 위한 상담사업 • 개인을 대상으로 하는 개별적 접근과 가족구성원이 함께 참여하는

가족상담	가족(집단)상담	가족 단위의 통합적 접근을 포함 • 가족 단위의 면접 상담 유도 • 연간 상담실적이 100명 이하인 센터는 가족집단상담을 연간 2건 이상 반드시 포함
가족문화	가족사랑의 날	• 월 1회, 수요일, 연간 20시간 이상 (※참가자 상황 등 고려 요일 변경 가능)
	가족친화문화 프로그램	• 가족캠프, 가족축제, 가족체험활동 등
지역사회 연계	지역사회협의체 참여, 협약 및 연계사업	• 지역사회협의체, 유관기관 네트워크 활용 및 참여

출처: 여성가족부 가족정책과(2016. 1. b.), p. 42.

건강가정지원센터에는 독립형과 다기능화센터의 두 유형이 있다. 독립형센터는 5개 영역 수행사업을 모두 실시하도록 되어 있으며, 다기능화센터는 4개 영역의 사업을 수행한다. 가족교육, 가족상담, 가족문화 영역은 필수 영역이며, 가족돌봄 영역과 지역사회 연계 영역 중에서 1개 영역을 선택하도록 되어 있다(여성가족부 가족정책과, 2016. 1. b: 43). 그리고 건강가정지원센터의 사업에는 여성가족부의 별도예산에 의해 추진되는 사업들이 있다. 첫째, 아이돌봄 지원사업은 취업 부모의 양육부담을 경감하고 가정에서의 개별 양육을 희망하는 수요에 탄력적으로 부응하기 위해 가정으로 아이돌보미를 파견하여 가정 내 개별 돌봄서비스를 제공하는 사업이다. 둘째, 취약·위기가족돌봄지원(가족역량강화 사업) 사업은 가족기능이 취약한 가족(한부모가족, 조손가족, 미혼모부자가족, 북한이탈주민 가족 등 포함)과 긴급위기가족(가정폭력, 이혼, 자살, 사망, 사고, 경제적 및 사회적 위기사건을 직면한 가족)을 대상으로 하는 심리·경제적 자립, 역량강화를 위한 지속적인 사례관리를 비롯한 다양한 서비스를 제공한다. 셋째, 법원연계 이혼위기가족 회복지원은 법원과 연계하여 이혼신청 가정에 대한 이혼상담, 교육문화서비스를 제공함으로써 부부의 신중한 이혼 의사결정 지원과 이혼과정에서 미성년자녀가 겪는 심리정서적 불안과 고통을 최소화하고자 하는 서비스다. 넷째, 권역별 미혼모·부자 지원기관 운영지원사업은 미혼모·부가 자녀를 스스로 양육하고자 할 경우 초기위기에 대처할 수 있도록 상담, 출산비 등 병원비, 교육문화프로그램 및 자조모임 등의 서비스를 제공함으로써 양육과 자립을 지원하는 사업이다. 다섯째, 공동육아나눔터 사업은 지역의 육아를 담당하는 부모들이 함께 자녀를 양육할 수 있는 공동육아나눔터를 지원하는 사업이다. 여섯째, 워킹맘 · 워킹대디 지원센터는 직장 내 고충 및 가정 생활정보 등 맞벌이가정에서 느끼는 일 · 가정 양립의 어려움 해소를 위한 원스톱 지원서비스를 제공한다(여성가족부 가족정책과, 2016. 1. b: 47-48).

2) 다문화가족지원센터의 현황과 서비스

여성결혼이민자가족의 사회통합지원방안(2006. 4. 26)에 의거하여 결혼이민자가족의 사회문화적 적응 지원체계를 구축하기 위하여 시 · 군 · 구 별로 '결혼이민자 가족지원센터' (21개소)를 지정 · 운영하였다. 이는 2008년 「다문화가족지원법」이 제정되면서 '다문화가족지원센터' 로 명칭이 변경되었다(여성가족부 다문화가족정책과, 2015. 2.: 6).

다문화가족지원센터는 다문화가족의 안정적인 정착과 가족생활을 지원하기 위해 가족 및 자녀교육 · 상담, 통 · 번역 및 정보제공, 역량강화 지원 등 종합적인 서비스를 제공하는 목적을 지닌다. 2015년에는 217개의 다문화가족지원센터가 운영되었으나, 일부가 통합서비스 운영기관으로 변경되어 2016년 현재 141개소가 운영되고 있다(여성가족부 다문화가족정책과, 2016. 1.: 3). 다문화가족지원센터의 프로그램은 〈표 5-4〉와 같다.

표 5-4 시 · 군 · 구 다문화가족지원센터 프로그램

구분 / 영역	공통필수	선택(예시)	비고
가족	다문화가족 이중언어 환경조성 프로그램	• 가족의사소통 프로그램 • 가족관계향상 프로그램 • 결혼과 가족의 이해 • 가족의 의미와 역할 • 아버지교육 • 부모-자녀관계 및 자긍심향상 프로그램 • 자녀교육 프로그램 • 부모역할교육, 자녀건강지도 • 자녀생활지도 등	연간 필수 20시간, 선택 30시간 이상 (이중언어코치 배치센터는 공통필수 160시간 이상)

성평등	배우자부부교육	• 배우자이해 프로그램 • 예비 · 배우자교육 프로그램 • 부부갈등해결 프로그램 등	10시간 이상 실시
인권	• 다문화이해교육 • 인권감수성 향상교육	• 다문화가족 관련법과 제도 • 이주민과 인권 등	10시간 이상 실시
사회 통합	• 취업기초소양교육 • 구직자 발굴 시 e새일시스템과 연계된 워크넷 등록 및 새일센터로 적극 연계 • 새일센터의 결혼이민자 대상 직업교육훈련 개설 시 적극 협조 (교육과정 설계 · 모집 등)	–	e새일시스템과 연계된 워크넷 등록 및 새일센터 연계 (10건 이상)
	• 다문화가족 나눔봉사단 소양교육 (4시간 이상) • 다문화가족 나눔봉사단 활동	• 한국사회적응교육 • 소비자 · 경제교육 • 학업지원반 운영 및 연계 • 다문화가족 자조모임 • 다문화인식개선 • 결혼이민자 멘토링프로그램 • 결혼이민자 정착단계별 지원 패키지 등(미래찾기, 길찾기 등 미래설계프로그램 중 선택) ＊ 건가 · 다가 통합서비스 운영기관은 공통필수 사업으로 실시	15시간 이상 실시 (봉사자 소양교육 필수 4시간 포함)
상담	가족상담	• 개인상담 • 집단상담 • 사례관리 • 위기가족 긴급지원 • 외부상담기관 연계 등	연간 80회기 이상
구분 / 영역	세부프로그램 영역		비고
홍보 및 자원 연계	• 지역사회 홍보 • 지역사회네트워크 • 홈페이지 운영 등		센터 홈페이지 프로그램 안내 게시판에 익월 프로그램에 대한 안내글 게시(매월 30일까지)

출처: 여성가족부 다문화가족정책과(2016. 1.), pp. 106-107.

3) 건강가정지원센터와 다문화가족지원센터의 통합에 대한 논의

건강가정지원센터와는 별도로, 국제결혼이 급격히 증가하면서 결혼이주여성의 한국사회 적응과 다문화가족의 안정적 정착을 위해 다문화가족지원센터라는 전달체계를 별도로 분리하여 집중적인 서비스를 제공한 것은 다문화사회로의 진입 초기과정에서 나름의 효과를 거두었을 수 있다. 그러나 가족정책 전달체계의 이원화는 지원대상의 분리에 따른 사회통합에의 부정적 영향, 다문화가족에게 집중되는 서비스와 지원으로 인한 다른 유형의 가족이 느끼는 상대적 박탈감 등 문제의 소지를 가지고 있다(이승미 외, 2012: 2). 이런 맥락에서 그동안 전달체계의 통합에 대한 논의가 지속적으로 이루어졌다. 전달체계의 통합의 장점으로는 첫째, 분산된 전달체계의 통합을 통해 다양한 가족을 지원하는 통합적 가족정책을 실현할 수 있다는 점, 둘째, 다문화가족도 다양한 가족 유형의 하나로써 보편적 접근이 가능하다는 점, 셋째, 전달체계의 통합을 통해 예산, 조직, 인력 운영, 홍보, 사업 수행 등 전반에 걸쳐 경제성과 효율성을 기대할 수 있다는 점 그리고 넷째, 초기적응에 집중된 다문화가족에 대한 지원에서 벗어나 다문화가족을 포함한 다양한 가족에게 생애주기별 맞춤형 서비스가 가능해 진다는 점 등이 지적되고 있다(이승미 외, 2012: 2).

그러나 이 두 전달체계의 통합에 대한 반대 의견도 있다. 보다 구체적으로 건강가정지원센터 종사자는 건강가정사업의 정체성이 불투명해질 수 있다고 우려하고, 두 센터의 이용자 욕구가 다르며, 제공되는 서비스가 상이할 뿐 아니라, 주무부처까지 상이하다는 점에서 성급한 통합에 대해 우려하고 있다. 한편, 다문화가족지원센터 종사자는 아직 센터 설립 초기라서 다문화사업에 집중해야 하며 결혼이주여성의 가족 내에서의 위치뿐 아니라 이들의 인권과 자율성 증진도 중요한 과제라는 점에서, 아직까지는 분리 운영이 적절하다. 그리고 행정적 편의 때문에 무리하게 통합하면 다문화사업에 혼란을 야기할 수 있다고 반대 의견을 피력한다(이승미 외, 2012: 7).

2014년부터 건강가정지원센터와 다문화가족지원센터의 통합을 위하여 시범사업에 대한 의견을 수렴하고 시범사업 운영기관을 공모하여 통합서비스를 시범 운영해 왔다(여성가족부 가족정책과, 2016. 1.a: 4). 건강가정 · 다문화가족지원센터

표 5-5 건강가정 · 다문화가족지원센터 통합서비스

구분 영역	기본사업	비고
가족관계	• 부모역할 지원[임신출산(부모)지원, 영유아기 부모지원, 학부모지원, 혼례가치교육] • 노년기 부부지원 • 아버지역할지원 • 부부갈등해결지원 • 이혼위기가족지원 • 다문화가족관계향상지원 • 이중언어가족환경 조성	교육, 상담(정보제공 및 초기상담), 문화프로그램 등
가족돌봄	• 가족역량강화지원 • 긴급돌봄지원 • 자녀돌봄지원 • 다문화가족자녀성장지원 • 다문화가족 방문서비스	교육, 상담(정보제공+초기상담 → 전문상담) 돌보미 파견, 사례관리 등
가족생활	• 맞벌이가정 일 · 가정양립지원 • 다문화가족 초기정착지원 • 다문화가족생활지원 • 결혼이민자 통 · 번역 지원	교육, 상담, 정보제공, 문화프로그램 등
가족과 함께하는 지역공동체	• 가족봉사단(다문화가족나눔봉사단) • 가족품앗이 • 공동육아나눔터 • 아버지모임 • 가족사랑의 날 • 결혼이민자 취업지원 • 결혼이민자 정착단계별 지원 패키지	모임, 활동, 문화프로그램 등

출처: 여성가족부 가족정책과(2016. 1.a), p. 48.

통합서비스는 2014년 9개 기관, 2015년 22개 기관 그리고 2016년에는 78개 기관으로 빠르게 전환되고 있다(여성가족부 가족정책과, 2016. 1.a). 조직유형은 1유형(대상별 분류형)과 2유형(기능별 분류형)으로 제시되고 있고, 해당 센터가 기초지자체와 논의하여 지역 여건과 특성에 맞게 시행하도록 되어 있다(여성가족부 가족정책과, 2016. 1.a: 12-13). 1유형(대상별 분류형)은 건강가정사업팀, 다문화가족

지원팀, 운영지원팀 그리고 특성화팀으로 구성된다. 그리고 2유형(기능별 분류형)은 교육 · 컨설팅팀, 상담 · 사례관리팀, 문화사업 · 특성화팀, 운영지원팀으로 구성된다. 통합서비스 운영기관은 가족관계, 가족돌봄, 가족생활, 가족과 함께하는 지역공동체의 4개 영역 사업을 모두 수행하도록 되어 있으며 별도예산에 의한 사업을 추진할 수 있다.[4)]

4) 별도예산에 의한 센터 추진사업에는 아이돌봄 지원 사업, 취약 · 위기가족돌봄지원(가족역량강화지원) 사업, 법원연계 이혼위기가족 회복지원, 권역별 미혼모 · 부자 지원기관 운영지원 사업, 공동육아나눔터 사업, 위킹맘 · 워킹대디 지원 사업, 다문화가족 자녀 언어발달 지원 사업, 다문화가족 사례관리 사업, 다문화가족 생활지도자 사업, 결혼이민자 멘토링 사업, 한국어교육사업이 있다(여성가족부가족정책과, 2016. 1.a: 53-54).

제 6 장

아동학대가족

아동학대가 아동의 발달에 미칠 수 있는 부정적인 영향이 지대함에도 불구하고 이에 대한 사회적 관심은 성폭력이나 아내학대 문제와 비교해 보면 상대적으로 적었다. 그리하여 성폭력과 가정폭력에 대한 법이 제정된 후에 「아동복지법」의 개정에 의거하여 아동보호전문기관이 설립되면서 아동학대에 대한 개입이 본격적으로 이루어지기 시작하였다. 1998년 한국보건사회연구원은 가구당 신체적 학대를 포함한 아동학대 발생률을 2.6%로 조사 · 발표하였다(한국보건사회연구원, 1998: 16; 이배근, 2003: 7에서 재인용). 2013년 가정폭력 실태조사에 의하면, 기혼부부를 대상으로 한 자녀학대 발생률은 정서적 폭력이 42.8%로 가장 많았고, 신체적 폭력은 18.3%(경한 폭력 17.5%, 중한 폭력 4.8%), 방임은 5.0%였다. 그리고 배우자가 자녀에게 행한 폭력도 정서적 폭력이 28.8%로 가장 많았고 신체적 폭력(경한+중한) 10.1%, 방임 3.8%였다(황정임 외, 2013. 12.: 133).

2014년 전국 아동보호전문기관에 집계된 신고접수 건수는 총 17,791건이며, 이 중 응급아동학대 의심사례와 아동학대 의심사례는 각각 2,566건, 12,459건으로 전체 신고접수의 84.5%를 차지하였다. 이 비율은 「아동학대처벌법」 시행 이전과 이후에 별로 차이를 보이지 않았다(보건복지부, 중앙아동보호전문기관, 2015: 53). 아동학대 신고자 유형은 신고의무자와 비신고의무자로 분류할 수 있으며, 신고의무자는 「아동학대처벌법」 제10조에 규정하고 있다. 아동학대 신고의무자에 의한 신고는 4,358건(29.0%)이었다. 이 중 초 · 중 · 고교 직원에 의한 신고가 1,998건(13.2%)이었고 사회복지전담공무원에 의한 신고가 700건(4.7%)으로 가장 높게 나타났다. 특기할 사항은 「아동학대처벌법」 시행 이후 아동 본인의 신고가 증가한 것이다. 시행 이전(2014. 1. 1.~2014. 9. 28.)에는 148건(1.3%)이었으나 시행 이후(2014. 9. 29.~2014. 12. 31.)에 480건(12.7%)으로 증가하였다(보건복지부, 중앙아동보호전문기관, 2015: 64-65).

2014년 아동보호전문기관에 신고접수된 사례 중 아동학대로 판단된 10,027건에서 피해아동의 성별은 남아가 5,037건(50.2%), 여아가 4,990건(49.8%)으로 거의 비슷하게 나타났다. 아동학대행위자는 부모에 의해 발생한 경우가 8,207건(81.8%)으로 압도적인 비율을 차지한다. 이 중 친부가 4,531건(45.2%), 친모는 3,211건(32.0%), 계모는 242건(2.4%), 계부는 189건(1.9%)으로 나타났다. 2014년

'울산계모사건' '칠곡계모사건' 등 미디어에 계부 또는 계모에 의한 아동학대가 심각하게 비추어졌지만, 실제는 친부모에 의한 학대가 훨씬 더 많다. 「아동학대처벌법」이 시행되기 전에는 「아동복지법」에 학대행위자 상담 · 교육에 대한 강제 이수 조항이 없어 학대행위자에 대한 조치에 어려움이 있었으나, 「아동학대처벌법」 시행(2014. 9. 29) 이후 임시조치, 조건부 기소유예, 보호처분 등을 통해 학대행위자의 상담 및 치료 또는 교육명령을 강제할 수 있게 되었다(보건복지부, 중앙아동보호전문기관, 2015: 107 & 116).

아동학대의 유형(중복학대를 별도 분류)을 살펴보면, 중복학대가 4,814건(48.0%)으로 가장 많았다. 그리고 방임 1,870건(18.6%), 정서학대 1,582건(15.8%). 신체학대 1,453건(14.5%), 성학대 308건(3.1%)의 순으로 나타났다. 중복학대(48.0%)에서는 신체학대 · 정서학대가 3,440건(34.3%)으로 가장 높은 비율을 보였다. 한편, 중복학대를 별도로 분류하지 않고 아동이 경험한 학대를 각각의 학대 유형에 포함시키면 10,027건이 15,458건으로 늘어난다. 이 중 정서학대가 7,176건(40.0%)으로 가장 높게 나타났으며, 다음으로 신체학대가 5,699건(36.9%), 방임이 3,136건(20.3%) 그리고 성학대는 447건(2.9%)이 발생하였다(보건복지부, 중앙아동보호전문기관, 2015: 124-126).

UN 아동폭력에 관한 보고서에 의하면, 아동폭력은 국제적인 문제임에도 불구하고 숨겨진, 보고되지 않은 그리고 기록되지 않은 문제다. 또한 가족이 아동에게 신체적 · 정서적 안전을 제공하고 아동을 보호해 줄 가능성이 가장 크지만, 다른 한편, 아동폭력을 다루고 근절하는 것은 다른 사적 영역과 비교해 볼 때 가족의 구조 안에서 어려움이 가장 많이 따를 수 있다(Pinheiro, 2006: 12, 17 참조).

이 장에서는 아동학대의 역사적 배경, 아동학대의 개념 및 지표, 피해아동에 대한 역동적 이해, 아동학대에 대한 개입 그리고 아동학대가족을 위한 서비스 및 프로그램에 대하여 살펴보고자 한다.

제1절 아동학대의 역사적 배경 및 개념

1. 아동학대의 역사적 배경

서구사회에서 아동학대의 역사는 로마시대까지 거슬러 올라갈 수 있다(Vizard, 1987 참조). 지글러와 홀(Zigler & Hall, 1989)에 의하면, 공공건물이나 다리에 바치기 위한 영아 희생은 드문 일이 아니었다. 로마의 독트린 '부권(patria potestas)' 은 아버지에게 아동에 관한 거의 절대적인 권위를 인정하였다. 이후 중세시대부터 산업혁명 초기까지 아동은 보호받지 못하는 계층에 속하였다. 산업사회 초기 아동노동학대는 매우 보편적인 현상이었고 결국은 아동노동법의 제정을 가져왔다.

19세기 후반에 가서야 아동학대 문제가 마침내 사회적 관심을 받기 시작하였다. 1874년 뉴욕 시의 한 사회복지사는 메리 엘런 윌슨(Mary Ellen Wilson)의 학대를 발견하였다. 양부모는 메리 엘런을 구타하였을 뿐 아니라 사슬에 묶고 음식조차 주지 않았다. 이 사건은 대중매체로부터 커다란 관심을 받았고, 그 결과 입양모는 감옥에 가게 되었으며, 메리 엘런은 고아원으로 이송되었다. 다음 해인 1875년에 아동학대예방협회가 설립되었는데, 흥미로운 사실은 이 협회가 동물학대예방협회보다 뒤늦게 창설되었다는 점이다.

그러나 이 문제가 전문적 관심을 받게 된 것은 1962년 헨리 켐프(Henry Kemp) 박사 및 동료들이 미국 의료협회 학술지에 '피학대아동증후군(battered child syndrome)' 에 관한 논문을 발표한 이후다. 이들은 피학대아동증후군을 심각하고 만성적인 학대로 초래된 어린 아동의 상태로, 흔히 영구적인 상해 혹은 죽음의 원인이라고 기술하였다(Kemp, 1998: 41-42에서 재인용). 1974년 미국은 연방정부 차원에서 「아동학대 예방 및 치료법(the National Child Abuse Prevention and Treatment Act)」을 제정하였으며, 국립아동학대예방센터(the National Center on Child Abuse and Neglect)를 설립하였다(이종복, 이배근, 1999: 99-100 참조).

한편, 우리나라에서는 1961년 처음으로 제정된 「아동복리법」에 아동학대에 관한 법적인 규정이 명시되었으나, 아동학대의 예방이나 전문적인 원조에 대한 구체적인 규정은 없었다. 1979년에는 한국사회복지협의회가 '아동학대고발센터'를 처음으로 설치 · 운영하였으나 사회적 인식 부족으로 폐지되었다. 1985년 서울특별시립 아동상담소(현 서울특별시 아동복지센터)에 '아동학대신고센터' 가 개설되었으며, 1989년에는 '한국아동학대예방협회'가 설립되었다. 그리고 1999년 12월에는 아동학대의 신고의무와 처벌, 시 · 도 아동학대예방센터의 설치 등을 포함한 개정 「아동복지법」이 국회를 통과하였고, 2000년부터 전국 16개 시 · 도에 17개 아동보호전문기관이 설립되었다. 그리고 2001년에는 중앙아동보호전문기관이 설립되었고, 과거 아동학대예방센터라는 명칭을 「아동복지법」상 공식 명칭인 아동보호전문기관으로 통일하였다. 2014년 「아동학대범죄의 처벌 등에 관한 특례법」(2014. 1. 28. 제정, 2014. 9. 29. 시행)은 아동학대범죄에 대한 처벌을 강화하고 아동학대범죄가 발생한 경우 긴급한 조치 및 보호가 가능한 제도를 마련하기 위한 목적으로 제정 · 시행되었다(법제처 국가법령정보센터, 2014. 1. 28.). 보다 최근에는 「아동복지법」도 일부 개정되었다(2015. 3. 27. 일부개정, 2015. 9. 28. 시행). 개정이유는 아동학대 사건이 발생한 경우 아동보호전문기관의 장이 피해아동의 가족구성원 파악을 통한(신분조회 등 조치의 범위에 가족관계등록부의 증명서 포함) 사후조치를 실효성 있게 하고, 아동학대 신고의무자에 대한 신고의무 고지 및 교육을 강화하며, 아동에 대한 체벌 등의 금지를 명시하였다(법제처 국가법령정보센터, 2015. 3. 27.). 2016년 현재 전국에 55개의 아동보호전문기관이 운영되고 있다.

2. 아동학대의 개념

UN 아동권리협약에서는 아동을 18세 미만의 모든 사람으로 정의하고, 폭력을 "모든 형태의 신체적 · 심리적 폭력, 상해, 학대, 무시 또는 무관심한 태도, 학대 또는 착취, 성적 학대"라고 정의하고 있다. 또한 2002년 「폭력과 건강에 대한 세계보고」에서는 "아동에게 위협하거나 실제로 가해지는 의도적인 물리적

힘 또는 권위를 사용하는 것으로, 이는 개인이나 단체가 수행하고, 그 결과로 아동의 건강, 생존, 발달 또는 존엄성에 실제적 또는 잠재적 해를 끼치는 것"이라고 정의하고 있다(Pinheiro, 2006: 9). 그리고 미국 아동학대 예방 및 치료법에서는 아동학대를 "아동의 복지에 책임이 있는 사람으로부터 건강과 복지에 해를 입거나 이를 위협하는 환경 아래에서 18세 이하 혹은 주정부의 「아동보호법」에 규정된 연령 이하의 아동이 신체적 · 정신적 손상, 성적 학대, 방임 혹은 냉대를 받는 것"이라고 규정하고 있다(Howing & Wodarski, 1992: 330-331).

한편, 우리나라의 「아동복지법」 제3조 제7호에 의하면 "아동학대란 보호자를 포함한 성인이 아동의 건강 또는 복지를 해치거나 정상적 발달을 저해할 수 있는 신체적 · 정신적 · 성적 폭력이나 가혹행위를 하는 것과 아동의 보호자가 아동을 유기하거나 방임하는 것을 말한다."(www.korea1391.org) 아동학대의 정의에는 신체적 학대, 정서적 학대, 성학대의 적극적인 가해행위뿐 아니라 소극적 의미의 방임까지 포함되어 있다.

요약해 보면, 아동학대는 아동의 건강과 복지에 책임이 있는 사람이 아동을 신체적 학대, 정서적 학대, 성적 학대 및 방임을 하는 것이다. 다음에서는 이들 각 유형에 대한 개념을 보다 구체적으로 살펴보고자 한다.

1) 신체적 학대

전국 아동학대 및 방임센터에서는 신체적 학대를 '주먹질하기, 구타하기, 발로 차기, 깨물기, 화상 입히기 혹은 다른 방식으로 아동을 해침으로써 신체적 손상을 가하는 것'으로 특징지었다. 부모 혹은 보호제공자가 아동을 해치려는 의도는 없었다 해도 아동의 연령에 부적절한 지나친 훈육 혹은 신체적 처벌의 결과로 발생한 손상도 학대에 포함된다(The National Center on Child Abuse and Neglect, 1992: 2: Winton & Mara, 2001: 59-60에서 재인용).

그리고 신체적 학대의 지표는 다음의 6개의 영역으로 분류할 수 있다(Kemp, 1998: 47-49; Kirst-Ashman & Hull, Jr. 2002: 220).

① 멍 자국: 비일상적 위치에 생긴 멍 자국 혹은 범상치 않은 패턴으로 생긴

멍 자국은 신체적 학대의 지표일 수 있다. 손자국 혹은 벨트 자국과 같이 식별이 가능한 형태를 가진 멍 자국은 주의 깊게 살펴보아야 한다. 마지막으로 색깔이 다른 멍 자국은 각기 다른 시기에 매를 맞은 것을 의미할 수 있다.

② 열상: 벤 자국, 벗겨진 자국, 긁힌 자국들의 경우 자주 발생하거나 그 원인을 제대로 설명하지 못했다면 신체적 학대를 나타낼 수 있다. 얼굴과 성기에 생긴 상처는 유의해야 한다. 깨문 자국도 학대를 나타낼 수 있다.

③ 골절: 뼈의 골절은 학대를 의미할 수 있는데, 치료단계가 각기 다른 골절은 신체적 학대를 진단하는 가장 대표적 지표다. 뼈의 골절은 피해아동을 사망에 이르게 하지는 않으나, 심한 아동학대 사례에서 흔히 발견되는 증상이다.

④ 화상: 이상한 형태 혹은 패턴을 지니고 있는 화상은 학대의 가능성이 높다. 신체부위 중에서 위, 성기 혹은 발뒤꿈치 등과 같이 일상적으로 다치기 어려운 부위에 생긴 화상은 학대를 암시한다. 패턴을 가진 화상은 아동이 어떤 뜨거운 도구에 의해 화상을 입었음을 나타낸다.

⑤ 뇌손상: 가장 치명적인 상해형태다. 머리카락이 심하게 뽑힌 것, 경뇌막하 출혈(예: 심하게 흔들거나 때린 후 뇌에 생긴 출혈)은 뇌손상의 가능성이 있다. '흔들린 아이증후군(shaken infant syndrome)' 은 죽음에까지 이르는 심각한 손상을 가져올 수 있다.

⑥ 내장 손상: 아동이 맞거나 발로 차이면 내장에 손상을 입을 수 있다. 비장, 신장, 창자는 상대적으로 뒤쪽에 있어서 상해를 적게 받는 편이나, 간은 앞쪽에 있어서 상하기 쉽다고 지적된다. 대정맥이 파열될 수도 있으며, 복막염도 학대의 지표일 수 있다.

중앙아동보호전문기관은 신체학대를 보호자를 포함한 성인이 아동에게 우발적인 사고가 아닌 상황에서 신체적 손상을 입히거나 또는 신체손상을 입도록 허용한 모든 행위를 말한다고 규정한다. 구체적인 신체학대 행위로는 ① 직접적으로 신체에 가해지는 행위(손, 발 등으로 때림, 꼬집고 물어뜯는 행위,

표 6-1 흔들린 아이증후군

흔들린 아이 증후군이란? 아기를 흔들면 몸에 비해 머리가 크고, 이를 지탱하는 목 근육은 약하기 때문에 앞뒤로 머리가 흔들린다. 아기의 뇌는 어른의 뇌에 비해 수분 함량이 많으므로 두개골에 부딪혀 뭉개져 버린다.

"어느 금요일 오후 저는 응급실에서 호출을 받았습니다. 달려가 보니 3개월된 남자 아기(루키)가 대량의 뇌출혈로 응급실에 실려 왔습니다. 아기의 부모는 중산층으로 모두 해외에서 호주로 이주해 온 사람들이었습니다. 아기의 아버지는 병동에서 근무하는 사회복지사에게 병원에 입원하기 일주일 전 예방 접종을 한 뒤부터 아기가 자꾸 보채고 우유도 잘 안 먹어서 돌보기 힘들었다고 말했습니다. 후에 아이의 아버지는 절망감에 사로잡혀 아이를 때리고 흔들었다고 말하였습니다. 아마도 실제로 했던 행위는 아버지가 말한 것보다 훨씬 더 심했을 것입니다. 결국 아기는 회복하지 못하고 사망하였고 아버지는 기소되었습니다."

지난 20년간, 학대성 두부외상(AHT) 및 흔들린 아이증후군(SBS) 예방을 위한 노력이 전 세계적으로 다양하게 이루어져 왔다. 우리나라에서도 2014년 국제아동권리포럼에서 이 주제를 다루는 등 점차 관심이 높아지고 있다.

출처: Sue Foley(2014. 11. 18), pp. 18-35에서 재구성.

조르고 비트는 행위, 할퀴는 행위 등), ② 도구를 사용하여 신체를 가해하는 행위(도구로 때림, 흉기 및 뾰족한 도구로 찌름 등), ③ 유해한 물질로 신체를 가해하는 행위(화학물질 혹은 약물 등으로 신체에 상해를 입히는 행위, 화상을 입힘 등), ④ 완력을 사용하여 신체를 위협하는 행위(강하게 흔듦, 신체부위 묶음, 벽에 밀어붙임, 떠밀고 움켜잡음, 아동 던짐, 몸을 거꾸로 매닮, 물에 빠뜨림 등) 등을 예시하고 있다(www.korea1391.org).

2) 정서적 학대

제3차 전국아동학대 및 방임발생률연구(NIS-3)에서는 정서적 학대를 다음 세 가지의 형태로 규정하고 있다.

① 가두기: 처벌의 수단으로 아동의 팔끼리 또는 다리끼리 묶어 놓거나, 아동을 의자 · 침대 혹은 다른 물건에 매어 놓거나, 혹은 아동을 갇힌 공간(옷장

과 같은)에 가둠으로써 움직임을 제한하는 것

② 언어적 · 정서적 공격: 습관적인 비하 · 모욕 · 희생양 만들기 혹은 지나치게 적대적이거나 혹은 거부적인 처우 및 다른 형태의 학대(구타, 성폭행, 유기 등) 위협

③ 기타 혹은 알려지지 않은 학대: 다른 형태의 학대에서 구체적으로 규정되지 않은 지나치게 처벌적 · 착취적 · 학대적 처우 혹은 구체적으로 규정되지 않은 학대적 처우(Winton & Mara, 2001: 87-88).

중앙아동보호전문기관에 의하면, 정서학대란 보호자를 포함한 성인이 아동에게 행하는 언어적 모욕, 정서적 위협, 감금이나 억제, 기타 가학적인 행위를 말하며 언어적 · 정신적 · 심리적 학대라고도 한다. 구체적인 정서학대 행위에는 ① 원망적/거부적/적대적 또는 경멸적인 언어폭력, ② 잠을 재우지 않는 것, ③ 발가벗겨 내쫓는 행위, ④ 형제나 친구 등과 비교 · 차별 · 편애하는 행위, ⑤ 가족 내에서 왕따 시키는 행위, ⑥ 아동이 가정폭력을 목격하도록 하는 행위 등을 예시하고 있다(www.korea1391.org).

3) 성학대

제3차 전국아동학대 및 방임발생률연구(NIS-3)에서는 성학대를 다음의 세 가지의 형태로 구분하고 있다(Winton & Mara, 2001: 48-49에서 재인용).

① 침해: 구강, 항문 및 성기의 삽입, 항문이나 성기에 디지털(손가락) 삽입, 혹은 다른 형태의 삽입

② 성적 접촉에 의한 학대: 구체적인 삽입 증거는 없으나 어떤 형태로든 실제적인 성기 접촉이 발생한 행동

③ 기타 혹은 알려지지 않은 성학대: 실제적인 성기 접촉(예: 가슴이나 엉덩이 만지기) 여부가 불명확한 구체화되지 않은 행동과 아동의 자발적 성적 활동에 대한 부적당한 혹은 부적절한 지도감독과 관련된 혐의

중앙아동보호전문기관에서는 성학대란 보호자를 포함한 성인이 자신의 성적 충족을 목적으로 18세 미만의 아동에게 행하는 모든 성적 행위로 규정하고 있다. 구체적인 성학대 행위로는 ① 자신의 성적 만족을 위해 아동을 관찰하거나 아동에게 성적인 노출을 하는 행위(옷을 벗기거나 벗겨서 관찰하는 등의 관음적 행위, 성관계 장면을 노출, 나체 및 성기 노출, 자위행위 노출 및 강요, 음란물을 노출하는 행위 등), ② 아동을 성적으로 추행하는 행위, ③ 아동에게 유사성행위를 하는 행위를 예시하고 있다(www.korea1391.org).

4) 방임

아동방임은 아동의 부모 혹은 보호제공자—이를 행할 물질적 자원을 가진—가 의료, 영양, 거주, 교육, 지도감독, 애정 혹은 관심의 영역에서 최소한의 적정 보호를 제공하는 데 실패한 것이다(Krist-Ashman & Hull, Jr., 2002: 221; Wolock & Horowitz, 1984). 드 판피리스(De Panfilis, 1996)는 아동방임을 정의하는 데 적어도 다음과 같은 세 가지 기본요소가 있다고 제시하였다. 첫째, 이는 가해행위라기보다는 태만의 행위를 의미한다. 둘째, 이는 부모나 혹은 다른 보호제공자가 가하는 것이다. 셋째, 이는 유해 혹은 유해의 위험을 가져온다.

제3차 전국아동학대 및 방임발생률연구(NIS-3)에서 제시하는 개념정의가 널리 사용되고 있는데, 아동방임을 신체적 방임, 교육적 방임, 정서적 방임으로 크게 분류한 것이다(Winton & Mara, 2001: 77-79에서 재인용). 물론 방임에 대한 개념정의는 문화적 차이를 반영하고 있지만, 라이트핸드(Righthand) 등은 신체적 방임과 심리적 방임의 행위로 나누고 신체적 방임의 구체적 행동들을 다음과 같이 정의하고 있다.

① 의료 전문인이 권장하는 합리적인 의료적 보호를 제공하는 데 실패하는 것
② 대다수 일반인이 의료적 관심이 필요하다고 인식할 수 있는 심각한 의료문제에 대한 시기적절한 의료서비스를 구하는 데 실패하는 것
③ 음식, 적당한 의복, 위생 그리고 예방주사에 대한 아동의 욕구에 반응하지 않는 것

④ 안전수칙을 무시하는 것
⑤ 과음, 약물중독 혹은 정신적 장애 때문에 아동을 적당하게 지도감독하지 못하는 것
⑥ 아동을 아동학대 과거력이 있는 사람 등의 부적당한 '보호제공자'의 보호하에 두는 것 그리고 학대적인 사람이 아동에게 접근하도록 허용함으로써 아동을 보호하는 데 실패하는 것
⑦ 아동을 유기하거나 이성적인 보호와 지도감독에 대한 준비 없이 아동을 집에서 내쫓는 것
⑧ 부모의 양육책임을 직무유기하는 방식으로 아동을 장기간 다른 사람에게 반복적으로 맡기는 것
⑨ 아동을 지도감독 없이 혹은 부적당한 지도감독하에 두는 것(Righthand, Kerr, & Drach, 2003: 13-14)

중앙아동보호전문기관에 의하면, 방임이란 보호자가 아동을 위험한 환경에 처하게 하거나 아동에게 필요한 의식주, 의무교육, 의료적 조치 등을 제공하지 않은 행위를 말한다. 물리적 방임의 구체적 행위로는 ① 기본적인 의식주를 제공하지 않는 행위, ② 불결한 환경이나 위험한 상태에 아동을 방치하는 행위, ③ 아동의 출생신고를 하지 않는 행위, ④ 보호자가 아동을 가정 내 두고 가출한 경우 등을 예시하고 있다. 교육적 방임은 보호자가 아동을 특별한 사유 없이 학교(의무교육)에 보내지 않거나 아동의 무단결석을 방치하는 행위이며, 의료적 방임은 아동에게 필요한 의료적 처치 및 개입을 하지 않는 행위다. 그리고 유기는 아동을 보호하지 않고 버리거나, 아동을 병원에 입원시키고 사라지거나 시설 근처에 버리고 가는 행위다(www.korea1391.org).

3. 아동학대의 영향

아동학대는 피해아동에게 외상을 가져온다는 것이 과학적으로 증명되고 있다. 물론 한 가지 주의해야 할 것은 아동이 나타내는 특정 행동증상을 가지고

아동이 학대받거나 방임되었다고 단정하기 어렵다는 것이다. 예를 들어, 성학대 피해아동이 성적 행동문제를 가지고 있다는 것은 널리 알려져 있다. 그렇지만 아동이 성적 문제를 가졌다고 해서 성학대 피해를 입었다고 단정할 수는 없다는 것이다. 여기에서는 유형별로 아동학대의 영향을 살펴보고자 한다.

1) 신체적 학대

러니온(Runyon) 등은 신체적 학대에 대한 여러 연구결과를 토대로 신체적 학대의 피해아동은 광범위한 심리적, 행동적 및 대인관계의 어려움으로 고통을 겪는다고 지적한다. 분노, 적대감, 죄의식, 수치심, 불안 그리고 우울증은 신체적 학대 피해아동에게서 흔히 나타나는 정서적 반응이다. 신체적 학대와 외상후 스트레스장애가 상관관계가 있다는 몇몇 연구결과도 있다. 특히 이들 아동은 악몽, 침해적 사고, 반복적인 기억, 과민성, 불안, 분노폭발 그리고 다른 외상후 증상들을 경험할 수 있다. 신체적 학대를 경험한 아동에게서 가장 뚜렷하게 나타나는 모습은 공격적 행동, 빈약한 사회문제 해결기술과 의사소통기술 그리고 다른 사람에 대한 감정이입과 민감성의 부족이다. 신체적 학대의 피해아동은 일반아동보다 또래와의 상호작용을 적대적으로 해석할 가능성이 높으며 성인들 간의 분노에 노출되었을 때 크게 두려움을 느낀다. 치료를 받지 않을 경우, 이들 행동은 점차 가중되어 청소년기에 폭력적이고 범죄행동을 저지를 위험, 데이트 관계에서 학대적 혹은 강요적 행동을 하게 될 위험 그리고 성인기에 피해자화의 위험이 증대된다. 그리고 아동기에 학대를 받은 성인은 자신의 자녀를 학대할 가능성이 크다는 연구결과도 있다. 이와 같이 신체적 학대는 즉각적인 부정적·심리적 영향뿐 아니라, 개입이 없을 경우 성인기까지 심리사회적 어려움이 지속되고 잠재적으로 다음 세대의 아동에게도 영향을 미칠 수 있다(Runyon, Deblinger, Ryan, & Thakkar-Kolar, 2004: 65-66).

2) 성학대

성학대를 경험한 아동은 그렇지 않은 아동에 비해 불안, 공포, 우울증, 당혹스러움, 분노 그리고 외상후 스트레스장애와 같은 정서적 디스트레스를 드러낼 가능성이 크다. 무력감, 무기력감, 수치심 그리고 죄의식은 자아를 왜곡시키고 자아존중감과 자기가치감을 감소시키는 데 기여할 것이다. 나아가 이들 아동은 그렇지 않은 아동에 비해 흔히 자기에 대한 부적당함, 배반감 그리고 대인 간 신뢰에서 어려움을 가지며, 이는 애착형성의 어려움, 사회적 고립, 대인 간 문제를 초래할 것이다. 아동성학대는 장기적인 측면에서도 여러 심각한 심리적 · 사회적 문제를 가져온다. 여기에는 우울증, 자살 및 자살기도, 자해적 행동, 섭식장애, 알코올 및 약물중독, 만성적인 대인관계 문제, 재피해자화 등이 있다 (Righthand et al., 2003: 20-21).

3) 심리적 학대

심리적 학대는 어떻게 정의할 것인가의 문제 그리고 전형적으로 다른 형태의 아동학대와 동시에 발생한다는 점 때문에 연구가 어려운 영역이다. 그러나 심리적 학대가 단독으로 발생하든 아니면 다른 유형의 아동학대와 복합적으로 발생하든 간에, 불우한 환경에 처해 있는 아동에게서 일반적으로 발견되는 문제를 넘어선 광범위한 심리사회적 문제와 연관되어 있다.

아동에게 욕설을 하고 모욕하고 언어적으로 공격하는 언어적 학대는 심각하게 부정적인 심리사회적 결과를 가져온다고 밝혀졌다. 예를 들어, 부모의 언어적 공격은 학업성취와 자아존중감에서의 부정적 효과뿐 아니라 신체적인 공격적 행동, 비행 그리고 사회적 문제를 증가시킨다.

심리적 학대는 단독으로 발생하기보다는 흔히 다른 형태의 학대 혹은 방임과 동시에 발생한다. 그러나 동시에 발생하는 다른 형태의 아동학대의 효과와는 상관없이 심리적 학대의 부정적 효과는 상당히 크다. 심지어 심리적 학대는 잠재적으로 신체적 학대보다 더 많은 부정적 효과를 아동에게 미치는 것으로 보인다. 아마도 심리적 학대는 모든 유형의 아동학대에 내재하는 '잠행성 요소 (insidious component)'일 것이다(Righthand et al., 2003: 21-22).

4) 방임

신체적 · 심리적 방임이 아동발달에 미치는 영향에 대한 연구는 매우 적다. 빈곤과 아동방임은 높은 상관관계를 가지지만 아동방임의 잠재적인 부정적 영향은 빈곤으로 인한 문제와 어려움을 훨씬 넘어선다. 방임된 아동은 다른 아동에 비해 언어발달, 지적 발달 그리고 학업성취에 지체를 보인다. 또한 이들 아동은 애착문제와 또래관계에서 더 많은 어려움, 더 많은 정서적·행동적 문제 그리고 대처 시 어려움을 가지고 있는 것으로 나타났다(Righthand et al., 2003: 23-24).

5) 중복학대

아동은 흔히 중복학대의 피해자다. 중복학대의 피해아동은 더 많은 부정적 영향을 받는 것으로 나타났지만, 이에 대해서는 앞으로 더 많은 연구가 필요하다.

제2절 피해아동에 대한 역동적 이해

아동학대가 피해아동에게 어떤 영향을 미치는지에 대한 이해 없이 이들에 대한 효과적인 서비스는 불가능하다. 도일(Doyle)은 피해아동을 가족구성원으로서, 피해자로서 그리고 아동으로서의 세 가지 측면으로 조명하고 있어서, 사회복지사가 피해아동을 이해하는 데 매우 유용하다. 이에 대해 보다 구체적으로 살펴보고자 한다(Doyle, 1990: 1-17).

1. 가족구성원으로서의 아동

1) 혈연

"피는 물보다 진하다."는 혈연에 대한 생각을 가장 잘 보여 주는 속담이다. 사회보장제도가 확립되기 이전에는 노후의 안정된 부양을 위해서 아동에게 어릴 때부터 혈연의 중요성을 가르쳐 왔으며, 동화는 이를 강화시키는 유용한 방법이었다. 동화세계에서 아동이 부당한 처우를 받는 경우는 대개 비가족구성원 혹은 계부모에 의한 것이다. '신데렐라'와 '백설공주' 그리고 '콩쥐팥쥐' 등은 계모가 아동을 학대하는 내용의 대표적인 동화다. 예외적으로 '헨젤과 그레텔'에서는 부모가 아동을 유기하지만, 여기에서는 부모가 너무 가난해서 어쩔 수 없었다는 상황논리가 전개된다. 이런 맥락에서 아동은 부모로부터 가혹한 처우를 받게 되면 자신이 벌 받을 짓을 했거나 부모가 아동을 위해서 이런 행동을 했다고 믿게 된다.

2) 부전자전

앞서 지적한 혈연과 같은 맥락에서, 부전자전은 유전에 대한 생각을 반영한다. 아동은 흔히 자신의 부모가 강하고 용감하고 똑똑하다는 등 부모에 대해 자랑하기를 좋아하는데, 이는 부모가 소유하고 있는 좋은 특성들이 바로 자신에게도 반영된다고 믿기 때문이다. 반대로 아동은 부모가 약하거나 잔인하거나 혹은 사악하다고 생각하고 싶어 하지 않는데, 이는 이런 특성이 자신에게 유전되었을 수 있기 때문이다. 때로 학대로 인해 부모를 용납지 못하는 아동은 자신을 용납하지 못하기도 한다.

3) 애착

결속(bonding)과 애착(attachment)은 가족생활과 밀접한 관련을 가진다. 대체적으로 결속은 부모의 아동에 대한 친밀감의 형성과정이며, 이는 임신과 동시에 시작되어 출산 직후 절정에 이른다. 성공적 결속은 부모가 신생아의 보호욕구에 긍정적으로 반응하도록 해 준다.

반면, 애착은 생애 초기, 특히 생후 1년 동안 부모와 자녀 간의 상호적 관계를 의미한다. 부모의 아동에 대한 결속과 애착이 미약하더라도, 아동은 부모에 대한 강한 애착을 발달시킬 수 있다. 이는 특히 부모가 아동을 학대하기도 하지만 때로 아동을 보호하기 위해 노력하는 경우에 그러하다.

때로 아동학대는 아동이 부모에 대한 애착을 발달시킬 때까지 시작되지 않을 수도 있다. 나아가 비학대부모와의 강한 결속이 형성될 수도 있다. 아동은 비학대부모에 대한 애정 때문에 가정을 떠나거나 가족에게 상처를 주려고 하지 않을 수 있다.

2. 피해자로서의 아동

아동이 피해자로서 경험하는 심리적 역동성은 피해자들이 겪는 심리적 메커니즘을 살펴봄으로써 이해될 수 있다. 인질극 상황에서, 피해자는 흔히 가해자에게 긍정적 감정을 발달시키고 오히려 자신을 구출하려는 사람들에게 적대감을 보인다. 이런 역설적 현상은 '스톡홀름 신드롬'이라고 불린다. 이 명칭은 1973년 스웨덴 스톡홀름에 소재하고 있는 은행(Svergis Kredit Bank)에서 131시간의 인질극이 발생했을 때 그 인질들이 범인들보다 경찰을 두려워하는 특이한 반응을 보인 데서 유래되었다. 이런 스톡홀름 신드롬은 피해자가 상황적 스트레스에 대처하기 위한 심리적 반응이라고 할 수 있으며, 다음의 심리적 메커니즘이 작용하는 것으로 보인다. 첫째는 부인(denial)이다. 둘째는 탈출이 불가능하다는 무력감에서 기인한다. 셋째는 피해자의 두려움과 분노가 억압되어 있다가 그것이 범인이 아니라 구출을 시도하는 사람에게 향해질 수 있다.

인질과 피해아동은 모두 자신들의 안전을 위협할 수 있는 사람의 지배하에 있다는 공통점을 가지고 있으며, 이에 따라 유사한 심리적 반응을 보이게 된다. 인질의 경우에는 범인 그리고 피해아동의 경우에는 학대부모에게 절대적으로 의존하고 있으므로 이들에게 매달리는 공통적 반응을 보인다. 이런 관점에서 볼 때, 피해아동이 가해부모에게 분노하지 않고 오히려 매달리는 것을 이해할 수 있다.

3. 아동으로서의 피해자

인질, 강제수용소 수감자들은 나름의 생애경험을 갖춘 성인임에도 불구하고 스톡홀름 신드롬을 나타낸다. 하물며 피해아동은 성장발달단계상 아직 미성숙한 아동이란 점에서 더욱 불리한 위치에 있다. 도일은 피해아동이 경험하는 발달상의 문제를 에릭슨(Erikson)의 이론을 토대로 설명하였다.

1) 두려움과 불신

피해아동이 발달시키는 두려움과 불신감은 서로 연관되어 있다. 피해아동은 보호제공자로부터 학대를 받으면서 자신을 돌보고 보호하는 위치에 있는 사람을 신뢰할 수 없게 된다. 피해아동은 보호제공자에 대한 불신감과 언제 학대받을지 모르는 불안감 속에서 여러 종류의 두려움을 느낀다. 우선, 아동은 구체적인 두려움을 가지기도 한다. 아동은 가해부모에게 위협받았을 수 있고, 다른 가족구성원(예: 어머니, 어린 동생)의 안전을 우려할 수도 있다. 다음으로 대안에 대한 두려움이다. 학대가족은 고립된 생활을 영위하는 경우가 많으며, 이런 상황에서 피해아동은 이웃의 다른 가족과 접촉하고 정상적인 부모가 자녀를 대하는 행동을 관찰할 기회가 거의 없다.

그다음으로 살해될 수 있다는 두려움은 보다 복잡한 개념이다. 프로이트(Freud)는 오이디푸스 콤플렉스를 아동이 부성을 죽이고 모성과 결혼하고자 한다고 설명하지만, 그 이전 단계에서 부모가 어린 오이디푸스를 살해하려는 시도가 있었음을 간과하고 있다는 것이다. 부모의 애정을 획득하려는 노력이 효과를 거두지 못하면, 아동은 저항 없이 학대를 받아들이는 방식으로라도 부모의 애정을 받으려고 한다. 이는 왜 일부 피해아동이 희생양 혹은 부모의 대리역할을 기꺼이 수용하는지를 설명해 준다.

2) 의심, 수치심 및 죄의식

피해아동은 두려움에 사로잡혀서 다른 사람뿐 아니라 자기 자신도 불신한다. 이에 따라 이들은 자기 자신 그리고 환경의 안전성에 대한 의심으로 가득 차 있다. 나아가 이들은 다른 누군가가 자신을 구출해 줄 수 있는지, 대리부모가 자신을 사랑해 줄 수 있는지 그리고 다른 가족구성원이 자신 없이도 살아남을 수 있는지에 대해 의심한다.

수치심은 피해아동이 지니고 있는 또 다른 지속적 감정이다. 아동에게 잘못된 행동과 이에 대한 처벌은 수치심의 근거가 되며, 피해아동은 학대과정에서 나쁘다거나 잘못했다는 이유로 처벌을 받아 왔기 때문에 수치심이 형성된다. 수치심을 발달시키는 다른 요인은 스트레스하에서의 신체적 반응이다. 아동이 대소변을 가리지만 겁에 질리거나 스트레스를 받으면 대소변 통제가 어려워질 수 있다. 그런데 아동은 대소변의 실수를 수치스럽게 생각하기 때문에, 설사 겁이

나거나 스트레스 때문일지라도 이에 대해 수치심을 느낄 것이다. 설상가상으로 아동은 흔히 가해부모로부터 게으르다거나, 더럽다거나, 역겹다거나 하는 질타를 받기 때문에 수치심이 가중된다.

피해아동은 수치심과 더불어 강한 죄의식도 느낀다. 아동은 자신의 사고, 희망 및 감정이 마술적으로 작용한다고 생각하기 때문에, 자신의 주변에서 발생하는 불행한 사건에 대한 책임감을 느낄 수 있다. 나이가 든 아동은 자신이 불행한 사건을 막지 못했다는 자책감을 갖기도 한다. 또한 학대에 관해 발설하면 부모가 처벌받거나 가족이 해체될 수 있다는 죄의식을 경험하며, 그 때문에 많은 피해아동이 죄의식을 견디지 못해서 학대에 관한 주장을 철회하거나 번복하기도 한다.

3) 절망

피해아동은 수치심과 죄의식 때문에 무가치감을 발달시킨다. 이는 열등감을 초래하며, 아동이 부모의 인정과 애정을 받을 수 없다고 느끼면서 더욱 강화된다. 이로 인해 피해아동은 도움을 요청하고 이를 수용하는 것을 주저하게 된다. 다시 말해서, 아동은 부모조차 자신을 보호하고 사랑할 만한 가치가 있다고 생각하지 않는데, 하물며 다른 사람이 그렇게 할 이유가 없다고 결론을 내린다.

아동학대로 아동은 가족 내에서 부적합한 역할을 습득한다. 아동은 부모에게 조금이라도 가치 있는 사람이 되고자 기꺼이 희생양의 역할을 수행할 수 있다. 역할혼동에는 희생양의 역할뿐 아니라 부모역할도 있으며, 이 경우 아동은 가족 구성원을 돌보는 부모역할을 시도한다.

고립감은 많은 피해아동에게서 발견된다. 피해아동은 흔히 자신들이 학우들과 다르다고 느끼며, 자신의 가족 혹은 자신이 처해 있는 상황을 부끄러워한다. 나아가 가해부모는 학대 사실이 노출될까 우려하여 아동이 친구관계를 맺는 것을 억제하는 경향이 있으며, 피해아동은 죄의식과 수치감 때문에 어느 누구와도 친밀한 관계를 형성하기 어렵다. 이들은 신뢰능력의 결여와 무가치감으로 인해 혼자서 비밀을 간직한 채 다른 사람들과 일정한 거리를 둔다.

불신감으로 가득 차 있고 고립되어 있는 아동은 미래에 대한 변화와 희망 대신

정체(stagnation)와 절망에 빠진다. 이들은 상황이 나아질 것이라는 희망이 없으므로 학대를 밝힌다거나 가족에게서 벗어나고자 하지 않을 것이다.

4) 비정상적 학습

절망감은 '학습된 무기력' 을 가져온다. 학대는 아동이 학대로부터 도망치거나 자신의 곤경에 주변의 관심을 모을 능력이 없는 아주 어린 시절에 시작되는 경우가 많다. 아동이 어느 정도 성장하여 신체적으로 도망치거나 도움을 구할 수 있는 능력이 생기더라도, 학대받는 과정에서 형성된 학습된 무기력으로 인해서 도움을 구하거나 도망칠 기회를 이용조차 하지 않을 수 있다.

제3절 아동학대에 대한 사정

1. 사회복지사의 요건

도일은 아동학대에 개입하고자 하는 사회복지사의 중요한 요건을 다음과 같이 제시한다.

- 아동 및 청소년과 편안한 관계를 유지할 수 있어야 한다.
- 사회복지사에게는 아동과 의사소통할 수 있는 능력이 필요하다.
- 정상적 아동발달에 관한 지식은 아동의 연령에 적합한 장난감과 활동을 선택하는 데 도움이 된다. 또한 아동발달에 대한 지식은 아동의 발달과정이 얼마나 손상되었는지 그리고 얼마만큼의 도움이 필요한지 판단하는 데 유용할 것이다.
- 사별한 사람에게 도움이 되는 슬픔과 애도를 극복하는 기술은 학대받은 아동에게도 적용될 수 있다. 피해아동은 자아존중감, 존엄성, 안전성, 신뢰능력, 무조건적인 부모의 사랑, 형제자매 관계와 아동기 등을 상실하였기 때문이다.

- 피해아동을 돕는 데는 정서적 탄력성이 요구된다. 과거 피학대 경험을 잘 극복한 사회복지사는 아동학대에 대한 통찰력을 가지고 있으며, 이는 치료적 개입에 유용하게 활용될 수 있다.
- 사회복지사의 성별이 고려되어야 한다. 초기 면접단계에서는 아동의 희망과 두려움을 감안하여 아동이 원하는 성별의 사회복지사를 배정하는 것이 바람직하나, 어느 정도 치료가 진행된 후에는 가해자와 동일한 성별의 사회복지사와 접촉함으로써 모든 남성(혹은 모든 여성)이 학대적이지 않다는 사실을 보여 줄 필요가 있다.
- 사회복지사에게는 성별, 결혼상태, 직무연한에 관련 없이 능력 있고 지지적인 슈퍼바이저가 필요하다(Doyle, 1990: 33-36).

2. 기본적인 면접 내용

아동에게 어떤 유형이든 학대가 발생하고 있음을 알게 되면, 피해아동으로부터 기본적인 정보를 수집해야 한다. 아동에게 신체적인 접촉을 하거나 해를 입히는 사람의 이름이 무엇인가? 그 사람이 아동과 함께 사는가? 그 사람이 지금 집에 있는가? 언제 그 학대가 발생하는가? 학대가 발생하는 장소는 어디인가? 무엇으로 아동에게 해를 입히는가? 학대의 발생횟수는? 가장 최근에 학대가 발생한 것은 언제인가? 아동의 신체 중 어느 부분을 다치게 하거나 접촉하였는가? 아동이 현재 다친 상처나 흔적을 가지고 있는가? 그리고 아동이 다른 사람에게 이야기한 적이 있는가? 등을 알아보아야 한다(Lukas, 1993, 하정미 역, 2004: 232-234 참조). 〈표 6-2〉는 윈튼(Winton)과 마라(Mara)가 제시하는 기본적인 면접 내용이다.

한편, 루카스(Lukas, S.)는 학대에 대한 기본적인 정보가 수집되면 사정단계에서 다음의 요인을 고려할 것을 제시한다(Lukas, 1993). 이 정보는 아동이 학대로 인해 위험한지 혹은 즉각적인 조치가 필요한지를 판단하는 데 유용할 것이다.

표 6-2 아동학대 및 방임의 기본적 면접 내용

- 면접 날짜
- 면접자 이름 및 면접 장소
- 클라이언트 이름
- 생년월일
- 연령
- 의뢰기관/의뢰인
- 배경 정보
  - 현재 상황(예: 가장 커다란 불평사항)
  - 현재 가족구조
  - 의료 과거력과 과거 외상
  - 발달적 과거력
  - 또래와의 상호작용
  - 학업 관련 과거력
  - 심리학적 과거력(예: 평가, 치료)
- 임상적 면접과 정신보건상태 검사
- 학대/방임 과거력
  - 학대/방임에 대하여 다른 사람이 알고 있는 정도
  - 학대행위자 그리고 그/그녀와 아동과의 관계
  - 학대적 행동의 정도, 빈도 및 지속기간
  - 폭로(예: 우발적, 의도적 그리고 누구에게)
  - 위협(예: 언어적, 물리적, 유도적 혹은 함정에 빠뜨리는)
  - 학대 발생 당시 연령과 학대가 중단된 날짜
  - 아동과 성인이 인지하고 있는 영향
  - 학대와 관련된 다른 정보(예: 법적 및 기관 지위)

출처: Winton, M. A., & Mara, B. A. (2001), p. 145.

- 학대의 상태와 최근성
- 아동의 연령과 그에 따른 성인의 보호에 의존하는 정도
- 학대행위자의 아동에 대한 접근 용이성
- 아동의 즉각적인 병원치료나 평가의 필요성
- 아동을 보호할 책임이 있는 사람의 능력과 신뢰성
- 가족의 아동학대나 방임의 경력

3. 보호적 요인

최근 아동의 탄력성에 대한 관심이 증대하고 있다. 다음의 요인은 보호적 요인들이다. 보호적 요인은 피해아동을 위한 치료목적으로 활용될 수 있다(Winton & Mara, 2001: 162-163).

- 지지적인 성인-아동 관계(부모 혹은 다른 보호제공자로부터)
- 사회적 지지를 이끌어 낼 수 있는 기질을 가지는 것
- 부모 혹은 다른 의미 있는 타자에 대한 애착
- 지역사회의 지지(예: 가족 외부에서 지원을 받는 것)
- 높은 자아존중감
- 높은 학업성취
- 사회적 기술을 가지는 것
- 적절한 지도감독을 받는 것
- 내적 통제감을 가지는 것
- 신앙심을 가지고 종교적 조직에 관여되어 있는 것
- 취미 혹은 방과 후 활동에 참여하는 것
- 다른 사람을 돕는 것
- 긴장을 풀 수 있는 것
- 유머감각을 가지는 것
- 스트레스 상황에 의미를 부여할 수 있는 것
- 문제해결과 의사소통 기술을 가지는 것
- 낙관적 견해를 가지는 것

제4절 아동학대가족에 대한 개입

1. 피해아동에 대한 개별치료

1) 개별치료의 필요성

아동학대의 치료는 피해아동, 가해부모 그리고 가족 전체에 대한 다각적 접근이 요청되지만 무엇보다도 피해아동에 대한 개별적인 치료적 노력이 최우선시 된다. 다시 말해서, 아동학대에 대한 개입에서 아동을 가족으로부터 벗어나게 하거나 부모의 학대행동을 변화시키는 것도 필요하지만, 무엇보다도 아동학대 과정을 통해서 형성된 잘못된 개념, 잘못된 학습 그리고 부정적 정서를 해결하도록 도와야 한다. 이런 왜곡된 개념, 학습 그리고 부정적 정서가 해결되지 않는 한, 설사 학대가 중단된다 하더라도 피해아동은 오랫동안 두려움, 불신, 자기비하 그리고 고립의 세계에 갇혀 있게 된다.

사회복지사는 심각한 후유증을 보이는 일부 피해아동을 제외한 대다수 피해아동에게 적절한 도움을 제공할 수 있다. 개별적 접근은 피해아동의 특수한 욕구와 발달단계를 배려할 수 있다는 점에서 유용성이 크다. 여기에서는 도일의 개별적 접근을 중심으로 살펴보고자 한다(이원숙, 1997; Doyle, 1990: 39-48 참조).

2) 면접의 준비과정

아동에게 화장실의 위치를 포함한 사회복지기관의 구조에 대해 설명해 준다. 그리고 아동이 고립되었다는 느낌을 갖지 않도록 배려한다. 면접 초기에 아동에게 면접을 하게 된 이유를 어떻게 이해하고 있는지 질문한다. 아동이 대답하지 못하거나 주저한다면 사회복지사가 간단히 설명해 줄 수 있으나, 이 경우 아동이 학대 사실을 노출시켰다는 죄의식을 느끼지 않도록 유의한다. 그리고 아동이 이해할 수 있도록 간단하고 신뢰성 있게 면접에 대해 설명해 준다.

첫 면접에서는 아동에게 자유놀이 시간을 줄 필요가 있다. 이는 아동이 긴장을 풀고 편안하게 느끼도록 하기 위해서다. 자유놀이를 하는 동안 사회복지사는 아동이 선호하는 장난감이 무엇인지 관찰할 수 있다. 아동이 어느 정도 나이가 들었다면, 취미나 관심거리 등 일반적 대화를 통해서 긴장을 풀고 사회복지사와 면접장소에 익숙해지도록 돕는다. 간단한 다과를 준비하는 것도 효과적인 방법이다.

준비과정이 완료되면 사회복지사는 학대 문제를 구체적으로 다루어 나갈 수 있다. 아동에게 가족의 그림을 그리도록 하는 것도 효과적인 출발점이다. 이 가족그림은 아동이 가족관계를 어떻게 인식하고 있는지에 대한 정보를 드러낸다. 청소년은 가족그림보다는 가족계보를 선호할 수 있다.

3) 원조과정

피해아동을 돕기 위한 원조과정에는 감정의 표현, 왜곡된 개념 바로잡기, 새로운 역할과 자기보호전략의 획득이 포함된다. 이 원조과정은 피해아동에게 가장 요긴하지만, 아동학대를 목격하면서 성장한 피해아동의 형제자매에게도 유용하다.

(1) 정서의 표현

사회복지사의 가장 중요한 과업은 아동이 언어적 · 비언어적으로 두려움과 감정을 표현할 수 있도록 돕는 것이다. 그러나 피해아동에게 두려움과 감정을 표현하는 것을 구속하는 요인들이 있기 때문에 이는 쉬운 일이 아니다. 때로 피해아동은 상상적 혹은 실제로 발생 가능한 두려움 때문에 감정표현을 주저할 수 있는데, 이 경우 사회복지사는 예측 가능한 두려움을 해소시켜 주도록 한다. 예를 들어, 아동은 사회복지사가 자신을 처벌할 것이라고 두려워하기도 하며, 성학대 피해아동은 신체의 은밀한 부분과 관련된 용어의 사용을 주저하기도 한다.

두려움 외에도 아동은 죄의식 때문에 무슨 일이 일어났는지 말하기를 주저할 수 있다. 사회복지사는 비심판적 태도를 가지는 것이 중요하며, 가해자에 관해서도 이를 유지해야 한다. 이는 피해아동이 가해부모에 대해서 분노하기도 하지만, 경우에 따라 강한 애정을 보이거나 양가적 감정을 가질 수 있기 때문이다. 사회복지사의 비심판적 태도는 아동이 가해부모에 대한 긍정적 · 부정적 감정을 모두 표현하도록 한다.

'얼굴 표정 그리기'는 감정표현을 돕는 효과적인 방법의 하나다. 피해아동은 슬픈 얼굴, 행복한 얼굴 그리고 분노한 얼굴 표정을 그리는 경향이 있다. 사회복지사는 피해아동이 느낄 수 있는 다른 감정들—즉, 당황, 두려움, 외로움 등—을 표현하여 다양한 감정을 다룰 수 있다. 얼굴 표정 그리기가 끝나면 사회복지사는 이를 토대로 "무엇이 너를 화나게 하니?" "무엇이 너를 슬프게 하니?" 등의 방식으로 이야기를 진행시킬 수 있다.

대다수 아동은 분노감정을 가지고 있다. 이 분노는 가해자에게 향해지는 것이 당연함에도 불구하고 때로 자기비하와 우울증의 형태로 아동 자신을 향할 수 있다. 사회복지사는 아동이 분노를 안전하게 표현하도록 도와야 한다. 효과적인 분노표현의 방법에는 여러 가지가 있을 수 있다. 예를 들어, 인형을 하나 선택하여 가해자라고 생각하고 분노를 표현하게 하는 방법이 있다. 이와 유사하게, 가해자의 그림을 그리고 이를 마음껏 구겨서 집어던지거나 여기에 물건을 집어던지도록 하는 방법도 있다.

피해아동은 고립감으로 고통받는 경우가 많다. 어린 아동에게 자신만이 학대받은 것이 아니라는 사실을 인식시키면 도움이 된다. 예를 들어, 신데렐라, 콩쥐팥쥐 등의 이야기는 신체적 · 정서적으로 학대받거나 방임된 아동을 잘 대변해 주는 동화다. 피해아동이 고립감을 느끼게 되는 또 다른 이유는 학대로 인한 상처 때문에 아동 스스로 방어막을 치고 대인관계를 기피하기 때문이다. 따라서 피해아동에게 외견상 남들과 거리를 두고 있지만 내면에는 다른 사람들과 가깝게 지내고자 하는 마음이 있음을 일깨워 주도록 한다.

또한 피해아동은 무슨 일이 일어났는지 혼란을 느끼기도 한다. 극심한 변화를 겪은 아동에게는 자신들의 경험을 설명해 보도록 격려함으로써 경험을 정리할 수 있는 기회를 준다.

(2) 긍정적 메시지

대다수 피해아동에게서 나타나는 후유증의 하나는 낮은 자아존중감이다. 사회복지사는 피해아동의 자아존중감을 향상시키기 위해서 여러 방법을 사용할 수 있다. '자기모습 그리기' 는 효과적인 방법의 하나다. 피해아동은 자신의 모습을 왜소하거나 허약하게 혹은 괴상하게 표현하기도 하는데, 이 경우 차츰 자신의 모습을 매력적으로 표현하도록 격려해 준다. 다른 방법에는 '거울 보고 미소 짓기' 가 있다. 흔히 피해아동은 어색해서 거울 보고 미소 짓기를 주저하기도 하고 저항하거나 냉소적으로 반응하기도 하지만, 이 방법은 상당히 효과가 크므로 적극 권유해 보도록 한다. 이는 아동에게 집에 가서 거울을 보고 자신이 얼마나 사랑스러운지 생각하는 과제를 주는 방법으로 실시할 수도 있다.

상당수의 피해아동은 학대에 대한 책임이 있다고 스스로를 비난하므로 학대에 대한 책임소재를 명확히 가르쳐 줄 필요가 있다. 이야기를 통해서 설명해 주는 방법도 효과적이다. 예를 들어, ① 만약 어른이 돈을 훔쳐서 그 돈으로 맛있는 것을 사서 아동에게 주었다면 누구에게 책임이 있는지 질문하기, ② 만약 아이들이 타고 있는 차를 술에 취한 어른이 운전하다가 사고를 냈을 때 이는 누구의 책임인지 질문하기 등이다. 이런 이야기는 어른의 행동 때문에 아동이 이득을 보았거나 즐겼다 하더라도 이는 아동의 책임이 아니고 그 어른의 책임임을 가르쳐 주려는 의도를 지닌다.

(3) 보호 과제

치료과정에서 아동이 정서를 표현할 수 있게 되고 자아이미지가 강화되었다 하더라도, 아동의 연령에 적합한 새로운 역할을 습득하지 않는 한 피해아동은 아동의 역할이 아니라 부모역할 혹은 희생양 역할을 지속하고자 할 것이다.

만약 아동이 수행하던 역할이 부모역할이었다면, 책임은 아동이 아니라 성인에게 있음을 학습시킬 필요가 있다. 그리고 희생양 역할을 수행하던 아동에게는 자기가치감을 향상시키고 자기주장훈련을 시키면 도움이 된다. 역할극은 희생양의 역할을 버리고 자기방어를 학습시키는 데 효과적인 방법이다.

새로운 역할의 학습과 더불어, 사회복지사는 피해아동이 앞으로 살아가면서 스스로를 보호할 수 있도록 도와야 한다. 사회복지사는 아동에게 아동의 행동이 어떠했든 간에 부모의 학대는 정당화될 수 없고, 성인은 아동을 지도 · 보호하고 아동의 욕구를 충족시켜 주는 의무가 있으며, 반대로 성인에게 이를 요구하는 것은 아동의 권리라는 것을 알려 주어야 한다. 성인이 의무를 저버리고 아동을 학대하는 상황에서, 아동은 적어도 스스로를 보호하고자 시도할 권리 그리고 자신을 보호할 수 있는 사람에게 도움을 요청할 권리를 가지고 있다는 최소한의 권리를 인식시키고 이를 위한 구체적 대안을 제시해 주어야 한다.

마지막으로 아동은 비밀의 유형에 대해 배울 필요가 있다. 만약 비밀을 유지함으로써 아동 자신이나 다른 사람에게 유해한 결과를 가져온다면, 이런 종류의 비밀은 누군가에게 알리고 도움을 요청해야 한다고 가르쳐 준다.

(4) 종결

종결단계에서 사회복지사는 아동이 치료를 긍정적으로 종결할 수 있도록 도와야 한다. 아직 종결에 대한 준비가 되지 않았다고 판단되면 사후모임 기회를 마련해도 좋다. 이 사후모임은 공식적 면접의 형식을 갖추지 않고 비공식적으로 잠깐 만나는 방식을 택해도 된다.

대다수 피해아동은 자신들에게 고통스러운 경험을 다루었음에도 불구하고, 개별적 치료를 즐긴다고 보고되고 있다. 때로 아동은 면접실에서 가지고 놀았던 장난감에 정이 들어서 가지고 싶어 한다. 이 경우, 장난감은 특정 개인을 위한 것이 아님을 설명해 주도록 한다. 대신 아동에게 장난감을 가지고 노는 사진을 찍어서 선물한다면 좋은 기념이 될 수 있다. 마지막으로 사회복지사는 피해아동에게 치료를 통해서 어느 정도 대처능력이 생겼지만, 자녀 출산과 같은 생애전환기에 다시 어려움이 생길 수 있다는 사실과 이때 도움을 요청하도록 주지시킨다.

2. 부모 지지집단 프로그램

1) 부모 지지집단의 필요성

부모에 대한 개입, 특히 가해부모에 대한 개입은 아동학대의 치료뿐 아니라 궁극적으로 아동학대의 예방에도 기여한다. 부모에 대한 개입에서 부모기술 향상은 본질적인 구성요소다. 이는 부모기술이 향상되면 아동을 보다 긍정적으로 관리할 수 있으며, 결과적으로 학대의 가능성을 감소시킨다는 전제에서 출발한다. 여기에서는 마라와 윈튼의 부모집단 프로그램에 대하여 살펴보고자 한다(Mara & Winton, 1990: Winton & Mara, 2001: 175-185에서 재인용).

2) 부모 지지집단 프로그램의 목표

다음의 목표는 부모 지지집단을 위해 개발되었다.

- 학대와 방임으로부터 아동을 보호하는 책임을 인식하도록 돕는다. 이는 역기능적 부모 유형의 분석과 변화를 포함한다.
- 학대에 대한 죄의식, 분노, 수치심을 다루도록 돕는다.
- 학대 폭로과정에서 부모가 아동을 지지할 수 있도록 돕는다.
- 외상을 해결한 후 아동이 정상적 발달을 재개하는 것을 부모가 지지할 수 있도록 돕는다.
- 정상적인 발달 사안을 가르친다.
- 부모-자녀 관계에서 경계를 설정하도록 돕는다.
- 아동의 치료와 부모 사이의 연계성을 확립한다.
- 부모기술을 가르친다.
- 부모에게 문제해결과 의사결정기술을 가르친다.
- 필요하다면 부모 자신의 학대와 방임 문제를 해결하도록 돕는다.
- 스트레스를 감소시키고 분노를 적절하게 관리하는 대처기술을 학습하도록 돕는다.
- 부모를 지지하고 자원을 제공함으로써 더 이상의 학대와 방임을 예방한다.

3) 부모 지지집단 프로그램의 내용

윈튼과 마라의 부모 지지집단은 교육적 · 치료적 모델이다. 교육적 부분은 크게 세 가지 접근법, 즉 효과적 부모역할을 위한 체계적 훈련(Systematic Training for Effective Parenting: STEP), 부모효과성 훈련(Parent Effectiveness Training: PET) 그리고 행동수정/사회학습에 토대를 두고 있다.

- 평가 회기: 이 회기에서 집단치료자는 예비회원과 만난다. 치료자는 예비회원이 집단회원으로서 적합한가를 평가하고, 사회력, 아동행동 체크리스트, 스트레스 사정, 부모지식척도, 부모자녀관계 등을 조사한다.
- 첫 모임-소개: 첫 번째 집단 회기에서 회원들은 소개(예: 자기 자신과 아동에 관해서)하는 시간을 갖는다. 치료자는 강점과 약점에 관한 논의에 초점을 두고, 회원들에게 서로 열린 마음을 가지고 지지하도록 요청하며, 비밀보장과 집단 목적을 설명한다.
- STEP 프로그램: 이 회기에서 훈육의 주제가 논의되는데, 잘못된 행동의 저변에 있는 목적(예: 관심, 권력, 보복, 부적절성의 표현, 흥분, 또래로부터의 수용, 우월성 등)을 규명하는 데 초점을 둔다.
- 훈육기법: 타임아웃은 학대적 행동을 감소시킬 수 있으며 아동에게뿐 아니라 청소년과 성인에게도 유용하다. 치료자는 회원들에게 역할모델을 보여주고 직접 역할극에 참여하도록 한다. 치료자는 신체적 처벌 대신에 타임아웃과 다른 훈육기법을 사용해 보도록 회원들을 격려한다.
- 양가적 감정: 이 집단 회기에서 아동학대와 방임에 대한 감정을 논의하도록 격려한다. 다양한 감정들(예: 분노, 두려움, 불안, 혼란, 수치심, 죄의식)이 표현될 수 있다. 또한 회원들은 학대 혹은 방임에서의 자신들의 역할에 관해 이야기한다. 일부 부모는 가해자에 대한 분노를 표현하고, 다른 일부는 신체적 학대 혹은 방임에 대한 수치심을 표현하기도 한다. 치료자는 논의에서 나타나는 공통된 주제를 지적해 주고, 회원들이 감정을 표현할 때 서로 지지해 주도록 요청한다.
- 아동 및 청소년의 성문제: 이 회기는 정상적인 성적 행동과 문제가 되는 성적 행동의 차이를 이해함으로써 아동과 청소년의 성문제 이해에 초점을 둔다. 치료자는 자위, 성적 정체성, 성적 발달, 성적 놀이, 성에 관한 질문 등의 사안을 다루면서, 회원들이 아동의 성적 행동에 대해 관찰한 바를 나누도록 한다.
- 아동과 청소년의 발달: 이 회기는 아동과 청소년의 발달에 초점을 둔다. 아동의 발달에 대해 논의하는 동안 치료자는 아동들의 발달속도가 각기 다르

다는 사실을 주지시킨다.

- 감정의 탐구: 이 회기에서는 학대 혹은 방임에 대한 감정에 초점을 둔다. 여기에는 죄의식, 수치심, 불신, 의존성, 배반, 슬픔, 불안, 혼란, 분노, 두려움, 고립, 무능력 등이 포함된다. 집단은 이런 감정이 회원들의 기능에 어떤 영향을 미치는지에 관해 토론할 수 있다.
- 스트레스 관리: 이 회기에서 치료자는 집단 회원들에게 점진적 이완, 호흡법 등 스트레스 관리기법을 가르친다. 집단은 스트레스가 미치는 영향에 대해 검토한다. 회원들에게 스트레스가 심한 상황을 기술하고 스트레스 관리기법을 적용해 보도록 한다.
- 행동수정: 이 회기에서는 행동수정과 사회학습이론을 설명해 주는데, 모델링, 강화, 처벌 등의 개념을 활용한다. 회원들에게 행동수정계획을 수립하도록 한다.
- 문제해결: 이 회기에서 치료자는 문제해결기술을 가르쳐 준다.
- 강사 초청: 회원들이 동의할 경우, 의사, 변호사, 교사, 피해자를 옹호하는 사람들, 지역사회기관 대표자, 부모교육자 그리고 아동학대와 방임에 성공적으로 대처한 부모 등을 초청하여 강의를 들으면 도움이 된다.
- 의사소통과 분노관리: 이 회기에서 집단은 화가 났을 때 어떻게 반응하는지에 대해 논의한다. 인지-행동기법은 분노관리에 유용한 기법이다.
- 평가와 졸업파티: 마지막 회기는 졸업파티와 프로그램 평가로 구성된다. 집단에 따라 아동을 동반하기도 하며, 치료자는 회원들에게 수료증을 수여한다.

3. 부모-자녀 통합 프로그램

최근 아동과 부모에 대한 통합적 접근의 효과성에 대한 관심이 증대되고 있다. 우르키자(Urquiza)와 맥닐(McNeil)은 효과적 치료는 반드시 부모와 아동을 모두 통합해야 하고, 학대적 관계에서의 상호작용 패턴을 변화시키며, 보다 긍정적 정서와 훈육전략을 증진(가르치거나 지도하는 것 등)시키면서 부정적 정서를 직접적으로 감소시키고 통제하는 수단을 제공해야 한다고 했다(1996: 140; Runyon et al., 2004: 69에서 재인용). 이런 맥락에서 러니온 등은 인지행동치료 접근법을 토대로 부모-자녀의 통합적 접근법을 제시하고 있다(Runyon et al., 2004: 73-77).

이 인지행동치료 접근법은 세 가지 요소, 즉 ① 아동 개입, ② 부모 개입, ③ 부모-자녀 개입으로 구성되어 있다. 부모와 아동은 16주 동안 매주 2시간의 집단 회기에 참석하도록 되어 있다. 처음 1시간 15분 동안 부모와 자녀는 각기 집단활동에 참여하며 그 후 45분 동안은 부모와 자녀가 함께 집단활동에 참여하게 된다.

1) 부모 개입

부모 요소는 가해부모에게 심각한 체벌과 신체적 학대의 정서적 · 행동적 효과에 관한 정보 제공하기, 부모의 치료동기 강화를 위해 신체적 학대의 내적 · 외적 결과 검토하기, 부모가 아동의 행동을 정확하게 해석하도록 돕는 인지재구조화 그리고 부모에게 아동행동관리 전략과 대안적 갈등해결 방법(예: 분노관리 전략) 가르치기 등을 포함한다. 나아가, 치료는 부모의 사회적 지지자원을 규명하고 증진시키는 데 초점을 둔다.

1회 및 2회 부모집단 모임에서는 집단목적을 이해시키고 비밀보장 및 다른 집단규칙에 대한 논의를 한다. 그리고 비효과적 훈육방법일 뿐 아니라 상당한 부작용이 있는 체벌에 대한 대안적 훈육방법에 대하여 논의한다. 그리고 3회 및 4회 모임에서는 부모에게 심각한 체벌과 신체적 학대가 아동에게 미치는 효과 그리고 긍정적 행동에 관심을 가져 주고 강화시키는 방법에 대한 교육을 실시한다. 5~7회 모임에서는 부모들에게 인지대처, 분노관리, 이완과 같은 다양한 기술을 가르친다. 8회 및 9회 모임에서는 개인적 안전이 강조되고, 부모는 상황 악화의 위험을 최소화하는 자기보호계획을 수립한다. 동시에 분노관리기법 이외에 적극적 경청과 같은 새로운 기술을 습득하도록 돕는다. 10회 및 11회 모임에서 부모들은 부모-자녀 갈등을 효과적으로 해결하기 위해 기술을 통합적으로 사용하는 것을 연습한다. 12~16회 모임에서는 아동관리기법이 추가로 소개된다.

흥미로운 사실은 11～14회 사이에 학대 명료화 과정이 실시되는데, 여기에는 ① 학대적 행동의 명료화, ② 가해부모가 학대적 행동의 책임 인정하기, ③ 가해부모가 아동과 가족에게 학대가 어떤 영향을 미쳤는지 인정하기, ④ 안전계획 시작하기가 포함된다. 16회 모임은 부모와 아동의 변화를 점검하고 치료프로그램의 수료를 축하하면서 종결과 관련된 문제를 다룬다.

2) 아동 개입

1회에서 5회의 모임은 ① 소개, ② 심리교육, ③ 정서적 표현, ④ 불안관리와 인지대처기술 훈련으로 구성된다. 1회 모임에서는 아동들의 결속력/라포를 구축하고 참여아동들의 안전을 위한 집단규칙을 수립하는 데 목적을 두어 오리엔테이션을 실시한다. 2회 및 3회 모임은 ① 학대와 폭력 정의하기, ② 폭력은 적절하지 않다는 것 이해시키기, ③ 신체적 학대의 효과에 관해 교육하기, ④ 학대를 경험한 아동의 양가적 감정 정상화시키기의 네 가지 주요 목적을 가지고 있다. 4회 및 5회 모임에서, 아동은 핵심 신념(예: 자기비난과 무가치감)과 왜곡된 인지에 대처하기 위한 인지적 대처기술을 학습한다. 아동들은 가족, 가족 내에서의 폭력 그리고 폭력적 사건에 관련된 감정과 사고에 대해 논의한다. 필요하다면 불안을 감소시키기 위해 이완훈련을 도입한다. 6회 및 7회 모임에서는 아동에게 자기주장훈련을 소개하고 신체적 위험을 감소시키기 위한 안전계획을 수립한다. 8～10회 모임에서는 자기보호행동을 연습해 보고 자존감 구축 및 자기주장기술을 학습하는 데 초점을 둔다. 11～16회 모임에서는 분노관리기술, 사회적 문제해결기술 그리고 역할수행기술을 가르친다. 그리고 16회 모임에서는 종결 문제를 다루도록 한다.

3) 부모-자녀 개입

첫 번째 부모-자녀 공동모임은 부모와 자녀가 서로 칭찬을 교환하는 것을 포함한다. 일반적으로 부모-자녀 모임은 부모와 자녀에게 아동행동관리 기술(예: 관여하고 강화하기, 타임아웃 등)을 사용하는 기회를 제공할 것이다. 이 모임은 부모-자녀의 상호작용을 관찰하고 부모가 적절한 기술을 사용하도록 지도하며 부모에게 긍정적 강화와 피드백을 제공하는 데 일차적 목적이 있다. 그리고 부모-자녀 공동모임에서 아동은 아동집단 모임에서 배운 바를 부모와 나눌 수 있는 기회를 갖는다. 또한 아동과 부모는 학대적 경험에 대해 대화하고 앞서 언급한 학대 명료화 과정에 참여한다. 학대 명료화 과정에 대해서는 찬반의 논란이 있으나, 시범 프로그램에서 참여자들은 분노를 통제하고 자녀와의 문제상황을 다루는 방법을 배운 것과 자녀와 신체적 학대사건에 대해 개방적으로 이야기한 것이 가장 도움이 되었다고 반응하였다. 공동모임은 항상 부모와 자녀가 서로 칭찬을 교환하는 것으로 종료한다.

제 7 장

아동성학대가족

아동성학대는 아동학대의 한 유형이기는 하나 이론적으로나 실천의 측면에서 차이가 많아서 여기에서는 별도로 다루어 보고자 한다. 1990년대 이후 성폭력에 대한 사회적 관심이 증가하기 시작하면서, 아동성학대에 대한 관심도 증가하고 있다. 김부남 사건과 김보은 · 김진관 사건은 아동성학대의 후유증이 얼마나 심각한지를 보여 준 사건이었다(이원숙, 2003: 23-25).

성폭력상담실적 통계를 살펴보면, 19세 미만의 아동 및 청소년 피해상담이 전체 성폭력 피해상담에서 차지하는 비율은 2010년 46.8%, 2011년 43.0% 그리고 2012년에는 42.6%였다. 그러나 2013년에는 34% 그리고 2014년에는 34.3%로 상당히 감소한 것으로 나타났다. 보다 구체적으로 2014년에는 7세 미만이 1.9%(591명), 7～13세 미만이 7.6%(2,405명) 그리고 13～19세 미만이 24.8%(7,866명)를 차지하였다. 한편, 친족 · 친인척 · 배우자에 의한 피해자는 2010년 16.6%, 2012년 15.5% 그리고 2014년 12.9%로 감소추세를 보이고 있다(여성가족부 권인증진국 권익기획과, 2015. 5.: 4-7).

2000～2009년까지의 아동 · 청소년대상 성폭력범죄 중 친족관계 범죄자는 전체의 11.4%였고, 구체적으로 친부 4.6%, 의부 3.6%, 모의 동거인 1.5%, 친척 1.7%로 나타났다. 피해자 연령을 살펴보면, 7～12세가 40.7%, 13～15세가 35.6%, 16세 이상이 19.6%를 차지하였다. 그리고 범행장소는 거의 대부분(88.7%)이 피해자와 가해자의 공동거주지를 비롯한 집이었다. 한편, 친족대상 성폭력범죄의 강제방식을 살펴보면, 완력사용이 42.9%로 가장 많았고, 욕설 등의 말로 협박한 경우가 23.8%로 그다음을 차지한다(김지선, 박미랑, 윤정숙, 2010: 22, 131, 152, 159).

2010년도 친족에 의한 성폭력범죄인 경우 피해가 1회에 그치는 경우는 불과 21.4%였는데 비친족에 의한 성폭력범죄의 경우에는 82.5%였다. 이는 친족에 의한 성폭력범죄는 오랫동안 지속될 가능성이 있다는 의미다. 실제로 6개월 이상 1년 미만이 14.1%, 1년 이상은 35.9%로 전체의 50% 이상이 6개월 이상 지속적으로 범행을 저지른 것으로 나타났다(김지선, 홍영오, 2011: 129).

아동성학대는 얼마나 심각한가? 전문가들은 이를 빙산에 비유하기도 한다. 즉, 수면 위로 올라와 있는 빙산 부분은 알려지고 신고된 사건으로 생각할 수 있다. 수면 바로 밑의 영역은 알려지기는 했지만 공식적 통계에 잡히지 않는 성학대들을 대변한다. 아마도 빙산의 가장 넓은 영역은 단지 피해자와 가해자에게만 알려진 학대라고 할 수 있다(Kemp, 1998: 113). 이와 같이 아동성학대는 그 후유증이 심각함에도 불구하고 실태를 파악하기 매우 어렵다. 단지 아동 · 청소년대상 친족에 의한 성폭력범죄나 성폭력상담 통계 등을 미루어 성폭력 피해자의 약 40～50%가 아동과 청소년이며, 11～15% 정도가 근친성학대 피해자일 것으로 추정해 볼 수 있다. 여기에서는 아동성학대, 특히 가족 내에서 발생하는 근친성학대를 중심으로 살펴보고자 한다.

제1절 아동성학대의 배경 및 개념

1. 아동성학대의 배경

아동성학대 문제에 대한 전문적 관심은 비교적 역사가 짧다. 오이디푸스 콤플렉스와 엘렉트라 콤플렉스는 프로이트의 유명한 이론이다. 오이디푸스 콤플렉스는 어느 시점이 되면 남자아동은 성적으로 어머니에 대해 흥미를 갖게 되며, 엘렉트라 콤플렉스는 여자아동이 아버지에 대해 성적 환상을 갖는다는 것이다. 그런데 이 이론이 나오게 된 배경은 아동성학대와 밀접한 관련을 맺고 있다.

프로이트는 초기 임상연구에서 아동기의 외상적 사건, 특히 아동성학대가 정신질환의 원인이 된다고 보았고, 이를 히스테리컬 신경증이라고 명명하였다. 프로이트가 치료하였던 여성 환자 대다수가 아동기에 성인 친척에게 성폭력을 당하였다고 보고하였다고 한다. 문제는 이 친척들이 바로 프로이트가 사회적 · 전문적 관계를 형성하고 있던 서클 내의 사람이었다는 점이다. 이런 맥락에서 초기 프로이트 이론은 당대의 전문가로부터 외면당하였고, 결과적으로 프로이트는 아동이 부모에게 가지고 있는 성적 환상에 대한 갈등이 외상을 초래한다는 이론으로 재구성하기에 이르렀다. 이것이 바로 그 유명한 오이디푸스 콤플렉스와 엘렉트라 콤플렉스다. 다시 말해서, 프로이트가 활동하였던 1800년대 후반 그리고 1900년 초반 성에 대한 금기가 심하였던 사회적 환경에서 아동성학대 피해자의 진실이 받아들여지지 않은 채 아동의 성적 환상이론으로 탈바꿈하게 되었다(Kemp, 1998: 172-174 참조).

이에 따라 아동성학대에 대한 전문적 관심은 1970년대 후반과 1980년대 초반으로 미루어졌다. 그렇다고 해서 프로이트가 아동성학대의 발견을 늦추게 했다고 무조건 비난하기는 어렵다. 프로이트가 발전시킨 정신분석학은 아동성학대에 관한 연구에 크게 기여하였기 때문이다.

2. 아동성학대의 개념

셰크터와 로베르그(Schechter & Roberge, 1976)의 아동성학대에 대한 개념 정의는 널리 인용되고 있다. 그들은 아동성학대를 "의존적이며 발달적으로 미성숙한 아동과 청소년을 그들이 충분히 이해하지 못하며, 고지된 동의를 할 수 없는 혹은 가족역할에 대한 사회적 터부를 위반하는 성적 행위에 관여시키는 것" 이라고 규정하였다(Doyle, 1994 재인용).

스그로이(Sgroi) 등에 의하면, 아동성학대는 정서적 · 성숙적 · 인지적 발달이 아직 결여된 아동에게 행해진 성적 행위다. 그들에 의하면, 아동을 성적 관계로 유인하는 능력은 아동의 연령, 의존성 그리고 복종적 위치와 대조가 되는 성인 혹은 나이가 많은 청소년 가해자의 전능하고 지배적인 위치에 토대를 두고 있다. 가해자의 권위와 권력은 암시적 혹은 직접적으로 아동에게 성적으로 복종하도록 강요한다(Sgroi, Porter, & Blick, 1985: 9-10).

3. 아동성학대 행위

아동성학대 행위는 성기노출에서부터 성교에 이르기까지 광범위하며, 이는 크게 비접촉성 행위와 접촉성 행위로 나누어진다. 전형적으로 아동성학대는 노출이나 자위와 같은 비교적 가벼운 성적 행위에서 애무와 같은 직접적인 신체적 접촉으로 발전하고, 그다음에는 어떤 형태로든 삽입행위로 발전하는 경향이 있다고 보고되고 있다(이원숙, 2001: 32-33; Sgroi, Porter, & Blick, 1985: 10-12).

제2절 아동성학대의 종류, 단계 및 행동적 지표

1. 아동성학대의 종류

아동성학대는 근친성학대를 비롯하여 베이비시터, 아동보호시설, 이웃 등 아는 사람, 조직화된 네트워크, 의식적 학대, 낯선 사람에 의한 아동성학대 등 다양한 유형이 있으나(이원숙, 2003: 63-74 참조), 여기에서는 근친성학대를 중심으로 살펴보고자 한다. 근친성학대(incest)는 친부모, 계부모, 형제, 삼촌, 할아버지, 이모부 등 가족 및 친인척에 의한 성학대를 의미한다. 1994년 「성폭력특별법」에서는 친족의 범위를 '존속 등 연장의 친족' '4촌 이내의 혈족' '사실상의 관계에 의한 존속 또는 친족' 으로 규정하였다. 이 규정에서는 근친성학대의 주요 가해자인 계부가 친족의 범주에서 제외되었다. 1997년 성폭력특별법 개정안이 통과되면서 친족의 범위는 4촌 이내의 혈족과 2촌 이내의 인척으로 수정되었고, 이에 따라 계부, 이모부 등 2촌 이내의 인척에 대한 처벌이 가능해졌다.

1) 친부에 의한 아동성학대

그동안 근친성학대가족의 역동성, 특히 부녀간 근친성학대가족의 역동성에 관한 이론들이 제기되어 왔다. 스그로이와 다나(Dana)에 의하면, 지배형 남편의 부인은 자아존중감이 매우 낮고 사회적 기술이 부족한 경우가 많으며, 대조적으로 의존형 남편의 부인은 사회적 기술을 지닌 능력 있는 여성인 경우가 많다. 특히 근친성학대가족에서 모성은 자주 남편과 자녀와의 관계에서 심리적으로 부재하는 경향이 있다. 이런 모성의 '심리적 부재'는 남편과 자녀 간의 부적합한 행동의 한계를 설정하지 못함으로써 결과적으로 자녀를 보호하는 데 실패하게 된다. 부녀간 근친성학대가 진전되면서 모녀간의 라이벌의식과 경쟁의식이 심화된다. 때로 모성과 아동 간의 역할 전환이 나타나기도 한다(Sgroi & Dana,

1985: 192-194).

한편, 그로스(Groth)는 남편의 유형을 토대로 근친성학대가족의 역동성을 설명하였다. 즉, 수동적-의존적 유형(passive-dependent type)의 남편은 의존적 욕구를 아내가 더 이상 충족시켜 주지 않자 대리동반자-아내-모성(companion-wife-mother)의 역할을 딸에게서 찾고자 한다. 반면, 공격적-지배적 유형(aggressive-dominant type)의 남편은 가족 내에서 지배적 역할을 담당하고 있으며, 재정적 의존과 사회적 고립방법을 통해서 아내와 자녀에 대한 권력을 유지한다. 가해자에게 있어서, 딸에 대한 성적 접근은 가장으로서의 나르시스적 권리로서 경험된다(Groth, 1985: 216-222).

보다 최근 디에츠(Dietz)와 크래프트(Craft)는 근친성학대가족에서 성학대 이외에도 다른 형태의 학대가 동시에 일어나고 있음에 주목하고 있다. 다시 말해서 모성이 아동성학대에 무의식적인 동의를 하는 것이 아니라, 자신도 아내학대의 피해자이기 때문에 가해자를 신고하거나 가해자와의 관계를 끊는 방법으로 아동을 보호하지 못한다는 관점을 제기하였다(이원숙, 2001: 51-52; Dietz & Craft, 1980: 602-608).

2) 계부에 의한 아동성학대

계부가 가해자인 경우는 친부 다음으로 많다. 그러나 계부와 사는 아동의 비율이 적다는 점을 고려하면 가해자가 계부인 경우의 비율은 상당히 높다고 볼 수 있다.

표 7-1 김보은 · 김진관 사건

1992년 1월 7일 13년 동안 의붓딸을 성폭행해 온 가해자 김영로를 피해자 김보은의 남자친구인 김진관이 살해한 사건이 충북 충주에서 일어났다. 김보은의 어머니는 보은이가 일곱 살 때 김영오와 재혼을 했고, 김영오는 보은이가 아홉 살 때부터 상습적으로 성폭행하였다. 김보은은 대학에 진학하면서 김진관과 사귀게 되었고 둘 사이가 가까워지자 자신의 상황이 괴로워서 김진관에게 털어놓게 된다. 김진관은 보은이를 도우려는 마음에 김영오를 찾아가 "이제 보은이를 놓아주라."고 간청했지만 당시 충주검찰청 총무과장으로 근무하고 있던 김영오가 오히려 "다 잡아넣겠다. 죽여 버리겠다."고 적반하장으로 나오는데 격분하여 살해하기에 이르렀다.

김진관의 아버지는 한국성폭력상담소에 상담을 의뢰하였고 곧 이어 〈김보은 · 김진관 사건 공동대책위원회〉가 구성되어 구명활동을 시작하였다. 이 사건은 계부에 의한 근친성학대의 실상을 적나라하게 드러낸 사건이었다. 전년도에 일어난 김부남 사건과 함께 1993년 성폭력 특별법의 제정에 직접적인 영향을 미쳤다.

출처: 한국성폭력상담소 홈페이지; 이원숙(2003), pp. 24-25에서 재구성.

3) 형제자매에 의한 아동성학대

역사적으로 형제자매 성학대(sibling incest)는 해가 없고 상호 합의적이며 교육적이고(서로 동의하는 비슷한 연령의 형제자매와 같은 특정 조건하에서는) 긍정적인 성적 경험이라고 간주되어 왔다. 그러나 최근 형제자매 근친성학대의 부정적 영향이 점점 밝혀지고 있는데, 사회는 아직도 이를 간과하거나 아니면 그 영향을 최소화하는 경향이 있다.

형제자매 성학대의 유해한 영향이 과소평가되어 온 이유는 다음과 같다. 첫째, 형제자매 간의 근친강간에서는 부모-자녀 간의 성학대와는 달리 세대 간 경계가 침범되지 않는다. 둘째, 형제자매 성학대에서는 적절한 발달적 · 성적 탐구의 한계를 넘어갔는지, 강요나 강제가 사용되었는지, 혹은 피해자와 가해자가 규명될 수 있는지 등이 항상 명백한 것은 아니다. 셋째, 형제자매 성학대의 역할과 중요성은 동시에 발생한 부모-자녀 성학대로 가려진다. 일부 연구자는 형제자매 성학대가 부모-자녀 간 성학대보다 5배나 많을 것이라고 추정하지만, 아직 신뢰할 만한 통계가 나오지 않아서 정확한 실태를 파악할 수 없다.

쿠르투아(Courtois, 1988)는 오빠-여동생 근친강간을 일반적으로 다음의 세 가지 범주로 나누었다.

- 사춘기 오빠가 자기보다 어리고 경험이 적은 여동생을 성적 실험대상으로 사용하는 경우
- 사회적으로 잘 적응하지 못하거나 혹은 부모에게 방임된 오빠가 여동생을 또래 여자친구의 대체물 혹은 애정결핍의 대체물로 삼는 경우
- 여동생과 나이 차이가 많고 신체적으로 그리고/혹은 성적으로 학대받았을

수도 있는 오빠가 여동생에게 폭력과 강제로 성적 행위를 강요하는 경우 (Caffaro & Conn-Caffaro, 1998에서 재인용)

형제자매 성학대는 형제자매 관계에 평생 부정적 영향을 남기는 것으로 밝혀지고 있다. 또한 이는 생존자가 친밀한 관계를 형성하는 능력에 영향을 미친다. 많은 성인여자 생존자는 성인이 되어서도 강간당하거나 매 맞는 경우가 많으며 매춘으로 빠질 가능성도 높다.

4) 기타 친족에 의한 아동성학대

친부, 계부, 형제자매에 의한 성학대가 가장 빈번하게 발생하고 있지만, 그 외에도 삼촌, 사촌, 할아버지 등이 가해자가 되기도 한다. 그리고 드물기는 하지만 어머니, 언니, 숙모, 할머니 등이 가해자가 되는 경우도 있다.

2. 아동성학대의 단계

스그로이, 포터, 블릭에 의하면, 아동성학대는 대체적으로 예측 가능한 유형이 있으며, 이는 가족 내 아동성학대 사례에서 보다 특징적으로 나타난다. 이들은 아동성학대가 접촉단계, 성적 상호작용단계, 비밀단계, 폭로단계, 억압단계의 5단계로 구성된다고 하였다(이원숙, 2001: 30-40; Sgroi, Porter, & Blick, 1985: 13-17).

1) 접촉단계

가해자가 아동에게 성학대 의도를 가지고 접촉하는 단계다. 가해자는 자신의 집이나 방, 피해아동의 집이나 방 혹은 특정 장소에서 아동과 단둘이 있는 기회를 의도적으로 포착하고자 한다. 설사 가해자와 피해아동의 첫 번째 접촉이 우발적이었다 하더라도 그다음부터 가해자는 아동과의 사적인 접촉기회를 노리거나 그런 기회를 만들어 나갈 것이다.

2) 성적 상호작용단계

가해자가 아동에게 성학대 행위를 하는 단계다. 성학대 행위에는 비접촉성 행위와 접촉성 행위가 있다. 우리나라에서도 애무, 자위, 손가락의 질 삽입, 질 삽입 등 모든 형태의 아동성학대 사례가 보고되고 있다.

외국의 경우 아동성학대는 전형적으로 노출이나 자위와 같은 비교적 가벼운 성적 행위에서 애무와 같은 직접적인 신체적 접촉으로 발전하고, 그다음에는 어떤 형태로든 삽입행위로 발전하는 경향이 있다고 보고되는데, 우리나라에서도 성추행에서 시작하여 강간으로 이어지는 근친성학대 사례들이 보고되고 있다.

3) 비밀단계

일단 성학대가 발생하고 나면 가해자의 첫 번째 과업은 비밀을 유지하는 일이다. 가해자에게 비밀유지는 성학대의 책임회피와 지속수단이 된다. 가해자는 상호적 의무가 없는 아동성학대의 지속에 대한 강한 동기를 가지고 있으며, 이는 성학대의 비밀이 유지될 때에만 가능하다는 점에서, 비밀성은 가해자에게 중요한 일이다. 가해자는 비밀을 지키기 위하여 신체적 위협수단을 사용하기도 한다.

4) 폭로단계

폭로에는 우발적 폭로와 의도적 폭로가 있다. 우발적 폭로는 비밀이 외적 상황에 의하여 우발적으로 드러나는 것을 의미한다. 제삼자의 관찰, 신체적 손상, 성병감염, 임신, 조숙한 성적 행동화 등으로 피해사실이 우발적으로 폭로되는 것이 이에 해당한다.

의도적 폭로는 성학대 관련 당사자가 의도적으로 이를 밝히기로 결심하는 형태인데, 피해아동이 비밀폭로를 결심하는 경우가 가장 많다. 의도적 폭로 동기에는 여러 가지가 있는데, 어린 아동은 혼자 가슴에 품고 있기에는 비밀이 너무 커서 이를 나누기 위해 폭로하기도 한다. 좀 더 나이 많은 아동은 부담이 되는 가족상황을 변화시키거나 이로부터 탈출하기 위해, 임신 가능성에 대한 두려움, 어린 동생도 피해자가 될까 하는 우려 등 여러 이유에서 폭로하게 된다. 부녀간 근친성학대인 경우, 성적 행동은 대개 어렸을 적에 시작되고 사춘기까지

지속된다. 피해아동이 사춘기에 이르면 또래와 보다 많은 접촉을 하고 이성에 대해 관심을 가지기 시작하나, 아버지는 피해아동에게 또래집단과의 사회활동을 제한하고 계속 가족 테두리 안에 머무르면서 자신의 욕구를 충족시키도록 압력을 가할 것이다.

이에 따라 피해아동은 감옥에 갇혔다고 느끼고, 이런 제약을 가하는 아버지에 대해 분노와 좌절감을 경험하며, 결과적으로 성학대 사실의 폭로를 가져온다. 비밀폭로 후 아동은 비밀유지에 따른 부담에서 해방감을 느끼는 동시에 아버지를 배반했다는 죄책감을 경험할 수 있다.

5) 억압단계

폭로단계 이후 폭로가 우발적이든 의도적이었든 간에 아동성학대의 역동성은 억압단계로 접어드는 경향이 있다. 성학대가 가족 테두리 안에서 발생하였을 때 억압 현상은 더욱 심하게 나타난다. 가해자는 성학대 사실을 부정하고 아동의 피해주장의 신뢰성을 떨어뜨리고자 시도할 것이다. 억압단계에서 일부 아동은 강인하게 피해사실을 주장해 나가기도 하지만, 상당수의 아동은 압력을 견디다 못해 최초 진술이 거짓이었다고 번복하기도 한다. 이때 적절한 지원과 개입은 피해아동이 가해자와 친척의 억압에 대처하는 데 커다란 도움이 될 것이다.

3. 아동성학대의 행동적 지표

1) 스그로이, 포터, 블릭의 행동적 지표

스그로이, 포터, 블릭은 아동성학대의 행동적 지표를 20가지로 제시하였는데, 여기에서는 이를 상호 관련된 몇 개의 범주로 묶어서 살펴보고자 한다.

(1) 수면장애, 우울증, 퇴행적 행동, 위축, 자살충동

수면장애는 아동성학대의 유력한 지표가 되며 피해아동은 자주 악몽을 꾸는 것으로 보고되고 있다. 악몽은 성학대가 꿈으로 나타나는 경우도 있으나, 대개는 보다 일반적인 형태로 전환되어 낙하, 유괴 혹은 폭력 등으로 표현된다.

일부 성학대 피해아동은 우울증을 보이기도 하는데 수면장애는 우울증의 흔한 증상 중 하나다. 그 외에도 피해아동은 퇴행적 행동을 보이기도 하고 자살충동을 경험하기도 한다.

(2) 성적 행동 및 지나친 성적 지식의 노출

피해아동은 다른 사람, 장난감 혹은 혼자서 부적합한 성적 놀이를 지속하기도 한다. 일부 아동은 성적 행동에 너무 몰입하여서 혼자 있을 때뿐 아니라 공개적으로 다른 사람들 앞에서 자위행위를 지속하기도 한다. 부적합한 성적 놀이 혹은 지나친 자위행위가 발견되면 성학대의 가능성을 염두에 두고 접근할 필요가 있다. 또한 일부 피해아동은 연령에 적합하지 않은 지나치게 자세한 성적 지식을 가지고 있음이 이야기 혹은 그림 등에서 발견됨으로써 성학대 피해사실이 노출되기도 한다.

(3) 지나치게 순종적 행동 혹은 공격적 행동

피해아동은 지나치게 순종적 행동을 보일 수 있다. 이들 아동은 지나치게 통제된 삶을 살아왔기 때문에 학교, 친구 등 일상생활에서 선택이 허용된 적이 없고 심지어는 자신의 신체에 대한 통제권까지 박탈되었을 수 있다.

반면, 공격적 행동을 하기도 하는데, 대부분 비가해부모 등 성인에게 도움을 요청했으나 실패하고, 이에 따른 좌절감과 분노가 증대하면서 공격적 행동으로 표출된다. 이들은 흔히 학교에서 싸움꾼으로 낙인이 찍히거나 비행행동으로 축출되는 경우도 있다.

(4) 가식적 성숙(위성숙) 행동

피해아동은 가식적인 성숙행동(pseudo mature behavior)을 보이나, 이들의 성숙은 진정한 성숙이 아니라 외형적 성숙일 뿐이다. 흔히 근친성학대 피해아동은 연령에 부합되지 않는 가사책임을 강요받아서, 반쯤 부모의 역할을 그리고 반쯤 배우자 역할을 수행해 왔을 가능성이 크다. 이와 같은 가식적 성숙의 저변에는 죄의식에 사로잡힌 채 놀라서 어찌할 줄 모르는 외로운 아동이 있기 마련이다.

(5) 학교생활 및 교우관계

근친성학대가족은 아동과 외부와의 접촉을 금지하는 경향이 있다는 점에서 학교는 아동이 접하는 유일한 외부환경일 수 있다. 가정은 이들에게 안전한 장소가 아닌 만큼, 학교가 학대로부터의 피난처가 되기도 한다.

대개 피해아동은 성학대로 인하여 학교공부에 집중하기 어렵다. 그리고 근친성학대 피해아동은 또래와의 접촉기회가 지나치게 통제되는 등 또래와의 원만한 관계를 형성하기 어렵다.

(6) 남성에 대한 반응

여자 피해아동은 남성에 대한 지나친 두려움 혹은 남성에 대한 유혹적 행동의 두 가지 상반된 반응을 보인다. 유혹적 행동반응은 다음과 같은 문제를 초래한다.

첫째, 유혹적 피해아동(특히 사춘기 소녀)이 성학대 피해를 폭로하면 사람들은 그 주장을 믿지 않고 오히려 성학대를 유발하였다고 비난할 수 있다.

둘째, 다른 사람과의 관계에서도 이 행동패턴을 지속함으로써 또 다른 성학대를 유발할 수 있다.

(7) 가출

근친성학대 피해아동이 성장하여 사춘기에 이르면, 성학대에서 도피하기 위하여 가출하기도 한다. 피해아동은 성학대가 가출의 원인이었다는 사실을 거의 밝히지 않는 경향이 있다(Sgroi, Blick, & Porter, 1985: 41-46).

2) 시볼드(Sebold)의 남자 피해아동의 행동적 지표

(1) 동성애적 관심

남자 피해아동에게서 나타나는 가장 대표적인 행동적 지표는 동성애적 관심이다. 남자청소년은 또래에게 자신이 동성애자가 아님을 확신시키고자 상당히 노력하는 경향이 있다.

(2) 공격적 · 통제적 행동

시볼드에 의하면, 공격적 · 통제적 행동은 동성애적 관심이 가져온 결과일 수도 있으며, 때로 이와는 별개의 반응일 수도 있다. 남자 피해아동은 장차 발생할 수 있는 모든 성적 접근을 물리칠 수 있는 능력이 있음을 스스로 확인하기 위해서 위협적 행동을 할 수도 있다.

불행히도 다른 사람(대체적으로 여성이나 자신보다 어린 아동)을 위협하거나 압도하는 능력은 일시적으로 남자 피해아동 혹은 청소년에게 권력과 통제감을 줄 수 있다. 그리하여 일부 남자 피해아동은 성적으로 공격적으로 변화되어서 자신보다 작거나 어린 아동을 성학대하기도 한다. 따라서 아동이 성학대 가해자로 판명되는 경우, 이들이 과거에 성학대 피해자였을 가능성을 고려해야 한다. 가해자에 대한 동일시 그리고 타인에 대한 행동화를 통하여 자신의 무력감을 해소하는 것은 잘 알려진 피해반응양식이다.

(3) 유아적 행동

남자 피해아동에게서 유아적 발언과 놀이패턴이 나타나고 있으며, 피해청소년들은 보다 어린 아동과의 관계를 선호하는 경향이 있다. 이들은 또래와의 상호작용에서 불안 증대와 회피행동을 나타냈는데, 이는 자신보다 나이가 많은 또래와의 상호작용을 추구하는 여자 피해아동과는 대조적인 모습이다.

(4) 피해망상적 · 공황적 행동

피해망상과 공포증적 관심은 남자 피해아동에게서 나타나는 행동지표이고, 동성애적 관심과 연계되기도 하며 특히 성학대가 재발될지도 모른다는 우려를 내포한다.

(5) 성적 언어와 행동

성적 사고, 성적 언어 그리고 성적 행동에 대한 집착은 성학대가 발생하였음을 보여 주는 가장 주요한 지표다. 특히 어린 남자아동은 공개적으로 자위행위를 하거나 자위에 지나치게 집착할 수 있다.

(6) 악몽

남자 피해아동의 꿈은 쫓겨 다니고, 처벌받고 혹은 고립되는 내용을 포함하는 경향이 있다. 꿈에서 크고 빠르고 보다 힘이 센 사람에게 통제되는 두려움을 드러내기도 한다. 어린 피해아동은 구멍으로 뱀이나 벌이 드나드는 것과 같은 특정 대상 혹은 사건에 고착된 꿈을 꾸기도 한다.

(7) 신체 및 이미지 변화

신체적 관심과 신체의 변화는 남자 피해아동에게서 흔히 발견되는 지표다. 대다수 치료자들은 청소년기 남자 피해아동이 강박적으로 깔끔하고 청결하거나, 외모에 전혀 관심을 두지 않는 양극단적 경향을 나타낸다고 지적한다.

(8) 가족 및 사회적 지표

가족 및 사회적 지표는 여자 피해아동과 유사하다. 가족적 관점에서 남자 피해아동에게서 나타나는 가장 확실한 지표는 가족 내의 다른 아동이 성학대 피해자임이 발견되는 경우다.

(9) 방화

방화는 남자 피해아동에게서 나타나는 행동적 지표인데, 이 방화행동은 가해자가 여성일 때 보다 빈번하게 발생한다. 그러나 방화를 하는 아동 중에서 어느 정도의 아동이 성학대 피해를 입었는지는 알려져 있지 않다. 단, 방화아동에 대한 상담에서 성학대의 가능성을 관찰해 볼 필요는 있다(Sebold, 1987: 75-80).

제3절 아동성학대가족에 대한 개입

1. 해부학적 인형면접

아동성학대는 아주 어린 연령에 시작되는 경우가 많으며, 특히 근친성학대의 경우 6세 이하의 피해아동 비율이 매우 높다. 불행히도 아동성학대는 신체적 증거가 적으므로 이를 발견하는 것도 입증하는 것도 쉽지 않다. 무엇보다도 피해아동이 어린 경우 언어능력 및 인지능력의 제한으로 성학대 피해사실을 밝히는 데 어려움이 따른다.

최근 아동, 특히 5세 미만의 어린 아동에 대한 면접도구로서 해부학적 인형(anatomical doll 혹은 anatomically correct doll)의 사용이 점차 증가하고 있다. 해부학적 인형은 기본적으로 4개의 인형—성인남자, 성인여자, 남자아동, 여자아동—으로 구성된다. 여기에서는 보트(Boat)와 에버슨(Everson) 그리고 바이저드(Vizard)와 트랜터(Tranter)의 해부학적 면접이론을 중심으로 살펴보고자 한다(Boat & Everson, 1988; Vizard & Tranter, 1988).

1) 면접의 지침

(1) 면접의 목적

성학대 피해아동과의 면접은 다음과 같은 목적을 가진다.

- 아동의 성학대 피해를 밝힘
- 이미 밝혀진 성학대 피해보다 더 큰 피해 가능성이 있을 때 성학대 피해의 재점검
- 아동이 처해 있는 위험 수준의 명료화 및 아동보호수단의 강구
- 법적 절차를 위한 증거 수집
- 성학대 피해아동의 치료적 욕구 사정

(2) 면접장소 및 면접도구의 배치

면접실은 아동에게 적합한 낮은 의자와 테이블 그리고 편안한 소파들을 자연스럽게 배치하여 안락한 가정적 분위기를 연출하면 된다. 면접실에는 치료자의 개인소지품을 두지 않는 것을 원칙으로 한다.

면접실에는 필요한 장난감만 배치하고 불필요한 여러 가지 장난감은 비치하지 않는 것이 좋다. 기본적으로 해부학적 인형세트를 준비하고, 그 외 보조도구로서 놀이용 찰흙, 도화지, 크레파스, 연필 등을 비치해 둔다. 어떤 놀이도구가 면접실에 비치되든 간에, 치료자는 이들 도구를 익숙하게 다룰 수 있어야 한다. 치료자의 실무경험이 부족하다면 면접실의 놀이도구를 최소한으로 줄이는 것이 현명하다.

(3) 사전정보의 수집

그간 아동성학대 피해아동과의 최초 면접 시 치료자가 어느 정도의 사전정보를 획득하는 것이 좋은가에 대해서 논란이 있었다. 전문가에 따라 사전정보 없이 면접을 실시할 것을 권고하기도 한다. 특히 법정에 증거자료로 제출하기 위한 목적에서 면접을 실시할 경우에는 아동과의 사전접촉이나 사전정보의 획득은 피해야 한다. 그러나 일반적으로 어느 정도의 사전정보는 면접의 원활한 진행에 도움이 된다. 보트와 에버슨은 다음의 사전정보가 면접에 유용하다고 제시하고 있다.

- 아동의 이름과 생년월일
- 아동에 대한 특기사항(예: 청각문제)
- 아동이 접촉하는 의미 있는 사람들과 이들이 아동을 어떻게 부르는가?
- 아동의 일상생활
- 아동에게 보통 때와는 다른 행동이 관찰되었는가, 특히 성적 행동화(sexual acting out) 행동이 관찰되었는가?
- 제삼자가 성학대 신고를 한 경우
  - 무슨 일이 일어났는가?

- 언제 어디서 발생했는가?
- 누가 신고했는가?
- 신고를 한 사람은 이 사실을 어떻게 알게 되었는가?
- 아동이 폭로하였는가? 아동이 했던 말은 무엇인가?

• 학대행위자의 신원
  - 연령 및 성별
  - 아동과의 관계
  - 아동에게로의 접근(예: 아동과 단둘이 있는 시간)
  - 과거 학대기록 유무, 학대 행위자, 정신질환 혹은 약물중독 여부

• 신체적 학대증거 유무(예: 성병, 성기외상)

2) 바이저드와 트랜터의 해부학적 인형면접의 단계

(1) 자유놀이

자유놀이에서는 아동의 자발적 행동을 관찰하여 기본선(baseline) 자료로 활용한다. 치료자는 "나는 잠깐 여기 앉아 있을 테니까, 잠시 놀려무나."라고 아동을 자유놀이로 인도할 수 있으며, 이 경우 해부학적 인형세트와 그림재료가 있는 테이블을 가리킬 수도 있다.

아동이 그림 그리기를 선택하였다면, 치료자는 약 10~15분 동안 조용히 지켜본 다음 그림을 칭찬해 주고 끝내도록 한다. 아동이 사람을 그렸거나 혹은 불확실한 그림을 그렸다면 아동에게 그림에 관해 물어볼 수 있다. 치료자는 아동이 성학대에 관해 언급하는 기미가 보이고, 특히 아동이 자신이 그린 그림을 가리키면서 말로 설명한다면 이를 격려한다. 동시에 치료자는 아동에게 매우 영리하다(단, 아동에게 영향을 줄 수 있는 착하다, 나쁘다, 도움이 되었다 등의 용어사용을 자제한다)고 칭찬해 준다. 그러고 나서 치료자는 아동에게 그림놀이가 끝나면 인형을 가지고 놀 수 있으며 인형을 가지고 무슨 일이 일어났는지 이야기할 수 있다고 설명해 준다.

만약 아동이 옷 입힌 인형놀이를 선택하였다면, 치료자는 아동이 인형과 놀도록 해 주고 약 5~10분 정도 조용히 관찰한다.

(2) 인형의 옷 벗기기 및 신체부위 말하기

치료자는 아동에게 인형의 신체부위 이름을 말하도록 한다. 아동이 자발적으로 신체부위를 가리키면서 이름을 말한다면, 긍정적으로 반응해 주고 모든 신체부위의 이름을 말하도록 격려해 준다.

만약 아동이 불안해 보이거나 더 이상 지속할 수 없는 듯 보이면, 치료자는 인형의 신체부위를 가리키면서, 팔, 다리, 머리 등과 같은 일반적인 신체부위에서부터 점차 내밀한 신체부위로 진행한다. 이런 방식으로 치료자는 아동의 성적 신체부위에 대한 이해 수준과 아동이 사용하는 성 관련 용어를 파악할 수 있다.

아동에게 내밀한 신체부위를 부르는 말이 다를 수 있다고 말해 주는 것이 유용하다. 이는 어린 아동들에게 커다란 안도감을 줄 것이며, 두려움 없이 자신이 알고 있는 내밀한 신체부위의 명칭을 사용할 수 있다.

(3) 접촉 유형 구분

치료자는 접촉 유형 구분, 즉 기분 좋은/일상적 접촉(nice/ordinary touching)과 기분 나쁜/부적절한 접촉(not nice/inappropriate touching)의 차이를 아동에게 질문한다. 이는 아동이 성학대를 일반적 애정표현을 위한 접촉과 구분할 수 있는지 알아보는 것이다. 우선 아동이 기분 좋은 접촉에 관한 느낌을 이해하는지 알아본다. 예를 들어, 아동에게 엄마 무릎 위에 앉으면 기분이 어떤지를 물어보고, 이를 인형을 가지고 표현해 보도록 한다. 이는 아동이 인형을 다룰 때 느낄 수 있는 두려움을 극복하는 데 도움이 된다.

다음에는 아동이 기분 나쁜 접촉에 관한 느낌을 이해하는지 알아본다. 치료자는 아동에게 학대 행위자와의 접촉(예: 학대 행위자가 안아 주었는지)에 관해 질문하고 이를 인형을 가지고 표현해 보도록 요청한다. 그리고 나서 학대 행위자와의 접촉은 어떤 유형의 접촉인지 질문한다. 아동이 대답하지 않으면, 치료자가 보다 직접적으로 그것은 기분 좋은 접촉이었는지, 혹은 기분 나쁜 접촉이었는지 혹은 불쾌한 접촉이었는지를 묻고 이에 대한 아동의 반응을 관찰한다.

(4) 가해자 규명

치료자는 어느 인형이 기분 나쁜 행동을 한 인형인지를 질문한다. 아동이 가해자와 동일한 성별의 인형을 가리키면, 가해자의 신원파악을 위해서 "그럼 이 인형을 무엇이라고 부를까?" "그의 이름이 뭐니?" 등의 질문을 하고 아동이 대답할 수 있는 충분한 시간을 준다. 이때 아동이 가해자 인형의 이름을 밝히면, 치료자는 아동에게 가해자의 신원을 다시 한 번 확인한다. 즉, 치료자는 "이 남자인형이 ○○라는 말이지, 그러니?" 라고 재확인하고 아동에게서 이에 대한 동의를 받는다. 때로 아동은 가해자 신원을 재확인하는 단계에서 폭로가 가져오는 영향이 두려워 자신의 진술을 부정하기도 한다. 이 경우, 치료자는 아동에게 설사 무슨 일이 일어났더라도 아동의 잘못이 아님을 재확인시켜 주는 동시에 이런 일에 관해 이야기하는 것은 무척 어려운 일이라고 설명함으로써, 피해아동의 죄책감을 덜어 주면서 폭로의 불안을 극복하도록 돕는다.

피해아동이 가해자의 신원을 자발적으로 밝히지 못한다면 보다 직접적이고 구체적인 질문을 시도할 수 있다. 치료자는 가해자 인형을 집어 아동에게 보이면서 "우리, 이 인형을 ○○○(가해자 이름을 밝히면서)라고 부를까?" 라고 물어서, 아동이 간단하게 "예." 혹은 "아니요." 로 대답할 수 있도록 한다. 만약 아동이 "아니요." 라고 반응하면, 치료자는 다시 한 번 "그렇다면 이 인형은 누구지?" 라고 물어본다. 임상적 경험에 의하면, 아동은 가해자 신원이 잘못되었음을 밝히는 데는 그다지 부담을 느끼지 않는다.

(5) 성학대의 재현

성학대의 재현단계는 피해사실을 상세히 규명하는 단계다. 치료자는 가해자와 피해아동이 어디에 있었는지, 어떤 자세로 있었는지 등을 자세히 알아본다. 이는 상황을 실제로 재현하는 치료적 가치뿐 아니라 경찰에서 상황증거로 사용될 수 있다.

이 단계에서 치료자는 가능한 한 개방형 질문을 통해 성학대를 밝혀 나간다. 예를 들어, 치료자는 "무슨 일이 일어났는지 보여 줄 수 있니?" 라고 개방형 질문을 한다. 아동이 이에 제대로 반응하지 않으면 "○○가 너를 만졌니?" 라고 폐쇄형 질문을 한다. 이때도 반응을 하지 못하면 "ㅇㅇ가 여기 혹은 여기를 만졌니?" 라고 선택형 질문을 해 볼 수도 있다. 이와 같은 질문방식을 이용하여 치료자는 어떤 형태의 성학대가 있었는지 재현해 나간다.

(6) 종결

종결단계에서 치료자는 성학대 내용을 쉬운 말로 요약해 주고 이를 재확인하는 절차를 밟도록 한다. 치료자는 아동에게 '나쁜 비밀' 을 말해 준 것은 잘한 일이라고 다음의 사항들을 재확인시킨다.

- 아동성학대는 아동의 잘못이 아니라 성인에게 전적인 책임이 있다는 사실
- 치료자는 아동이 밝힌 내용을 믿는다는 사실
- 치료자는 아동뿐 아니라 가해자를 돕기 위해 노력할 것이라는 사실
- 성학대가 입증되지 않았더라도 아동이 협조해 주어 고맙게 생각한다는 사실

그리고 이 단계에서 치료자는 아동에게 치료적 해소(therapeutic relief)의 기회를 제공하여 아동이 가해자에게 가진 감정을 언어화하거나 환기시킬 수 있도록 한다. 예를 들어, 피해아동은 때로 가해자에 대한 분노감정 때문에 가해자 인형을 때리거나 심지어는 성기를 공격하기도 한다. 이는 아동에게 안전이 보장된 장소에서 감정을 표출하는 기회가 될 수 있다.

2. 피해아동에 대한 치료 문제 및 프로그램

1) 피해아동의 치료 문제

스그로이, 포터, 블릭은 모든 성학대 피해아동은 정도의 차이는 있으나 치료적 개입이 필요하다고 지적한다. 이들은 죄의식과 수치심, 가해자에 대한 긍정적 및 부정적 감정, 비가해부모에 대한 긍정적 및 부정적 감정, 형제자매의 반응에 대한 감정, 또래의 반응에 대한 감정, 친구 및 이성관계, 성교육, 사법체계에 대한 준비를 치료 문제로 제기하고 있다.

(1) 죄의식과 수치심의 해소

피해아동이 경험하는 죄의식과 수치심은 성학대, 비밀폭로, 폭로 후에 나타난 결과, 성적 자극을 즐겼다는 사실, 성학대로 얻었던 이차적 이득 등에서 형성되며, 이로 인해 아동은 자신이 더럽다거나 무가치하다고 느낀다. 치료자는 성학대의 책임이 성인인 가해자에게 있음을 아동이 이해하고 자신의 잘못으로 성학대가 발생하지 않았음을 받아들이도록 돕는다. 성학대로 인한 외상이 클수록 아동은 자신이 피해자라고 인정하기 어려울 것이다. 특히 가족으로부터 번복의 압력을 받으면 죄의식에서 벗어나기 더욱 어렵다.

(2) 가해부모에 대한 긍정적 및 부정적 감정

피해아동은 가해자에 대해서 부정적 감정뿐 아니라 긍정적 감정을 가지기도 한다. 일반적으로 가해부모에 대한 부정적 감정은 쉽게 수긍이 가지만, 긍정적 감정에 대해서는 다소 의아하게 느껴진다. 근친성학대가족에서 모성이 심리적으로 부재하는 경우가 많고 상대적으로 부성은 모성에 비해 양육적 경향을 나타내기도 한다는 사실은 아동이 부성에게 애착과 애정 등 긍정적 감정을 가질 수 있음을 보여 준다. 또한 가해자는 성학대의 지속 혹은 비밀유지를 위해 아동에게 선물 등으로 보상해 왔고 이는 아동에게 긍정적 감정을 형성시켰을 수 있다. 이에 따라 치료과정에서 가해자에 대한 부정적 및 긍정적 감정을 모두 인정하고 이를 환기할 수 있는 기회를 제공해야 한다.

(3) 비가해부모에 대한 긍정적 및 부정적 감정

근친성학대에서, 비가해부모에 대한 감정을 다루는 것은 가해부모에 대한 감정 못지않게 중요하다. 피해아동은 가해부모보다 오히려 비가해부모에게 더 분노하는 경향이 있다. 과연 비가해부모가 의식적 수준에서 성학대를 알고 있었는가는 문제가 되지 않는다. 설사 비가해부모가 성학대 당시 집에 없었더라도(예: 취업으로 인한 부재, 가출 등) 아동은 자신을 보호해 주지 못한 비가해부모를 비난한다.

이런 분노는 아동이 성학대에 관해 비가해부모에게 이야기했으나 믿어 주지 않았을 때 더욱 강하게 나타난다. 이에 따라 치료자는 근친성학대가족의 역동성을 토대로 아동이 비가해부모에 대한 감정을 해결하도록 돕는다.

(4) 또래의 반응에 대한 감정

피해아동의 후유증은 가족 이외에 또래 및 지역사회의 반응에 영향을 받는다. 이에 따라 아동이 또래와 지역사회로부터 어떤 반응을 경험하는지 그리고 아동이 이에 대해 어떻게 느끼는지를 점검할 필요가 있다. 피해아동이 또래로부터의 소외감에 대처하기 어려운 이유는 다음과 같다.

- 아동은 성학대 폭로 후 적응하는 데 평소보다 더 많은 사회적 지지가 필요하다.
- 청소년기는 또래의 평가에 민감한 시기이므로, 피해청소년이 놀림이나 괴롭힘을 받거나 혹은 호기심에 가득 찬 질문공세를 받게 되면 상처받고 분노를 느낄 수 있다.

(5) 성교육

성학대에 따른 성적 경험에도 불구하고, 대다수 피해아동은 자신의 신체에 대해서 무지한 경우가 많다. 성교육이 지지적 분위기에서 실시되면, 임신, 성학대의 재발 등 또 다른 불행을 미연에 방지할 수 있다(이원숙, 2001: 136-140; Porter, Blick, & Sgroi, 1985: 128-133).

2) 갈리아노의 집단 프로그램

성학대 피해아동을 위한 집단 프로그램은 그 효과성이 널리 인정되어 왔다. 여기에서는 갈리아노(Gagliano)의 집단 프로그램을 소개하고자 한다.

(1) 소개

첫 번째 모임은 집단 회원들이 서로 친숙해지도록 하는 목적을 지닌다. 회원들에게 성학대 폭로 후 누구와 어디에서 살고 있는지 등 성학대 폭로에 따른 경험을 나누도록 한다. 그리고 두 번째 모임에서 집단 지도자는 회원들이 근친성학대라는 공통의 경험을 가졌음을 밝히고 성학대의 의미를 간략히 설명해 주고 토론을 진행한다.

(2) 성교육

세 번째 및 네 번째 모임에서는 아동에게 성교육을 실시한다. 성교육에서는 남성과 여성의 해부학적 성기구조, 출산과정 그리고 필요하다고 인정될 때 피임방법에 관해 설명해 준다. 그리고 성교육과정에서 아직 신체적으로 미성숙한 아동이 임신하게 될 경우 태아와 모체가 모두 위험하다는 사실도 알려 준다. 또한 남성과 여성의 청소년기 신체적 발달에 관해서도 설명해 준다.

(3) 근친성학대에 관한 토론

근친성학대에 관한 터부는 모든 문화권에서 가장 강하고 오래된 터부임을 피해아동에게 가르쳐 준다. 피해아동이 기억하는 최초의 성학대단계에 관해 논의하는 것은 효과적인 방법이다. 아동에게 대체적으로 성학대는 "보여 주렴." 혹은 "느끼고 만져 봐라." 와 같이 친밀한 행동에서부터 점진적으로 진행됨을 설명해 준다. 처음에는 아동의 나이가 어리고 성인을 신뢰하기 때문에 아버지의 행동을 정상적 애정 이상이라고 의심하지 않는 경우가 많다. 점차 성장하면서 그리고 성학대가 보다 직접적인 성적 행위로 진전되면서, 아동은 당황하고 두려움을 느끼기 시작한다. 많은 경우 아동은 부성으로부터의 비밀유지 요청 그리고 비밀리에 아동에게 접근하는 태도 등으로 미루어, 부성이 무엇인가 잘못된 일을 하고 있음을 감지하게 된다.

그리고 피해소녀는 집단과정을 통해 아버지에게 원했던 것은 애정과 관용이었으며, 여기에는 성적 관계가 포함되어 있지 않았음을 토로한다. 집단 지도자는 아동이 부모를 기쁘게 하고, 부모로부터 인정받기를 원하며, 아버지에게 불복종하거나 상처주기를 원치 않는 것은 당연하다는 점을 인식시킨다. 그리고 아버지의 불합리한 요청이 싫지만 이를 거부하지 못하는 순종적이거나 착한 소녀가 성학대 피해를 입는 경우가 많음을 알려 준다. 또한 성학대의 비밀유지 및 폭로에 관해 논의할 수 있다.

(4) 죄의식 등 감정의 해소

집단의 주요 기능은 피해아동의 수치심과 죄의식을 경감시키는 것이다. 피해아동에 따라 매우 순종적이고 가해자에 대한 분노를 억압하는 아동이 있는가 하면, 가해자에 대해 보복적인 태도를 나타내는 아동도 있다. 아동이 가학적이거나 보복적인 태도를 보인다면 분노감정을 충분히 환기하도록 도와준다.

또한 집단에서는 성학대가 다른 사람에게 폭로되었을 때 아동이 느꼈던 감정을 다루도록 한다. 대다수 아동은 일단 안도감과 만족감을 느끼다가, 시간이 경과하면서 아버지를 배반했다는 죄의식을 경험한다. 그 외에도 피해아동은 아무도 믿어 주지 않는 데서 우울해지기도 하고, 형제자매의 비난을 두려워하기도 하며 가족해체를 우려하기도 한다.

(5) 부모역할과 유형에 대한 토론

집단모임에서는 어머니의 역할, 아동과 부모의 상호작용을 논의한다. 그리고 아버지의 유형과 아버지의 조종(manipulation) 혹은 협박 방식을 논의할 필요가 있으며, 이는 아동에게 가해자에 대한 통찰력과 이해력을 제공해 준다(이원숙, 2001: 147-152; Gagliano, 1987: 102-108).

3. 근친성학대가족의 치료 문제 및 프로그램

부녀간 근친성학대는 근친성학대의 가장 대표적인 유형이므로, 여기에서는 비가해부모인 모성에 대한 치료 문제를 살펴보고, 근친성학대가족의 부모를 위한 집단 프로그램을 고찰해 보고자 한다.

1) 모성의 치료 문제

(1) 신뢰능력 결여

모성의 과거력에서 심리적 · 신체적 방임, 언어적 · 신체적 학대가 발견되는 경우가 많다. 이에 따라 모성의 신뢰능력 결여는 주요한 치료 문제가 된다. 모성의 대인관계는 의심, 적대감, 위축, 양가성으로 특징지어진다. 이에 따라 치료자는 아웃리치(outreach), 따뜻함, 친근함, 존경, 일관성 있는 태도로 모성에게 접근한다. 모성은 신뢰능력의 결여로 치료자를 테스트하는 행동을 하기도 하는데, 이때 치료자는 지지적이고 비위협적 방식으로 대처해야 한다.

(2) 손상된 자아이미지

모성의 낮은 자아존중감과 자아이미지는 주요한 치료 문제의 하나다. 학대 과거력, 불만족스러운 결혼생활, 부정적인 신체적(성적) 이미지와 이에 수반된 부정적 자아이미지, 삶에서의 실패감, 우울증 등이 낮은 자아존중감과 자아이미지에 영향을 미치는 요인들이다.

(3) 부인

근친성학대가 폭로된 후, 모성의 최초의 반응은 부인(denial)이다. 일부 모성은 피해아동으로부터 근친성학대에 관해 들어도 이를 믿지 않고 아무런 조처도 취하지 않는다. 때로 모성은 빈말로 약속을 하고 근친성학대 관계가 지속되는 것을 방치한다. 이런 관점에서 볼 때 모성은 자주 '근친성학대 비밀(incest secret)'의 비언어적 참여자다.

부인의 치료는 모성이 성학대를 언어화하도록 격려함으로써 시작된다. 치료자와 신뢰관계가 형성되어서 두렵고 불유쾌한 현실에 직면할 수 있는 용기가 생기지 않는 한, 모성은 방어기제로서 부인을 사용하는 단계를 넘어서기 어렵다.

(4) 남편과 자녀에 대한 비이성적 기대

많은 모성은 원가족에서 결핍되었던 양육과 안전에 대한 욕구를 배우자가 충족시켜 줄 것이라는 비이성적 기대를 가지고 결혼생활을 시작하는 경향이 있다. 그리고 근친성학대가족에서 모성과 자녀 간의 역할 전환은 보편적 현상의 하나이며, 이는 특히 지배형 남편의 배우자에게서 많이 나타난다. 치료자는 모성이 역기능적 행동패턴 대신 기능적인 방법으로 욕구를 충족시킬 수 있도록 도움을 준다.

(5) 한계설정의 실패

남편의 근친성학대 행동에 대한 책임이 모성에게 있는 것은 아니지만, 모성은 가족구성원 간에 역할경계를 모호하게 함으로써 근친성학대를 예방하는 데 실패하였다. 치료자는 모성이 자율적이고 책임감 있게 행동하도록 돕는다.

(6) 분노

대다수 모성은 분노로 가득 차 있으며, 원가족, 남편, 자녀, 사회복지기관뿐 아니라 자기 자신에 대해서도 각기 다른 이유로 분노한다. 억압된 분노와 직면하는 것은 두려운 일이므로, 모성은 안전하다고 느껴야만 분노감정을 환기할 수 있다(이원숙, 2001: 158-163; Sgroi, & Dana, 1985: 195-200).

2) 존스의 부모집단 프로그램

존스(Jones)의 부모집단모임은 교육과 지지의 두 가지 주요한 욕구를 충족시키기 위해 개발되었다. 부모집단은 개방집단으로 운영되며, 기존의 회원들은 신입회원을 교육시키고 이들에게 희망과 가능성을 보여 주는 역할모델이 된다.

(1) 집단 초기단계의 주요 주제

대체적으로 근친성학대 과정에서 모녀간 결속이 심하게 손상된다. 이에 따라 모성은 아동과의 결속을 회복하고, 아동을 정서적으로 지지하며, 자신의 반응을 정리하는 데 도움이 필요하다. 그리고 모성은 양육기술에 대한 의문을 제기하는데, 여기에는 보호, 행동화 행동을 통제하는 능력, 아동이 치료받는 동안 지지해 주는 능력 그리고 성에 대한 가치관 가르치기 등이 포함된다. 양육기술에 대한 문제는 흔히 성학대 폭로 후 아동의 정서적 욕구와 충돌하면서 표면화된다. 즉, 아동이 신체적 · 정서적 통제력을 다시 획득하고자 하는 과정에서 모성과 부딪치게 되고, 여기에서 모성은 어떻게 이에 대처해야 할지 몰라 무기력, 분노, 무능력감, 실패감, 죄의식, 거부 등을 경험한다.

(2) 중간단계의 문제

모성은 성학대 피해를 알게 되면서 애도과정을 거치게 된다. 성학대는 피해아동과 가족에게 여러 측면에서 상실을 가져온다. 가족이 가해자와 피해아동을 사이에 두고 편이 갈라져서 서로 말도 하지 않는 경우도 있다. 때로 가정에서 보호받을 수 있는 여건이 되지 못하여 아동이 가족과 헤어져 지낼 수도 있다. 그리고 가족은 사회적 비판 혹은 주변의 소문 때문에 지역사회에서 고립되기도 하고, 가해자가 감옥에 가기도 한다.

(3) 종결단계

종결의 기준에는 확대가족 혹은 지역사회에서 필요한 지지를 얻을 수 있는 능력, 필요한 정보의 통합, 앞으로 아동을 성학대로부터 보호할 수 있는 능력, 아동의 욕구를 인정할 수 있는 능력, 아동의 치료에 대해 지지적이 될 수 있는 능력 그리고 삶을 지속해 나가고자 하는 욕망 등이 있다(이원숙, 2001: 166-171; Jones, 1994).

4. 아동성학대 성인 생존자에 대한 최근 치료동향

아동성학대는 아동기뿐 아니라 성인기까지 그리고 심지어는 평생 지속되는 여러 행동적 · 정서적 문제를 남긴다는 점에서 아동성학대 성인 생존자에 대한 관심이 요청된다. 성인 생존자가 경험하는 문제에는 불안, 두려움, 우울증, 자살 혹은 자해행동, 학업수행의 어려움, 또래 및 가족관계의 어려움, 성적 행동화, 외상후 스트레스장애, 낮은 자아존중감 등이 있다.

성학대 성인 생존자에 대한 치료에서는 치료적 관계가 매우 강조되고 있다. 치료자는 감정이입적 이해와 지지를 제공하면서 충격과 당혹감을 다룰 능력을 갖추어야 하며 비심판적 태도를 가져야 한다. 많은 치료자들은 학대 피해경험을 상세하게 회상하는 것이 카타르시스를 주는 필수적인 치료적 개입요소라고 믿는다.

그러나 이들은 외상을 회상하는 것이 증상을 악화시킬 수 있으므로 불안,

스트레스, 분노 그리고 두려움을 감소시키는 대처 메커니즘이 선행되어야 한다고 제시한다. 그리고 학대에 대한 책임이 가해자에게 있음을 밝히고 분노를 환기시켜서 죄의식과 수치심을 경감시키는 것이 치료의 또 다른 핵심요소다. 또한 긍정적 자아이미지를 발달시키는 것은 이들에게 흔히 발견되는 낮은 자아존중감을 해소하는 데 도움이 되는데, 치료자는 클라이언트의 생존기술과 개인적 강점을 강조할 필요가 있다.

여러 치료적 접근법이 각기 나름의 효과를 가지고 있으나 인지행동치료의 효과성이 가장 많은 증거(evidence)의 뒷받침을 받고 있다(Ross & O'Carroll, 2004: 54-58).

최근 우리나라에서도 아동기에 성폭력을 경험한 성인 생존자의 회복에 관한 연구결과들이 보고되고 있다. 특히 김지혜의 연구는 가부장적 성향이 강한 우리 사회에서 아동기 성폭력 피해자가 사회적 맥락에서 어떤 회복과정을 거치는지를 규명하고 있다. 김지혜에 의하면, 아동기 성폭력 경험자에게 회복이란 피해의 증상이 완화되는 것은 물론 성폭력 경험의 비중이 줄어 자신의 삶의 일부로 통합되면서 자신이 삶의 중심에 위치하는 것이다. 그러나 가부장적인 사회 속에서 살아가야 하는 한 이들은 여전히 자신의 성폭력 경험에서 자유로울 수 없고, 이를 다루며 살아가야 하는 과제가 남는다. 즉, 회복은 어떠한 종결점을 의미한다기보다는 성폭력 피해경험을 다루는 통제력이 생기는 상태, 성폭력 경험에 일단락을 지은 상태라고 본다(김지혜, 2011: 139-140). 이와 같은 연구는 단순히 성인 생존자의 후유증을 극복하도록 돕는 치료적 접근에서 한발 나아가 사회적 맥락이 회복과정에 미치는 영향을 지원할 수 있다는 점에서 의의가 크다고 하겠다.

제 8 장

가정폭력가족

전 세계적으로 여성에게 가해지는 폭력을 여성의 인권을 위협하는 심각한 문제로 인식하게 된 것은 1975년 '세계 여성의 해 선포'와 '유엔여성 10년(1976~1985) 선포'를 통해서다. 그 후 여성에 대한 폭력문제는 1995년 북경행동강령의 12개 주요 관심부문 중 하나로 포함되었다. 우리 사회에서는 1980년대 초부터 여성단체를 중심으로 아내학대 혹은 가정폭력의 문제가 제기되었을 뿐 아니라, 실태조사, 상담과 쉼터 제공 등의 활동을 전개해 왔다. 더욱이 1990년대에 들어서는 가정폭력을 경험한 여성들의 피해사례를 사회적으로 쟁점화시키고 법과 제도적 차원의 대책마련을 요구하였다. 그 결과 1997년 12월 「가정폭력범죄처벌을 위한 특례법」과 「가정폭력예방 및 피해자보호를 위한 법률」이 제정되었고, 1998년 7월부터 시행되기에 이르렀다(변화순 외, 2001: 3).[1)]

2016년 현재 가정폭력상담소는 203개소(통합상담소 23개) 그리고 가정폭력 피해자 보호시설은 70개가 운영되고 있다. 그 외에도 여성긴급전화 1366과 폭력피해 이주여성 보호시설 등이 가정폭력 피해자를 상담 및 지원하고 있다. 그리고 최근 폭력피해여성의 주거지원이 제공되고 있다(여성가족부, 2016. 3.: 16).

2013년 가정폭력 실태조사에 의하면, 지난 1년간 만 19세 이상 65세 미만 기혼남녀의 부부폭력률은 45.5%였다. 여기에는 신체적 폭력, 정서적 폭력, 경제적 폭력, 성폭력이 포함되고 통제가 제외되었다. 통제를 포함한 지난 1년 부부폭력률은 63.3%였다. 보다 구체적으로 신체적 폭력 7.3%, 정서적 폭력 37.2%, 경제적 폭력 5.3%, 성학대 5.4%, 방임 27.3%, 그리고 통제 50.6%로 나타났다(황정임 외, 2013. 12.: 140-141).

한편, 전국 가정폭력상담소의 가정폭력 상담건수는 2010년 135,069건, 2012년 118,178건 그리고 2014년 143,190건으로 나타나서 다소 기복은 있으나 비슷한

1) 그 후 이 두 법은 여러 차례 개정이 되었다. 2010년 이후 주요 개정내용을 살펴보면, 「가정폭력범죄의 처벌 등에 관한 특례법」은 피해자에 대한 신속한 보호조치를 위하여 사법경찰관에게 긴급임시조치권을 부여하고 피해자보호명령제도를 도입하였으며(2011. 7. 25.), 가족구성원에 의한 성범죄를 가정폭력범죄로 규정(2012. 1. 17.)하였다. 그리고 「가정폭력피해자보호 등에 관한 법률」에서는 가정폭력피해자 보호시설에 입소한 피해자에게 생계비 지원(2010. 2. 4.), 경찰관의 현장출입 · 조사권 신설(2012. 2. 1.), 피해자 보호시설 입소 피해자의 건강검진 의무시행과 가정폭력의 위해성과 피해자 지원 등에 관한 홍보영상 제작(2013. 5. 28.) 그리고 가정폭력 예방 및 방지 교육을 실시하는 경우 성교육 등과 통합실시가 가능하도록 하였고, 보호시설입소자에 대한 직업훈련비를 지원하도록 하였다(2013. 7. 30.) (황정임 외, 2013. 12.: 40-42).

수준을 유지하고 있다. 이 중 가해자가 배우자인 경우는 2010년 81.7%, 2012년 83.6% 그리고 2014년 82.0%여서 절대다수를 차지하고 있다. 그 외에도 과거 배우자가 가해자인 경우도 2~3% 정도 차지하고 있다(여성가족부 복지지원과, 2015. 3.: 1-2).

가정폭력은 초기에는 결혼한 부부 사이에서 발생한다고 간주되었다. 최근 가정폭력이 결혼한 부부 사이 외에도 동거한 커플 등 친밀한 관계에서 광범위하게 발생한다고 밝혀지고 있으며(Carlson, 2005: 119 참조), 이에 따라 가정폭력이라는 용어와 더불어 친밀한 관계 폭력, 친밀한 파트너 폭력 등의 용어가 사용되고 있다(Burke et al., 2004). 또한 과거에는 가정폭력이 이성관계에서만 발생하는 것으로 생각해 왔으나, 1980년대 후반 이후에는 동성관계에서도 발생하고 있음이 밝혀지고 있다(Miller, Bobher, & Zarski, 2000). 이 장에서는 우선 가정폭력의 역사적 배경 및 개념을 살펴보고자 한다. 다음으로 페미니스트 관점, 매 맞는 여성의 관점 그리고 최근 관심이 부각되고 있는 학대에서 벗어나는 과정에 대한 이론을 고찰해 보고자 한다. 마지막으로 가정폭력가족에 대한 개입을 살펴보고자 한다.

제1절 가정폭력의 역사적 배경 및 개념

1. 가정폭력의 역사적 배경

여성을 지배하는 남성의 권리는 그 유래가 매우 오래되어서 초기 로마법과 성경에까지 거슬러 올라간다. 초기 로마법은 남편에게 아내에 대한 절대권을 부여하였는데, 아내를 살해하는 것까지 허용하였는지는 분명치 않지만 신체적 힘으로 아내를 통제할 수 있었다는 것에는 의문의 여지가 없다. 그리고 영국 관습법은 남성에게 사용하는 무기가 '엄지손가락보다 굵지 않은 막대기'에 한해서 아내를 구타할 수 있는 권리를 주었으며, 여기에서 '엄지손가락의 규칙' 이 생겨났다.

19세기에 이르러 가정폭력문제가 사회적 관심을 모았으나, 알코올중독문제가 논의되는 과정에서 부수적으로 다루어진 것이다. 즉, 가정폭력 문제가 알코올의 해악의 일환으로 접근됨으로써, 절제운동에서 매 맞는 여성은 '알코올중독자의 아내' 로서 대중적 동정을 얻게 되었다. 당시 페미니스트는 여성의 권리—이혼할 권리, 자녀에 대한 양육권, 자기소득에 대한 권리, 참정권—를 확보하는 쪽으로 방향을 돌렸고, 남편의 아내학대문제에 대해서는 침묵을 지켰다. 이에 따라 가정폭력문제는 제2차 페미니스트들이 이를 사회문제로 부각시켰던 1970년대까지 대중적 관심을 받지 못하였다(Davis, 1991: 371-372; Davis, 1995: 780-781).

아내학대는 초기에는 '이름이 없는 문제' 였다. 휠렌(Whalen)은 제2차 페미니스트들의 가장 커다란 공로는 바로 여성이 직면하고 있는 이름도 없고 거론조차 되지 않으며 터부시되던 문제에 정식 명칭을 붙인 것이라고 지적한다. 피지(Pizzy)가 영국에서 '매 맞는 여성'(battered women, 1974), 워리어(Warrior)가 보스턴에서 '아내구타'(wifebeating, 1976), 델 마틴(Del Martin)이 캘리포니아에서 '가정폭력'(domestic violence, 1976)의 용어를 사용하면서 여성은 마침내 수천 년 동안 경험해 온 문제에 대한 정식 명칭을 가지게 된 것이다(Whalen, 1996: 17-18).

이상에서 보는 바와 같이 가정폭력문제의 유래는 로마법, 성경, 영국의 관습법까지 거슬러 올라간다. 이 문제는 19세기 알코올중독의 문제가 다루어지는 과정에서 부수적으로 드러났으나 여성의 권리확보 차원에서 침묵되었고, 1970년대 제2차 페미니스트에 의해 사회문제로 대두되면서 사회적 관심을 받게 되었다.

2. 가정폭력의 개념

가정폭력은 1970년대에 와서야 사회적 관심을 모으기 시작하였고, 가정폭력이라는 용어는 여성들이 평화롭고 안정되게 살아야 하는 가내 영역에서 발생하는 폭력에 대한 대중적 관심을 모으기 위해 사용되었다(Davis, 1995: 780). 원래 가정폭력은 결혼한 부부 사이의 폭행을 의미하였으나, 최근에 와서 이 개념정의가 너무 협소하다는 지적을 받고 있다(D'Ardenne, 2001: 229).

스트라우스와 스위트(Strauss & Sweet, 1992), 겔레스(Gelles, 1976), 메제이(Mezey, 1995)는 이 용어가 친밀한 관계에서 발생한 의도적인 신체적, 심리적 그리고/혹은 성적 학대를 의미한다고 제시해 왔다. 그리고 멀리스-블랙(Mirlees-Black, 1995)은 가정폭력은 동거 유무에 상관없이 모든 친밀한 관계를 포함해야 한다고 주장하였다(D'Ardenne에서 재인용). 이와 같이 오늘날 가정폭력은 부부 사이뿐 아니라 모든 친밀한 관계에서 발생한다는 것을 강조하기 위하여, 가정폭력이라는 용어와 더불어 친밀한 관계 폭력(intimate relationship violence 혹은 intimate violence)이라는 용어가 점차 널리 사용되는 경향을 보이고 있다(Burke, Denison, Gielen, McDonnell, & O'Campo, 2004; Carlson, 2005 등).

버크(Burke) 등에 의하면, 친밀한 파트너 폭력은 하나의 친밀한 파트너(예: 배우자)가 다른 파트너에게 가하는 심리적 공격, 신체적 폭행 그리고 성적 강요 등이다(Burke et al., 2004: 122). 이와 같은 맥락에서 미국 사법부의 여성폭력국(Office on Violence Against Women)에서는 가정폭력이 인종, 연령, 성적 성향, 종교 혹은 성에 관계없이 누구에게나 발생할 수 있고, 이성과 동성관계에서 모두 발생하며, 결혼 또는 동거하는 혹은 데이트하는 친밀한 파트너들에게 발생할 수 있다고 지적하면서, 가정폭력을 "어떤 관계에서든 한 파트너가 다른 친밀한 파트너에 대한 권력을 얻거나 유지하기 위해서 그리고 다른 파트너를 통제하기 위해 사용되는 학대적 행동의 패턴"이라고 정의한다(www.usdoj.gov).

이상 살펴본 바와 같이, 가정폭력이 친밀한 관계에서 발생하는 폭력으로 그 대상의 폭이 확대되었을 뿐 아니라 내용 면에서도 가정폭력의 범위가 확장되고 있다. 즉, 과거에는 가정폭력을 흔히 신체적 폭력에 초점을 두고 접근하였다(이는 매 맞는 여성이라는 용어에서 잘 반영되고 있다. 델 마틴 지음, 정세용 역, 1992; Roberts, 1998). 하지만 오늘날에는 신체적 학대 이외에도 성학대, 정서적 학대, 심리적 학대 그리고 경제적 학대까지 논의되고 있다. 보다 구체적으로, 미국 사법부의 여성폭력국에서는 가정폭력에 신체적 학대, 성학대, 정서적 학대, 경제적 학대 및 심리적 학대를 포함시켜서 모든 종류의 폭력을 포괄하는 용어로 확대 해석하고 있다(www.usdoj.gov).[2)]

제2절 가정폭력에 관한 이론적 관점

1. 페미니스트 관점

페미니스트는 신체적 폭력이 여성을 통제하고 권력을 유지하는 메커니즘이며, 가족을 포함한 사회의 모든 제도 그리고 사회 자체가 가부장적이라고 간주한다. 보다 구체적으로, 페미니스트는 여성의 행동이 가족 안팎에서 통제된다고 믿는다. 사회적 규범에 대한 엄격한 고수, 이를 지키지 않는 여성을 일탈로 간주하는 관행, 경직된 성역할 사회화, 직업 접근 가능성의 제한, 폭력(가정 안팎에서)은 모두 여성을 구속하는 데 기여한다. 특히 결혼과 가족은 가부장적 지배를 유지하는 데 핵심적 역할을 수행한다. 플렉(Pleck)은 '가족이상향(family ideal)'이 여성을 구속하는 데 기여하였다고 지적한다. 가족이상향의 세 가지 핵심적 요소는 ① 가족의 프라이버시에 대한 믿음, ② 부부 및 부모의 권리에 대한 믿음, ③ 남성가구주 양친부모가족(male-headed two-parent family)의 보존에 대한 믿음이다. 역사적으로 여성은 자녀, 남편 그리고 가족이상향에 대한 의무감을 가지고 결혼생활을 유지해 왔다는 것이다(Davis, 1995: 785에서 재인용).

2. 페미니스트 심리학이론

페미니스트 심리학자들은 학습된 무기력, 외상후 스트레스장애 등을 통하여 가정폭력을 이론적으로 설명해 왔으며, 워커(Walker)는 대표적인 페미니스트

---

2) 참고로 1997년 제정된 우리나라의 「가정폭력범죄의 처벌 등에 관한 특례법」은 당시 아동학대나 노인학대에 대한 규정이 없었던 시점이라 가정폭력 개념을 광의로 적용하였다. 동법에서는 '가정폭력'을 가정구성원, 즉 배우자 관계에 있었던 사람(사실상 혼인관계 포함), 본인 또는 배우자의 직계존비속 관계에 있었던 자(사실상 양친자관계 포함), 계부모와 자의 관계 또는 적모와 서자의 관계에 있거나 있었던 자, 동거하는 친족관계 있는 자 사이의 신체적, 정신적 또는 재산상 피해를 수반하는 행위로 정의하고 있다(황정임 외, 2013. 12.: 21). 이 정의는 배우자나 파트너 사이의 폭력 이외에도 가정구성원 간의 폭력을 포괄하고 있다. 그러나 학문적으로 가정폭력이라고 할 때는 배우자 혹은 친밀한 파트너 사이의 폭력을 의미하므로 여기에서는 이에 국한시키고자 한다.

심리학자다. 워커는 매 맞는 여성이 학대적 관계에 머무는 이유를 행동강화를 핵심으로 하는 폭력의 순환이론(cycle theory of violence)으로 설명한다. 이 이론은 긴장감소가설을 토대로 매 맞는 단계를 3단계로 구분한다. 첫 번째 긴장구축 단계에서 피해여성은 학대를 모면하기 위해서 구타자를 만족시키고자 노력한다. 긴장이 형성되면서 여성은 자신의 상황을 친구와 가족에게 알리기 싫어서 스스로를 고립시키고 위축된 모습을 보인다. 하지만 궁극적으로 그녀는 폭력의 악화를 막기 위한 이러한 노력이 비효과적이라는 것을 깨닫게 된다. 이런 여성의 위축행동을 보고 가해자는 여성에 대한 통제를 상실할까 두려움을 느끼고 더욱더 화를 내게 된다. 마침내 두 번째 단계에서 구타사건이 발생하고 언제 구타가 멈출 것인가는 전적으로 가해자에게 달려 있다. 세 번째는 조용하고 일시적 휴식기인 회개단계다. 이 단계에서 남성은 심하게 후회하고 여성에게 선물을 주면서 변화를 약속한다. 이 시점에서, 그는 다시 한 번 그녀가 처음 사랑했던 남성으로 변화되며 여성은 이 단계가 지속되기를 희망한다. 그러나 이 회개단계는 점점 짧아져서 궁극적으로 사랑 혹은 후회에 대한 표현 없이 단지 긴장이 없는 단계로 바뀐다(Davis, 1995: 784-785; Walker, 1979: 48; Walker, 1984: 86-94; Whalen, 1996: 63).

그 후 워커는 반복적으로 매 맞는 여성의 행동을 설명하기 위해서 외상후 스트레스장애의 하부체계로 '매 맞는 여성 신드롬' 을 제기하였다. 외상후 스트레스장애는 병리적 진단을 따르는 위험은 있으나 적어도 이런 장애가 심한 스트레스와 외상에 의한 정상적 반응이라고 간주한다는 점에서 피해자를 비난하지 않는 이론이라는 평가를 받고 있다. 이에 의하면, 여성이 학대에서 생존하는 데 도움이 되었던 우울증, 불안, 현실에 대한 인지왜곡은 여성이 삶을 변화시키는 능력을 저해한다. 페미니스트 심리학자로서 워커는 매 맞는 여성에 대한 전통적 개념에 도전함으로써 지대한 공헌을 하였으나, 풀뿌리 페미니스트로부터 매 맞는 여성의 실제 경험과는 다르다는 도전을 받기도 하였다.

그레이엄(Graham), 롤링스(Rawlings), 리미니(Rimini)는 매 맞는 여성의 상황을 인질상황에 비유하고 매 맞는 여성이 가해자에게 애정을 갖게 되는 이유에 초점을 두고 있다. 즉, 매 맞는 여성은 인질과 마찬가지로 극도의 공포 속에서 살아간다. 이들 여성은 도망치는 것이 불가능하다고 느껴, 그들의 삶은 전적으로 가해자에 의해 좌우된다. 더욱이 피해여성은 고립되어 있기 때문에 가해자의 논리에 따라 상황이 설명되며, 가해자는 친절함과 관심을 제공할 수 있는 유일한 출처다. 이런 상황에서 매 맞는 여성은 인질과 마찬가지로 외상적 결속의 심리적 메커니즘을 통해 가해자와 동일시하게 된다(Graham, Rawlings, & Rimini, 1988: 217-233). 한편, 곤돌프(Gondolf)는 풀뿌리 페미니스트의 영향을 받아서 워커가 매 맞는 여성을 무기력하고 수동적인 피해자로 개념화한다고 비판하였다. 그는 매 맞는 여성이 시간이 지나면서 도움추구 행동을 증가시키는 생존자라는 대안적 개념을 제시하였다(Whalen, 1996: 67에서 재인용).

3. 매 맞는 여성의 관점

페미니스트 관점과 페미니스트 심리학이 피해여성의 경험을 어떻게 이론적으로 설명하는지 살펴보았다. 그렇다면 실제 매 맞는 여성의 경험은 어떠한가에 대한 의문이 제기된다. 여기에서는 호프(Hoff)의 연구를 중심으로 매 맞는 여성의 관점을 살펴보고자 한다(Hoff, 1990: 32-55).

1) 수동적 피해자인가

일반적 통념과는 달리, 피해여성은 남편이 폭력을 구사할 정도로 자극하는 것이 아니라 폭력적 남편을 자극하지 않기 위하여 온갖 노력을 한다. 그렇다고 해서 피해여성이 폭력을 전혀 사용하지 않는다는 것은 아니다. 예를 들어, 어느 여성은 "나는 몇 차례 대항하였고, 그의 얼굴을 향해 접시를 집어던졌다."라고 대답하였다. 일반적으로 피해여성은 폭력에 대해 폭력으로 대항한 이후에 구타가 더욱 심해졌다고 응답하였다. 예를 들어, "한번 내가 되받아쳤는데 상황이 더욱 악화되었다. 그 후 다시는 대항할 생각을 하지 못했다."

폭력에 대한 저항이 더 심한 폭력을 유발하는 악순환에서 일부 피해여성은 가장 극단적인 폭력을 통해서 폭력적 관계에서 벗어나는 것을 상상하거나 실제로 시도하기도 한다. 예를 들어, 어느 피해여성은 "만약 친척이 말리지만 않았다면 낫으로 배우자를 살해했을 것이다."라고 말한다. 이런 살인적 공상을 실행하지 않은 이유와 관련하여, 피해여성은 다음과 같이 이야기한다. "나는 낫을 가지고 그를 거의 죽일 뻔했는데, 그가 목욕탕으로 도망쳤고, 내가 감옥에 가게 되면 아이들에게는 아무도 남지 않는다는 것을 깨달았기 때문에 그를 죽이지 않았지요." 사례에서 보는 바와 같이, 피해여성은 자녀에 대한 관심과 자신에게 미치는 결과를 생각하여 남편을 살해하는 것을 포기하는 것으로 나타났다.

2) 의존성

호프의 연구에 의하면, 피해여성은 경제적 의존성, 아동보호문제, 주거문제 등으로 폭력적 관계를 떠나는 데 어려움을 가지고 있는 것이 사실이다. 예를 들어, "나는 23세에 임신 중이었지요. 돈도 없고 갈 데도 없었어요." "나는 너무 두려웠어요. 만약 내가 떠나면 아이들을 해치겠다고 위협하였지요."

그렇다고 해서 모든 피해여성이 남편에게 경제적으로 의존하는 것은 아니다. 오히려 남편보다 나은 경제적 능력을 가졌던 피해여성도 상당수 있었다. 이원숙의 연구에서는 절반 이상의 쉼터거주 피해여성들이 기술을 가지고 있었을 뿐 아니라("집에서 미싱했어요. 나중에는 직장에도 잠시 나가고요."), 기술이 없으면 허드렛일을 해서라도("아이 업고 박스를 주워다가 돈을 모았어요.") 생계유지를 전적으로 혹은 주로 책임졌던 것으로 나타났다(이원숙, 2001: 135).

경제적 요인은 이중적 맥락에서 이해되어야 할 필요가 있다. 남편보다 더 많은 소득을 가진 여성은 남성에게 위협적인 존재가 된다. 어떤 여성은 소득을 남성에게 양도하는 방식으로 해결점을 찾고자 하였으나, 오히려 경제적으로 취약한 위치에 처하게 되었고 결과적으로 폭력적 관계에서 벗어날 수 있는 기회가 감소되었다. 이런 맥락에서, 여성은 이래도 저래도 이길 수 없는 상황(no-win situation)에 빠지게 된다. 다행히, 경제활동 경험이 있는 여성은 폭력적 관계를 정리하기로 결정하였을 때 자립에 대한 자신감을 가지는 경향이 있다.

3) 전통적 여성성

여성의 결혼에 대한 가치관은 왜 일부 여성이 폭력적 관계에 머무는가를 설명해 준다. 이혼은 결혼, 아내와 모성의 역할에서 실패한 것으로 간주된다. 우리나라에서는 전통적 가치관을 가지고 성장한 50～60대 여성에게서 특히 이런 경향이 두드러지게 관찰되고 있다. 예를 들어, '여자의 도리를 다하려고' '웬만하면 집 나오는 주부는 되지 않으려고' '이혼녀 소리가 듣기 싫어서' '친정부모에게 누가 될까 봐' 등은 이런 전통적 여성관을 반영하고 있다(이원숙, 2001: 132 참조). 실무현장에서 볼 때, 가정폭력 피해여성이 가지고 있는 이런 전통적인 가치관은 사회가 변화하고 전체 사회에서 이혼이 증가하면서 점차 약화되고 있다. 그럼에도 불구하고 대다수 피해여성에게 이혼의 선택은 여전히 힘겨운 결정이다.

4) 피해자화

호프의 연구에 의하면, 피해여성은 구타상황에 관한 감정을 묘사하면서 때때로 무기력하다는 용어를 사용하였다. "신체적으로 그만큼 강하지 못하기 때문이지요. 그리고 전혀 도움받을 곳이 없고요. 나를 자유롭게 할 수 있는 유일한 방법은 그를 죽이는 길밖에 없다고 생각했지요."

그러나 절망적 상황과 도움이 될 만한 것을 찾는 데 따르는 어려움에도 불구하고, 피해여성은 어떤 의미에서 완전히 무기력했던 것은 아니다. 이들은 구타를 멈출 수 있는 방법을 끊임없이 모색하였다. 예를 들어, 그 상황에서 도피할 수 있는 방법을 검토하기도 하고, 돈을 조금 모으는 방법을 궁리하기도 하고, 배우자의 요구를 만족시키기 위해 노력하기도 했다. 이들은 학대상황에서도 자녀를 보호하고 돌보았으며, 경우에 따라 일차적 생계유지자의 역할도 수행하였다. 또한 이들은 적극적으로 자신을 방어하였고, 그렇지 못한 경우에도 무기력하게 느꼈기 때문이라기보다는 더 심한 구타 혹은 다른 부정적 결과를 피하기 위해서였다.

피해여성의 생존을 위한 다각적 노력에도 불구하고, 가정폭력은 피해여성의 자아존중감에 부정적 영향을 미치는 것으로 나타났다. 예를 들어, "나 자신에게 역겨워졌어요." "그의 경멸하는 말들을 믿기 시작하였지요." 등은 학대가 자아존중감에 부정적 영향을 미치는 것을 보여 준다. 가정폭력은 자아존중감에 영향을 미칠 뿐 아니라 자살에 대한 상상을 유발하고 심지어는 자살을 기도하도록 한다. 호프의 연구에서 피해여성이 자살하지 않고 견딜 수 있었던 가장 큰 이유는 자녀 때문이었다고 언급하였다. "내가 가스를 켜 놓고 자살할 생각을 했을 때, '하느님, 내가 죽으면 우리 아이들은 어떻게 하지요?' 라는 생각이 떠올랐어요. 그것이 나를 살렸지요."

4. 이론적 측면에서 살펴본 학대적 관계의 종식

가정폭력은 피해여성이 학대적 관계를 떠나는 것을 힘겹게 하는 부정적 영향을 미친다. 압도적인 두려움, 학습된 무기력, 스트레스, 재정적 박탈, 안전 문제 그리고 불안정 등은 매 맞는 여성이 겪는 문제점에 속한다. 이런 맥락에서 그동안 가정폭력 피해여성이 왜 학대적 관계에 머무는가가 연구의 주요 관심사였으며, 앞서 살펴보았던 워커의 폭력의 순환이론은 그 대표적인 예다. 그러나 실천적 입장에서 볼 때 피해여성이 학대적 관계를 떠나는 계기는 무엇이며, 어떤 과정을 통해 의사결정을 내리는지 그리고 학대적 관계를 떠나서 어떻게 적응하는지를 이해하는 것은 가정폭력 피해여성을 돕는 데 매우 중요하다.

최근 피해여성이 학대적 관계를 떠나는 과정에 대한 연구들이 대두되고 있다. 버크 등은 학대적 관계의 종식과정을 행동변화의 전환이론 모델(Transtheoretical Model of Behavior Change: TM)로 설명하고 있으며, 센터(Senter)와 콜드웰(Caldwell)은 피해여성이 학대적 관계를 떠나서 적응하는 과정에 대해 영성과 변화유지의 차원에서 현상학적 연구를 시도하였다. 그리고 국내에서는 김주현이 폭력에서 벗어나는 과정을 연구하였다.

1) 행동변화의 전환이론 모델의 가정폭력 종식과정에 대한 적용

버크 등은 친밀한 파트너 폭력을 이해하는 데 전환이론 모델의 적합성을 논의하였고 이 모델은 매 맞는 여성이 폭력에서 벗어나는 복잡한 과정을 체계적으로 이해할 수 있도록 해 준다고 주장하였다(Burke et al., 2004: 122-133). 전환이론 모델은 프로차스카(Prochaska) 등이 1980년대 초반 심리치료와 행동변화이론에서 발전시켰는데, 행동변화를 5단계 — 예비숙고단계, 숙고단계, 준비단계, 행동단계 그리고 유지단계—로 개념화한다. 그리고 전환이론 모델은 개인이 어떻게 하나의 변화단계에서 다음 단계로 이동하는지를 기술하는 변화의 10개 과정을 통합하고 있다. 이 과정은 심리치료 행동변화 기법(psychotherapy behavior-change techniques)에 대한 검토에서 도출되었으며, 인지과정과 행동과정으로 양분될 수 있다. 변화 5단계와 변화 10과정 이외에도, 프로차스카는 의사결정 균형과 자기효능감이 단계를 넘어가는 데 중요한 역할을 한다고 주장한다. 의사결정 균형은 행동변화에 관한 찬성과 반대의 경중을 재는 과정을 의미하며, 자기효능감은 행동변화를 성공시키는 자신의 능력에 대한 자신감을 의미한다. 여기에서는 변화의 단계와 과정에 대하여 살펴보고자 한다([그림 8-1 참조]).

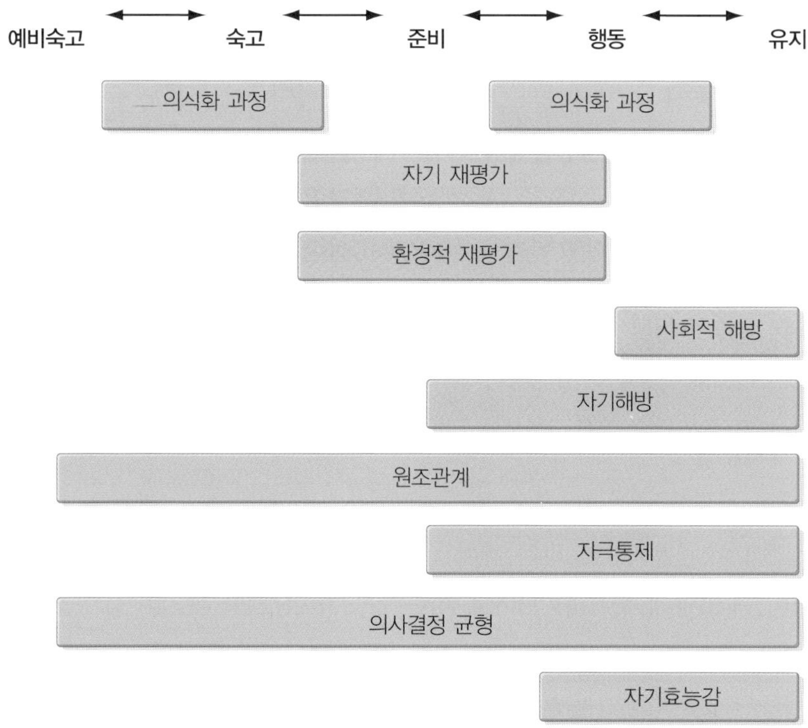

| 그림 8-1 | **친밀한 파트너 폭력 종식을 위한 변화의 단계, 과정 및 구성**

출처: Burke, J. G. et al. (2004), p. 126.

(1) 변화의 단계

전환이론 모델의 측면에서 볼 때, 예비숙고단계(precontemplation stage)에서 가정폭력 피해여성은 학대적 행동을 문제라고 인식하지 못하고 이의 변화에 대해 관심이 없다. 숙고단계(contemplation stage)에서 피해여성은 학대적 행동을 문제라고 인식하고 이를 변화시키는 데 따른 찬반문제를 고려한다. 준비단계(preparation stage)에서 여성은 학대적 행동을 문제로 인식하고 이를 변화시킬 의사를 가지게 되며 이를 위한 계획을 수립한다. 행동단계(action stage)에서 피해여성은 학대적 행동을 종식시키기 위한 변화에 적극적으로 관여한다. 마지막으로 유지단계(maintenance stage)에서 학대적 관계는 종식되고, 피해여성은 재발을 방지하기 위해 노력한다.

(2) 변화의 과정

① 의식화 과정

전형적으로 의식화 과정은 변화의 초기단계(예비숙고단계 및 숙고단계)와 관련된다. 예를 들어, 한 여성은 "나는 학대를 깨달았다. 믿거나 말거나, 오프라 윈프리가 토크쇼에서 학대적 관계에 대해 많이 이야기하였고, 그때 그녀가 이야기하는 것을 나도 경험하고 있다는 것을 깨달아 이에 관한 자료들을 읽기 시작하였다."라고 말하였다.

② 자기재평가

학대를 경험하는 여성에게서, 자기재평가(self-reevaluation) 과정은 자신의 관계 그리고 이 관계가 내포하는 가치 혹은 의미를 재평가하는 것을 포함한다. 예를 들어, 숙고단계에서 준비단계로 이동하는 한 여성은 "내 삶에서 우선순위가 무엇인지 혹은 무엇이 가장 중요한지를 결정하는 시점에 있었다."라고 말하였다. 행동단계로 이동하는 여성들도 사고의 변화, 특히 변화 가능한 것(가해자는 변하지 않는다는 것, 변화할 수 있는 것은 나 자신뿐이라는 것)에 초점을 두어야 한다는 것을 깨달았다고 지적하였다.

③ 환경적 재평가

환경적 재평가(environmental reevaluation)의 과정에는 학대적 행동이 개인의 환경에 어떻게 영향을 미치는지를 사정하는 것이 포함된다. 일부 피해여성은 학대가 자녀에게 어떤 영향을 미치는가에 대한 깨달음은 숙고단계에서 준비단계로 이동하는 동기가 된다고 보고하였다. 또한 환경적 재평가 과정은 피해여성이 행동단계로 이동하는 것을 돕는다. 한 여성은 "나는 내 아이들을 더 이상 여기(학대)에 놓아둘 수가 없었다."라고 말하였다.

④ 사회적 해방

행동단계에서 유지단계로의 이동에 연관된 일차적 인지과정은 사회적 해방이며, 프로차스카는 이를 문제로부터 자유로운 대안적 삶의 양식(alternative, problem-free lifestyle)에 대한 인식 증대, 이용 가능성 그리고 수용이라고 정의하였다. 한 여성은 사회적 해방을 "나의 모든 행동, 삶의 양식 그리고 모든 것이 변화되었다. 내가 올바르게 산다는 것을 그 사람으로부터 확인받을 필요가 없다. 나 혼자서도 잘할 수 있다."라고 표현하였다.

⑤ 자기해방

프로차스카에 의하면, 자기해방(self-liberation) 과정은 문제행동을 변화시키고자 선택하고 헌신할 때 발생한다. 한 피해여성은 "그 남자가 나를 원하는지 원하지 않는지는 나에게 전혀 상관이 없다. 나는 괜찮은 사람이고, 아이들은 나를 사랑한다. 그리고 나는 열심히 일하는 엄마다."라고 말했다. 이와 같은 변화에 대한 헌신은 행동단계에서 유지단계로의 이동도 촉진시킨다.

⑥ 원조관계

원조관계(helping relationships)는 각각의 단계를 이동하는 동안 나타난 의미있는 과정이다. 예비숙고단계에서 숙고단계로 진전하는 과정에서, 몇몇 여성은 가족구성원이 '그들의 눈을 뜨게' 해 주었고 학대적 행동이 문제임을 깨닫도록 도왔다고 보고하였다. 피해여성이 가족의 이야기를 즉각적으로 따르지 않더라도,

이런 조언은 궁극적으로 학대가 문제라는 사실을 깨닫도록 돕는다.

가족구성원 및 친구들과 이야기하는 것은 준비단계와 행동단계로 이동하는 데도 기여하였다. 또한 다른 사람으로부터 도움을 수용하는 것은 유지단계를 촉진시킨다. 한 여성은 "다른 사람들이 학대적 관계에서 벗어난 경험을 듣는 것이 나에게 도움이 되었다."라고 말하였다.

⑦ 자극통제

유지단계에 있는 여성은 과거 파트너가 그들의 삶에 접근하지 못하도록 자극통제기법을 사용하였다고 보고하였다. 예를 들어, 많은 여성은 전화를 받지 않거나, 집 근처에 오지 못하도록 함으로써 전 파트너를 피하고자 한다. 다른 여성은 학대적 파트너를 피하였을 뿐 아니라 적극적으로 긍정적 영향력을 추구하였다. "나는 긍정적인 사람들과 어울리려고 노력한다. 홀로서기에 성공한 사람들과 어울림으로써 (나는 지금의 내 삶에 도달하였다)."

2) 학대적 관계를 떠나는 여성에 대한 현상학적 연구

센터와 콜드웰은 학대적 관계를 떠나는 여성에 대한 현상학적 연구를 통하여 영성(spirituality)과 변화유지(maintenance of change)에 관련된 주제를 규명하였다(Senter & Caldwell, 2002).

(1) 주제 1: 학대적 관계의 사실/현실을 인정하는 것

여성은 관계에 대한 희망과 꿈 때문에 처음에는 자신들의 상황에 대한 진실을 인정하기가 어려웠다. 학대가 심해졌을 때조차, 일부 여성은 현실을 외면하거나 무시하고 부인하거나 혹은 재규정하는 방식으로 자신들의 꿈에 매달려 있었다. 그러나 도저히 부인할 수 없는 사건들이 발생하면, 피해여성은 현실적으로 가해자와의 관계의 본질을 검토하지 않을 수 없게 된다. 두려움 속에서 사는 것과 죽음에 대한 위협은 현실을 직시하고 변화를 받아들이도록 만든다.

(2) 주제 2: 옹호하는 목소리를 수용하고 이에 따라 행동하기

남성 가해자가 피해여성을 통제하는 데 사용하는 주요 전략은 고립이다. 이와 같은 고립전략으로 피해여성은 가해자의 부정적이며 통제적인 목소리에 사로잡혀 있게 되며, 궁극적으로 가해자의 목소리를 받아들여 자신이 무능력하고 부적당하고 전적으로 무가치하다고 믿게 된다. 그리하여 다른 사람의 옹호하는 목소리를 받아들이고 이에 따라 행동하는 것은 가해자의 파괴적 메시지를 상쇄하는 본질적 단계가 된다. 옹호하는 목소리는 가족, 친구, 목사, 동료, 여성 자신들 그리고 신과의 영적 교류를 통해서 들려온다. 이런 목소리는 긍정적 행동을 향한 첫 번째 단계다.

(3) 주제 3: 다른 사람들의 지지 수용하기

학대적 관계를 종식시키는 초기 단계에서 다른 사람의 지지를 수용하는 것은 필수적인 과정이다. 피해여성은 장기간 학대적 관계에서 자아존중감, 신체적, 정서적 · 영적 안녕에 반복적인 공격을 받아 왔기 때문에 학대적 관계를 떠나서 변화를 유지하는 것은 엄청난 양의 힘이 요구된다. 이에 따라 이들은 재정적, 정서적, 교육적 및 영적 지지 등에서 다른 사람의 도움을 요청하고 수용할 필요가 있다.

(4) 주제 4: 새로운 방식의 삶에 적응하기

'살얼음판을 걷는 기분' 과 같았던 학대적 관계가 끝나면 일단 피해여성은 크게 안도하게 되고 임파워먼트를 느끼게 된다. 자신의 행방을 일일이 보고하지 않아도 되는 것 그리고 원하던 일을 할 수 있는 것 같은 작은 일들이 얼마나 소중한지가 지적되었다.

그러나 학대적 관계를 떠나면서, 피해여성은 주거문제, 재정적 문제, 자녀양육문제, 자신감의 부족, 가해자로부터의 압력, 정서적 디스트레스, 외로움, 우울증, 자신 및 자녀의 신체적 질병, 자살충동 등 여러 어려움에 직면할 수 있다. 다행히 홀로서기는 과거 학대적 관계에서 안전을 지키는 데 사용되었던 에너지를 치유와 회복에 사용할 수 있도록 해 준다.

(5) 주제 5: 분노와 상실감/두려움 인정하기

피해여성은 가해자의 분노를 자아낼까 두려워 자신들의 감정을 숨기는 것을 학습해 왔다. 이는 학대적 관계에 머무는 동안에는 생존의 방법이었지만, 이를 떠난 이후에는 그렇지 않다. 치유를 위해서는 자신의 감정을 정직하게 다룰 필요가 있다. 분노, 상실 그리고 두려움의 감정을 인정하고 해소해 나가는 것은 변화의 유지를 위한 중요한 단계였다.

(6) 주제 6: 비생산적인 것 떠나보내기/털어내기

피해여성은 학대적 관계를 떠나는 과정에서 몇몇 심각한 정서적 문제를 겪는다. 피해여성에 따라 가해자에 대한 집착 때문에 앞으로 나아가지 못하기도 하고, 자녀가 겪어야 하는 어려움 등 자녀에 대한 죄의식으로 힘들어하기도 한다. 비생산적인 사람, 사물, 신념, 감정 그리고 생각을 떠나보내고 털어내는 것은 학대에서 벗어나는 여정을 보다 용이하게 할 것이다.

(7) 주제 7: 자기에 대한 자각/재발견하기

학대적 관계에 있는 여성은 에너지가 일차적으로 생존하는 데 주어짐에 따라 자기발견을 위한 시간과 관심을 가질 여력이 거의 없다. 학대적 관계를 벗어나면서, 자기(self)에 대한 자각이 결여되어 있었던 피해여성은 자신을 자각하고 재발견하는 경험을 하게 된다.

(8) 주제 8: 내면 들여다보기/자기에게 초점 두기

피해여성은 자신의 정체성이 학대적 관계에서 파편화되었다고 깨닫게 되면, 과거 스스로 거부하였던 자신의 모습을 자각하고 탐구하고 실험하고 관여한다. 내면 들여다보기는 과거, 가해자 그리고 다른 사람으로부터 자신의 내면으로 관심을 이전하는 것이다.

(9) 주제 9: 지지적 관계 재연계하기/강화하기

학대적 관계는 피해여성을 친구, 가족 그리고 다른 외부활동으로부터 고립시킨다. 극심한 두려움 때문에 피해여성은 친구, 가족 등 의미 있는 타자들과 연계를 지속하기 어려운데, 대부분 여성은 학대적 관계를 떠나면서 가족, 친구들과 긴밀한 관계를 회복한다.

(10) 주제 10: 신앙 기반 신념의 재확인 및 실천

많은 피해여성들은 학대적 관계에 머무는 동안에도 신앙생활을 한다. 안타깝게도 일부 여성은 종교적 믿음 때문에 학대적 관계에 남아 있기도 한다. 영성과 이에 수반된 종교적 신념은 학대적 관계를 떠난 후 여성의 삶에서 중요한 역할을 수행한다. 특별한 영성적 경험을 체험하는 피해여성들도 있다.

(11) 주제 11: 다른 사람들을 돕기/리치아웃(reaching-out)

일부 피해여성은 학대적 관계에서 떠난 후 자신들의 삶을 나누고, 폭력적 관계에 갇혀 있는 여성과 아동들에 대한 진심 어린 연민을 가질 뿐 아니라, 다른 사람을 돕는 다양한 활동에 참여하기도 한다.

(12) 주제 12: 자기, 다른 사람 그리고 삶에 대한 새로운 관점 갖기

책임의 수용은 학대적 관계에서 벗어나는 매우 중요한 단계다. 피해여성은 어느 시점에서인가 스스로 삶의 주체가 되는 시점에 이른다. 이 주체성은 자기에 대한 새로운 관점, 학대와 가해자에 대한 보다 분명한 이해, 삶에 대한 신선한 전망 등을 가져온다. 삶에 대한 책임성은 임파워먼트 효과가 있다(Senter & Caldwell, 2002: 543-564).

3) 폭력에서 벗어나는 과정에 관한 근거이론 연구

김주현은 근거이론을 토대로 가정폭력 피해여성에 대한 연구에서 폭력에서 벗어나는 과정을 4단계로 규명하였다. 이 단계는 첫째, 가정폭력 인식과 대처단계, 둘째, 폭력단절과 행동단계, 셋째, 폭력 없는 삶 다시 짓기 단계, 넷째, 생존 확보단계다.

그리고 이 연구에서는 '생존을 위한 몸부림으로 남은 내 삶 되찾아가기' 핵심

범주를 통해서 생계버팀형, 재화합형, 성장추구형 그리고 인생반전형이 규명되었다. 생계버팀형은 부정적인 사회인식에 얽매여 무거운 삶의 짐을 지고 생계중심, 자녀중심의 삶을 사는 형이다. 재화합형은 남편과 피해여성의 변화로 폭력 없는 가정을 만드는 데 성공한 유형이다. 성장추구형은 부정적 사회인식에서 벗어나 자기중심의 새로운 삶에서 성장을 추구하는 유형이다. 인생반전형은 심각한 폭력에서 오랜 결혼생활을 유지하다가 벗어나 뒤늦게 자신의 본모습을 찾고 현 상태에 대해 상대적인 만족감을 느끼고 장기간의 고통스러운 경험을 통해 성장한 자신을 발견하는 유형이다(김주현, 2006: 152-195 참조).

제3절 가정폭력가족에 대한 개입

1. 가정폭력에 관한 일반적인 실무지침

가정폭력 피해자가 외부의 도움이나 서비스를 요청하는 데는 장애가 많다(Fugate, Landis, Riodan, Naureckas, & Engel, 2004). 가정폭력은 널리 만연되어 있지만 숨겨져 있다는 점에서, 쉼터나 가정폭력상담소에서 일하는 실무자뿐 아니라 사회복지실천 현장에 있는 임상실무자 역시 가정폭력 피해여성을 접하게 될 가능성이 크다. 이 경우 대체적으로 클라이언트는 가정폭력 때문에 상담을 받으러 오는 것이 아니라 아동문제나 부부문제, 이성문제 등 다른 문제 때문에 실무자를 찾을 가능성이 크다. 여기에서는 실천 현장에 있는 실무자가 어떻게 가정폭력 피해여성을 발견하고, 가정폭력문제에 대해 어떤 태도를 가져야 하며, 또한 이를 다른 서비스 목적과 어떻게 관련시켜야 하는지 등 실무지침을 살펴보고자 한다(Paul, 2004: 814-815).

첫째, 현재 및 과거 학대에 대한 점검이 일상적으로 이루어져야 한다. 가정폭력을 점검하는 질문은 일반적인 질문에서 시작하여 보다 구체적인 질문으로 진행시킨다. 일반적 질문에는 "파트너는 당신을 대할 때 존중하고 돌보고 배려합니까?" "당신과 파트너는 문제가 있을 때 이를 어떻게 해결합니까?" "당신과 파트너가 의견이 다를 때 무슨 일이 발생합니까?" 등이 있다. 보다 직접적 질문에는 "파트너가 두려웠던 적이 있습니까?" "파트너가 당신을 밀치거나 때리거나 혹은 신체적으로 상처를 준 적이 있습니까?" "파트너가 당신에게 원하지 않는 성적인 행동을 강요한 적이 있습니까?" 등의 질문이 해당된다.

둘째, 만약 가정폭력이 현재 발생하고 있거나 최근에 발생하였다면, 임상적 목적에 가정폭력의 위험사정을 즉각적으로 포함시켜야 한다. 실무자는 클라이언트의 안전에 대한 관심을 표명하고, "친밀한 관계에서 신체적 학대가 허용되어서는 안 된다."는 메시지를 전달하도록 한다. 나아가 실무자는 클라이언트와 안전계획을 수립하고, 필요시 사용할 수 있도록 상담소나 쉼터의 전화번호를 알려 준다.

셋째, 가정폭력 상황에서 실무자는 가정폭력에 대한 명백한 태도를 밝히고 '중립적인 발언'을 해서는 안 된다.

넷째, 파트너 앞에서 폭력이나 학대에 대한 정보수집을 할 경우 매 맞는 여성을 위험에 처하게 할 수 있다. 그러므로 부부는 개별적으로 인테이크한다.

다섯째, 임파워먼트는 매 맞는 여성에 대한 상담목적의 하나다. 이는 피해여성에 대한 지지적 발언("많은 여성이 파트너로부터 신체적 폭력을 경험한다." "이런 여성들을 도울 수 있는 여러 자원들이 있다.")으로부터 시작될 수 있다.

여섯째, 피해여성의 이야기를 반복해서 들어주도록 한다. '입에 올릴 수 없던 것을 말하는 것' 자체가 이미 치유의 한 부분이다. 피해여성이 학대에 대해 털어놓을 수 있는 안전하고 편안한 환경을 조성해 준다.

일곱째, 피해여성이 속해 있는 사회나 문화 속에 학대적 관계를 수립하거나 이에 머물도록 영향을 주는 신화나 규범이 있는지 살펴보도록 한다.

여덟째, 외상후 스트레스장애를 평가하도록 한다.

2. 부부에 대한 개입

1) 부부치료

가족은 가정폭력의 맥락이 된다는 점에서 가족치료가 치료적 개입에서 핵심적 위치를 차지할 것이라고 생각하기 쉬우나 실제는 그렇지 않다. 한편에서는 가족치료를 가정폭력문제에 적용하는 것에 대한 비판이 있어 왔으나[3] 다른 한편에서는 부부치료의 필요성이 제기되고 있다. 시대가 변화하고 있지만 여전히 상당수의 여성은 결혼을 유지하기를 희망하고 있다는 점에서, 부부치료는 효과적으로 활용될 수 있다(Geller, 1998: 79 참조). 샤마이(Shamai)에 의하면, 첫째, 폭력적 에피소드는 부부체계 안에서 발생한다. 폭력의 책임은 가해자에게 있지만, 이를 제거하는 데는 가해자, 피해자 그리고 이들 간의 상호작용의 변화가 필요하다. 둘째, 많은 부부가 반복된 폭력에도 불구하고 결혼 혹은 관계를 유지하기를 원한다. 셋째, 많은 부부는 폭력을 가장 심각한 부부문제로 간주하지 않기 때문에, 그들이 느끼기에 보다 심각한 다른 부부문제 때문에 치료를 받으러 온다. 넷째, 폭력을 직접적으로 다루는 것을 너무 두려워하거나 수치스러워하는 부부들이 있다. 부부치료라는 용어는 두려움과 수치심을 감소시키므로, 이를 통해 처음으로 폭력문제를 다룰 수 있다(Shamai, 1996: 207-208).

그동안 비판받아 왔던 가족치료에 따른 문제점[4]을 개선하기 위하여 부부치료방법에 부분적인 변화가 모색되었다. 피해여성의 안전을 확보하기 위하여, ① 학대의 심각성, ② 여성이 부부치료를 희망하는가 여부, ③ 부부치료와 더불어

3) 가정폭력에 가족치료를 적용하는 데 대한 비판은 가족치료 자체에 내재되어 있는 몇 가지 문제에 기인한다. 그 대표적인 것은 중립성을 중시하는 치료자의 입장이다(자세한 내용은 Shamai, 1996 참조).

4) 가족치료에 대한 비판은 가족치료 자체에 내재되어 있는 몇 가지 문제에 초점을 두고 있다. 첫째, 많은 가족치료자들은 체계적 사고를 가족체계에 국한시켜 왔다. 그러나 여성에 대한 폭력에서, 이런 현상이 발생하게 된 사회적·정치적·문화적 맥락을 간과할 수 없다. 둘째, 가족치료의 이론적 기반이 되고 있는 체계적 모델과 이의 개입에의 함의가 비판을 받고 있다. 체계적 모델은 배우자들의 상호작용에 폭력의 원인이 있으며, 이에 따라 배우자들은 폭력의 책임을 공유한다고 간주한다. 이런 가정에 근거한 임상적 접근은 피해자를 비난하는 논리로 연결될 가능성이 있다. 셋째, 치료자의 입장이 많은 비판을 받아 왔다. 가족치료는 교육과 훈련에서 치료자의 중립성을 중요시한다. 그러나 가족폭력에 대한 개입에 치료자는 폭력에 대한 분명한 입장을 밝힐 필요가 있다. 폭력에 대한 책임소재를 분명히 하는 것은 가족폭력에 대한 효과적 개입의 전제조건이다. 넷째, 폭력을 역기능의 증상으로 인지하는가 아니면 전체적인 생활방식으로 인지하는가의 문제를 둘러싼 논쟁이 있다. 가족치료자는 증상이 가족항상성을 유지하는 기능을 한다고 인지하는 경향이 있다. 그러나 폭력사례를 다룰 때 치료자의 일차적 초점은 이를 중단시키는 데 있으며, 그 후 부부와 가족의 역기능적 양상을 규명해 나가야 한다. 다섯째, 가족치료에 대한 비판은 치료상황에서 학대를 최소화하는 사정절차에 가해진다. 가해자는 공격성의 수준을 최소화하고자 하는 경향이 있으며, 매 맞는 아내는 두렵고 당황해서 남편에게 반박하기 어렵다. 마지막으로, 치료자는 대개 여성을 통해서 가족체계에 관여하게 되는데, 이는 가해자에 대한 초점을 감소시키고 아내가 폭력상황에 공동책임이 있다는 가정을 뒷받침할 수 있다.

개별치료를 병행하도록 수정하였다(Geller, 1998: 79-80). 즉, 부부치료는 학대 정도가 비교적 가볍고, 여성이 부부치료를 희망하는 사례에 적용하며, 여성의 안전성을 확보하기 위하여 부부치료와 더불어 정규적인 개별치료를 병행하도록 변화되었다.

2) 부부집단 프로그램

권진숙은 기존의 집단 프로그램이 배우자 간 폭력문제가 상호작용의 과정에서 발생한다는 사실 그리고 폭력관계 속에 있는 많은 여성이 결혼생활을 지속하기를 원한다는 사실을 간과하고 있다고 비판하면서, 네이딕(Neidig) 박사가 개발한 가정갈등 조정 프로그램을 수정하여 부부를 대상으로 한 집단 프로그램을 개발하였다.

이 프로그램의 목적은 배우자 간 폭력과정에서 쌍방이 각기 기여한 바가 있다는 사실을 깨닫고 배우자가 스스로의 행동을 조절할 수 있는 능력과 문제해결 능력을 향상시키는 데 있다. 이는 인지-행동치료와 의사소통치료를 주축으로 하고 있으며 폐쇄집단의 형태로 매주 1회 2시간씩 8회에 걸쳐 실시되었다(권진숙, 1995).

3. 쉼터중심의 서비스

쉼터는 학대적 관계를 떠나서 새로운 삶을 살고자 하는 많은 여성과 아동에게 안전성과 지지를 제공하는 핵심적 전달체계로 자리 잡고 있다. 가정폭력 피해여성 중에서 쉼터를 이용하는 여성은 극히 일부분이지만 이들은 다른 피해여성보다 상대적으로 심한 폭력을 경험한다는 점에서 이들의 서비스 욕구는 매우 크다고 하겠다. 여기에서는 쉼터 이용 피해여성 및 아동을 위한 서비스에 대하여 살펴보고자 한다.

1) 위기개입 서비스

대체적으로 가정폭력 피해여성은 오랫동안 폭력을 경험해 왔지만 최근 발생한 심각한 폭력사건을 계기로 쉼터에 입소하는 경우가 많다는 점에서 위기개입 서비스가 필요하다. 위기는 다음의 조건에서 급격하게 형성된다.

① 피해자가 선행 혹은 유해한 사건을 경험한다.
② 이 사건은 피해여성 및 자녀에게 위협적인 것으로 인지되고 그 결과 긴장과 디스트레스가 급증한다.
③ 매 맞는 여성은 평상시의 대처방법으로 상황을 해결하고자 시도하지만 실패한다.
④ 정서적 불편함과 동요는 더욱 악화되고, 피해자는 고통이 견딜 수 있는 수준을 넘어섰다고 느낀다(Roberts & Roberts, 2002: 368).

위기개입은 피해여성뿐만 아니라 자녀들에게까지 확대되어야 바람직하다. 레만(Lehmann)과 칼슨(Carlson)은 가정폭력을 목격한 아동에 대한 위기개입의 유용성에도 불구하고, 많은 쉼터가 피해여성에 대한 위기개입에 초점을 두다 보니 자녀에 대한 위기개입을 간과하여 왔다고 지적한다(Lehmann & Carlson, 1998: 100). 이들은 어머니가 구타를 당하는 것을 목격한 아동은 외상을 경험할 잠재적 위험이 매우 높으므로 이들에 대한 위기개입이 필요하다고 주장한다. 이와 같은 맥락에서, 알레시(Alessi)와 헌(Hearn)은 쉼터에 있는 아동이 위기에 있으며, 정상적인 대처패턴(폭력가정에서 성장하였기 때문에 어쩌면 이것조차도 건강하지 않을 수 있는)과 지지체계가 손상된다고 지적한다. 이에 따라 아동은 갑작스러운 분리, 상실(분노, 두려움, 정서적 고통)을 경험하게 되며, 어머니 못지않은 위기에 있다고 할 수 있다(Alessi & Hearn, 1998: 160).

가정폭력을 목격한 청소년은 수치심, 두려움과 불안, 외상적 반응, 가해자와의 동맹, 부모화, 공격성, 분노, 우울증, 가출, 비행, 데이트 폭력 등의 문제를 가지는 것으로 지적되고 있다(O'Keefe & Lebovics, 1998: 180-186). 이들에 대한 개입은 매우 중요하지만, 현재 청소년기 자녀가 쉼터를 이용하는 경우가 비교적 적으며, 특히 남자청소년의 경우 쉼터 거주가 허용되지 않는다는 점에서 이들에 대한 개입은 숙제로 남아 있다.

2) 집단 프로그램

가정폭력 피해여성에 대한 집단 프로그램의 효과성은 널리 알려져 있으며, 최근 몇 년간 국내에서도 적극 개발되어 왔다. 페미니스트적 접근을 시도한 집단 프로그램은 의식향상 프로그램의 성격을 지닌 한국여성의전화의 집단 프로그램(1992)과 신은주의 집단 프로그램(1995)을 들 수 있다. 그리고 이원숙과 박미선은 쉼터 거주 가정폭력 피해여성을 위한 강점중심 지지집단 프로그램을 개발하였다.

(1) 이원숙 · 박미선의 집단 프로그램

이들은 가정폭력 피해여성을 위한 집단 프로그램의 전제를 다음과 같이 제시한다. 첫째, 최근 연구결과를 토대로 한 가정폭력에 대한 이해가 요구된다. 둘째, 집단 프로그램의 주 대상자가 피해여성일지라도, 가족 관점을 가지고 접근해야 한다. 셋째, 가정폭력은 피해여성에게 신체, 정서, 행동 등 여러 측면에서 부정적 영향을 미치며, 이에 따라 프로그램에서는 일차적으로 부정적 영향의 경감 또는 회복을 돕는다. 이런 즉각적인 목적 이외에도, 집단 프로그램은 피해여성들이 자신과 자녀를 위한 건강한 삶을 설계하고 이를 실천해 나갈 수 있도록 도와야 한다. 넷째, 가정폭력은 보다 근본적으로 인권을 침해하기 때문에 집단 프로그램에서는 이를 상쇄시키기 위해 강점을 기반으로 하고 임파워먼트를 지향해야 한다. 다섯째, 가정폭력 피해여성과 그들의 경험은 어느 한 이론에 딱 맞아떨어지지 않기 때문에 절충주의 접근을 택하는 것이 바람직하다.

이원숙과 박미선은 강점 관점과 임파워먼트 접근 이외에도 생태체계적 관점, 인지행동이론, 경험주의 치료, 해결중심치료, 이야기치료, 스트레스와 사회적 지지이론 등이 이러한 전제들을 만족시킨다고 보았다. 한편, 집단 프로그램의 원칙으로서 ① 피해자를 비난하지 않고 임파워먼트를 중시하는 언어 사용, ② 동일한 문제를 공유하였다는 보편성의 강조, ③ 서로가 존중하고 지지하는 파트너십 강조, ④ 건강성, 강점, 임파워먼트를 기반으로 하는 접근, ⑤ 자기결정을 제시하였다(이원숙, 박미선, 2010: 18-26).

집단 프로그램의 주요 내용은 ① 첫 모임: 가정폭력 피해자로서의 공감대 형성하기, ② 폭력 새롭게 조명하기, ③ 후유증 극복하기, ④ 남편에 대한 감정 표현하기, ⑤ 인간관계 훈련, ⑥ 나, 재발견하기, ⑦ '우리 아이 어떻게 도울까요?', ⑧ 보다 나은 내일을 꿈 꿔요! 첫 모임에서는 집단에 대한 오리엔테이션, 별칭 짓기, 집단에 대한 기대 나누기, 가정폭력 경험 나누기, 집단규칙 정하기, 반장 순서 정하기 그리고 자랑하기와 칭찬하기 소개 등의 활동을 한다.

두 번째 모임에서는 가정폭력 피해여성이 폭력이 자신과 자녀에게 어떤 영향을 미쳤는지 새롭게 조명하는 기회를 제공한다. 이때 피해여성이 경험하는 폭력이 각기 다르기는 하나, 다음의 내용을 조명하면 도움이 된다. 첫째, 가정폭력의 특성을 이해한다.[5] 둘째, 가정폭력이 아동에게 미치는 영향을 이해한다.[6] 셋째, 가해자의 특성과 전략에 대한 통찰력을 얻도록 돕는다.[7] 넷째, 피해여성이 자신의 대처노력에 대해 긍정적으로 인식할 수 있도록 돕는다.[8]

세 번째 모임에서는 가정폭력 피해여성이 경험하고 있는 후유증을 극복하도록 돕는다. 이원숙과 박미선은 가정폭력의 후유증을 스트레스 측면에서 다루는데 이는 모든 인간은 스트레스를 경험하면서 살아간다는 점에서 가정폭력을 스트레스로 접근하면 정상화가 가능하여 병리적 관점에서 탈피할 수 있기 때문이다. 또한 피해여성에게 스트레스 관리훈련을 할 수 있으며 자신이 가진 사회적 지지를 재인식하는 계기를 만들어 줄 수 있다.[9]

5) 예를 들어, 폭력은 지속된다는 것, 폭력이 순환되면서 더 심해진다는 것, 치료적 개입 없이는 가해자가 나아지지 않을 것이라는 것 등이 해당된다.

6) 가정폭력 피해여성이 가해자에게 머무는 이유도 또 떠나는 이유도 아이 때문인 경우가 많다. 이에 따라 피해여성이 자신뿐 아니라 아동도 폭력의 영향을 받는다는 것을 이해하는 것은 중요하다. 여기에서는 흔히 가정폭력을 목격하는 것만으로도 외상이 된다는 것, 가정폭력과 더불어 아동학대가 발생하는 경우가 많다는 것, 모르는 것 같아도 아이들도 가정폭력을 알고 있다는 것 등에 대한 공감대를 형성한다.

7) 가해자가 정당한 이유 없이 폭력을 쓴다는 것, 피해여성의 성격이나 능력을 비난한다는 것, 피해여성을 고립시킨다는 것, 피해여성에게 폭력의 책임을 전가한다는 것, 피해여성의 의존성을 각인시키려고 한다는 것 그리고 설사 능력이 부족하다해도 이것이 폭력의 이유가 될 수 없다는 것 등을 조명할 수 있다.

8) 예를 들어, 피해여성이 저항하지 않고 매를 맞는 것 같은 소극적 대처라도 생존하고 피해를 줄이고 아동을 보호하려는 시도였다는 것을 깨닫게 되면 자아존중감도 향상되고 무력감도 감소된다.

9) 이는 ① 가정폭력 척도로 자신이 경험한 가정폭력을 자가점검하기, ② 스트레스 증상 자가점검하기, ③ 자신이 경험하는 후유증(스트레스 증상) 나누기, ④ 입소 후 이런 증상에 변화가 있었는지 나누기, ⑤ 변화가 있었다면 어떤 것(상담, 다른 피해여성의 지지, 환경적 변화 등)이 도움이 되었는지 나누기, ⑥ 스트레스 관리를 위한 다양한 방법 배우고 익하기의 순으로 진행할 수 있다.

네 번째 모임에서는 남편에 대한 부정적 및 긍정적 감정을 안전한 환경에서 표현하도록 돕는다. 피해여성은 폭력상황에서 오랫동안 자신의 감정을 드러내지 못하고 살아왔기 때문에 남편에 대한 자신의 감정을 알아차리고 안전하게 표현하는 기회가 필요하다. 여기에서는 남편 얼굴을 그리고 이를 보면서 하고 싶은 이야기를 하거나, 빈의자 기법을 통해서 피해여성의 감정을 표현하도록 도울 수 있다.

네 번째 모임까지는 피해여성의 가정폭력 피해경험을 다루고 이의 회복을 도왔다면, 다섯 번째 모임부터는 보다 미래지향적인 성격을 지닌다. 다섯 번째 모임에서는 인간관계 훈련을 실시하도록 한다. 피해여성은 인간관계기술이 부족한 경우가 많은데, 이는 앞으로의 삶을 살아가는 데 그리고 자녀를 양육하는 데 장애가 되기도 한다. 여기에서는 커뮤니케이션 기술을 향상시키고, 분노표현기술을 익히고, 긍정적 표현기술을 연습하도록 돕는다.

여섯 번째 모임은 '나, 재발견하기'라는 주제로 진행된다. 피해여성이 진정으로 새로운 삶을 살아가기 위해서는 단순히 가정폭력에서 벗어나는 것뿐 아니라 건강한 자신을 재발견하도록 도울 필요가 있다. 여기에서는 사회적 맥락에서 가정폭력이 나에게 어떤 영향을 미쳤는지, 그리고 가정폭력을 통해 어떤 왜곡된 인지가 형성되었는지 등을 규명하면서 보다 당당하고 자신 있는 모습을 탐색하도록 돕는다.

일곱 번째 모임은 '우리 아이 어떻게 도울까요?' 라는 주제로 진행된다. 흔히 피해여성은 자녀를 양육하고 있거나 설사 지금 양육하지 않더라도 기회가 있으면 어머니로서의 역할을 하고자 한다. 이에 따라 기존의 양육기술을 강화시켜 주고 새로운 자녀양육기술을 훈련시켜 주면 도움이 된다. 새로운 자녀양육기술 훈련에는 자녀의 강점 찾기, 자녀의 감정 표현 돕기, 타임아웃 기술, 가정폭력으로 인한 상황을 자녀에게 설명해 주기, 쉼터에서의 아동 적응 돕기 등을 포함할 수 있다. 그리고 마지막 모임에서는 버리고 싶은 것, 미래의 나의 모습 그려 보기, 지지망 찾기, 실천계획과 다짐하기가 포함된다(이원숙, 박미선, 2010).

(2) 송성자 등의 집단 프로그램

송성자 등은 가정폭력 피해여성을 위한 프로그램에 '강점으로 치유하기' 라는 제목을 주었다. 이 프로그램은 가정폭력 피해여성에게 현실적이고 긴박한 문제를 파악하고, 적절한 서비스를 제공하며, 심리 · 정신적 상처를 치유하고, 가정폭력에 대한 새로운 인식과 대처방법을 모색하도록 돕는 목적을 가지고 있다(송성자 외, 2013. 1.: 2). 주요 주제와 목표는 〈표 8-1〉과 같다.

표 8-1 송성자 등의 여성가족부 상담 프로그램 주제와 목표

<table>
<tr><th>진행단계</th><th>영역</th><th colspan="2">주제</th><th>목표</th></tr>
<tr><td rowspan="4">1단계: 도입</td><td>• 관계형성
• 문제파악</td><td>1</td><td>신뢰관계형성과 문제파악</td><td>• 관계형성
• 문제파악
• 위기개입</td></tr>
<tr><td>• 증상 이해
• 목표설정</td><td>2</td><td>가정폭력 피해증상 이해와 목표설정</td><td>• 가정폭력 피해증상 이해
• 복합성 외상 후 스트레스 측정</td></tr>
<tr><td rowspan="2">• 가정폭력 재인식
• 상황대처</td><td>3</td><td>가정폭력에 대한 인식</td><td>• 가정폭력에 대한 사회구조와 가족문화 이해
• 양성평등적 성역할 태도 형성</td></tr>
<tr><td>4</td><td>가정폭력 상황 대처</td><td>• 자기보호 방법 인지
• 지역사회 자원 활용</td></tr>
<tr><td rowspan="6">2단계: 변화와 성장</td><td rowspan="3">• 정서적 안정
• 증상 감소</td><td>5</td><td>억압된 감정표현과 효과적 감정처리</td><td>• 억압된 감정표현
• 긍정적 감정표현과 경험</td></tr>
<tr><td>6</td><td>성공경험 탐색과 강화</td><td>• 정서적 안정
• 우울감과 불안감 감소</td></tr>
<tr><td>7</td><td>강점 탐색과 강화</td><td>• 강점 탐색과 확인
• 자아존중감 회복과 향상</td></tr>
<tr><td rowspan="3">• 행동조절
• 의사소통</td><td>8</td><td>분노감정 조절</td><td>• 자신의 분노감정 이해
• 분노감정 다루기</td></tr>
<tr><td>9</td><td>적절하고 효과적인 자기표현</td><td>• 자신의 상황을 역할극으로 표현
• 생각, 감정, 의견을 효과적으로 표현
• 분명한 자기주장 방법 연습</td></tr>
<tr><td>10</td><td>의사소통능력 향상</td><td>• 타인의 말에 대한 긍정적 반응
• 긍정적 피드백 강화와 의사소통능력 향상</td></tr>
</table>

	• 가족관계 • 자녀양육	11	가족생활사 분석과 의미부여	• 부정적 사건에서의 대처능력 탐색과 지지 • 긍정적 사건에서의 자원과 강점 탐색 • 자신과 가족의 긍정적 이미지 강화
		12	가정폭력과 자녀양육	• 가정폭력이 자녀에게 미치는 영향 • 자녀의 욕구 이해 • 자녀와 긍정적 관계 형성
		13	원가족의 자원과 강점 탐색	• 원가족의 자원과 강점 탐색 • 자신의 자원과 강점 강화와 확대
		14	건강한 부부관계	• 부부간 차이의 이해와 수용 • 친밀감과 애정의 효과적 표현
3단계: 종결	• 희망과 꿈	15	긍정적 미래 계획	• 미래에 대한 계획 • 희망과 꿈을 구체화
	• 평가	16	변화와 성장 확인	• 변화와 성장 확인 및 강화 • 변화유지 방법 탐색

출처: 송성자 외(2013. 1.), pp. 5-6.

이상에서 그동안 개발된 쉼터중심의 집단 프로그램을 살펴보았다. 이들 집단 프로그램은 각기 장단점을 가지고 있으므로 쉼터의 성격에 따라 그리고 집단지도자의 능력에 따라 선택적으로 사용될 수 있을 것이다.

(3) 아동 및 청소년을 위한 집단 프로그램

아동에 대한 위기개입과 더불어 가장 널리 권장되고 있는 것이 집단 프로그램이다. 아동을 위한 집단 프로그램의 목적은 ① 아동이 경험하고 있는 위기를 해결하는 데 필요한 지지를 제공하는 것, ② 감정을 규명하고 표현하는 것, ③ 문제해결기술을 학습하는 것, ④ 건강한 대처행동 양식을 학습하는 것이다. 알레시(Alessi)와 헌(Hearn)이 밝힌 아동을 대상으로 하는 집단 프로그램의 주요 주제는 다음과 같다(Alessi & Hearn, 1998: 165-167).

① 감정의 규명과 표현
② 폭력

③ 건강하지 않은 문제해결방식
④ 건강한 문제해결방식
⑤ 섹스, 사랑, 섹슈얼리티
⑥ 종결

오키프(O'Keefe)와 레보빅스(Lebovics)는 아동을 위한 집단 프로그램의 목적이 청소년을 위한 집단 프로그램에도 적용 가능하다고 지적한다. 단지 청소년 프로그램에서는 데이트 관계에서의 갈등에 대처하는 기술을 가르치고 데이트 폭력에 대한 토론이 추가되어야 한다(O'Keefe & Lebovics, 1998: 197).

4. 사후 서비스 및 자립

1) 사후 서비스

퇴소 이후에도 가정폭력 피해여성과 아동에게 서비스가 지속적으로 제공되어야 한다. 퇴소 후 집으로 귀가하는 피해여성도 상당수 있지만 가해남편을 떠나서 독립을 하는 여성도 점차 증가하고 있다. 퇴소 후 귀가하는 여성의 경우 남편들이 쉼터와의 지속적 관계를 꺼려하는 경향이 있으므로 이들에 대한 서비스는 대상자에 대한 접근성의 문제를 가지고 있다. 더욱이 귀가하는 여성의 경우 부부중심의 서비스가 보다 효과적일 수 있으며, 이 경우 쉼터의 위치에 대한 비밀보장 등의 현실적인 여건을 감안할 때 쉼터에서 서비스를 제공하기보다는 가정폭력상담소나 사회복지기관에서 서비스를 제공하는 것이 보다 적절하다.

반면, 독립을 원하는 경우 기존의 사회적 지지망이 단절되며, 이혼과정, 거주지 마련, 취업, 아동보호 등으로 인한 여러 어려움에 봉착하게 된다는 점에서 보다 집중적인 사후 서비스가 필요하다. 또한 이들은 쉼터와의 지속적인 관계를 선호하기 때문에 서비스 대상자에 대한 접근성이 높다. 이에 따라 쉼터의 사후 서비스의 주 대상은 가해남편을 떠나 이혼하고 자립하고자 하는 여성과 아동이라고 볼 수 있다.

- 쉼터에서는 집중적인 정서적 지원이 가능하지만, 일단 퇴소를 하면 여러 현실적 어려움에 봉착하더라도 심리적 · 정서적 지원을 받을 수 없다. 이에 따라 가정방문 서비스를 개발하여 3개월에서 1년 정도 피해여성과 아동에게 필요한 지지적인 상담 서비스를 제공하고 지역사회 자원을 연계한다. 이런 사후 서비스가 보다 발전되면 사례관리기능을 수행할 수 있다.
- 지지집단/자조집단의 결성 및 유지를 돕는다. 지지집단은 피해여성의 고립감을 해소시키고 지지를 제공하며 네트워크를 구축해 준다.
- 가정폭력 피해 한부모가족을 위한 집단 프로그램의 개발이 요청된다. 퇴소 후 피해여성이 홀로서기에 성공하기 위해서는 자아존중감의 향상과 한부모가족으로서의 정체성 형성이 매우 중요하다. 따라서 한부모가족으로서의 적응을 위한 집단 프로그램을 개발하고 실시해 나갈 필요가 있다. 이와 동시에 아동을 위한 적응 프로그램이 개발되어야 한다(이원숙, 2004: 336).

다음은 이원숙이 개발한 이혼한 가정폭력 피해여성을 위한 집단 프로그램에 대하여 살펴보고자 한다(이원숙, 2004: 330-335). 사후 집단 프로그램은 이혼한 퇴소자를 주 대상으로 하여 가정폭력 경험을 치유하고 건강한 홀로서기를 해 나갈 수 있도록 정서적 지원을 함으로써 신체적 · 정서적 · 성적 · 정신적으로 건강한 자아를 추구하도록 하는 데 목적이 있다. 그 구체적 목표는 다음과 같다.

- 자신의 삶에 대한 책임감을 수용하도록 돕는다.
- 가정폭력과 이혼 후 남아 있는 분노 표출을 통해 분노로부터 자유로워지는 치유적 경험을 하도록 한다.
- 홀로서기의 장단점을 이해하고 단점들이 현실적인 문제인지 아니면 인지적 왜곡의 결과인지를 규명해 보도록 한다.
- 건강한 홀로서기의 토대가 되는 신체적 · 정서적 · 성적 · 정신적 측면에서 건강한 자기를 탐색해 보도록 한다.
- 피해여성과 쉼터 그리고 피해여성들 간의 유대를 강화시켜 사회적 지지망을 활성화시킨다.

표 8-2 퇴소 후 가정폭력 피해여성을 위한 캠프 프로그램

주제	목적	주요 활동
• 스트레칭 • 소개 및 집단에 대한 기대 나누기	• 회원들의 긴장을 풀고 프로그램 참여를 돕는다. • 회원들이 서로를 소개하고 집단에 대한 기대를 나눈다.	• 스트레칭 • 집단지도자 소개 • 별칭 짓기 • 집단에 대한 기대 나누기
• 나의 미래는 내가 선택한다(삶에 대한 주체성).	• 가정폭력 이후의 삶은 각자가 선택해 나가는 것이며 삶의 주체임을 인식하도록 한다.	• 가정폭력 이후의 여러 가지 삶의 모습 논의 • 바람직한 삶의 형태 모색
• 베개 빼앗기 게임 • 진정한 내면의 나와 직면하기	• 인생에서 자신에게 소중한 것을 지키는 것의 중요성을 게임을 통해서 확인하도록 한다. • 가정폭력 그리고 이혼 후에 남아 있는 분노감정을 규명하고 이를 표출하고 떠나 보내는 치유적 경험을 하도록 한다.	• 베개 빼앗기 게임 • 감정 드러내기 • 감정 표출하기 • 감정 떠나 보내기
• 나는 내 삶의 주인이다(삶에 대한 책임성).	• 경제적 활동에 따른 성공과 실패과정을 통해서 삶의 주체로서의 성장경험을 공유한다.	• 삶의 주체로서의 성공담과 실패담 나누기 • 성공과 실패 과정을 통해 긍정적인 성장 경험 공유하기
• 스트레칭 • 홀로서기와 외로운 삶	• 프로그램에 대한 준비단계로 스트레칭을 통해 근육과 감정을 이완시킨다. • 홀로서기의 내면적 평화와 외로운 삶의 고통을 비교해 보고 그 선택은 각자에게 달려 있음을 이해하도록 한다.	• 스트레칭 • 혼자 사는 것의 장점 논의하기 • 혼자 사는 것의 단점 논의하기 • 혼자 사는 것의 단점 극복 방법 나누기
• 진정한 자기사랑이란? • 정성 들이기 및 나누기	• 신체적 · 정서적 · 성적 · 정신적 측면에서 건강한 나를 만들어 나가는 방법을 모색하도록 한다. • 회원을 둘씩 짝을 지어서 서로의 신체에 사랑과 정성을 전달함으로써 진정한 돌봄과 애정의 경험을 나누도록 한다.	• 신체적 돌봄 나누기 • 정서적 돌봄 나누기 • 성적 욕구 충족시키기 • 정신적 욕구 충족시키기 • 정성 들이기
• 자연과의 대화 • 평가	• 자연 속에서 진정한 자기자신과 대화를 하도록 한다. • 앞으로의 삶에 대한 결단의 시간을 가지고 프로그램에 대한 평가를 실시한다.	• 침묵 등산 • 좋아하는 자연물과 대화 나누기 • 결단의 시간 가지기 • 프로그램에 대한 평가 나누기

출처: 이원숙(2004), p. 334.

2) 가정폭력 피해여성의 자립

가정폭력 피해여성이 폭력에서 벗어나 독립적인 한 인격체로 살아가기 위해서는 궁극적으로 자립이 필요하다. 이런 맥락에서 최근 가정폭력 피해여성의 자립과 자립의지에 대한 관심이 높아지고 있다. 그릭스비(Grigsby)와 하트만(Hartman)은 장애 모델(the Barriers Model, 개입의 통합적 모델)에서 가정폭력 피해여성을 둘러싼 네 가지 장벽을 설명하였다. 첫 번째 장벽은 환경적 요인이며, 여기에는 쉼터나 지역자원, 법적 가능성, 돈, 이동수단, 경찰지원, 사법제도 등이 있다. 환경적인 장벽이 제거된다고 하더라도 피해여성은 가족과 사회 안에서 사회화된 역할기대 때문에 다른 장벽에 봉착한다. 두 번째 장벽은 전통적 성역할, 자기정체성, 폭력과 학대에 대한 인식, 가치관 등이다. 세 번째 장벽은 신체적 · 심리적 결과와 후유증, 무기력, 고립 등이며, 네 번째 장벽은 아동기 학대와 무시, 방임의 경험이다(Grigsby & Hartman, 1997: 정춘숙, 2014: 40-44에서 재인용). 정춘숙은 이런 장벽이 가정폭력 피해여성의 자립의지에 어떤 영향을 미치는지 규명하였다. 동 연구에서는 가정폭력 피해여성이 비교적 높은 자립의지를 가졌다는 점에서 스스로 살아가고자 하는 욕구를 가진 생존자라고 주장한다. 그리고 성평등의식을 가질수록 자립의지가 높으며 사회적 지지가 자립의지에 영향을 미친다고 밝혔다. 이에 따라 가정폭력 피해여성이 자립한 후에도 지지집단 등을 통한 심리적 지지뿐 아니라 자립지원금, 주거지원 등 다양한 사회적 및 제도적 지원을 제공할 필요가 있다(정춘숙, 2014: 93-99).

5. 동성 파트너 가정폭력 및 치료문제

최근 가정폭력은 게이, 레즈비언 관계에서도 예외가 아님이 밝혀지고 있다. 1986년 출판된 『폭력 이름주기: 레즈비언 구타에 관해 밝히기(*Naming the Violence: Speaking out about Lesbian Battering*)』는 이 분야의 대표적인 저서다.

1980년대 후반과 1990년대 초반에 게이 남성 가정폭력의 유형과 빈도에 대한 연구들이 발표되었다. 켈리와 워샤프스키(Kelly & Warshafsky)의 1987년 연구가 그중 하나다. 이들은 46%의 응답자가 파트너와의 갈등해결을 위해 신체적 공격을 사용하였음을 발견하였다. 게이와 레즈비언 지역사회 행동협의회(1987)는 미네소타에 거주하는 900명의 레즈비언을 대상으로 조사하였고, 22%가 폭력적 레즈비언 관계에 있었음을 발견하였다. 리, 슐리트, 부시, 몽타뉴와 레예스(Lie, Schilit, Bush, Montagne, & Reyes, 1991)는 26%의 레즈비언 응답자가 현재의 관계에서 신체적, 성적 혹은 정서적 학대를 경험하였다고 보고하였다(Miller, Bobher, & Zarski, 2000에서 재인용).

다른 연구들은 게이와 레즈비언 파트너 학대가 이성애 관계에서의 가정폭력 발생률과 비슷하다고 주장해 왔다. 그러나 이들 연구는 무작위 표집이 아니라 자진해서 조사연구에 참여하였다는 점에서 일반화하기는 어렵다. 그럼에도 불구하고, 기존의 연구는 동성(same-sex) 간에도 학대는 빈번히 발생하고 있음을 강력히 시사하고 있다.

게이와 레즈비언 파트너 폭력은 이성애 관계에서 발생하는 폭력과는 다소 차이가 있다. 이 중 중요한 것이 문화적 억압(cultural oppression)과 내면화된 동성애 공포(internalized homophobia)다. 그리고 파트너 사이의 신체적 힘의 차이는 이성애 커플보다 게이와 레즈비언 커플에서 보다 적게 나타난다. 또한, 구타자의 역할이 파트너들 간에 교대되는 것으로 보고되어 왔다. 특히 파트너의 '커밍아웃(예: 성적 정체를 밝히는 것)'이 심리적 위협수단으로 사용될 수 있으며, 사회적 인정과 적절한 서비스가 결여되어 있다는 점에서 게이와 레즈비언 파트너는 극단적인 사회적 고립을 경험할 수 있다.

에이즈는 게이 남성 피해자에게 나타나는 독특한 문제다. 에이즈 감염의 두려움 혹은 에이즈에 걸린 파트너와 살거나 돌보는 데 따른 스트레스는, 일부 가해자에게 게이 가정폭력의 핑계가 된다. 나아가 에이즈에 걸린 가정폭력 피해자는 재정적으로 의존하고 있는 가해자를 떠나는 것이 극히 어려울 수 있다. 반대로 가정폭력의 피해자는 에이즈에 걸려서 죽어 가고 있는 가해 파트너를 떠나는 데 죄의식을 느낄 수 있으며, 가해 파트너는 이런 죄의식을 강화시켜 피해자가 떠나지 못하게 할 수 있다(Miller et al., 2000).

제 9 장

노인학대가족

노인학대가 세계적인 사회문제로 부각되기 시작한 시기는 1980년대로 아동학대 등 다른 가족폭력과 비교해 볼 때 약 20년 정도 늦다. 우리나라에서는 1990년대가 되어서야 노인학대가 사회문제로 거론되었고 이에 대한 연구가 시작되었다. 이어서 1990년대 중반 대중매체를 통해 노인학대의 실상이 드러나기 시작하였다(한국재가노인복지협회, 사회복지공동모금회, 2001 참조).

노인보호전문기관의 전체 신고 건수는 2005년에는 3,549건이었으나 2010년에는 7,503건 그리고 2014년에는 10,569건으로 꾸준히 증가하고 있다. 이와 같은 맥락에서 학대사례 건수는 2005년 2,038건, 2010년 3,068건 그리고 2014년 3,532건으로 증가하였다(보건복지부 노인정책과, 중앙노인보호전문기관, 2015. 6.: 9).

2014년 노인학대를 살펴보면, 전체 신고사례(10,569건)에서 노인학대 신고 건수는 3,532건(33.4%)이며, 이 중 신규사례는 3,324건(94.1%)이며 재신고된 사례는 208건(5.9%)이었다(보건복지부 노인정책과, 중앙노인보호전문기관, 2015. 6.: 39). 신고자 유형을 살펴보면, 신고의무자 709건(20.1%), 학대피해노인 본인 777건(22.0%), 친족 519건(14.7%)으로 나타났다. 신고의무자에 의한 신고는 사회복지전담공무원이 322건(45.4%)으로 가장 많았고 그다음은 노인복지시설관련 종사자가 182건(25.7%)으로 나타났다. 비신고의무자에서는 어르신 지킴이단, 경찰관, 사회복지시설종사자 등 관련 기관이 1,217건(34.5%)으로 가장 많았다(보건복지부 노인정책과, 중앙노인보호전문기관, 2015. 6.: 47-48).

학대사례 3,532건 중에서 현장조사 비율은 93.4%(3,299건)로 학대피해노인의 병원 및 시설입소 등 예외적 상황을 제외하고는 거의 모두 현장조사를 실시하는 것으로 나타났다. 사례판정은 학대의 심각성 및 응급성 여부에 따라 응급 사례, 비응급 사례, 잠재 사례로 나누어진다. 2014년 학대사례 3,532건 중에서 응급 사례는 184건(5.2%), 비응급 사례가 2,211건(62.6%) 그리고 잠재 사례가 1,137건(32.3%)으로 나타났다(보건복지부 노인정책과, 중앙노인보호전문기관, 2015. 6.: 67-71).

한편 노인학대의 유형을 살펴보면, 전체 학대사례 중에서 중복학대가 2,252건(63.8%)으로 가장 높게 나타나 과반수 이상이 중복학대를 경험한 것으로 나타났다. 그다음으로 정서적 학대가 406건(11.5%), 자기방임이 392건(11.1%), 방임이

281건(8.0%)의 순으로 나타났다. 중복학대를 각기 집계하면, 총 5,772건이 되며, 정서적 학대가 2,169건(37.6%)으로 가장 높고, 그다음으로 신체적 학대 1,426건(24.7%), 방임 984건(17.0%), 자기방임 463건(8.0%), 유기 78건(1.4%)의 순으로 나타났다(보건복지부 노인정책과, 중앙노인보호전문기관, 2015. 6.: 115-117). 학대지속기간은 '1년 이상 5년 미만' 이 1,223건(34.6%)으로 가장 높고, '5년 이상' 이 1,098건(31.1%), '1개월 이상 1년 미만' 이 807건(22.8%)으로 나타났다. 무엇보다도 학대 발생기간이 1년 이상인 비율이 65.7%나 되어 장기간 학대에 노출되고 있는 것으로 추정된다(보건복지부 노인정책과, 중앙노인보호전문기관, 2015. 6.: 125).

한편 연도별 학대행위자를 살펴보면, 2005년에는 아들 51.2%, 며느리 19.3%, 딸 11.1%의 순이었다. 2010년에는 아들 48.4%, 딸 12.7%, 배우자 10.0%의 순으로 나타났으며, 2014년에는 아들 38.8%, 배우자 15.2%, 딸 12.3%로 나타났다. 이로 미루어 볼 때 최근에 와서 배우자에 의한 노인학대가 증가하는 추세를 보이고 있다. 또한 학대행위자가 본인인 경우가 2005년에는 1.0%였으나 2010년 10.0% 그리고 2014년에는 11.9%로 증가하여 자기방임의 비율이 높아지고 있다(보건복지부 노인정책과, 중앙노인보호전문기관, 2015. 6.: 21).

초기에는 까리따스방배종합사회복지관의 노인학대상담소(2000년 개설) 등 민간단체를 중심으로 노인학대에 대한 상담 및 서비스가 제공되었다. 이후 2004년에 「노인복지법」이 개정되면서 중앙노인보호전문기관(2006년 개소)이 설립되었고, 2016년 현재 중앙노인보호전문기관을 포함하여 전국에 30개소의 노인보호전문기관이 활동하고 있다(보건복지부 노인정책과, 2016. 3.).

이 장에서는 노인학대의 특성, 노인학대의 개념 및 유형, 노인학대의 사정, 노인학대에 대한 개입을 살펴보고자 한다.

제1절 노인학대의 특성

1. 노인학대의 특성

왜 노인학대와 방임은 숨겨져 왔고 인식되지 못했는가? 이는 부분적으로 가족의 전통적 본질에 깊이 뿌리박고 있다. 그리고 이는 가정폭력의 역동성에서 유래하기도 하며, 우리 사회의 늙는다는 것에 대한 양가적 감정에서 기인하기도 한다. 또한 실무자의 입장에서는 정보 부족, 절차 부족, 개입방법 부족 등의 어려움이 있다. 다음에서는 퀸(Quinn)과 토미타(Tomita)를 중심으로 노인학대의 특성을 살펴보고자 한다(Quinn & Tomita, 1997: 4-9).

1) 왜 피해사실을 밝히지 않는가

노인은 여러 가지 이유에서 피해사실을 밝히지 않는다. 노인은 학대사실이 밖으로 알려져서 망신을 당할까 두려워한다. 노인은 학대가 신고되면 가해자가 더 심하게 보복할 것이라는 현실적인 두려움을 가질 수 있다. 학대행위자가 더 심하게 학대를 할 것이라고, 아끼는 기물을 파괴하거나 애완동물을 해치겠다고 혹은 피해자나 다른 사랑하는 사람이나 그들 자신을 살해할 것이라고 위협할 수 있다. 그리고 노인은 자녀가 무슨 짓을 했더라도 보호하고 양육하고 재정적으로 지원해야 한다는 자녀에 대한 의무감과 사랑 때문에 신고하지 않을 수도 있다.

그 외에도 반복된 폭력의 피해자화로 인하여 인생의 실패자라고 느껴서, 인지능력을 상실하여 심한 정신적 · 신체적 장애로 인해서, 학대가 멈출 것이라는 막연한 희망 등의 여러 이유에서 학대를 신고하지 않을 수 있다.

2) 학대행위자의 역할

말할 것도 없이 가해자는 신고를 꺼리게 되며, 이는 의식적인 자기-이익 때문이다. 일반적으로 가해자는 자신의 행동을 합리화하거나 최소화하고, 피해자에게 손상을 가했다는 사실을 부정하는 경향이 있다. 가해자는 피해자가 학대를 자초했으니 당해 마땅하다고 주장하면서 자신들의 행동을 정당화한다. 그들은 노인의 완고함이나 지나친 요구 등의 이유를 들어 노인을 비난하면서 자신들의 행동을 변명한다. 경우에 따라, 가해자는 알코올이나 약물에 취해서 '정신을 잃었었다고' 자신들의 행동을 변명한다.

3) 늙는다는 것

노인학대 및 방임을 인식하지 못하는 이유는 노인의 고립 그리고 늙는다는 것에 대한 잘못된 인식에 기인하기도 한다. 또한 노인에 대한 기본적인 생각이나 고정관념이 영향을 미칠 수 있다. 예를 들어, 늙었다는 공통점에도 불구하고 노인은 모두 똑같지 않다. 사실상 노부모가 90대고 성인자녀가 60대 혹은 70대인 경우 노인 중에도 서로 다른 세대가 존재한다. 또 다른 생각으로는 우리 모두가 '노망' 이 들거나 치매로 고통받게 될 것이라는 믿음이다. 사실상 65세 노인 중 약 1 ~ 10.3%에서 치매가 발병한다. 또한 늙으면 조용해지고 비생산적이 되며 변화에 저항한다는 통념도 이에 해당된다.

2. 학대와 방임의 증가: 노령화가 가족에 미치는 영향

노인학대 문제는 노인인구, 특히 75세 이상의 후기 고령노인의 급격한 증가와 밀접한 관련이 있다. 이 인구집단은 학대와 방임에 가장 취약한 인구집단이다. '세대 역전(generational inversion)' 은 책임, 지위, 통제, 생존을 위한 의존이 역전되어서 성인자녀가 과거 그들의 부모가 했던 보호역할을 담당하게 되는 것을 의미한다. 여기에서는 노화에 따른 학대와 방임의 가능성을 고찰해 보고자 한다(Quinn & Tomita, 1997: 13-19).

1) 의존성과 장애

노년에는 급성질환의 발병은 감소되지만 반대로 만성적인 신체적 · 정신적 질병의 발병률이 증가한다. 대다수 사람은 노인에게 어느 정도 수발이 필요할 것이라고 이해함에도 불구하고 노인이나 보호제공자 모두 장기적인 의존에 대하여 호의적으로 반응하기 어렵다. 이런 의존성에 대해 가족은 흔히 두려움, 무서움, 경시, 수치심, 비관용 등으로 반응한다. 노화과정에서 직면하게 되는 의존성은 생산자에서 소비자로의 전환에 따른 경제적 의존성, 신체적 힘과 에너지가 줄어들고 일상의 과업을 수행할 능력이 감소하는 데서 오는 신체적 의존, 이동성의 문제나 또래의 사망에 따라 발생하는 사회적 의존성이 포함될 수 있다.

2) 의존성에 대한 반응

대다수 가족은 노인의 의존성에 도움을 주고자 노력하며 학대하거나 방임하는 경우는 극히 드물다. 심지어는 가족에 따라 노인을 돌보는 데 놀라울 정도의 창의력, 연민, 영웅심을 발휘하는 경우도 있다. 일부 노인은 우아하고 품위 있게 의존성을 받아들이기도 하나, 대다수 노인에게 이는 매우 어려운 시간이며 모든 가족이 건설적 방식으로 반응할 수 있는 능력을 갖춘 것은 아니다.

3) 통제의 상실

노인에게 손상이 생긴다는 것은 노인 자신이 개인적 · 재정적 문제를 다룰 능력을 상실할 가능성을 그만큼 증대시킨다. 상실이 커지면서 의사결정권을 포함하는 개인적 통제능력의 감소가 불가피해진다. 스스로 돌보는 능력을 결여한 사람 그리고 효과적으로 대항하지 못하는 사람에게 학대가 발생한다는 사실은 잔인하지만 부정할 수 없는 현실이다. 노인이 취약해지고 손상이 심해질수록, 노인을 좌절과 스트레스의 원천으로 인식하고 대상화하며 인간적 속성을 부여하지 않는 경향이 있다.

3. 노인학대의 원인에 대한 이론

노인학대의 원인을 설명하는 이론에는 보호제공자 스트레스, 의존성과 교환, 노인의 사회적 고립, 가족폭력, 세대 간 학대적 가족패턴, 가해자의 병리 등이 있다. 여기에서는 대표적 이론 및 그 한계점을 간략히 살펴보고자 한다.

보호제공자 스트레스이론은 노인학대를 설명하는 데 가장 널리 적용되어 온

이론이다. 기본적으로 이 이론은 신체적 혹은 정신적으로 손상을 입은 노인에게 장기적으로 보호를 제공하는 데 따른 효과에 초점을 두고 있다. 즉, 보호제공자 효과(caregiver-effect)는 보호제공자가 과도한 부담을 느끼고 피해자를 학대하게 되는 스트레스를 가져온다는 것이다. 그러나 보호제공자 스트레스는 노인학대에 관한 연구에서 지배적인 위험요인이라고 입증되지는 않았다.

가정폭력이론은 노인학대를 가정폭력의 연속선상에서 해석한다. 가정폭력이론은 학대의 원인이 불균등한 권력에서 유래된다고 본다. 이 이론은 피해자의 안전과 임파워먼트가 아니라 자칫 사회적 지원의 형태로 학대행위자에게 자원이 집중될 수 있다고 경고한다.

피해자 의존성이론은 보호제공자 스트레스이론의 하위유형이라고 볼 수 있으며, 노인의 의존성이 노인학대를 유발한다는 이론이다. 이 이론은 피해자가 아니라 오히려 가해자가 자기충족을 결여하고 있거나 혹은 의존적인 경우도 많다는 반대주장으로 그 논거가 약화되고 있다.

폭력의 세대 간 이전은 노인학대를 설명하는 이론으로 흔히 거론되고 있으나 실제로 노인학대 사례에서 입증된 것은 아니다. 사회학습이론에 근거하여, 아동기에 학대를 경험한 아동은 성장하여 학대적 부모가 된다고 믿어 왔다. 학대를 받고 자랐던 아들이나 딸이 성장한 후 노인이 된 부모를 학대하는 것은 가족폭력의 순환으로 간주될 수 있을 것이다. 그러나 이 이론은 비가족성원에 의한 노인학대를 설명하기 어렵다.

노인학대는 불법적인 행동이므로, 사회적 지지는 이를 제어하는 효과를 가진다. 피학대노인은 사회적 접촉이 적고 사회적 관계에 대한 만족도도 낮지만, 고립 자체를 학대의 원인으로 보기에는 무리가 있다. 사별이나 이사로 인한 가족과 친구의 상실, 가족으로부터의 소외, 거동불편 등 고립의 원인에 대한 탐색이 요청된다고 하겠다.

가해자의 병리는 노인학대의 원인으로 계속 탐색되어 왔다. 그러나 알코올 사용과 상당한 정도의 정신질환을 제외하고 노인학대에서 개인내적 역동(intra-individual dynamics)의 역할은 분명치 않다. 노인학대 가해자의 특성에 대해서는 거의 알려져 있지 않으며, 가해자의 개인적 특성에 초점을 두는 연구는 드물다.

단지 전형적 학대사례에서 보호제공자의 대인관계의 어려움과 보호수혜자의 학대 과거력의 특성이 최근 연구에서 보고되고 있다(Bergeron, 2001: 53-54; James, 2001: 131-133 참조).

제2절 노인학대의 개념 및 유형

1. 노인학대의 개념

'The Action on Elder Abuse(1995)' 에서는 노인학대를 '모든 관계에서 발생되는, 노인에게 해나 장해를 일으키는 단일한, 반복적인 행동 또는 적절한 행위의 부족' 으로 정의하였다. 그리고 우리나라 「노인복지법」에서는 노인학대를 노인에 대하여 신체적 · 정신적 · 성적 폭력 및 경제적 착취 또는 가혹행위를 하거나 유기 또는 방임을 하는 것이라고 정의하고 있다. 이와 같은 맥락에서 중앙노인보호전문기관에서는 노인학대를 노인에 대하여 신체적, 정신적, 성적 폭력 및 경제적 착취 또는 가혹행위를 하거나 방임하는 것으로 규정한다(www.noinboho.org).

2. 노인학대의 유형

「노인복지법」 등에 의거하여 중앙노인보호전문기관에서는 신체적 학대, 정서적 학대, 성적 학대, 경제적 학대, 방임(자기방임 포함) 및 유기의 여섯 가지 유형으로 분류하고 있다. 다음에서는 주요 유형에 대하여 구체적으로 살펴보고자 한다.

1) 신체적 학대

신체적 학대는 간단하게는 타박상에서부터 찰과상이 발생하고, 크게는 죽음을 가져올 수도 있다. 타박상은 흔히 노인을 움켜잡거나 쳤을 때 발생한다. 노인의 피부는 연약해서 쉽게 타박상을 입을 수 있으며 가벼운 외상에도 살갗이

찢길 수 있다. 치유 정도가 각기 다른 타박상이 발견된다면, 학대의 가능성에 대한 경각심을 가질 필요가 있다.

가해자는 흔히 노인이 넘어져서 타박상이 생겼다고 허위진술을 하겠지만 타박상의 패턴에 대한 지식을 갖춘 경험 있는 실무자라면 타박상이 우연한 낙상에 의한 것인지 아니면 학대 때문인지 분간할 수 있을 것이다. 그리고 찰과상, 벤 자국, 화상이 반복해서 발생할 수 있으며, 이 경우에도 치유단계가 각기 다른 상처들을 발견할 수 있다. 노인이 침대나 의자에 오랜 시간 묶여 있었다면, 발목, 손목, 겨드랑이 주변에 줄에 의한 화상과 타박상 혹은 눌린 자국이 생길 것이다. 이 외에도 안경, 보청기 혹은 지팡이 등과 같은 보조기구를 빼앗는 것도 학대에 해당된다. 앞에서 말한 바와 같이 신체적 학대는 단순한 타박상에서부터 실명과 같은 영구적 손상까지 초래할 수 있으며 극단적인 경우에는 죽음을 가져올 수도 있다(Quinn & Tomita, 1997: 49-51).

2) 방임

방임은 노인의 기본적 욕구가 충족되지 못하는 상태다. 이는 기본적 욕구를 독립적으로 획득 · 유지 · 관리하는 데 따른 어려움에서 기인한다. 노인의 기본적 욕구에는 개인적 보호, 영양, 의료보호 혹은 의약품, 안전한 환경이 포함된다. 신체적 학대와 마찬가지로 방임도 죽음에 이를 수 있다.

(1) 보호제공자에 의한 방임

방임의 책임이 보호제공자에게 있다고 추정되는 경우, 보호제공자는 사고였다거나 의도하지 않았다거나 하는 등의 핑계를 댄다. 때로 보호제공자에 의한 방임은 의도적으로 행해지는 것이 아니라 스트레스, 무지, 냉담 혹은 보호제공자 자신의 병약함과 노령에 기인할 수도 있다. 반면, 보호제공자가 노인에게 경제적으로 의존하는 경우 방임과 경제적 학대가 병행될 수 있다.

(2) 자기방임

자기방임을 노인학대와 방임에 포함시킬 것인가의 문제가 논쟁거리가 되고 있다. 아동방임에서 부모는 아동에 대한 법적인 책임이 있으나, 노인의 자기방임은 인지된 선택의 문제일 수 있다는 점에서 아동과는 상황이 다르다. 이와 같이 자기방임이 학대인가의 여부는 논쟁이 되고 있는데, 상당수의 노인학대는 자기방임에 해당한다. 자기학대와 자기방임은 노인이 음식, 의복, 주거, 적당한 의료보호와 같은 기본적 욕구충족과 재정적 자원의 합리적 관리에 실패하는 것이다. 이는 자신을 돌보지 않고 제대로 먹지 않는 것부터 의료보호의 결핍으로 인한 신체의 손상 그리고 심한 경우 죽음까지 다양하다.

(3) 방임의 유형

① 제1유형: 고갈된 보호제공체계

고갈된 보호제공체계 유형은 노인에게 관심이 없는 것은 아니지만 노인의 욕구를 충족시킬 수 없는 경우로서, 노인은 보호제공자와 동거할 수도 있고 별거할 수도 있다. 성인자녀가 주기적으로 방문하거나 서비스를 연계하고자 노력하였으나 서비스가 충분치 않았을 수 있다. 처음에는 보호체계가 제대로 기능하였지만, 노인의 기력이 점점 더 쇠약해지거나 중풍이나 낙상 등으로 보다 많은 보호가 필요할 수 있다. 그리고 가족구성원들이 일을 하기 때문에 노인 혼자 온종일 집에 남아 있는 경우도 있다. 이 유형에 속하는 일부 가족은 만성적 질환 등으로 겨우 생존해 왔기 때문에 대처능력이 전혀 없을 수 있다.

② 제2유형: 보호를 거부하는 노인

가족과 친구로 구성된 보호제공체계는 존재하지만 노인이 보호를 원하지 않을 수도 있다. 이들 노인은 의료보호와 의약품을 거부하고 집 청소 그리고 심지어는 음식조차 거부한다. 경우에 따라 임종을 예견한 노인이 가정에서 평화로운 죽음을 맞기 위해 그렇게 하기도 한다. 일부 노인은 죽음이 임박한 것은 아니지만 장애(알코올중독이 병행될 수 있다)를 비관하여 죽게 내버려 두기를 원할 수 있다. 또 다른 경우에는 현재의 상태가 친숙하고 안전하게 느껴져서 대안을 두려워하기도 한다. 이 유형의 노인은 사망률이 가장 높다.

③ 제3유형: 자기이익형 보호제공자

이 유형은 노인에게 보호를 제공하는 것보다 노인의 재산에 더 많은 관심이 있는데, 방임 중에서 가장 적은 유형이다.

④ 제4유형: 역기능적 보호제공체계

이 유형에서는 노인의 성격이 까다롭다거나, 가족구성원들과 오랜 갈등과 불화를 겪고 있을 수 있다. 그리고 노인이 폭력적일 수도 있다. 흔히 노인 혹은 보호제공자 그리고 경우에 따라서는 쌍방이 모두 알코올문제를 가지고 있다. 노인은 과거에 가족구성원과 폭력적 관계에 있었을 수도 있다. 이런 상황하에서 가족구성원은 노인에게 보호를 제공할 의사가 거의 없다. 가족의 결속력은 항상 취약했거나, 지리적 이유 혹은 여러 해 동안의 보호제공으로 점차 약화되었을 수 있다. 경우에 따라 노인이 수십 년 전에 아동을 유기하였을 수도 있다.

⑤ 제5유형: 혼자 남은 노인

이 유형은 가족구성원과 친구들이 모두 사망하여 보호제공자가 남아 있지 않거나, 설사 남아 있다고 하더라도 그들 자신도 도움이 필요한 처지여서 보호제공 능력이 전혀 없다. 이들 노인은 누구한테 도움을 청해야 할지 모르며 기력이 떨어지고 우울하다. 일부 노인은 항상 고립되어 있으며, 사람 대신 동물과 함께 있는 것을 선호하기도 한다. 때로 보호제공 능력이 없는 노인부부만 남아 있기도 한다. 이들은 과도한 독립심, 불신, 대안에 대한 두려움 혹은 절망 때문에 저항적이다(Quinn & Tomita, 1997: 54-62).

이상 살펴본 바와 같이 방임에는 한 가지 유형이 아니라 여러 유형이 있어서 일반화하기 어려우며, 실무적 차원에서 볼 때 유형에 따른 개입 혹은 차별화된 개입이 필요하다.

3) 심리적 · 정서적 학대

심리적 학대는 별명을 부르거나 듣는 데서 불손한 말을 하는 것 그리고 조롱하는 것을 포함한다. 그리고 심리적 방임에는 무시하는 것, 고립시키는 것, 활동에서 배제시키는 것이 해당된다. 심리적 학대와 방임은 노인에게 수치심을 주고 소극적으로 만들 뿐 아니라 극도의 불안과 신경쇠약을 가져오며, 심한 경우 이론적으로 자살에 이르는 영향을 미칠 수 있다. 이들 노인은 이야기 주제를 자주 바꾸며, 보호제공자 앞에서 위축되는 등 혼란과 해체, 두려움, 떨림과 안절부절 못하는 증상들을 나타낸다. 일부 노인은 심리적 학대가 '가장 상처가 심하다.' 거나 '일어날 수 있는 최악의 일'이라고 지적하기도 한다.

단, 심리적 학대는 증명하기가 쉽지 않다는 점에서 실무자는 조심해서 접근할 필요가 있다. 예를 들어, 일부 가족은 커다란 소리로 이야기하거나 서로에게 소리치는 것을 당연시하기도 하며 이를 정상적 행동으로 간주할 수도 있다. 덧붙여, 일부 학대나 방임의 지표가 되는 행동들이 치매나 파킨슨병과 같은 만성적 질병 때문에 발생할 수 있기 때문이다.

심리적 학대는 다른 학대와 동시에 발생할 가능성이 많은데, 피해자는 흔히 신체적 학대에 저항하거나, 피해사실을 밝히겠다거나, 재산양도를 거부하였을 때 심리적 위협을 받았다고 보고한다(Quinn & Tomita, 1997: 70-74).

4) 경제적 학대

경제적 학대 또는 재정적 학대는 노인의 자산이 부정적으로 유용된 것을 의미한다. 경제적 학대는 장애를 가진 노인에게서 소액의 현금을 훔치는 것부터 집을 불법 양도케 하는 것까지 다양하다. 미국의 노인을 대상으로 한 연구에서 경제적 학대는 노인학대 사례의 3분의 1에서 발견되었고, 이들 피해노인은 상당 수준의 인지적 및 신체적 손상을 가지고 있었다. 캐나다에서 행해진 연구에서는 재정적 학대가 가장 흔한 유형의 노인학대로 밝혀졌다. 그리고 재정적 학대 중 가장 흔한 형태는 피해노인이 돈을 내주도록 하는 것이다. 많은 경우, 경제적 학대를 당한 노인은 자신의 재정적 상태의 변화를 인지하지 못한다. 심지어 일부 노인은 그들이 가정부에게 선물로 현금을 주었다거나 자신이 재정적 상태를 혼돈하고 있었다고 말하기도 한다(Wolf, 1986; Podnieks et al., 1990: Quinn & Tomita, 1997: 75에서 인용 및 재인용).

5) 성학대

노인 성학대는 극히 드물기는 하나, 노인 자신이 성학대 피해자라고 신고하거나 이와 관련된 증상이 있을 경우 이를 고려해야 한다. 예를 들어, 치매에 걸린 듯한 여성노인이 가벼운 중풍 증상으로 응급실에 왔을 때 간호사에게 자신이 임신할 수 있는지를 질문하였다. 간호사는 이를 진지하게 받아들여 자궁검사를 하였는데 검사결과 성병이 발견되었다.

노인 성학대를 의심케 하는 증상에는 성기 혹은 요도의 염증, 상처 혹은 흉터, 특정인에 대한 심한 두려움, 실금 후에 씻거나 목욕하는 것에 대한 강한 두려움 등이 있다. 그리고 성행위에 대한 목격, 골반부위의 외상 혹은 가해자의 성학대 과거력 등도 성학대에 대한 의심을 가질 수 있는 증상들이다.

〈표 9-1〉은 노인학대의 유형별로 구체적 행위와 이의 발생 건수와 비율을 보여 주고 있다. 정서적 학대의 구체적 행위에서는 '노인을 위협 협박하는 언어적 표현이나 감정을 상하게 하는 행동을 한다.' 가 1,530건(26.5%)으로 가장 높게 나타났으며, 다음으로 '노인과의 접촉을 기피한다.' 가 407건(7.1%)이었다. 신체적 학대의 구체적 행위에서는 '노인을 폭행한다.' 가 893건(15.5%) 그리고 '신체적 해를 가져올 위험성이 큰 행위로 노인을 협박하거나 위협한다.' 가 294건(5.1%)으로 가장 많았다. 방임의 구체적 행위에서는 '거동이 불편한 노인의 의식주 등 일상생활 관련 보호를 제공하지 않는다.' 가 515건(8.9%) 그리고 '경제적 능력이 없는 노인의 생존을 위한 경제적인 보호를 제공하지 않는다.' 가 308건(5.3%)으로 높게 나타났다. 그리고 경제적 학대의 구체적 행위에서는 '노인의 소득 및 재산, 임금을 가로채거나 임의로 사용한다.' 가 393건(6.8%)이었다. 자기방임의 구체적 행위에서는 '자신을 돌보지 않거나 돌봄을 거부함으로써 노인의 생명에 위협을 받는다.' 가 463건(8.0%)으로 나타났다. 마지막으로 성적 학대의 구체적 행위에서는 '노인에게 성적 수치심을 주는 표현이나 행동을 한다.' 가 108건(1.9%)을 나타냈다(보건복지부 노인정책과, 중앙노인보호전문기관, 2015. 6.: 118-119).

표 9-1 학대유형별 구체적 행위

구분	학대유형별 구체적 행위	건수	비율
정서적 학대	노인과 관련된 결정사항에 대해서 의사결정 과정에서 소외시킨다.	44	0.8
	노인과의 접촉을 기피한다.	407	7.1
	노인을 위협 협박하는 언어적 표현이나 감정을 상하게 하는 행동을 한다.	1,530	26.5
	노인의 사회관계 유지를 방해한다.	188	3.3
	소계	**2,169**	**37.6**
신체적 학대	노인을 제한된 공간에 강제로 가두거나 노인의 거주지 출입을 제한한다.	84	1.5
	노인을 폭행한다.	893	15.5
	노인의 신체를 강제로 억압한다.	74	1.3
	노인의 신체적 생존을 위협할 수 있는 행위를 한다.	57	1.0
	노인이 원하지 않거나 수행하기 어려운 노동을 하게 한다.	19	0.3
	신체적 해를 가져올 위험성이 큰 행위로 노인을 협박하거나 위협한다.	294	5.1
	약물을 사용하여 노인의 신체를 통제하거나 생명을 저해한다.	5	0.1
	소계	**1,426**	**24.7**
방임	거동이 불편한 노인의 의식주 등 일상생활 관련 보호를 제공하지 않는다.	515	8.9
	경제적 능력이 없는 노인의 생존을 위한 경제적인 보호를 제공하지 않는다.	308	5.3
	의료관련 욕구가 있는 노인에게 의료적 보호를 제공하지 않는다.	161	2.8
	소계	**984**	**17.0**
경제적 학대	노인의 소득 및 재산, 임금을 가로채거나 임의로 사용한다.	393	6.8
	노인의 재산 사용 또는 관리에 대한 결정을 통제한다.	63	1.1
	노인의 재산에 관한 법률적 권리를 침해하는 행위를 한다.	65	1.1
	소계	**521**	**9.0**
자기방임	자신을 돌보지 않거나 돌봄을 거부함으로써 노인의 생명에 위협을 받는다.	463	8.0
	소계	**463**	**8.0**
유기	의존적인 노인을 유기한다.	78	1.4
	소계	**78**	**1.4**
성적 학대	노인에게 성적 수치심을 주는 표현이나 행동을 한다.	108	1.9
	노인에게 성폭력을 행한다.	23	0.4
	소계	**131**	**2.3**
	계	**5,772**	**100.0**

출처: 노인복지부 노인정책과, 중앙노인보호전문기관(2015. 6.), pp. 118-119.

3. 학대와 방임의 지표

실무자가 무엇인가 '잘못되고 있다.'는 느낌을 받게 되더라도 문제를 정확하게 찾아내는 것은 쉬운 일이 아니다. 흔히 가족 혹은 보호제공자의 행동에서 의심스럽거나 석연치 않은 단서들이 발견되는데, 학대와 방임의 발견은 바로 이런 단서들을 하나로 연결하여 피해사실을 밝혀내는 것이다. 드물기는 하나 학대나 방임으로 노인이 죽었는데, 돌이켜 보면 단서가 있었음에도 이를 놓쳤다거나 '직감'을 따르지 못했다는 후회를 하는 경우가 있다. 다음은 학대나 방임을 나타내는 지표들이다.

- 노인이 자신을 위해 이야기하지 못하게 하거나 보호제공자가 동석하지 않은 상태에서 다른 사람을 만나려고 하지 않는다.
- 가족구성원 혹은 보호제공자가 노인에 대해 무관심하거나 화난 태도를 가지고 있다.
- 보호제공자가 쇠약한 노인에게 적절한 수발 혹은 필요한 보조기구를 제공하지 않는다.
- '설명을 붙인' 상처들이 너무 많거나 그런 설명에서 비일관성이 드러난다.
- 신체검사 시 보호제공자가 밝히지 않은 상처가 발견된다.
- '의사 쇼핑(doctor shopping)' 혹은 일정 기간 여러 다른 의료진에게 진료를 받은 전력이 있다.
- 외상 혹은 질병이 시작된 후 진료를 받기까지 상당한 시간이 경과되었다.
- 보호제공자 혹은 가족은 노인에게 안전과 애정을 주지 않거나, 잔인한 방식으로 조롱하거나 혹은 요양원에 입소시키겠다고 위협한다.
- 상처 혹은 사건과 관련하여 납득되지 않는 혹은 상충적인 설명을 한다. 이 설명은 신체상태와 부합되지 않아서 믿기 어렵다.
- 노인과 보호제공자 사이에 부적절한 성적 관계를 암시할 만한 희롱이나 다른 사람을 피하려는 태도가 보인다(Quinn & Tomita, 1997: 82-83).

제3절 노인학대에 대한 사정

노인학대에 대한 사정과 관련하여, 에델만(Adelman), 락스(Lachs) 그리고 브렉먼(Breckman)은 ① 학대의 유형 · 빈도 · 강도, ② 피해노인의 정신적 · 의료적 · 인지적 · 기능적 상태, ③ 피해노인의 활용 가능한 자원 및 원조 등의 요소를 관찰하고 조사하여야 한다고 지적한다(이화여자대학교 사회복지연구회 편, 2003: 401). 노인학대 진단 및 개입 모델(Elder Abuse Diagnosis and Intervention Mode: EADI)은 노인학대를 치료하는 절충적 접근을 시도하고 있으며 노인간호학, 의학, 사회사업, 공중보건, 정신의학 및 심리학 등 여러 다른 학문 분야의 사정 및 개입전략을 검토하여 개발한 모델이다. 퀸과 토미타는 EADI 모델을 토대로 노인학대의 사정 영역으로 ① 클라이언트의 기능 사정, ② 클라이언트의 신체검사, ③ 잠재적 가해자와의 면접, ④ 주위 사람과의 면접을 제시하고 있다(Quinn & Tomita, 1997: 127, 150). 이 모델은 노인학대와 방임을 치료하는 일관성 있는 원칙과 방법을 제시한다는 장점이 있고, 절충적 접근을 택하고 있어서 다양한 기관이나 환경에서 적용하기 편리하다. 이에 따라 여기에서는 EADI 모델을 중심으로 살펴보고자 한다(Quinn & Tomita, 1997: 150-179).

1. 면접방법

면접에서 비심판적 태도를 견지하는 것은 중요하다. 노인학대에 대한 충분한 조사가 요청되지만 클라이언트를 미리 피해자라고 단정해서는 안 되며, 모든 사실이 수집될 때까지 학대행위자에게도 치료계획에 대해 언급할 필요가 없다. 빌라모어(Villamore)와 버그먼(Bergman)은 면접의 기술을 5P—① 프라이버시(privacy), ② 속도(pacing), ③ 계획(planning), ④ 목소리 톤(pitch), ⑤ 시간 엄수(punctuality)—로 제시하고 있다. 보다 구체적으로 살펴보면 다음과 같다(Villamore & Bergman, 1981: Quinn & Tomita, 1997: 153에서 재인용).

- 프라이버시: 클라이언트와 단독면접이 요청되는데, 보호제공자가 이를 꺼릴 경우 클라이언트와의 프라이버시 확보에 상당한 에너지가 소모될 수 있다. 예를 들어, 보호제공자는 "한 시간 후에 다른 약속이 있어서 곤란하다." "만약 두 사람을 같이 면접하면 더 빨리 끝낼 수 있을 것이다." "우리 엄마는 자신이 무슨 말을 하는지조차 모른다. 내가 필요한 모든 정보를 주겠다." 등 여러 이유를 들어 단독면접을 피하고자 할 것이다. 이 경우 사회복지사는 클라이언트와의 단독면접의 필요성을 강조해야 한다. 예를 들어, "(가정에서 면접하는 경우) 우리 기관은 클라이언트의 비밀보장에 대한 원칙을 중요시하기 때문에 먼저 어머니하고 이야기를 하겠습니다. 그러고 나서 당신의 이야기를 듣도록 하겠습니다. 면접하는 동안 산책을 나가시거나 다른 곳에 잠시 다녀오셔도 됩니다. 면접은 45분쯤 소요될 것입니다." 혹은 "(기관에서 면접하는 경우) 어머니를 모시고 와 주셔서 감사합니다. 먼저 어머니를 면접하는 동안 대기실에서 기다려 주시면 고맙겠습니다. 아니면 커피 한 잔 드시고 오셔도 좋습니다. 약 45분쯤 소요될 것입니다. 그러고 나서 어머니의 상황에 대해서 몇 가지 질문을 드리겠습니다."라고 입장을 밝힐 수 있다.
- 속도: 클라이언트와 학대행위자에게 지지를 제공하면서 면접을 일정한 속도로 진행시키는 것이 중요하다. 시간적 제약이 따르겠지만 여유있게 질문하도록 한다. 설사 클라이언트가 중요한 질문에 빗나간 대답을 하거나 비유적으로 말하거나 혹은 진의를 파악하기 어렵다 할지라도 클라이언트를 다그쳐서는 안 된다. 면접과정에서 실무자는 클라이언트의 비언어적 행동(자세), 얼굴표정(특히, 감정을 드러내는 표정), 목소리 톤 등에도 유의해야 한다.
- 계획: 면접에 대한 목적이나 행동결과를 미리 설정하면 도움이 된다. 긴장되는 상황이나 어려운 상황에 대처하는 방식을 메모장에 기록해 놓으면 유사시 유용하다. 그리고 방문면접 시 필요한 서류 등을 미리 챙겨 놓도록 한다.
- 목소리 톤: 실무자는 면접하는 동안 일정한 목소리 톤을 유지하고, 흥분하

거나 놀라움을 나타내는 것은 삼가야 한다. 친절한 목소리와 얼굴표정은 실무자에 대한 신뢰를 높이는 데 도움이 될 것이다.

- 시간 엄수: 약속을 했다면 시간을 정확히 지킬 필요가 있다. 이는 클라이언트에 대한 존중을 보여 주면서 신뢰를 구축하는 데도 도움이 된다.

2. 클라이언트의 기능 사정

기능 사정의 목적은 클라이언트가 누구를 빈번하게 접촉하고 있는지, 누구에게 사회적 · 신체적 · 재정적 지지를 의존하는지를 발견하기 위한 것이다. 이는 클라이언트의 일상생활과 독립성 수준을 통해 사정될 수 있다.

- 일반적 정보: 면접은 클라이언트가 편안하게 대답할 수 있는 쉬운 질문부터 시작한다. 여기에는 주소, 현 주소지에서의 거주기간, 동거가족 등이 해당된다. 소득이나 저축 등 재정에 관한 질문도 필요하다.
- 전형적 일상생활에 대한 정보: 전형적 일상생활에 대한 정보를 통해 실무자는 클라이언트가 다른 사람에게 의존하는 정도를 판정하고 클라이언트가 가장 빈번하게 접촉하는 의미 있는 타자가 누구인지를 파악할 수 있다. 클라이언트가 잠에서 깨는 시간부터 일상을 사정하는 것이 중요하다. 누가 클라이언트를 돕는지, 누구에게 의존할 수 있는지, 얼마나 자주 접촉하는지 등에 대한 정보를 얻는다.
- 클라이언트의 일상생활능력 사정: 기본적인 생활기술, 즉 몸단장, 옷 입기, 걷기, 목욕, 화장실 가기, 식사 등에 대한 사정이 필요하다.
- 클라이언트의 보호에 대한 기대치: 때로 보호제공자와 클라이언트의 기대치가 상이할 수 있다. 학대가 이런 비현실적 기대에서 비롯될 수도 있으므로 실무자는 클라이언트의 진술과 학대행위자의 진술을 비교 · 검토해야 한다.
- 가족생활의 위기: 가정의 주요 문제 혹은 클라이언트와 특정 가족구성원의 관계 등 최근 가족생활의 위기를 사정하도록 한다.

- 가족구성원의 알코올, 약물, 질병 및 행동문제: 노인학대는 가해자의 약물 남용이나 정신의학적 문제와 강한 상관관계를 가지고 있으므로 가족구성원 혹은 가구원이 알코올문제, 약물문제 혹은 다른 행동문제를 가지고 있는지 질문하도록 한다.
- 학대사건: 실무자는 클라이언트에게 밀치기, 흔들기, 때리기, 침대나 의자에 묶어 두기, 장시간 방에 가두기, 고함치기, 협박 등의 행위를 당한 적이 있는지를 질문한다. 만약 그런 일이 있었다면, 언제 발생하였는지 그리고 어디를 다쳤는지 등에 대해 질문하도록 한다. 실무자는 클라이언트에게 어떤 신체부위에 상처를 입었는지 그리고 어떻게 다쳤는지(예: 손바닥으로 때렸는지, 주먹으로 쳤는지, 얼마나 자주 때렸는지 등)를 알아보도록 한다. 실무자는 클라이언트가 언급한 특정 사건(들)에 면접의 초점을 두고 보다 상세한 정보(학대의 요인이 무엇이었다고 생각하는지 그리고 얼마나 자주 이런 사건이 반복되었는지 등)를 수집하도록 한다.

  경제적 학대에 관한 질문도 신체적 학대에 관한 질문과 같은 방식으로 다루도록 하며, 성학대의 가능성도 확인한다. 나아가 식사와 음료가 충분히 제공되는지, 제시간에 약이 주어지는지 등을 질문해야 한다. 클라이언트의 대처방식을 파악하기 위해 학대상황이나 장시간 홀로 방치되었을 때 어떻게 반응하는지를 질문한다. 때로 클라이언트가 한 가지 유형의 학대가 아니라 여러 유형의 학대를 받았을 수 있으므로, 실무자는 가능한 한 모든 학대 유형에 관해 질문해야 한다.
- 클라이언트의 정신적 상태: 클라이언트의 정신적 상태에 대한 검사의 목적은 학대에 대한 클라이언트의 진술의 신뢰성을 높이고, "그녀가 이야기를 꾸몄다." "노망이 들었다." 등 학대행위자가 클라이언트의 주장을 무효화시키고자 하는 데 대비하기 위한 것이다.

3. 상처에 대한 사정

실무자는 클라이언트의 상처를 사정하는 훈련이 부족하다고 느낄 수도 있다.

가정에서 면접이 이루어지는 경우, 실무자는 클라이언트에게 괜찮은지를 확인하기 위한 것이라고 설명하고 손목, 팔, 다리를 잠깐 살펴보게 해 달라고 요청한다. 만약 클라이언트가 이런 요구를 불편해하지 않는다면, 실무자는 등이나 가슴을 보여 달라고 요청한다. 상처에 대한 기록은 ① 상처의 크기, ② 멍이나 상처의 색깔, ③ 형태, ④ 상처부위를 포함하도록 한다.

상처나 멍 이외에 다른 증상도 주의해서 보아야 한다. 예를 들어, 손목이나 발목, 겨드랑이에 있는 자국은 묶어 둔 흔적일 수 있다. 무릎이나 엉덩이가 방임으로 거의 사용하지 못해서 혹은 운동부족으로 경직되어 있을 수 있다. 그리고 성학대의 가능성을 나타내는 지표에는 성병, 성기부위의 상처, 옷을 갈아입거나 목욕을 하거나 혹은 검사할 때 극도로 과민한 것, 특정인에 대해 두려워하고 안절부절못하는 것 등이 있다. 가해자에 대한 애정이나 애착, 충성심 때문에 학대사실이 분명해질 때까지 노인이 피해사실을 시인하지 않을 수 있으므로, 성학대에 대한 힌트나 암시가 될 수 있는 클라이언트의 말이나 질문에 세심한 주의를 기울이도록 한다.

마지막으로 실무자는 클라이언트의 관심사에 대해 주목할 필요가 있다. 노인학대의 피해사실을 시인한 후, 클라이언트는 후회, 두려움, 불안을 느낄 수 있다. 이런 감정은 "말하지 않을 거지요?" "이제부터 어떻게 할 것인가요?" 와 같은 두려움 섞인 질문으로 나타나기도 한다. 클라이언트는 자신이 피해사실을 밝힌 것을 알고 학대행위자가 보복할까 두려워할 수도 있다. 또한 클라이언트는 학대행위자에게 양가적 감정을 가지고 있을 수도 있다.

4. 가해자와의 면접

실무자에게 있어서 학대행위자와의 면접은 불편하고 불안을 유발한다. 학대행위자와의 면접은 클라이언트와 실무자에게 위험하거나 위험 가능성과 직면해야 한다는 점에서 그리고 특정 질문에 대한 반응을 예측하기 어렵다는 점에서 매우 어렵다. 그럼에도 불구하고 클라이언트와의 면접이 끝난 직후 학대행위자를 면접하는 것은 매우 중요하다. 이는 학대행위자가 실무자에게 무엇을 밝혔는지 클라이언트에게 물어볼 기회를 차단할 수 있기 때문이다. 노인학대를 밝혀내는 일차적인 방법은 클라이언트와 학대행위자의 진술내용에서 비일관성을 찾아내는 것이다.

학대행위자를 면접하는 적절한 방법은 친근한 태도를 유지하고 잘 조절된 억양으로 말함으로써 흥분시키지 않는 것이다. 실무자는 당연하다는 태도로 학대행위자의 반응을 기록하도록 한다. 실무자는 학대행위자에게 다음과 같은 기본적 질문을 할 수 있다.

- "어머니에 대해 말씀해 주시고 싶은 것이 있으신지요?"
- "어머니의 건강상태는 어떻습니까? 어떤 약을 복용하고 계시는지요?"
- "어머니는 어떤 보호를 필요로 하십니까?"
- "어머니의 일상활동과 보호에 얼마나 관여하고 계십니까?"
- "어머니가 어떤 것을 스스로 해야 한다고 생각하십니까?"
- "어머니는 당신에게 어떤 것을 요구하십니까? 그 일을 하십니까? 어려움은 없습니까? 있다면 어떤 것인지요?"
- "보통 하루를 어떻게 보내는지 말씀해 주시겠습니까?"
- "어머니를 항상 돌보셔야 하는데 어떻게 이에 대처하십니까?"
- "다른 지원을 받거나 단기보호 서비스를 이용할 수 있습니까? 누가 그리고 무엇을?"
- "어머니를 돌보는 일을 형제자매들이 돕습니까?"
- "무슨 일을 하십니까?"
- "소득이 얼마인지 말씀해 주실 수 있습니까?"

다음의 질문은 학대에 대한 책임 여부를 결정하는 데 유용한 질문이다.

- "어머니의 팔(머리, 코 등)에 멍든 자국이 있는 것을 알고 계십니까? 어떻게 멍이 들었습니까?"(반응을 기록하고 가능하면 어떻게 된 상황인지 보여 달라고 요청한다.)

- "당신의 어머니는 영양실조 그리고/혹은 탈수로 고통받고 계십니다." 혹은 "당신의 어머니는 영양이 부족하고 너무 여위신 것 같습니다. 어떻게 된 일인지 말씀해 주시겠습니까?"
- "왜 이렇게 늦게 치료를 받게 되었는지 이유를 말씀해 주시겠습니까?"
- "어머니처럼 손상이 있는 사람을 돌보는 것은 어려운 일입니다. 너무 좌절감을 느껴서 심하게 밀쳤던 적이 있습니까? 때린 적이 있습니까? 상황은 어떠했습니까?"
- "밤에 외출할 때 어머니를 침대나 의자에 묶어 두거나 방에 가둔 적이 있습니까?"
- "어머니에게 소리를 지르거나 말로 위협한 적이 있습니까?"

많은 학대적 보호제공자들은 노인의 상처나 위험한 상황에 대한 책임을 부인하거나 최소화한다. 사정단계에서 실무자의 일차적 목적은 학대행위자에게 도전하는 것이 아니라 정보를 수집하고 이를 정확히 기록하는 것이다. 정보가 수집된 후, 개입단계에서 학대행위자를 직면할 것인지 결정하게 되겠지만 사정단계의 주목적은 정보를 수집하는 데 있다.

제4절 노인학대에 대한 개입

1. 개입에 영향을 주는 요소

1) 클라이언트의 능력

개입단계에서 실무자는 클라이언트가 치료에 동의하고 치료과정을 선택할 능력이 있는지 판정을 내려야 한다. 이때 클라이언트의 신체적 · 정신적 건강상태가 고려되어야 하는데, 클라이언트는 ① 판단능력이 있으며 치료에 동의함, ② 판단능력이 있으나 치료에 동의하지 않음, ③ 판단능력이 없으나 치료에는 동의함, ④ 능력이 없으며 동의하지도 않음, ⑤ 응급상황에 있음의 다섯 가지

범주로 구분할 수 있다.

2) 클라이언트의 협조

클라이언트의 치료에 대한 의지와 협조 수준은 변화에 대한 동기, 치료관계에 관여하는 능력, 변화기회와 자원의 이용 가능성 등 여러 요인에 영향을 받는다. 이에 따라 실무자는 노인의 선택에 영향을 미치는 요인들을 검토할 필요가 있다. 클라이언트는 두려움, 희망, 애정, 낮은 자아존중감, 재정적 의존성, 정서적 의존성, 소외감, 의무, 외부지원 부족, 학대가 현 상황에서 벗어나기를 원할 만큼 심각하지 않다는 사실 등 여러 이유에서 학대적 관계에 머물 수 있다.

양가감정은 치료의 초기 단계에 내재해 있다. 이에 따라 치료 초기에 양가감정에 주의를 기울이면 클라이언트가 의식적 또는 무의식적으로 치료를 게을리하는 기회를 감소시킬 수 있다. 그리고 실무자는 클라이언트가 '저항적'이라고 규정하는 것을 주의해야 한다. 노인들은 새로운 상황에 위협을 느낄 수 있으므로, "무엇을 하고 있는지 궁금하시지요." "사람에게 익숙해지는 데는 시간이 걸리지요."와 같은 말을 하여 클라이언트의 감정을 이해하고 있음을 보여 줄 필요가 있다.

클라이언트의 협조에 영향을 주는 또 다른 요인에는 불안과 낮은 동기, 정보의 부족이나 잘못된 정보, 신념과 태도, 주의산만, 미흡한 라포, 사회적 지지의 결여 등이 있으며, 신체적 · 심리적 손상도 클라이언트의 협조에 장애가 될 수 있다.

3) 가해자의 병리

사정과 개입 초기에 가해자가 병리적인지, 클라이언트가 생명위협적 상황에 있는지 여부를 결정하는 것은 매우 중요하다. 이는 클라이언트가 병리적인 가해자와 머무르겠다는 선택을 하였을 경우 더욱 중요하다. 공동면접에서 분노, 분개, 질투 등의 감정이 유발되면 면접이 끝난 후 가해자가 클라이언트를 학대할 수 있기 때문이다.

4) 상황의 심각성

상황의 심각성에 따라 개입형태와 신속한 개입의 필요성 여부가 결정된다. 예를 들어, 클라이언트가 방임이나 학대상황에서 자신을 지킬 수 있거나 즉각적인 위험상황에 처해 있지 않다면, 실무자는 상황을 충분히 사정하고 주위 사람과 면접한 뒤 치료계획을 수립하는 시간적 여유를 가질 수 있다(Quinn & Tomita, 1997: 180-187).

2. 위기개입

위기상황에서의 전문적 개입은 ① 형성(formulation), ② 실행(implementation), ③ 종결(termination)의 세 단계로 구분된다. 형성단계는 클라이언트와의 계약 수립, 무슨 일이 일어났는지에 대한 발견, 위기가 존재하는지 여부 결정, 작업계약 설정을 포함한다. 실행단계는 과업의 규명 및 수행을 포함한다. 그리고 종결단계는 종결에 대한 결정, 진전에 대한 검토, 미래에 대한 계획을 포함한다(Quinn & Tomita, 1997: 191-200).

1) 1, 2단계: 형성과 실행

노인학대의 가능성이 있는 사례를 처음 접하였을 때, 실무자의 과제는 위기가 존재하는지, 클라이언트가 위급한 상황에 있는지, 즉각적인 조치가 필요한지의 여부를 결정하는 것이다. 일반적으로 두 가지의 위기상황이 있을 수 있는데, ① 클라이언트에게 신속한 의료적 조치를 요하는 의료적 · 신체적 응급상황, ② 클라이언트의 구좌에서 갑작스럽게 예금이 인출되거나 혹은 다른 재정적 부정행위로 인한 재정적 긴급사태다. 이런 위기상황에서 클라이언트는 자신의 생명과 안전 및 재산상의 위협을 느낄 수 있으며, 스트레스상황 때문에 두려움, 불안, 무력감, 혼란을 경험할 수 있다. 이 경우 클라이언트는 실무자의 개입에 보다 수용적으로 반응하게 될 것이다. 보다 구체적으로 살펴보면 다음과 같다.

(1) 의료적 · 신체적 위기

실무자는 다음의 상황에서 즉각적인 개입을 해야 한다.

① 클라이언트가 혼자 방치되어 있으며 문을 열어 주기 위해 일어날 수조차 없다.
② 클라이언트가 반응이 없으며 깨어난 후에도 혼란스럽고 해체된 상태에 있다.
③ 클라이언트가 '성장 실패(failure to thrive)'의 상태를 보인다.
- 배설물 위에 누워 있는 경우
- 음식물이나 음료수를 섭취하지 못하는 경우
- 날씨에 맞지 않는 옷을 입고 있는 경우
- 상처가 치료되지 않은 채 방치된 경우
- 위와 같은 상황을 인식하지 못하거나 설명하지 못하는 경우

(2) 경제적 위기

경제적 위기도 의료적 위기 상황만큼이나 심각할 수 있다. 일부 노인은 평생 모아 온 저축, 연금, 부동산 및 기타 값비싼 소유물을 상실하는 경제적 학대를 당하기도 한다. 경제적 위기에 나타날 수 있는 정서적 증상에는 불안, 긴장, 수치심, 적대감, 우울증 및 죄의식이 있으며, 인지적 혼란이 관찰될 수도 있다. 실무자는 신속한 조치를 취해야 하며 경제적 위기상황에서 취할 수 있는 방법에 대한 충분한 지식을 갖추고 있어야 한다.

2) 3단계: 종결

위기개입에서는 진단과 치료가 분리되는 것이 아니다. 즉, 치료가 첫 회기에서부터 시작되며, 종결도 명확히 구분되는 단계가 아니다. 종결과정에서 실무자는 그동안의 진전을 검토하고, 앞으로의 전략(예: 도움을 누구에게 언제 요청할 것인지)에 대하여 논의한다.

클라이언트를 모니터링하는 방법을 개발하는 것은 종결의 주요한 목적의

하나다. 클라이언트에게 필요시 서비스를 다시 요청할 수 있음을 인지시킨다. 방문 혹은 전화를 통한 정규적인 사후 보호방법을 구축하면 도움이 된다. 위기 개입의 목적은 정서적 안정의 회복뿐만 아니라 미래에 유사한 상황에 직면하였을 때 대처할 수 있는 능력의 개발이다. 이를 위하여 실무자는 클라이언트에게 장차 위기에 직면할 경우 도움을 요청할 수 있는 사람들의 명단과 기관의 전화번호에 대한 정보를 준다.

3. 피해노인에 대한 개입방법

퀸과 토미타가 밝힌 노인학대 클라이언트에 대한 개입 방법은 다양하다. 실무자는 현실성 테스트를 할 수도 있고, 노인의 환경을 재구조화하도록 도울 수도 있으며, 클라이언트의 예견능력을 발달시키기 위해 교육적 · 예방적 모델을 활용할 수도 있고, 구체적인 서비스를 제공할 수도 있으며, 간접적으로 개입할 수도 있다. 이런 개입방법들에 대하여 간략히 살펴보고자 한다(Quinn & Tomita, 1997: 217-228).

1) 감정의 표현 및 관리

가해자에 대한 충성심 때문에 피해자가 학대의 심각성을 부인하는 경우, 실무자는 피해자가 감정을 표현하고 관리할 수 있도록 돕는 것이 보다 생산적일 수 있다. 예를 들어, 실무자는 "아드님을 사랑하시는 것을 잘 알고 있습니다. 심지어 당신을 해치고 있음에도 불구하고 자식이 체포되기를 원치 않으시는군요."와 같이 피해자의 감정을 반복적으로 언급해 준다.

2) 현실성 테스트

노인학대로 현실감을 상실하고 고립된 생활을 하는 노인들에게 실무자는 접촉하는 유일한 사람일 수가 있다. 정보와 조언을 제공하는 것은 자기비난, 과도한 환상 그리고 '마법적' 사고—학대가 저절로 멈출 것이라는 생각—에 제동을 거는 데 도움이 된다. 또한 이는 신체화, 현실도피와 같은 부적응적 대처패턴을 제어하는 데도 유용하다. 경우에 따라 노인은 스스로 문제를 처리할 능력이 있다고 실무자의 도움을 거부하기도 하는데, 실제로는 자립능력이 없기 때문에 도움이 필요하다. 많은 경우 클라이언트의 자기결정을 따르기보다는 구체적 행동과정 혹은 의견을 권하는 것이 보다 적절한 개입방법이다.

3) 예견능력의 개발

피해자에게 현실감을 제공하는 또 다른 방법은 예견능력의 개발인데, 이는 일종의 지성화(intellectualization)이며 장차 학대사건이 발생할 경우 노인이 대비할 수 있도록 돕는 방법이다. 피해자가 학대의 심각성을 부인할 경우, 실무자는 피해자에게 학대사건이 다시 발생하면 어떻게 할 것인지를 진지하게 고려해 보도록 요청하고 미리 행동해 보도록 하여 연습시킨다.

클라이언트와 실무자는 예견적 지침(anticipatory guidance) 기법을 사용하여 장차 학대사건에 대한 시나리오를 상상해 보고, 예상되는 갈등상황이나 문제에 대처할 수 있는 새로운 행동과 계획을 논의할 수 있다. 이런 예견과정은 현재의 무기력감을 극복하고 가능한 해결책을 모색하는 것뿐 아니라 정서적 안정의 회복에도 기여한다.

4) 내적 강점의 활성화

흔히 피해자는 무력하고 무기력하게 보이지만, 경제불황과 같은 어려운 시절을 겪으면서 대처와 생존기술, 자족능력을 키워 왔다. 어떤 의미에서 이런 기술들은 노인이 학대를 견뎌 내도록 도왔다. 노인과 함께 과거 어려움이나 위협, 곤경에 대처했던 방법을 검토한 다음, 이런 능력을 현재의 어려움을 극복하는 데 활용하도록 도울 수 있다. 이런 검토를 통해서 피해자의 자기확신감이 증진될 것이다.

5) 교육적 치료

클라이언트에게 학대에 대처하는 새로운 방법을 가르치면 피해노인들이 학대상황에 효과적으로 대응할 수 있다. 훈련에는 돈이나 무리한 요구에 대해 단호하게 '아니요' 라고 말하는 훈련, 두려움을 극복하기 위한 자기방어 훈련, 의존성을 줄일 수 있는 자기보호기술 훈련 등이 있다. 무엇보다도 폭력은 재발하며 그 정도가 심해진다는 폭력의 순환과정을 이해시켜야 한다.

6) 환경치료

실무자는 클라이언트가 지역사회자원을 활용할 수 있도록 도울 필요가 있다. 기본적 원칙은 클라이언트가 가능한 한 덜 제약적인 환경에서 생활할 수 있도록 반찬배달 서비스, 가정봉사원 서비스, 가정간호 서비스 등 필요한 서비스를 제공하는 것이다.

4. 가해자에 대한 개입방법

1) 치료계획

(1) 실무자의 감정관리

가해자에 대한 개입에서, 실무자가 직면하는 첫 번째 어려움은 가해자에 대한 감정을 관리하는 것이다. 분노, 격노, 경멸 등의 감정은 흔히 실무자가 경험하는 감정들이다. 그러나 치료는 피해자뿐 아니라 가해자에게도 제공되어야 한다.

(2) 관계의 과거력에 대한 인정

때로 실무자는 가해자와 피해자의 과거 관계의 성격을 인정해 줄 필요가 있다. 예를 들어, 실무자는 가해자에게 오랫동안 상황이 어려웠으며, 노인이 까다로운 성격을 가지고 있거나 때로 가해자에게 못되게 행동했던 경우도 있었음을 인정해 준다. 이는 학대 혹은 방임을 용서하는 것은 아니지만 가해자가 공정하게 처우될 것이며 실무자가 어느 누구의 편도 아님을 보여 주는 것이다.

(3) 현실성 테스트와 구조의 제공

설사 가해자가 학대적이거나 방임적이라고 느끼지 않더라도, 다른 사람들은 그렇게 느낀다는 것을 인식해야 할 필요가 있다. 치료의 가능성이 있다면, 실무자는 가해자에게 상황을 개선하는 데 필요한 도움을 제의하면서 관심사를 솔직하게 이야기하는 것이 최선이다. 가해자는 학대사실을 인정하되 책임을 회피하고, 피해자, 알코올, 약물 등 외적 요인을 비난하기도 한다. 이때 실무자는 외적 요인의 탓으로 돌리는 행위를 지지하지 않고, 알코올이나 약물의 영향하에서도 학대를 하는 사람과 그렇지 않은 사람이 있음을 인식시킨다.

자기통제에 대한 강조도 가해자의 행동을 변화시키는 또 다른 방법이다. 피해자에 대한 통제 대신 가해자에게 자신의 행동을 통제하는 학습을 하도록 격려할 수 있다. 그리고 실업, 수면부족 등 외적인 스트레스요인은 통제되지 않지만 스트레스요인에 대한 반응은 통제할 수 있다는 점 그리고 스트레스를 적절한 방법으로 표현할 수 있다는 점을 상기시킨다.

(4) 문제해결

예견적 상담은 학대상황의 예방을 위하여 활용될 수 있다. 실무자는 가해자와 협상할 수 있는 항목들(예: 가해자가 하루 휴식을 취할 수 있도록 노인보호를 다른 사람에게 부탁하는 것)을 논의한다.

2) 교육계획 및 자원연계

문제해결에 대한 교육적 접근은 비위협적인 상담기법이다. 실무자는 가해자에게 이용 가능한 서비스에 대한 정보를 제공할 수 있다. 여기에는 단기보호, 자원봉사자 방문프로그램 등이 있다.

그리고 실무자는 가해자가 노인에 대한 비현실적 기대를 하고 있는 경우, 현실적 기대치를 가르쳐 줄 수 있다. 또한 보호제공자를 위한 집단 프로그램이 이용 가능하다면 이에 대한 정보를 줄 수도 있다. 가해자에게 치매환자를 돌보는 방법, 가정 안전지침, 약물사용 등에 관한 서적을 소개하는 방법도 있다. 가해자가 적절한 방식으로 행동하고 보호제공자 및 가족구성원으로서의 역할을 제대로 수행하면 칭찬과 지지를 해 주도록 한다.

제 10 장

이혼가족

1990년대 초반에 출판되었던 『이혼 또 하나의 선택』과 『왜 이혼 못하는가: 이혼한 여성들의 건강한 삶 이야기』와 같은 책들은 결혼생활의 문제나 불행을 해결하는 대안의 하나로서 이혼을 인정해야 한다는 시대적 분위기를 반영하고 있다(사잇소리, 1993; 장정순, 1994). 이와 같은 사회적 분위기와 더불어 1991년부터 개정가족법이 시행됨에 따라 재산분할청구권, 자녀친권자 선임과 이혼 후 자녀 면접교섭권 등이 보장되었다.

이런 사회적 맥락 속에서 1990년대 이후 이혼율은 급격히 증가하여 2003년에는 인구 천 명당 이혼 건수인 조이혼율이 3.4건으로 정점에 이르렀다. 그 후 조이혼율은 2006년 2.5건으로 낮아졌고 2010년부터 2014년까지는 2.3건에 머물러 있었다. 그리고 2015년에는 조이혼율이 2.1건으로 낮아졌다. 2018년 이혼은 10만 8,684건으로 조이혼율은 2.1건이었다(통계청, 2019: 145). 남자 평균이혼연령은 2005년에는 42.1세였으나 2015년에는 46.9세 그리고 2018년에는 48.3세로 점차 높아지고 있다. 이와 유사하게 여자 평균이혼연령도 각기 38.6세, 43.3세 그리고 44.8세로 높아졌다. 이와 같이 평균이혼연령이 높아지는 것은 과거에는 젊은층의 이혼율이 높았으나, 최근에 와서는 중 · 노년기 이혼이 증가했기 때문인 것으로 보인다. 45세 이후 중 · 노년기 이혼이 차지하는 비율은 2005년 남자 33.9%, 여자 22.0%였다. 그리고 2018년에는 남자 60.2%, 여자 48.4%로 크게 증가하였다(통계청, 2019: 143). 한편, 미성년자녀가 있는 이혼가족의 비율은 2005년 63.4%였으나 2015년에는 48.4%로 감소하였다. 이 비율은 2014년 처음으로 50% 미만(49.5%)으로 떨어진 것이며 최근 중 · 노년 이혼이 증가하면서 이혼부부의 자녀 상당수가 이미 성인이 되었을 것으로 추정된다.

현실적으로 이혼이 증가하고 전 연령층으로 확장되면서, 이혼에 대한 견해는 여전히 보수적이지만 조금씩 변화를 보이고 있다. '어떤 이유라도 이혼해서는 안 된다.'가 2012년에는 13.3%에서 2018년에는 7.7%로 감소하였고, '어떤 이유가 있더라도 가급적 이혼해서는 안 된다.'도 35.4%에서 25.5%로 상당히 감소하였다. 반면, '경우에 따라 이혼할 수도 있고 하지 않을 수도 있다.'는 2012년 37.8%에서 2018년 46.3%로 많이 증가하였다. 이와 같은 맥락에서 '이유가 있으면 하는 것이 좋다.'는 2012년 10.9%에서 2018년 16.7%로 증가하였다(통계청, 2016:

133; 통계청, 2019: 161).

조이혼율이 감소하고는 있지만, 이혼이 전 연령층으로 확산되고 일정 비율을 유지하면서 이혼가족은 우리 주변에서 흔히 볼 수 있는 가족형태가 되었다. 2000년대 이후 이혼가족을 수용하고자 하는 움직임이 시작되었고, 사회적 편견을 감소시키기 위해서 한부모가족운동이 전개되기도 하였다(한국여성민우회, 2001). 이와 더불어 한부모가족을 우리 사회 내에 빠르게 증가하는 가족유형의 한 형태로 인식해야 한다는 목소리도 커졌다(김미경, 2001; 양혜경, 2000; 장혜경 외, 2001).

제1절 이혼의 원인

통계청에 의하면, 2000년대 초 · 중반까지 협의이혼(2007년 84.7%)의 비율이 매우 높았다. 2008년부터 재판이혼의 비율이 20%를 넘어섰고, 이 증가추세는 2015년 현재까지 지속되고 있다. 2015년에는 협의이혼 77.5%, 재판이혼 22.4%를 나타냈다(통계청, 2016. 4. 7., 보도자료: 26). 그리고 이혼의 사유를 살펴보면, 성격차이가 44.6%로 가장 높고, 다음으로 경제문제가 11.3%로 나타났다. 그 외 배우자 부정 7.4%, 가족간 불화 6.9%, 정신적 · 육체적 학대 3.9%, 건강문제 0.6%를 나타냈다(통계청, 1990~2014).

흥미로운 사실은, 첫째, 오늘날 배우자를 선택하고 결정하는 과정에서 친밀함과 사랑을 중요시하고 부모의 개입이 약해졌지만, 결혼생활뿐 아니라 이혼과정에서는 확대가족의 역할이 상당히 큰 것으로 나타나고 있다. 심지어는 부모가 이혼을 부추기는 역할을 하기도 한다(송유진, 2005: 81-83 참조). 둘째, 오랫동안 한국사회를 지배해 왔던 남성중심적 가부장적 틀이 급격한 사회변화 속에서 와해되어, 여성들은 남성들의 전통적 가부장적 태도와 기대를 더 이상 수용하지 않는다는 사실이다(이동원, 2005: 367 참조).

헤더링턴(Hetherington)과 켈리(Kelly)에 의하면, 이혼은 여러 문제가 축적된 결과라고 할 수 있으며, 남성과 여성이 헤어지는 이유에는 차이가 있다. 가장 보편적인 이유를 정리해 보면 다음과 같다(Hetherington & Kelly, 2002: 33-40).

- 관계문제: 남성과 여성은 부부문제를 서로 다른 관점에서 보는 경향이 있다. 예를 들어, 많은 여성이 의사소통과 애정의 부재를 커다란 문제로 지적하며, 알코올중독, 신체적 폭력 혹은 외도가 이혼에 기여하였다고 보고한다. 한편, 남성은 배우자가 잘못을 꼬집고 바가지를 긁고 푸념을 해서 결혼에 대한 환상이 깨졌다고 지적한다. 또한 많은 남성은 아내의 미성숙이나 무책임성 그리고 일부는 알코올중독이나 부정을 원인으로 지적한다.
- 소득: 경제적 문제는 흔히 부부해체의 주요 원인이 되지만, 남녀의 시각차이가 있다. 즉, 많은 여성은 남성이 가족의 경제적 상황을 증진시키는 데 실패하였을 때, 직장을 구하거나 유지할 수 있는 능력이 없을 때, 실직하고 집에서 어슬렁거릴 때를 이혼 결정의 요인으로 지적하였고, 실직이 아동에게 미치는 경제적 영향을 우려하였다. 반면, 실직 중이거나 저소득 남성은 배우자의 바가지와 동정심 결핍이 그들을 더 무능력하게 느끼게 하였다고 불평하였다. 특히 실업은 여성이 직장을 가지고 있을 때 더욱 부정적 효과를 미쳤다.
- 성적 문제: 성적인 어려움 또한 이혼에 기여하였다. 남성에게 성적 만족과 부부만족은 긍정적인 상관관계가 있었다. 여성에게, 특히 자녀 출생 이후 섹스와 결혼만족도와의 상관관계는 남성보다 낮았다.
- 폭력: 신체적 폭력—여성 혹은 자녀에게 가해진—은 여성의 이혼 결정에 기여하였다. 폭력은 남성에게 국한된 것이 아니고 여성도 물건을 집어던지는 등 폭력을 사용할 수 있지만, 남성과 여성의 폭력의 파괴력은 다를 수밖에 없다.

제2절 이혼가족의 문제

1. 이혼자의 경제적 · 심리사회적 문제

1) 정서적 변화

이혼 후 1~2년 동안 대체적으로 정서적인 어려움이 따른다. 이혼자는 우울하고, 불안하며, 분노하고 흔히 정서적으로 불안정하다. 이혼 초기에 이혼여성의 지배적인 감정은 분노와 상실감이다. 분노는 결혼생활을 유지하기 위해 참고 지냈다는 사실과 자신에 대한 분노 그리고 이혼으로 상실된 현실적 조건에 대한 것이다. 상실감은 자신을 보호하고 위안해 줄 대상이 사라졌다는 것, 사랑하는 사람이 없어졌다는 것, 일상의 기쁨과 슬픔을 공유할 대상을 잃었다는 것 등으로부터 연유하는 감정이다. 그리고 전 배우자에 대한 애착을 떨쳐 버리지 못한 여성들도 있다. 특히 이혼 후 자녀와 떨어져 사는 여성은 자녀에 대한 죄의식을 경험하는 것으로 나타났다. 또한 이혼 후 시간이 경과되면서 이혼여성은 외로움을 경험한다(성정현, 1998: 85-86).

이와 같은 맥락에서 헤더링턴과 켈리는 이혼 첫해에는 외로움, 우울증, 분노가 가장 보편적인 정서라고 지적한다. 많은 이혼자는 새로 획득한 자유와 기회에 대한 희열감과 새로운 삶은 구축하는 데 어려움에 대한 우울감을 반복적으로 경험한다. 그리고 '왜 결혼생활에 실패하였는지 그리고 결혼 실패가 의미하는 바가 무엇인지' 등 심한 실패감을 경험한다(Hetherington & Kelly, 2002: 49-51).

2) 경제적 어려움

이혼여성은 이혼 후 경험하는 어려움 중에서 경제적 문제로 가장 크게 고통받는다고 지적되고 있다(변화순, 1996: 76; 손서희, 2013: 61 등), 박옥희와 공선영은 사례연구를 통해서 경제적으로 부유하지 않은 중년여성의 경우, 이혼 후 생계유지가 심각한 현실이 될 수 있음을 보여 주고 있다(박옥희, 공선영, 2005). 그러나 경제적 어려움은 이혼여성 사이에서도 여건에 따라 차이가 나타난다. 즉, 전문직에 종사하는 이혼여성은 경제적인 위협을 느끼지 않으나, 학령기 자녀들과 함께 생활하고 있는 비전문직 여성의 경우 경제적인 문제는 생존의 문제였다(성정현, 1998 참조). 결혼기간에 경제활동을 하지 않았던 여성이 이혼 후 경제적 어려움을 해결하는 가장 근본적인 방법은 취업이다. 그러나 이혼여성은 ① 자녀육아로 인한 취업의 어려움, ② 이혼녀에 대한 일터에서의 차별로 인한 구직의 어려움, ③ 인적 자원의 부족으로 인한 취업의 어려움, ④ 건강문제 등의 이유에서 취업의 난관에 봉착하게 된다(이여봉, 2003: 9-10).

그러다 보니 많은 이혼여성은 공장생산직, 판매직, 가사도우미 등 저임금 직업을 통해 홀로서기를 시도한다. 특히 자녀가 어리거나 아픈 경우, 자녀돌봄에 있어 확대가족의 도움을 받지 못하는 경우 혹은 직장 분위기가 가족 친화적이지 않은 경우, 이혼여성의 경제적 홀로서기는 더욱 어려워진다. 그러나 흥미로운 사실은 이혼여성이 자신의 계획에 따라 경제생활을 할 수 있다는 점 그리고 자녀를 위한 소비를 결정할 수 있다는 측면에서 경제적 어려움에도 불구하고 주관적인 경제적 복지가 나아진 것으로 여기기도 한다(손서희, 2013: 66).

한편, 이혼남성은 사업상의 어려움, 혹은 이혼 시 재산분할로 재산의 감소, 불규칙한 생활에 따른 지출의 과다로 경제적 어려움을 경험하지만, 이는 절대적인 경제적 빈곤이라기보다는 경제 수준이 과거보다 떨어진다는 상대적 빈곤의 성격이 강하다(변화순, 1996: 76-79). 그러나 이혼남성도 여건에 따라 차이가 있다. 노정자와 강기정의 연구에 의하면, 이혼남성도 경제적 능력에 따라 생활에 타격을 받았고 특히 자녀를 양육하는 이혼남성은 경제적 활동에 제약을 받기도 하였다. 예를 들어, "마트에서 계속 일을 하면 생계비가 어렵고, 그렇다고 새로운 직장을 구하려고 하면 애가 어려서 쉽게 직장을 구할 수도 없고 이 두 가지의 갈림길에서 상당히 고민을 많이 했죠. (중략)" (참여자 5: 노정자, 강기정, 2012: 155).

3) 자녀양육

장혜경에 의하면, 이혼 후 혼자 자녀를 키우게 된 여성은 부모역할의 어려움으로 성역할에 기반한 양부모 중심주의를 지적한다. 다시 말해서, 자녀와 생물학적 부모가 있는 가정이 정상적이라는 사회적 편견은 이혼여성의 부모역할을 저해한다는 것이다. 보다 구체적으로, 첫째, 이성자녀 키우기의 어려움이 있다. 이혼여성은 점점 커 가는 아들 양육에 부담감을 느끼고 자신감이 부족하다. 예를 들어, 2차 성징을 나타내는 아들에게는 성교육을 딸에게만큼 편하게 하기 어렵다고 토로한다. 그럼에도 불구하고 이들은 학교에 남자교사의 배정을 요청한다거나 남자친척의 도움을 통해 아들에게 남성 모델을 제공하고자 노력하기도 한다. 둘째, 이혼여성이 혼자 자녀를 키우며 가장 두려워하는 것은 상징적 존재로서의 아빠의 영향력이다. 실질적으로 경제적 및 사회적 활동으로 바빠서 아빠의 영향력은 이혼 전과 후에 그리 큰 차이가 없으며, 폭력이 있는 등 극단적인 경우에는 아빠와 헤어진 것이 자녀에게 더 긍정적인 결과를 가져오기도 한다. 그럼에도 불구하고 이혼여성은 '아빠 없는 아이'라는 꼬리표로 인해 아이의 능력, 성품과 상관없이 타인의 부정적 시선을 경험할 수 있으며, 이로 인해 아이가 결핍감을 갖고 자라게 될까 우려한다. 셋째, 이혼여성은 스스로 이혼가정 자녀에 대해 강박감을 가지기도 한다. 똑같은 행동일지라도 이혼가정 자녀가 했을 때 더 문제시하는 사회적 편견으로 인해 때로 이혼여성은 자녀양육에 강박감을 느끼고 보다 엄격한 훈육을 하게 되기도 한다(장혜경, 2003: 852).

이혼여성이 자녀양육을 맡게 된 이유에는 '아이는 엄마가 키워야 한다.'는 모성이데올로기가 작용하기도 한다. 그리고 전 배우자의 경제적 무능, 가정폭력, 외도 등으로 이혼한 경우는 아버지의 자녀양육 능력에 대한 불신감에서 비롯되기도 한다. 이 경우 이혼여성은 자신이 자녀의 아버지보다 자녀에게 더 좋은 역할모델이 되고 더 나은 교육기회를 제공할 수 있다고 믿고, 자녀양육비 지원 등은 크게 고려하지 않은 채 자녀양육을 맡기도 한다(손서희, 2013: 64-65). 김혜선과 김은하의 연구에서 이혼여성의 어머니 경험은 '독립된 양육자로 살아가기'로 드러날 만큼(김혜선, 김은하, 2010: 219), 자녀양육은 이혼 후 삶의 핵심이 된다. 그러나 현실적으로 일과 가족의 양립의 어려움은 자녀양육에 커다란 걸림돌로 작용한다. 자녀양육을 우선시하는 경우 경제적 어려움은 더욱 가중될 수 있기 때문이다. 이혼여성은 불리한 조건이더라도 자녀양육을 병행할 수 있는 일자리를 선택하거나 혹은 자녀양육에 전념하기 위해 일자리를 포기하기도 한다. 한

여성은 이혼 전 소유했던 작은 주택을 팔아 생활을 시작하였으나 5년 5개월 후 조건부 기초생활수급자가 되었다(손서희, 2013: 66-67). 이런 여건에서 이혼여성은 경제적인 어려움을 해결하기 위해 공식적 및 비공식적 지지망을 활용하는 등 다양한 방안을 모색하기도 한다. 일부 여성은 친정의 도움을 받기도 한다. "애들 데리고 먹고 살아야지 인제는 뭐 얼굴 철판 깔고 다니죠. (중략) 내 같은 경우도 (중략) 친정에서 다 갖다 먹는 거야. (중략) 생활비를 드린다거나 그런 것도 아니고 참 못할 짓도 많이 했는데 애를 키워 주시는 게 너무너무 감사하고 항상 죄송하고 그래요." (참여자 1: 김혜선, 김은하, 2010: 230) 그리고 때로 공적 서비스를 활용하기도 한다. "임대아파트로 오면서 그나마 애가 도시락도 받아먹을 수 있고, 또 컴퓨터 같은 경우도 학교에서 지원받을 수 있었고 그럭저럭 도움을 많이 받은 편이에요. 선생님들도 간식을 많이 더 줘요, 복지관에서. 그런 관심을 받아 본 적이 없어요. 여기 오면서 많이, 마음이 많이 편해졌죠. 도움을 많이 받아서." (참여자 4: 김혜선, 김은하, 2010: 230-231)

한편, 자녀를 양육하는 이혼남성에게도 자녀양육이 힘겨운 것은 마찬가지다. "처음엔 저한테 전혀 생각지도 않던 일들이 닥치게 되자 너무 힘들었죠. 애들이 어리기 때문에 자녀들을 양육한다는 것은 보통 문제가 아니죠. 제가 애들을 키워 본 일도 없고 애들 목욕 문제, 하루 세 끼 문제 등 너무나 힘들고 지친 거죠. 그런 생활을 6개월 동안 했어요. 더구나 남들의 시선이 큰 심리적 부담이었죠. (중략)" (참여자 3: 노정자, 강기정, 2012: 155)

이와 같이 이혼여성과 이혼남성 모두에게 자녀양육은 힘겨운 일이지만 또한 삶의 중심이 되고 정체성의 토대가 되기도 한다. 이혼여성은 아버지 없이 어머니 혼자서 책임져야 하는 자녀양육에 대한 책임감과 부담감을 느낀다. 예를 들어, 자녀를 양육하는 과정에서 내리는 의사결정에 대해서 자신의 선택이 옳은 것인지, 자녀가 잘 자라 줄 것인지 등 책임감을 느꼈다. 더욱이 이혼이란 선택이 자녀에게 미칠 영향에 대한 죄책감은 자녀에 대한 책임감을 가중시켰다. 그리하여 이혼여성은 아이들을 항상 우선순위에 두고 자신보다는 어머니 역할에 충실한 삶을 살아간다. "어찌됐던 간에 나로 인해 아이들이 많이 가질 부분을 못 가진 것은 사실이잖아요. 그것도 제 책임이니까 아이들이 선택권한은 없었잖아요.

(중략) 그래서 뭐 제 책임 부분이 크니까 (중략) 우선은 저 자신을 버리고 사는 수밖에 없다고 생각해요." (사례 6: 손서희, 2013: 68)

이혼남성도 자녀를 위해 마음을 다잡고 자녀들과 생계유지를 위해 닥치는 대로 일을 하거나 애들을 위해서라면 뭐든지 적극적으로 행동하는 등 책임감을 보였다. "열심히 돈 벌어서 자식들에게 잘하고 용기와 희망을 주면서 살고 싶어요. 아이들도 학교 친구들과 잘 어울리고 성실하게 잘 성장해 가고 있어요. (중략)" (참여자 5; 노정자, 강기정, 2013: 156-157)

4) 사회적 관계

사회적 망은 이혼 후 급격하게 변화된다. 결혼한 친구는 갈라선 부부 양쪽과 각기 친분을 유지하는 데 어려움을 느낀다. 그리고 이혼한 사람은 더 이상 결혼한 부부와 관심사를 공유하기 어렵다. 전업주부는 이혼 후 심한 외로움을 경험하고 '감옥에 갇힌' 그리고 '벽에 갇힌' 것 같다고 불평을 한다. 취업여성은 직장과 가사를 병행하면서 아동보호를 해야 하는 어려움은 있지만, 전업주부와는 달리 주변에 상대할 수 있는 성인이 있다는 점 그리고 자아존중감을 가지고 있다는 점에서 심리적으로 보다 나은 여건에 있다. 이에 따라 취업여성은 상대적으로 전업주부보다 덜 우울하고 고립되었다고 느낀다. 남성은 '갇힌 것' 같다는 불평은 거의 하지 않지만, 반대로 '뿌리가 없는 것 같은' '닫힌 것 같은' '느슨해진 것 같은' 느낌을 흔히 받는다(Hetherington & Kelly, 2002: 51-53).

변화순에 의하면, 이혼여성은 친구, 이웃에게서 심리적으로 위안을 받으며, 친정 형제들은 고민을 함께 나누거나 생활비 혹은 자녀양육에 커다란 도움을 주고 있다. 반면, 남성은 친구들의 도움은 위로에 지나지 않는다는 판단으로 쉽사리 고민을 이야기하려 들지 않고, 자신과의 싸움에서 이겨 내야 한다고 믿는 경향이 있다(변화순, 1996: 95).

한편, 성정현은 이혼여성은 어떤 형태로든지 대인관계의 변화를 경험한다고 지적한다. 남편과 시집으로 인해 확대되었던 가족관계는 축소되고 부모나 자녀와 있거나 혼자 있는 시간이 많기 때문에 관계가 단선적인 형태로 바뀐다. 하지만 이혼과정 혹은 이혼 후 직업을 갖게 되는 경우는 관계가 확대되고 새롭게 형성되는 경향이 있다. 그럼에도 이혼여성은 이혼으로 인해 비주류에 속하게 되었다고 인식하고, 이런 인식은 대인관계를 위축시키거나 이혼사실을 선별적으로 알림으로써 상황에 적응하고자 하는 양상을 보인다(성정현, 1998: 71-72 참조).

5) 사회적 편견

자녀를 둔 이혼여성은 사회구조적 측면에서 이혼 후 크고 작은 사회적 편견을 경험하게 된다. 공식적인 학교행사가 양부모가 모두 있다는 전제에서 진행되거나, 교사, 친구들, 학부모 사이에서 이혼가정의 자녀라는 사실만으로 잠재적 문제아라는 암묵적 시선을 받아야 하는 현실 그리고 이혼 후 직장을 구하는 과정에서 이혼여성이라는 사실이 장애가 될 수 있음을 확인하는 순간 등이 그러한 예에 속한다(장혜경, 2003: 854-855).

그러나 사회적 편견은 개인적인 차원에서도 다양하게 경험된다. 김혜선과 김은하의 연구에서 이혼여성은 자녀가 아버지가 없고 저소득층이라는 이유로 따돌림 당하고, 학원이나 학교에서 제공하는 서비스가 오히려 자녀의 사회통합에 저해가 되는 것 같아 아픔을 겪기도 한다. “급식비 면제가 딱 들어가니까. (중략) 애가 작아져. 애가 학교에서 자신감이 없어지는 거야. (중략) 애들이 우리보고 ‘거지래요.’ 이렇게 이야기하는 거야. 가슴이 얼마나 아픈지. (중략) 복지관에 가면 좀 그런 애들이 가는 거래요. (중략) 저소득층만 간다는 (중략) 그게 충격이었나 봐요. 엄마 나 집에서 할께요. 혼자 한데…. 친구 한 명이 없어. 하루 종일 혼자 앉아 가지고 책 보고 공부하고.”(참여자 3: 김혜선, 김은하, 2010: 231)

이러한 사회적 편견과 시선은 이혼여성만 겪는 일은 아니다. 이혼남성도 사회적 시선 때문에 마음이 위축되고 인간관계를 단절하기도 한다. “저 남자는 아이들만 데리고 사는 남자다. 항상 아이들과만 같이 다닌다. 이렇게 소문이 금방 나게 돼 있어요…. 그런 것들은 남자들은 아무래도 싫어하죠. 자존심도 상하고 무슨 이윤지 그 사람들은 모르니까 궁금해하고 입방아 올라갔다 내려갔다 하니까 그런 거를 인식하죠. (중략)”(참여자 7: 노정자, 강기정, 2012: 155)

이런 사회적 편견에 직면하여 일부 이혼여성은 이혼가족임을 숨기면서 ‘정상가족’ 처럼 보이게 하는 생존전략을 사용하기도 한다. 즉, 아이들은 친구에게 부모의 이혼을 숨기고 마치 아빠와 함께 사는 것처럼 이야기하거나, 집에 친구들을 데리고 오지 않기도 한다. 반면, 이런 편견의 부당함을 인식하고 오히려 이혼가족임을 드러내면서 적극적으로 대처하기도 한다. 이혼여성에 따라 사회적 편견에서 벗어나기 위해 노력하기도 한다. 예를 들어, 먼저 학교에 찾아가서 사정을 이야기하고 학교로부터 긍정적인 협조를 얻어 내기도 한다(장혜경, 2003: 856).

2. 이혼이 아동에게 미치는 영향

성인에게 이혼은 한 세계(a world)의 종식을 의미하지만, 어린 아동은 삶의 초점이 가족이기 때문에 유일한 세계(the world)가 종식되는 것과 같은 영향을 받을 수 있다. 1990년대 미국에서 이혼한 부부의 대다수가 이혼 당시 6세 미만의 아동이 있었고, 이에 따라 이들 아동은 성인이 될 때까지 오랜 시간을 이혼가정에서 성장하였다. 이혼가정의 자녀가 교사에 의해 심리적 지원을 받도록 의뢰되는 비율은 일반가정의 자녀에 비해 세 배나 높으며, 약물 · 알코올 중독 그리고 성적 활동(sexual activity)도 일반가정의 청소년보다 유의미하게 일찍 시작한다. 성인이 되어서도 일반가정의 자녀보다 혼인율이 낮고 반대로 이혼율은 높다. 나아가 성인기의 심리적 어려움도 훨씬 많이 보고되고 있다(Amato & Keith, 1991; Zill & Schoenborn, 1988: Wallerstein, 2005: 403에서 재인용).

윌러스테인(Wallerstein)은 이혼이 자녀에게 미치는 영향을 다음과 같이 지적하였다. 첫째, 이혼은 가족에게 구조적인 변화를 가져올 뿐 아니라 부모와 자녀가 서로에게 가지는 의식적 및 무의식적 심리적 욕구, 소망 그리고 기대를 변화시킨다. 이혼한 부모가 자신의 사회적, 성적 및 경제적 삶을 재구축하고자 하는 노력은 시간, 끊임없는 관심과 희생을 요구하는 지지적 부모에 대한 어린 아동의 욕구와는 일치하지 않는다는 것을 이해하는 것이 중요하다. 심지어는 이혼으로 배우자를 상실한 부모는 역할이 전환되어 아동에게 의존하기도 한다. 그리하여 흔히 이혼한 부모는 아동에게서 배우자의 상실로 인한 빈자리를 채우고 우울증을 쫓아내며 삶의 목적을 찾고 삶을 지속할 용기를 얻고자 한다.

둘째, 부모-자녀관계는 이혼 시점에 변할 뿐 아니라 그 후에도 계속 변화할 수 있다. 다시 말해서, 아동과의 관계는 부모가 이성과 교제를 시작하거나 재혼을 하는 등 상황에 따라 변화하게 된다.

셋째, 이와 같이 이혼가족의 만성적인 불확실성은 아동에게 지속적인 불안감을 유발한다. 전형적으로 이혼가정의 아동은 불안정하고 또 다른 상실 혹은 가족 내에서의 급격한 변화를 우려한다.

넷째, 이혼가족과 재혼가족에서 아동은 훨씬 더 빨리 성장해 버린다. 이혼의 여파로 흔히 이혼가정의 아동은 일반가정의 아동보다 더 독립적이다. 이들은 자기 자신을 돌보아야 할 뿐 아니라 형제자매를 돌보아야 하는 경우도 있다. 더욱이 가사역할의 분담이 증대되면서 아동의 역할과 부모의 역할 간의 거리가 줄어든다.

다섯째, 전형적으로 아동은 부모의 헤어짐에 대해 부모 입장의 설명을 거부하고 나름대로의 견해를 가지고 있다. 때로 부모 중 한쪽과 편이 되어서 나머지 한쪽에 대항하기도 하지만 이런 동맹은 그 수명이 짧으며 청소년기에 계속되지 않는다.

여섯째, 이혼 후 부모의 형편에 차이가 많이 날 때, 아동은 성장기에 이를 고통스럽게 인식한다. 그리하여 이들은 보다 어려운 처지에 있는 부모에 대한 사랑과 연민을 가진다.

일곱째, 전반적으로 이혼가정의 자녀는 일반가정의 자녀보다 놀이시간이 유의미하게 적었으며 스포츠와 음악 그리고 기타 성장프로그램 등 과외활동에 훨씬 덜 참여하였다(Wallerstein, 2005: 404-409).

이와 유사한 맥락에서 김현주는 사례연구를 통하여 이혼이 아동에게 미치는 영향을 연구하고 있는데, 사회적 편견의 영향이나 확대가족의 지지 축소 등이 서구사회와 우리 사회의 문화적 차이를 반영하고 있다고 하였다. 보다 구체적으로 살펴보면, 첫째, 이혼가정의 아동은 일찍부터 동생을 돌보거나 집안일을 하는 등 가사역할을 일찍부터 담당하게 된다. 이런 가사역할의 분담으로 아동은 성장과정에서 상대적으로 놀이를 박탈당하게 된다. 둘째, 비동거부모의 확대가족과의 연계가 이혼과 함께 단절되는 등 확대가족이 축소되고 지지자가 감소하게 된다. 셋째, 이혼가정의 자녀는 동생을 돌보거나 이혼한 부모에게 친구이자 상담 상대가 되는 등 비교적 일찍부터 상대적으로 많은 자율성을 허용받고 성인기로의 진입도 또래보다 빠르다. 그러나 사춘기나 청소년기에 겪을 부모와의 갈등을 뒤늦게 성인기에 겪기도 한다. 넷째, 부모가 갈등에 직면하였을 때 헤어지는 방식으로 해결하였기 때문에, 이혼가정의 자녀는 문제나 갈등을 해결하고자 노력하기보다는 회피하거나 극단적인 방법을 취한다. 다섯째, 이혼가정의 자녀는 배우자 선택이나 결혼의 실패에 대한 두려움이 크다. 남녀관계에 대해 시도도 해 보기 전에 미리 경계를 긋는다거나, 결혼을 하지 않을 것이라고 단정짓기도 하는 등 이성과의 관계에서 어려움을 겪게 된다. 여섯째, '이혼한 집 아이' 로 바라보는 주위의 부정적 시선을 피하기 위해 부모의 이혼사실을 숨기는 등 사회적 편견의 경험을 한다. 김현주는 표면적으로 잘 적응하고 학업이나 대인관계에 문제가 없어 보이는 이혼가정의 자녀도 내면적으로는 부모의 이혼으로 인한 상처 때문에 부모와의 관계나 대인관계가 억압되고 제한되어 있다고 결론을 내리면서 이혼가정의 자녀에 대한 장기적인 측면에서 지원이 필요하다고 주장하였다(김현주, 2005 참조).

3. 아동의 적응에 영향을 미치는 요인

이혼은 아동의 유일한 세계가 종식되는 것과 같은 커다란 영향을 미치지만, 학자들은 대개 이혼 2년 후에는 아동의 적응이 상당히 개선된다고 지적한다. 아동이 부모의 이혼에 적응하는 데는 여러 요인들이 영향을 미칠 수 있으나, 여기에서는 에머리(Emery) 그리고 헤더링턴과 켈리가 제시하는 시간적 영향, 부모간 갈등, 양육부모와의 관계 그리고 비양육부모와의 관계 등을 중심으로 살펴보고자 한다.

1) 시간적 영향

이혼하는 부모는 아동이 특정 연령에 이를 때까지는 이혼하지 말고 기다려야 하는지 궁금해하는 경우가 많다. 이론에 따라 차이는 있지만 대체적으로 아동이 5세나 6세 미만일 때의 이혼이 가장 해롭다는 것이 정설이다. 정신분석학에서는 잠복기 이전의 이별은 동성 부모와의 동일시를 저해하며, '심리학적 부모'와의 관계 지속성에 대한 아동의 욕구를 손상시킨다고 제시한다. 그리고 애착이론에 의하면, 학령 전 안정된 애착의 형성은 대인관계의 모델이 된다. 이혼은 애착부모와 헤어지는 결과를 가져오므로 신생아, 유아기, 학령전기 아동에게 보다 치명적일 것으로 예측된다.

인지 관점에 의하면, 학령전기 아동은 파경을 이해하는 능력이 제한되기 때문에 이혼은 어린 아동에게 보다 많은 어려움을 가져올 것이다. 월러스테인과 켈리(Wallerstein & Kelly, 1980)는 3~5세의 아동은 인지능력에 한계가 있어서 이혼의 의미를 충분히 이해할 수 없으며, 이에 따라 환상, 유기에 대한 두려움, 정서적 미충족 상태, 공격적 행동화 등의 결과를 초래할 수 있다고 했다. 특히 이 연령대 아동은 자아중심성(egocentricity)으로 인하여 이혼에 대한 책임이 자신에게 있다고 스스로를 비난하며 화해에 대한 책임감을 느낀다. 6~8세의 아동은 이혼에 대한 책임감 때문에 스스로를 비난하는 경우는 드물지만, 헤어진 부모에 대한 갈망과 화해의 환상은 오히려 더 뚜렷하게 나타난다. 그리고 9~12세 아동은 부모의 이혼을 분명하게 이해하지만 때로 그만큼 확실하게 반대의사를 표명하기도 한다. 이들은 이혼하는 부모에게 분노하며, 부모의 이혼에 대한 당혹스러움을 감추고자 할 정도로 사회적 인식이 발달되어 있다. 마지막으로 청소년은 부모의 이혼사유를 가장 완전하고 추상적으로 개념화할 능력이 있으며, 이에 따라 적응도 촉진된다. 청소년에게 가장 어려운 인지과업은 이제 형성되고 있는 정체성(특히, 이성관계)과 부모의 이혼을 통합하는 것이다.

이론을 적용하는 데 한 가지 주의해야 할 점은 부모의 이혼에 대한 생각은 고정되어 있는 것이 아니라, 아동의 성장에 따른 인지능력의 변화와 부모와의 관계에서 어떤 경험을 해 나가는가에 따라 바뀐다는 사실이다.

2) 부모 간 갈등

결혼기간 중 혹은 이혼 후 부모가 갈등관계에 있을 때 아동에게 보다 많은 심리적 문제가 있다는 연구결과가 보고되고 있다. 사실상 부모 간 갈등이 아동에게 미치는 치명적인 심리적 효과는 이혼에 정당성을 부여해 주기도 한다. 대다수

전문가는 아동이 행복한 양부모가족에서 가장 행복하지만, 갈등이 심한 결혼가족보다 행복한 이혼가족에서 아동이 보다 잘 적응한다는 데 합의하고 있다.

그러나 부모 간 갈등이 아동에게는 감춰져 있을 수 있고, 또한 이혼이 반드시 갈등을 해결하는 것은 아니며, 이혼으로 초래된 다른 스트레스(예: 경제적 어려움)가 부모 간 갈등보다 아동의 안녕에 보다 큰 영향을 미칠 수도 있다는 점에서 단정적으로 결론내리기는 어렵다(Emery, 1999: 55-65에서 인용 및 재인용).

3) 양육부모와의 관계

이혼 후 스트레스에 대해서 가장 효과적인 완충은 능력 있고 관심이 깊은 양육부모지만, 부모 자신도 이혼에 따른 스트레스로 이혼 첫해에는 부모기술이 약화되고 그 후 회복되기 시작한다.

(1) 양육모와 아동

가장 흔한 패턴은 부모의 애정, 긍정적 관여 그리고 아동과 보내는 시간이 감소되는 반면, 화를 내고 처벌적이며 예측하기 어렵고 변덕스러운 양육방식이 증가한다. 아동이 잘못을 저지를 때 타이르는 대신 야단을 치거나 소리를 지르게 되며, 아동이 이를 무시하면 잔소리를 하거나 폭발해 버린다.

이혼으로 인하여 어린 아동은 의존적이고, 공격적이며, 도전적으로 변하기 때문에 일반적으로 훈육하기 어려워진다. 특히 어머니-아들 관계에서 비일관적인 지시와 위협이 흔히 발생하는데, 이는 적대적 상호작용을 증가시킬 뿐이다. 예를 들어, 어머니가 지시하는데 아들은 이를 무시하고 계속 잘못된 행동을 하고, 이에 화가 난 엄마는 아들에게 위협하고 소리를 지르거나 체벌을 하게 되고, 결국은 부모로서의 능력에 대한 회의가 생겨 우울증과 무력감을 느끼게 되는 강제적 순환과정이 형성된다. 이 경우 일관된 보상과 처벌, 설명지향적 훈육, 타임아웃 등과 같은 기술을 통해 아동을 통제하는 행동수정 프로그램이 효과적이다.

반면, 여자아동도 이혼 첫해에 남자아동과 동일한 문제를 가지지만, 부모는 여자아동에게 보다 지지적이며 어머니와 딸은 비교적 쉽게 적응한다. 청소년기가 되면 다소 다루기 어려워지지만, 이혼 후 2년 정도가 지난 무렵에는 모녀

관계가 이혼하지 않은 가족과 대등한 수준에 있게 된다.

(2) 양육부와 아동

양육부는 스트레스가 심한 아동을 다루는 데 양육모와 유사한 시련이 있지만 자녀통제에 따른 문제는 적다. 아동은 어머니보다 아버지에게 복종적일 가능성이 높으며, 아버지와 아동은 상대적으로 강제적 순환과정에 빠질 가능성이 적다. 그러나 양육부는 아동에게 자신들의 감정과 문제를 이야기하도록 격려하고 청소년기의 행동을 모니터하는 데 취약하다.

양육모와 양육부가 모두 애정 있고 자녀에게 관여하며 능력 있는 부모일 수 있지만, 이혼 전후 부모역할의 지속성은 어머니가 더 높은 편이다. 아버지의 부모역할은 예측이 더 어려운데, 이는 아마도 그들의 상황이 보다 극적으로 변화했기 때문일 것이다. 다시 말해서, 아버지가 양육권을 가지게 되면 일차적인 보호제공자가 되는 것인데, 이전에 한 번도 이 역할을 수행해 본 적이 없기 때문이다. 이혼 전에는 자녀양육에 별로 관여하지 않았으나 양육권을 얻게 되면서 아동을 돌보는 것을 배우는 아버지도 있다. 여기에서 중요한 것은 아버지 자신이 아동양육을 희망했는가 아니면 마지못해 수락했는가의 여부다. 후자의 경우에는 흔히 분개하고 애정이 없으며, 좋은 부모가 되는 데 본질적인 요소라고 할 수 있는 시간과 노력을 할애하지 않을 것이다(Hetherington & Kelly, 2002: 115-118).

4) 비양육부모와의 관계

아직 우리 사회에서는 비양육부모와의 지속적인 접촉이 비교적 적으나(장혜경, 송다영, 김영란, 김정훈, 2001 참조), 서구사회에서는 상당히 일반화되어 있다. 앞으로 면접교섭권이 보다 활발히 적용되면 우리 사회에서도 비양육부모와의 정규적인 관계가 증가할 것으로 예측되는데, 비양육부모와의 지속적인 관계는 아동의 적응에 매우 중요한 요인이라는 점에서 바람직하다고 하겠다. 사회적으로 성공한 아버지일지라도 비양육부모 역할과 관련하여 좌절감을 느끼고 혼란스럽고 불확실하며 고통을 느끼는 것은 매우 흔한 일이다. 이혼 첫해 아버지는 흔히 '매일 매일이 크리스마스' 라는 태도를 취한다. 아동과 보내는 짧은 시간이 즐겁고 유쾌하기를 바라기 때문에 방문할 때마다 선물을 주고 놀러갈 계획을 세우며, 설사 아동이 잘못했더라도 이를 지적하지 않는다. 이와 같은 태도는 시간이 지나면서 완화되지만, 비양육부는 모든 부모 중에서 가장 허용적인 편이다.

한편, 서구사회에서 비양육모는 비양육부에 비해 아동의 삶에 보다 적극적으로 관여할 가능성이 크다. 이들은 아동에게 조언을 하고 규칙을 세워 주며 성숙하고 자기통제적 행동을 격려하고 아동을 훈육하는 편이다. 아동은 비양육부보다 비양육모에게 보다 친밀감을 느낀다고 보고되고 있음에도 불구하고, 이혼하지 않은 가족의 어머니와 자녀 관계보다는 덜 친밀하다.

제3절 이혼가족의 탄력성

1. 이혼자의 보호요인

이혼에 따른 도전과 스트레스가 어떻게 일부 이혼자에게는 놀라운 발전을 가져오고 또 일부 이혼자에게는 불행과 실패를 가져오는가? 이에 대한 답변은 보호요인과 위험요인 그리고 이들이 어떻게 작용하는가에 달려 있다. 위험요인과 보호요인이 접목되면서 탄력성이 형성된다. 이는 보호요인으로부터 위험요인을 삭감하는 단순방식이라기보다는, 보호요인이 지배적으로 작용하면 이혼의 어려움을 딛고 일어설 수 있으며, 반대로 위험요인이 지배적일 때 파국에 이를 가능성이 커진다. 사실상 위험요인과 보호요인은 항시 존재했지만, 이혼 위기에 직면할 때까지 그들 스스로도 정서적 · 지적 잠재력 혹은 자질과 기술에 대해서 깨닫지 못했을 수 있다. 다음에서는 보호요인과 적응 유형을 살펴보고자 한다.

1) 사회적 성숙

사회적 성숙은 이혼 후 커다란 자산이 된다. 성숙은 미래에 대한 계획성, 자기통제력, 문제 대처에 있어서의 융통성과 적응력 그리고 사회적 책임성으로 구성된다. 계획성(planfulness)은 이혼자가 보다 나은 삶을 위한 구체적 단계를 밟는 것을 의미한다. 이혼 첫해에 스트레스와 불안, 우울 그리고 분노가 보편적이지만, 일부 이혼자들은 이를 통제하는 방법을 발견한다. 이런 자기통제(self-regulation)는 판단을 흐리지 않게, 부모역할에 영향을 주지 않게 그리고 충동적이거나 자기패배적 방식으로 행동하지 않도록 돕는다. 그리고 경직성은 결혼생활을 파괴하는 만큼 이혼 후 적응에도 부정적 영향을 미친다. 성숙한 개인은 적응성(adaptability)과 융통성을 가지며, 이들은 해결 가능한 문제(예: 협조적인 부모자녀관계의 수립)를 해결 불가능한 문제로 만드는 실수를 하지 않는다. 일견 사회적 책임성(social responsibility)은 이혼과는 관련이 없는 것처럼 보인다. 그러나 다른 사람들의 욕구에 민감하고 반응적이며 다른 사람을 도울 수 있는 능력은 다음과 같은 측면에서 결혼의 실패를 극복하는 데 기여한다. 첫째, 사회적 책임감의 본질이라고 할 수 있는 친구, 동료들에게 많은 것을 베푸는 사람은 자신이 도움을 필요로 할 때 많은 것을 돌려받을 수 있다. 둘째, 이혼 후 감정에 어려움을 겪는 사람은 동료나 친구의 문제를 돕는 과정에서 자신에 대해 긍정적으로 느끼기 시작한다.

2) 자율성

이혼 후 스트레스로부터 그 어느 것도 완전한 보호를 제공해 줄 수 없지만, 자율적인 사람, 다시 말해서 혼자 있는 것과 혼자 결정내리는 것에 익숙한 사람은 이혼 후 '홀로 됨(singleness)'에 적응하기 쉽다.

3) 내적 통제성

내적 통제성 혹은 자기효율성을 가진 사람은 스스로의 노력으로 문제를 해결할 수 있다는 신념을 가지고 있으며, 이는 흔히 이혼 후 행동지향적이 되도록 만든다. 이들은 공부를 다시 시작하거나, 사업을 새로 시작하거나, 아동보호기관을 찾거나, 사회적 망을 구축하는 등 문제해결을 시도한다. 반면, 외적 통제성을 가진 사람은 무력감을 느끼고 어려움을 감수하는 경향이 있다. 즉, 이들은 문제가 사라질 때까지 버티거나, 그것이 여의치 않으면 문제를 가진 채로 살아 나가는 것을 배우려고 한다.

4) 종교성

종교 자체가 사람을 보호하지는 않으나, 종교적인 생활양식이 지지망에 대한 접근을 가능케 한다는 점에서 종교성은 사회적 고립감, 외로움, 지지의 결핍 등에 대한 완충역할을 수행한다.

5) 직장

많은 이혼남성은 가족을 상실하고 나서 직장의 친숙함과 일상성에서 지속성과 안정성을 되찾는다. 일을 효과적으로 할 수 없다고 불평하는 남성도 있지만 대개는 일에 몰두하여 외로움과 스트레스에서 탈출한다.

오늘날 여성의 취업이 증가하고는 있지만 이혼 시점에서 안정되고 전문적인 직업을 가진 여성은 많지 않다. 이에 따라 여성에게 근로의 보호효과는 숨겨진 자질을 발견하고 새로운 사업을 시작하는 등 자기발견 영역에서 주로 드러나고 있다. 전문적인 일이 아닌 단순 고용직일지라도 보호적 기능을 수행할 수 있다. 생계유지자로서의 역할은 여성의 자아존중감을 회복시키며 가정에서 벗어나도록 한다.

6) 사회적 지지

이혼 결정시기와 이혼 초기 단계에서, 전형적인 사회적 지지의 원천은 부모, 자매 혹은 친구들이다. 이들은 부분적으로 상담과 위로의 역할을 하면서 이혼을 결정할 동안 그리고 이혼 후 생활에 대한 지지와 조언을 제공한다.

7) 새로운 친밀관계

이혼 후 스트레스에 대한 가장 강력한 완충은 새로운 친밀관계의 형성이다. 이는 우울증을 감소시키고 건강문제를 향상시키며 자존감을 증대시킨다. 누군가가 자신을 사랑하고 가치를 인정한다고 느끼면 스스로를 가치 있는 사람으로 생각하게 된다(Hetherington & Kelly, 2002: 72-80).

2. 아동의 보호요인과 위험요인

1) 부모와의 관계에서의 보호요인

부모역할은 어린 아동의 삶에 가장 중요할 뿐 아니라 흔히 유일한 사회적 보호요인이다. 특히 하루 일상에서 아동을 완충해 줄 다른 부모가 없다는 점에서, 양육부모의 부모역할과 행동은 이혼가족에서 매우 중요하다. 다시 말해서, 양육부모의 거부, 분노 혹은 방임은 이를 완충시켜 줄 다른 부모가 없는 상황에서 직접적으로 아동에게 영향을 미친다.

따뜻하고 일관되며 지지적이고 권위적인 부모(the authoritative parent)는[1] 의사소통기술을 가지고 있으며 확고하면서도 반응적인 훈육자다. 이들은 언어적 통제, 타임아웃, 특권제한, 설명과 논리적 설득 등의 훈육방식을 사용한다. 이는 잘못된 행동을 즉각적으로 해소시킬 뿐 아니라 아동에게 자기통제를 가르치는 효과가 있다. 또한 권위적 부모는 자녀를 존중해 준다.

권위적 부모의 보호적 효과는 세 가지 측면에서 비롯된다. 첫째, 이혼으로 아동의 삶이 혼란스럽고 스트레스가 심한 시점에서, 부모의 일관성은 아동에게 가정환경의 예측 가능성을 높여 준다. 둘째, 권위적 부모는 상호 신뢰와 존중을 활성화시키며, 이는 아동을 통제하기 쉽게 만든다. 셋째, 권위적 부모는 아동의 감정, 욕구, 능력에 민감성과 반응성을 보여 준다. 그리하여 이혼 후 아동은 권위적 부모 밑에서 책임감이 있고 문제가 적으며 높은 성취감을 가지면서 성장한다.

2) 위험요인

- **부모를 돌보는 아이**

이혼부모가 자녀에게 상담과 지지를 구하는 사례들이 늘어나고 있다는 사실은 이혼가족의 아동들이 빨리 성장하는 것과 관련된다. 그러나 이런 빠른 성장에는 대가가 따른다. 예를 들어, 이혼여성이 10세의 딸을 친한 친구 혹은 자매

---

1) 이는 이혼 후 가족생활에서 나타나는 혼란을 가혹하고 처벌적이며 경직된 훈육방식으로 통제하는 권위주의적 부모(the authoritarian parent)와는 다르다.

같다고 표현하면서, 딸에게 어떤 개인적 문제라도 의논할 수 있다고 느낀다고 하자. 그러나 10세 소녀에게는 친구가 아니라 돌봐 줄 부모가 필요하다.

부모화의 또 다른 위험은 아동이 자신이 해결할 수 없는 문제에 대한 책임감을 느끼고 무력감을 발달시킨다는 점이다. 예를 들어, 9세 아동은 '나는 왜 이럴까? 왜 나는 엄마가 덜 외롭게 느끼도록 도울 수 없을까?'라는 생각을 하고 무력감을 느낄 수 있다. 이런 무력감은 아동이 성장하면서 우울증과 낮은 자아존중감으로 발전할 수 있다.

그렇다고 해서 부모의 자기노출이 모두 해로운 것은 아니다. 자기노출이 절제되고 연령에 적합하다면, 아동에게 마음을 털어놓는 것은 적절할 뿐 아니라 발달을 촉진시킨다. 아동은 부모가 자신을 신뢰하고 의지하면 이를 자랑스럽게 생각하며, 이는 건강한 상호 돌봄의 관계를 구축시킬 것이다.

• **갈등적 부모역할**

일부 이혼가족에서는 심한 갈등이 지속되는 경우가 있다. 전 배우자들은 서로를 폄하하는 발언을 하고, 아동과의 관계를 잠식시키고자 하며, 아동 앞에서 공개적으로 싸움을 한다. 이와 같은 이혼 후 부모의 갈등은 아동에게 스트레스를 주고 안녕을 잠식하며 이로 인해 부모도 불행해진다. 부모는 아동 앞에서 싸운 것에 대해 죄의식을 느끼지만, 여전히 남아 있는 분노와 원한에 대한 집착 때문에 자신들의 새롭고 보다 충족적인 삶 그리고 아동이 겪어야 하는 고통에 관심을 갖지 못한다(Hetherington & Kelly, 2002: 126-138).

제4절 이혼가족에 대한 개입

서구사회에서는 1960년대 이후 이혼율이 급격하게 증가하면서 이혼상담, 이혼중재 등 이혼 결정과정부터 이혼 후 적응까지에 걸쳐서 다양한 서비스가 발달되어 왔다. 최근 우리 사회도 이혼율이 급격히 증가하여 세계적인 수준에 이르렀으나, 아직까지 이혼에 대한 부정적인 인식이 남아 있고 이혼가족에 대한 서비스도 시범적인 수준에 머물러 있을 뿐이다. 여기에서는 골든버그 부부(Goldenberg & Goldenberg)의 연구를 중심으로 이혼의 단계 및 발달주기, 이혼상담, 이혼가족에 대한 개입으로 나누어 살펴보고자 한다. 그러고 나서 국내 이혼가족에 대한 프로그램을 소개하고자 한다.

1. 이혼의 단계 및 발달주기

1) 보하난의 이혼단계

보하난(Bohannan)은 이혼과정을 개념화하는 데 유용한 준거틀을 제시하였는데, 이혼이 완료되기까지 대체적으로 6단계로 구분한다. 이들 단계는 반드시 일정한 순서로 발생하는 것이 아니며, 모든 사람이 각 단계에서 동일한 고통을 느끼는 것도 아니다.

첫 번째 단계는 정서적 이혼이며, 이는 신체적 별거를 포함할 수도 있고 그렇지 않을 수도 있다. 이 단계에서, 흔히 한쪽 배우자가 결혼에 문제가 있음을 제기하고 마침내 양쪽 배우자가 이에 대한 인식을 공유하게 된다. 이 기간은 짧을 수도 있고 장기화될 수도 있으나, 부부는 관계가 악화되었다는 사실에 직면한다. 두 번째 단계는 법적 이혼이다. 그리고 세 번째 단계인 경제적 이혼에서 부부는 재산분배, 아동양육비 등에 관해 합의하게 된다. 네 번째 단계는 부모로서의 이혼이며, 아동양육과 면접교섭권이 다루어진다. 다섯 번째 단계인 지역사회 이혼단계에서 부부는 싱글로서의 개별적 위치를 지역사회에 재규정하며 가족과 친구들과의 관계도 재수립한다. 이 단계는 이혼문제와 관련하여 친구 및 가족과 직면하는 것 그리고 대중에게 이혼사실을 알리는 것이 주저되어 장기간 지연될 수 있다. 마지막 단계 그리고 가장 어려운 단계는 각자 전 배우자와의 결별을 사실로 받아들이고, 자신을 싱글로 재규정하며, 이혼자에 따라서는 새로운 관계를 추구하는 과정을 시작하는 정신적 이혼단계다(Goldenberg & Goldenberg, 1998: 113-115에서 재인용).

2) 카터와 맥골드릭의 이혼가족 생활주기

〈표 10-1〉은 카터(Carter)와 맥골드릭(McGoldrick)의 이혼가족의 생활주기단계의 정서적 과정과 전제가 되는 태도 그리고 각 단계에서의 발달문제를 보여주고 있다.

표 10-1 이혼가족 생활주기

국면	전환의 정서적 과정, 전제가 되는 태도	발달문제
	이혼	
1. 이혼 결정	• 관계를 지속할 만큼 부부긴장을 충분히 해결할 수 없음을 수용하기	- 결혼 실패에 자신이 기여한 바를 수용하기
2. 체계해체 계획	• 체계의 모든 부분이 생존할 수 있는 해결책을 지지하기	- 양육권, 면접교섭권, 재정문제를 협조적으로 처리하기 - 이혼에 관한 확대가족의 반응 다루기
3. 별거	• 협조적인 공동부모관계를 지속하고자 하는 의지를 갖기 • 배우자에 대한 애착을 해결하기	- 온전가족(intact family)에 대한 상실을 애도하기 - 부부 및 부모자녀 관계를 재구조화하고 따로 사는 것에 적응하기 - 확대가족과의 관계를 재조정하기, 배우자의 확대가족과 유대를 지속하기
4. 이혼	• 정서적 이혼을 다루고, 상처, 분노, 죄책감 등을 극복하기	- 온전가족의 상실을 애도하기, 재결합의 환상을 포기하기 - 결혼에 대한 희망, 꿈, 기대 회복하기 - 확대가족과의 유대를 지속해 나가기
	이혼 후 가족	
A. 한부모가족	• 전 배우자와 부모로서의 접촉을 유지하고, 아동과 그의 가족의 접촉을 지원하고자 하는 의지	- 전 배우자와 그 가족에 대한 융통성 있는 방문을 허용하기 - 사회적 망 재구축하기
B. 한부모 (비양육부모)	• 전 배우자와 부모로서의 접촉을 유지하고, 아동과 양육부모와의 관계를 지지하고자 하는 의지	- 아동에 대한 효과적인 부모역할이 가능한 관계를 지속하는 방법 찾기 - 사회적 망 재구축하기

출처: Carter & McGoldrick(1980): Sager, C. J., Brown, H. S., Crohn, H., Engel, T., Rodstein, E., & Walker, L. (1983), p. 47에서 재인용.

2. 이혼상담

오늘날 많은 부부는 더 이상 경제적 안정을 위해서, 아동을 위해서 혹은 사회적 모양새를 위해서 정서적 타협을 하거나 불행한 결혼생활을 지속하려고 하지 않는다. 그럼에도 불구하고 많은 가족에게 이혼결정은 불확실성과 미래에 대한 두려움으로 가득 찬 외상적 사건이며, 이혼당사자와 가족에게 이혼은 결코 일상사일 수 없다. 더욱이 이혼에 대한 사회적 태도는 이혼가족의 어려움을 가중시킨다. 아론스(Ahrons)와 로저스(Rodgers)는 많은 사람이 아직도 이혼이 내재적으로 병리적이라는 태도를 고수하고 있다고 지적한다. 그리하여 이혼자는 커다란 생애변화가 일어나고 미래에 대한 중대한 결정을 내려야 하는 시점에 실패감, 가정을 깨뜨린다는 죄의식, 사회적 일탈 혹은 도덕적으로 문제가 있는 사람으로 간주되는 고통에 직면해야 한다. 이런 맥락에서 이들은 결혼이 하나의 제도로서 사회적으로 인정을 받는 만큼 이혼도 사회적 제도로 간주되어야 한다고 주장한다(Goldenberg & Goldenberg, 1998: 115에서 재인용).

이혼의 증가에 따라 직간접적으로 영향을 받는 가족이 증가하고 있음에도 불구하고, 이에 대한 개입은 비교적 제한되어 왔다. 이혼상담에서, 한쪽 배우자가 상담을 받을 의사가 없거나, 지리적으로 멀리 떨어져 있거나, 통제하기 어려울 정도로 폭력적이거나, 더 이상 접촉을 거부하는 경우에는 다른 한쪽 배우자와의 상담만이 가능하지만, 되도록 배우자 모두를 관여시키는 노력이 필요하다.

이혼상담이라는 용어는 결혼을 종결짓기 위한 의사결정을 의미하지만, 현실적으로 상황은 그렇게 명쾌하게 정리되지 않는다. 다시 말해서, 결혼상담과 이혼상담은 연속선상에 있으며, 이에 따라 어느 시점에서 부부상담이 끝나고 이혼상담이 시작되는지 구분하기 어려울 수 있다. 더욱이 부부는 결혼유지에 대한 의지뿐 아니라 상담에 대한 기대와 희망에도 차이가 있다는 점을 염두에 두어야 한다.

솔츠(Salts, 1985)는 이혼상담을 다음과 같이 3단계로 나눈다.

- 이혼 의사결정단계: 왜 결혼이 불행해졌는지를 인식하도록 돕고, 부부의 욕구를 결혼생활에서 충족시킬 수 있는지 아니면 대안적 해결을 모색해야

하는지를 결정하도록 돕는 것

- 재구조화 단계: 이혼 의사결정이 내려졌다면, 양쪽 배우자에게 이에 따른 이점을 재확인하는 기회를 주거나, 이혼을 원치 않는 배우자가 이의 불가피성을 받아들이도록 돕는 것
- 이혼 후 회복단계: 부부가 각자의 삶을 재구축하고 상실을 다루고 대안적 관계를 발달시키도록 돕는 것

스프렌켈(Sprenkel, 1990)은 이혼상담의 실천적 목적을 〈표 10-2〉와 같이 제시하였다.

그 외에도 이혼상담에서는 개인, 부부 그리고 가족생활주기의 단계가 고려되어야 한다. 어느 단계에서든 이혼은 고통스럽지만, 주요 전환기(자녀양육이 끝날 무렵, 다가오는 퇴직, 출산)에 있을 때 더욱 고통스러울 수 있다. 사회복지사는 지지를 제공하는 것 이외에도 자신감을 회복하고, 독신으로서의 효과적 대처기술을 습득하도록 돕는다. 특히 자녀가 있다면, 부모는 서로 협동하는 것을 배워야 하는 과제가 생긴다(Goldenberg & Goldenberg, 1998: 94-99에서 인용 및 재인용).

표 10-2 이혼상담의 목적

① 결혼이 끝났다는 사실을 수용한다.
② 전 배우자와 기능적인 이혼 후 관계를 성취한다.
③ 합리적인 정서적 적응에 도달한다.
④ 결혼의 실패를 가져온 역기능적 행동에 각자가 기여한 바를 이해하도록 한다.
⑤ 정서적 지원의 출처를 발견한다.
⑥ 이혼 후 부모역할에 대해 자신감 있고 편안하게 느낀다.
⑦ 자녀들의 비현실적 기대를 부추기거나 그들과 동맹을 형성하지 않은 채, 이들이 상실에 적응하도록 돕는다.
⑧ 이혼의 '위기'를 학습과 개인적 성장을 위한 기회로 활용한다.
⑨ 쌍방이 합리적으로 형평성 있다고 느끼는 방식으로 법적 과정을 타협한다.
⑩ 모든 사람을 위한 적응과 부합되는 신체적, 건강 및 개인적 습관을 발달시킨다.

출처: Sprenkel(1990): Goldenberg, H. & Goldenberg, I. (1998), p. 98에서 재인용.

3. 이혼가족에 대한 서비스

1) 이혼가족의 문제 영역

이혼가족이 직면하는 문제는 양육부모인가 아니면 비양육부모인가에 따라 그 성격을 달리할 것이다. 또한 이혼 후 비양육부모와의 지속적 접촉이 일반화되어 있으며, 이혼 후 이성교제가 보다 자유로운 서구사회에서 이혼가족이 직면하는 문제는 우리 사회의 이혼가족의 문제와는 일정 부분 다를 수밖에 없을 것이다. 다음에서 제시되고 있는 양육부모, 비양육부모 그리고 아동이 직면할 수 있는 문제 영역은 이러한 문화적 차이점이 반영되어야 한다.

(1) 양육부모

양육부모는 다음 영역에서 문제를 경험할 수 있다.

① 경제적 지위에서의 변화(대개의 경우 특히 여성에게 이는 경제적 어려움으로 나타난다.)
② 슬픔, 자기비난, 자아존중감의 상실과 우울증
③ 역할과잉(과거 부모가 분담하였던 복합적 역할—가사를 조직하고, 자녀를 돌보고, 소득을 확보하는 것과 같은—을 수행하기 위해 시도하는 것)
④ 이혼에 대한 사회적 낙인과 비관용
⑤ 익숙한 생활환경의 변화(이는 주거지, 지역사회, 학교에서의 변화를 포함하거나 경제활동의 재개를 의미할 수 있다.)
⑥ 외로움, 사회적 고립감, 친구의 상실(특히, 결혼한 커플들), 새로운 사회적 모임을 발달시켜야 할 필요성
⑦ 적당한 지지체계의 결여(과거 배우자, 인척, 지난번에 살던 지역에서의 친구)
⑧ 의사결정이 공유되었거나 혹은 적어도 의논되었던 과거와는 달리, 단독으로 의사결정해야 하는 어려움(가족 의사결정에 대한 주요 혹은 아마도 전적인 책임)

⑨ 아동보호에 대한 조치(직장 또는 더 나은 교육을 받기 위해 학교로 돌아간 부모의 경우 아동의 연령에 따라, 상당한 계획과 에너지 소비를 요하고 특히, 아동 혹은 부모가 병이 났을 경우에는 일정의 융통성이 요구된다.)
⑩ 대인 간 갈등(아동, 전 배우자, 부모와 과거 인척들, 베이비시터 등)
⑪ 섹스와 데이트(가족모임에 새로운 사람 소개하기, 성생활의 재개에 대한 의사결정, 자녀의 반응에 대한 관심)
⑫ 양육권과 면접교섭권(전 배우자와의 관계 지속, 자녀의 충성심에 대한 관심, 자녀가 전 배우자의 새 친구 혹은 새 파트너를 소개받으면서 감정이 격해지는 것)

(2) 비양육부모

비양육부모는 다음 영역에서 문제를 경험할 수 있다.

① 경제적 지위에서의 변화(두 집을 경제적으로 부양해야 하는 데 따른 생활 수준의 저하)
② 자녀와의 감소된 관계(매일 자녀들에게 무슨 일이 일어나고 있는지에 대한 감각의 상실에 따른 고통)
③ 부모로서의 가치가 평가절하된 느낌(더 이상 자녀의 삶에서 중요하고 필요한 사람이라는 느낌이 없어짐)
④ 습관적인 생활환경의 붕괴(거주지의 변화, 다시 시작한다는 느낌, 친구의 상실)
⑤ 새로운 과업에 대처해야 하는 학습의 필요성(특히, 남성에게 자신을 돌보고 먹고 청소하는 것과 과거 아내가 제공했던 다른 서비스들)
⑥ 자녀와의 새로운 연계의 개발(자녀 방문활동 계획하기, 자녀가 머물고 갈 공간 마련하기)
⑦ 이혼에 대한 사회적 낙인과 비관용
⑧ 아동 방문 시마다 상기되는 과거에 대한 기억에 대처하기
⑨ 슬픔, 자기비난, 자아존중감의 상실 그리고 우울증
⑩ 대인 간 갈등(아동, 전 배우자, 부모와 과거 친척들, 애인 등)
⑪ 온전가족이 함께 가는 행사(학교방문, 졸업, 결혼식, 장례식)에 대처하는 것—

특히 전 배우자에게 새 파트너가 생겼을 때—배우기

⑫ 섹스와 데이트(성생활의 재개에 관한 결정 내리기, 자녀가 새 애인을 만나는 일에 대한 관심, 특히 그 사람이 자녀가 있는 경우)

⑬ 양육권과 면접교섭권(활동계획은 익숙하지 않은 경험일 수 있다. 어린 자녀가 있으면 단독으로 보호를 제공하는 것이 어려울 수 있다.)

(3) 아동

아동은 부모 못지않은 그리고 흔히 부모보다 더 심한 기능상의 손상을 이혼하는 동안 그리고 이혼 후에 경험하게 된다. 아동은 부모의 이혼으로 다음 영역에서 문제를 경험할 수 있다.

① 수치심, 당황, 자아존중감의 하락

② 비양육부모와의 관계 위축

③ 부모의 헤어짐에 대한 자기비난

④ 우울증, 슬픔, 변덕스러움, 정서적 위축

⑤ 충성심 갈등(양쪽 부모 사이에 끼어 있는 것에 대한 분노)

⑥ 부모의 화해에 대한 환상의 지속

⑦ 양쪽 부모에 대한 분노와 격분(양육부모가 다른 쪽 부모의 부재를 비난하는 것, 비양육부모가 떠나는 것에 대한 비난)

⑧ 불확실한 혹은 익숙지 않은 미래에 대한 불안

⑨ 부모화(조숙하게 성인같이 행동하도록 압력받는 것, 양육부모에게 과도하게 애착되어 있는 것, 어린 동생의 대리부모로서 행동하도록 압력받는 것)

⑩ 경제적 지위의 하락

⑪ 익숙한 생활환경의 붕괴(새로운 학교, 새 집, 새 친구들)

⑫ 반사회적 행동 및 학업수행능력의 저하

⑬ 비양육부모의 방문활동에 대한 적응

⑭ 부모의 데이트에 대한 반응(부모의 관심이 가족의 영역 밖에 있는 사람에게 분산되는 것, 부모의 새 친구에 의해 자신이 관심 밖으로 밀려나는 것에 대한 두려움)

⑮ 양육부모가 부재한 경우 상실과 유기에 대한 두려움(Goldenberg & Goldenberg, 1998: 129-133)

2) 이혼과정 및 이혼 후 아동의 적응을 돕기 위한 기술

이혼과정 및 이혼 후 아동의 적응을 돕는 여러 방법들이 개발되어 왔다. 여기에서는 이혼가정의 자녀를 위한 프로그램으로 널리 알려진 샌드캐슬즈(Sandcastles) 이혼치료 프로그램을 토대로 이혼가족이 전형적으로 접하게 되는 아동의 적응문제를 어떻게 도울 수 있는지를 살펴보고자 한다. 단, 면접교섭권이 법적으로 보장되어 있기는 하지만 아직 우리나라의 이혼가족에서 양육권을 가지지 않은 부모와 아동과의 접촉이 보편화되어 있지 않아 문화적인 차이점이 있을 것으로 예측된다. 하지만 이혼 후 아동의 적응에는 부모 모두와의 접촉이 바람직하다는 점에서 기본적인 내용들을 살펴보고자 한다.

(1) 이혼 결정을 아동에게 알리기

부모가 헤어지기로 결정하면 이 사실을 아동에게 알려 주어야 한다. 아동에게 전달해야 하는 주요 메시지는 다음과 같다.

- 당신과 배우자가 헤어질 것이다.
- 이에 따라 가족에게 몇 가지 변화가 있을 것이다.
- 이별은 아동과는 아무런 상관이 없다. 아동이 이별을 하게 만든 것도 아니고 이를 막을 수도 없다.
- 당신과 배우자는 이전과 마찬가지로 아동을 계속 사랑할 것이다. 이혼은 부부 사이의 일이지 부모와 자녀 사이의 일이 아니다.
- 당신과 배우자는 함께 논의하여 이혼 후 아동이 누구와 살게 될지를 결정하였다.
- 아동은 같이 살지 않는 부모와 관계를 지속할 수 있을 것이다.

부모의 이혼사실은 아동에게 충격을 주므로 이런 충격을 최소화할 수 있는 방법으로 이를 알릴 필요가 있다. 우선 아동에게는 이혼사실을 지나치게 장황하지 않으면서 분명하게 말해 주되 애정이 담긴 표현을 사용하도록 한다. 가능하면 부모가 헤어져 사는 것의 나쁜 점만 이야기하지 말고 좋은 점도 언급하도록 한다. 그리고 한쪽 부모가 모든 이야기를 하는 것보다는 부모가 나누어서 설명해 준다면 이혼이 부부의 공동결정임을 보여 주는 데 도움이 될 것이다. 이혼 제기자가 아닌 부모의 경우 이혼은 훨씬 힘겹겠지만, 아동에게 이를 과도하게 드러내는 것은 아동의 적응에 도움이 되지 않는다. 특히 아동은 자신 때문에 부모가 이혼을 한다고 생각하는 경우도 많으므로, 아동 때문에 부모가 이혼하는 것이 아니라는 사실을 이해시키는 것이 매우 중요하다(Neuman & Romanowski, 1998: 223-241 참조).

(2) 분노 등 아동의 감정표현 돕기

분노는 이혼가정의 아동이 가지는 대표적인 감정의 하나지만 이를 다루기는 쉽지 않다. 아동의 감정을 규명해 주고, 그 원인이 무엇인지 찾아주며, 아동에게 이 감정을 표현할 수 있는 단어를 가르쳐 주어야 한다. 그리고 아동에게 관심을 가지고 있고, 아동의 말을 경청하고 있다는 사실을 확인시켜 주며, 해결책을 제시하도록 한다. 또한 문제해결과정에 아동을 관여시킴으로써 아동을 임파워먼트해 준다. 마지막으로 아동이 다음번에는 보다 적절하게 표현할 수 있도록 안전하고 이해하는 분위기를 만들어 준다. 그 구체적인 기술은 다음과 같다.

- '나는 ……이래서 화가 난다.' 와 같은 분노표현을 통해서 아동에게 분노를 표현하는 데 필요한 단어를 가르쳐 준다.
- 아동이 매우 어리다면 '분노 모자'[2] 등으로 그리고 아동이 말로 표현할 만큼 컸다면 비밀코드 단어나 손동작 등을 정해서 화가 났으며 이에 대해 이야기할 필요가 있음을 나타내도록 한다.

2) 분노 모자는 아동이 분노의 이미지를 모자에 장식하도록 한 것이다. 아동이 화가 났거나 상처를 받았다는 메시지를 전하고 싶을 때 이 모자를 쓰도록 한다. 이는 고통에 대해 이야기를 나눌 필요가 있다는 아동의 의사를 전달해 줄 수 있다.

• 감정이입하도록 한다. 아동에게 나도 너와 같은 입장에 있다면 화가 날 것이라고 이야기해 준다. 이는 아동의 감정을 인정해 주는 것이며 아동은 이해를 받는다고 느낄 것이다.
• 분노가 다른 허용되기 어려운 행동(때리기, 욕하기, 깨물기, 던지기, 소리 지르기 등)의 핑계가 되지 않도록 한다(Neuman & Romanowski, 1998: 37). 이런 기술은 어떤 종류의 감정이든지 아동이 경험하는 감정을 표현하는 데 적용될 수 있다.

3) 협력적 부모역할을 위한 기술

이혼으로 부부가 헤어진다고 하더라도 부모로서의 역할은 여전히 남아 있다. 장혜경에 의하면, 이혼여성에 따라 이혼 후 적극적 부모 역할을 모색하기도 한다. 우선, 이들은 이혼 후 달라진 부모역할에 대한 준비를 한다. 이들은 이혼과정에서 자신의 문제를 다루기만도 힘겹다보니 자녀는 뒷전으로 밀려나 상처받았을 수 있음을 인지한다. 이들은 이혼 후 자녀를 변화된 상황에 적응시키기 위해 가급적 급격한 변화를 피하여 이혼과정에서의 상처가 극복되도록 힘쓴다. 그리고 이들은 부부끼리는 문제가 있어 헤어졌다 하더라도 이혼 후에도 협력적인 부모관계를 위해 전 남편을 비롯한 주변 가족과 함께 노력한다.

협력적 부모관계를 위한 조건으로 ① 비동거부모가 자녀에 대한 죄책감으로 자녀의 뜻을 무조건 받아주지 않도록 할 것, ② 자녀 앞에서 부모 사이에 처리되지 않은 감정적 찌꺼기를 드러내서 자녀가 비동거부모를 만나는데 불편해 하지 않도록 할 것, ③ 식구들 사이에서도 어른들 관계의 나쁜 감정이 자녀에게 강요되지 않도록 주의할 것을 들고 있다. 한편 협력적 부모관계에 저해가 되는 요인도 있다. 여기에는 전 남편들의 불성실한 약속이행, 양육비 지급회피를 위한 관계의 단절, 아빠에 대한 부정적 인식(전 남편에 대한 험담 등)을 심어주어 자녀가 아빠 만나기를 거부하는 것 등이 지적된다(장혜경, 2003: 853-854).

보얀(Boyan)과 터미니(Termini)는 자녀를 갈등으로부터 보호하는 이혼가정의 부모역할을 제시한다. 협력적인 부모역할이 기반이 된다면, 설사 부모가 이혼하더라도 자녀가 거의 상처받지 않고 새로운 환경에 적응하고 성장하기도 한다

(홍경자 외 역, 2009: 13-32). 이들은 자녀의 정신건강과 행복을 위한 단계로 ① 자녀를 돌보아 주기로 약속하기, 자녀를 최우선적으로 배려할까, 그대로 방치할까, ② 자녀가 양쪽 부모를 모두 사랑할 수 있게 해 주기, 평화를 위한 계획인가, 팽팽한 싸움인가, ③ 나의 장기적인 역할을 바꾸기, 놓아 줄 것인가, 붙잡을 것인가, ④ 나의 개인적인 길을 선택하기, 더 나아지게 만들 것인가, 고통스러운 상태를 유지할 것인가, ⑤ 나의 분노를 다스리기, 싸우지도 말고 도망치지도 마라, ⑥ 갈등을 통제하기, 뇌관을 제거할 것인가, 점화할 것인가, ⑦ 합의를 이끌어 내기, 모두 승자가 될까, 한 사람만 승자가 될까, ⑧ 자녀 공동양육은 영원하다, 협력할 것인가, 갈등할 것인가를 제시한다(자세한 내용은 홍경자 외 역, 2009 참조).

협력적인 부모역할에서 가장 핵심이 되는 부분은 갈등을 피하는 기술이다. 여러 연구에 따르면 이혼 자체가 아니라 부모 간의 갈등이 아동에게 가장 부정적인 영향을 미친다. 더욱이 이혼 후 부모가 싸우는 이유가 주로 아동의 양육과 관련된다는 점에서 부모의 갈등은 흔히 아동에게 가장 고통스러운 문제다. 따라서 아동이 갈등에 노출되는 것을 최소화하는 것은 매우 중요하다. 이혼 후 부모의 갈등을 감소시키는 방침은 다음과 같다.

- 당신과 전 배우자 사이에서 논의되는 사항을 아동에게 노출시키지 않는다. 다시 말해서 부부가 함께 살 때 아동에게 알리지 않았을 사항이라면 이혼 후에도 알리지 않도록 한다. 아동양육방법에 관한 의견이 일치되지 않을 때에도 마찬가지다.
- 필요하다면 전 배우자와 직접 의사소통(전화, 이메일 등)을 하여 아동을 메신저로 사용하지 않는다.
- 당신과 전 배우자의 생활방식이나 아동훈육방식에 차이가 있다는 것을 인지하고 수용하도록 한다. 그리고 전 배우자와 의견 차이 때문에 싸워야 하는 문제를 현명하게 선택한다.
- 전 배우자가 아동을 위험에 처하게 하지 않는 한, 전 배우자의 부모역할방식, 기술, 규칙에 대해서 아동과 논의하는 것은 금물이다.
- 아동이 전 배우자에 대해 이야기할 경우, 아동과 전 배우자와의 관계에 대해

중립적이고 지지적인 태도를 고수한다.

- 아동을 가운데 두고 전 배우자와 경쟁하지 않는다(Neuman & Romanowski, 1998: 193-221 참조).

4) 이혼가족 프로그램

국내에서도 이혼한 부모의 적응력을 높여 주고 이혼가정 자녀의 안녕을 목적으로 하는 개입 프로그램이 개발되기 시작하였다. 이혼부모를 대상으로 하는 프로그램은 크게 두 가지로 구분할 수 있는데, ① 이혼여성을 대상으로 하는 전반적인 이혼적응 프로그램, ② 이혼가족 자녀의 안녕을 주목적으로 하는 프로그램이 있다(전명희, 2012: 68-69). 전명희는 이혼가족 부모를 위한 단기 부모교육 프로그램을 개발하였다. 이는 메릴랜드 주 법원 명령으로 위탁 진행되는 2회기 프로그램 '마음 치유: 이혼부모교육(Healing Hearts)'을 기반으로 개발되었다. 1회기에서는 이혼으로부터의 회복과정을 이해시키고 자녀의 발달단계에 따른 별거/이혼에 대한 반응을 다룬다. 그리고 2회기에서는 부모가 할 일과 하지 말아야 할 일, 부모 양육태도 점검, 화 다스리기, 나 전달법 등 양육기술 그리고 자녀 진정으로 바라보기를 다룬다(전명희, 2010: 70).

그리고 최윤진과 허정은은 특히 여성 한부모의 역량강화를 위한 임파워먼트 접근에 대한 프로그램을 개발하였다. 이들에 의하면, 여성 한부모는 가부장적인 가족제도와 규범, 정상/비정상 가족이데올로기가 지배적인 사회환경 속에서 편견과 낙인, 고정관념으로 인한 자존감의 저하와 무력감, 자신감의 상실을 경험하기도 하지만 다른 한편에는 자신과 자녀들에 대한 책임을 수행하고 있다는 점에서 강인함과 자율성, 독립감의 정서를 얻기도 한다(최윤진, 허정은, 2006: 206). 〈표 10-3〉은 한부모 집단상담 프로그램의 실례다. 이 집단 프로그램에 참여한 여성 한부모는 자기긍정 프로그램, 자녀교육 프로그램 등을 통해 사회인식을 내면화하여 스스로를 부정적으로 바라보던 것을 극복하고 자신을 긍정적으로 수용하게 된 것이 가장 큰 변화라고 지적하였다. 나아가 자신에 대한 긍정적인 수용은 자녀양육에 따른 부담과 스트레스, 죄책감과 미안한 마음을 해소하고 자녀와의 의사소통을 개선시키는 데도 기여하는 것으로 나타났다(최윤지, 허정은, 2006: 219-220 참조).

표 10-3 한부모 집단상담 프로그램

회차	운영과제	목표
1	홀로서기, 즐겁고 당당하게 합시다. '내가 행복해야 자녀도 행복하다.'	자기수용과 점검
2	이혼, 사별이 자녀에게 미치는 영향 점검 한부모가족 자녀교육 지침	새로운 가족공동체 만들기
3	자녀와의 원활한 의사소통방법	새로운 가족공동체 만들기
4	야외 프로그램	자녀와 함께하는 야외활동
5	성격 유형검사	자기이해 및 타인과의 관계형성에 유익한 정보습득
6	자기긍정 프로그램	구성원의 지지를 통한 긍정적 자아상 획득
7	한부모가족 캠프	자녀와 함께하는 야외활동
8	유형별 스트레스 관리방법	적절한 스트레스 관리법 습득
9	한부모 관련법과 제도	별거, 사별, 이혼에 따른 상속 및 양육권 등 법률지식 질의응답
10	커리어 개발(직업)계획 수립	유망직종 및 직업정보 제공
11	재혼(복합가족)에 대한 이해	성공적인 재혼을 위한 제언
12	한부모가족 힘내기 한마당	가족에 대한 인식전환의 계기마련

출처: 최윤지, 허정은(2006), p. 219.

제 11 장

재혼가족

제1절 **재혼가족에 대한 이해**

제2절 **재혼가족의 문제**

제3절 **재혼가족의 발달단계 및 성공적 재혼가족의 특성**

제4절 **재혼가족에 대한 개입**

오늘날 우리 사회에서 가족과 관련한 가장 현저한 변화 중의 하나는 재혼가족의 빠른 증가다. 재혼이 혼인유형에서 차지하는 비율은 지속적인 증가추이를 보여 왔다. 1990년에 10.6%에 불과했던 재혼율은 2001년 20%대(20.2%)에 진입하였다. 그리고 2005년 25.4%—혼인 네 쌍 중 한 쌍 이상이 재혼임을 의미하는—로 정점에 올랐다. 그 후 다소 감소하였지만 2010년 21.9% 그리고 2015년 21.4%로 높은 수준을 유지하고 있다(통계청, 2016: 117-118; 통계청, 2016. 4. 7., 보도자료: 6). 우리 사회의 이혼율을 감안할 때 재혼은 앞으로도 상당 수준에서 유지될 것으로 예측된다.

재혼에 대한 태도는 비교적 허용적인 편이었으나 최근 들어 허용적인 태도가 다소 낮아지고 있다. 즉, 재혼을 '반드시 해야 한다 혹은 하는 것이 좋다'라는 견해는 2012년 21.4%에서 2016년 14.2%로 감소하였다. 그리고 '해도 좋고 하지 않아도 좋다'는 61.1%에서 2016년 62.3%로 높아졌다. 반면, 재혼에 반대하는 견해는 2012년 13.2%에서 2016년 16.4%로 다소 높아졌다(통계청, 2016: 134; 통계청, 2017: 130). 이런 견해의 변화가 일시적인 현상인지 아니면 재혼가족의 취약성을 우려하여 사람들의 견해가 바뀌고 있는지는 좀 더 지켜보아야 할 것이다.

김연옥의 연구에서는 재혼이 초혼에 비해 취약하긴 하지만 재혼가족의 가족기능이 특별히 부정적이지는 않은 것으로 나타났다(김연옥, 2012: 197-198). 그럼에도 불구하고 재혼은 초혼보다 많은 문제점을 내포하고 있으며, 이는 초혼보다 높은 재혼 이혼율을 통해서도 알 수 있다. 미국의 경우, 초혼부부의 20%가 결혼 5년만에 이혼하는 것에 비해, 재혼부부는 이보다 높은 25%의 해체율을 보인다(National Healthy Marriage Resource Center, 2009: 김연옥, 2014: 32에서 재인용). 우리나라에는 아직 공식적인 통계가 없지만, 한국가정법률상담소의 재혼남녀의 재이혼 상담비율이 증가하고 있으며, 재혼관련 전문가도 재혼 실패율을 상당히 높게 추정하고 있다(김연옥, 2014: 34에서 재인용).

우리 사회에서 재혼가족은 더 이상 예외적 가족이 아니라 주변에서 흔히 만날 수 있는 가족유형으로 자리 잡아 가고 있다. 그러나 재혼가족에 대한 부정적 인식은 여전히 풀어야 할 과제이며, 재혼가족은 구조적으로 복잡하여 안정되기까지 여러 적응문제를 해결해 나가야 한다.

제1절 재혼가족에 대한 이해

1. 재혼가족의 개념

세이저(Sager) 등에 의하면, 재혼가족은 파트너 한쪽 혹은 양쪽이 이전에 결혼했다가 이혼했거나 사별한 두 파트너가 결혼(혹은 한 가구에서 함께 사는 것)으로 형성된 가족이다. 여기에는 방문을 하거나 함께 동거하는 전혼 자녀가 있을 수도 있고 없을 수도 있는데, 대개 성인부부와 아동이 재혼가족체계를 구성한다(Sager et al., 1981; Sager et al., 1983: 3). 그리고 계부모가족은 생물학적 부모가 아닌 성인과 생물학적 부모인 성인이 결혼해서 아동과 대부분 혹은 함께 사는 가족이다(Stanton, 1986: 201).

재혼가족에는 이혼과 재혼으로 형성된 사람과 관계의 망이 있다. 여기에는 재혼한 한쪽 혹은 양쪽 파트너의 전 배우자, 즉 모든 성인(재혼부부와 그들의 전 배우자)의 원가족, 자녀들이 포함된다. 또한 조부모, 숙모, 삼촌, 사촌, 계조부모(stepgrandparent)도 소속된다. 이 관계망은 핵가족의 확대가족과 유사하지만 단지 계(step) 가족관계가 포함된다는 데 차이가 있다. 이는 '이혼 체인(divorce chain)' 혹은 '재혼가족 초체계(rem family suprasystem)' 라고 불린다([그림 11-1] 참조)(Sager et al., 1983: 3-4).

제이콥슨(Jacobson, 1987)은 계부모가족을 핵가족, 온전가족(intact family) 혹은 결손가족과 같은 전통적 용어보다는 연계된 가족체계(linked family systems)로 개념화한다. 이는 '연계된' 이라는 용어가 재혼가족에서 발생하는 복잡한 인간관계와 역동성을 보다 정확하게 반영한다고 보기 때문이다. 아동은 두 가구—양육가구 혹은 동거가구(custodial or lived-in household), 비양육가구 혹은 방문가구(noncustodial or visited household)—에 관련될 가능성이 크며, 이들은 각기 이중가구 혹은 쌍핵가족체계(dual-household or binuclear family system)의 하위체계를 대변한다(Goldenberg & Goldenberg, 1998: 163-164에서 재인용). 그 외에도 재혼가족은 '혼합가족(blended family)' '재구성된 가족(reconstituted family)'

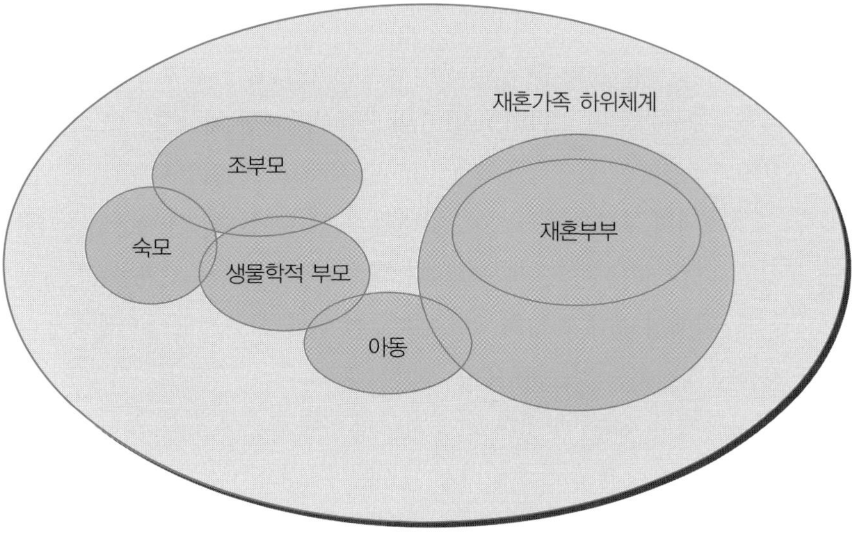

| 그림 11-1 | **재혼가족의 초체계**

출처: Sager, C. J., Brown, H. S., Crohn, H., Engel, T., Rodstein, E., & Walker, L. (1983), p. 4.

'복합부모가족(multiparent family)' '쌍핵가족(binuclear family)'으로 불린다.

2. 재혼가족의 특성

재혼가족은 부모와 자녀로 구성되었다는 이유에서 핵가족으로 오인되기도 하지만, 근본적인 차이가 있다. 핵가족이나 초혼가족과 비교해 보면, 재혼가족의 특성이 보다 분명해진다. 여기에서는 구조, 경계와 역할의 측면에서 살펴보고자 한다.

1) 구조

첫째, 핵가족은 두 사람의 성인과 이들의 자손인 하나 혹은 그 이상의 아동으로 구성된다. 그러나 계부모가족은 두 사람의 성인과 하나 혹은 그 이상의 아동으로 구성된다는 점에서는 핵가족과 동일하지만, 아동은 부부 중 한 사람의 자녀다.

둘째, 핵가족에서 부부 및 부모 과업은 결혼한 부부 두 사람에게 국한된다. 그러나 재혼가족에서는 부모로서의 과업이 재혼부부에게만 해당되는 것이 아니라 전 배우자와 공유된다.

셋째, 핵가족에서 부부관계는 부모-자녀관계를 선행한다. 역으로 재혼가족에서는 부모-자녀관계가 부부관계를 선행한다. 더욱이 양육부모와 아동은 대개 한부모가족단계에서 유대가 강화되어 있다. 이에 따라 한부모가족체계에 새로운 배우자를 유입시키는 것은 쉽지 않다.

넷째, 핵가족에서 가족구성원은 단지 하나의 가족체계에 소속된다. 그러나 재혼가족에서는 하나 이상의 가족체계가 관련된다. 더욱이 두 번 이상의 결혼이 있었다면 대여섯 개의 가족체계가 관련될 수 있다.

다섯째, 핵가족에서 의미 있는 타자는 대개 긍정적으로 경험되며 '가족'으로 간주된다. 그리고 단지 한 명의 어머니와 아버지가 있기 때문에 충성심 갈등이 유발될 가능성이 적다. 한편, 재혼가족에서는 의미 있는 타자가 수적으로 증가할 것이며, 이들은 '누구 편'에 속하는가에 따라 긍정적, 부정적 혹은 애매모호하게 경험될 수 있다. 한부모단계에서 친정이나 시댁(과거 혹은 현재)의 역할이 증대되었을 수 있고, 이는 재혼가족에 커다란 영향을 미칠 수 있다. 이들은 지속적인 지지를 제공할 수도 있고 분열을 조장할 수도 있다(Sager et al., 1983: 23-25).

2) 경계와 역할

재혼가족에는 핵가족 또는 초혼가족에 비해 다양한 상위체계와 하위체계가 존재한다. 재혼가족의 전혼자녀는 재혼가족에 편입됨과 동시에 비양육부모의 가족체계에도 속하게 된다. 이들은 두 개의 가족체계에서 부모-자녀체계, 형제자매체계와 같은 하위체계에도 복수로 속하게 된다. 또한 조부모체계와 같은 상위체계도 복수로 갖게 되면서, 초혼가족과는 비교할 수 없을 정도로 복잡한 구조가 형성된다. 재혼가족과 관련된 복잡한 체계는 어떤 방식으로든 재혼가족에 영향력을 행사하면서 역할혼란을 초래할 수 있다. 이런 복잡한 가족구조에서 가족경계는 모호해질 수밖에 없다.

재혼가족체계의 또 다른 특성은 체계를 규정하는 기준의 주관성이다. 가족체계의 정체성은 경계의 명확성에 의존한다. 가족체계의 경계는 가족구성원이 '누가 우리 가족인가' 를 어떻게 규정하는가에 달려 있다. 가족경계의 모호성은 재혼가족의 본질적 특성으로 간주되어 왔다. 즉, 재혼가족은 구성원의 주관성에 따라 가족경계가 달라진다. 함께 살지 않는 비양육부모를 가족경계에 포함시키거나 함께 사는 계부모를 가족으로 인식하지 않기도 한다. 이와 같이 재혼가족에서 함께 살지 않지만 정신적으로 함께할 수 있는 가족구성원이 있다는 것은 경계의 모호성과 역할혼란을 야기할 가능성이 높다(김연옥, 2014: 35-39).

제2절 재혼가족의 문제

1. 재혼가족의 환상

재혼가족에서, 한쪽 혹은 양쪽 배우자는 초혼의 경험을 바탕으로 결혼이 불완전한 인간에 의한 불완전한 제도라는 사실을 깨닫고, 이에 대한 현실적 기대를 바탕으로 환상을 극복할 수 있다. 그러나 때로 초혼에서의 실패를 만회하고자 하는 욕망은 비현실적인 기대 혹은 환상을 가지도록 한다. 다음은 재혼가족에서 흔히 발견되는 위험한 환상들이다.

- **핵가족신화**

핵가족신화(the nuclear family myth)는 계부모가족이 핵가족처럼 기능할 것이라는 기대다. 이를 믿는 사람은 가족구성원이 서로 사랑하고 친밀하게 느끼며 아동이 부모를 존경하고 비양육부모와 같은 불편한 부분은 사라질 것이라고 기대한다. 그러나 현실적으로 재혼가족에서 친밀한 가족관계를 유지하는 것은 쉽지 않다.

• **보상신화**

보상신화(the compensation myth)는 불만족한 첫 번째 배우자를 가졌던 사람 그리고 두 번째 배우자를 일종의 보상으로 간주하는 사람들에게서 발생한다. 새 배우자는 문제가 많았던 전 배우자가 갖추지 못했던 모든 것—친절하고 민감하며 책임감 있고 진실한—을 갖출 것으로 기대한다.

• **인스턴트 사랑에 대한 기대**

인스턴트 사랑에 대한 기대(the instant love expectation)는 핵가족신화만큼이나 흔하며 그만큼 위험하다. 결혼이 부모로서의 자격을 준다는 믿음에 따라, 계부모는 친밀감과 권위가 즉각적으로 형성될 것이라고 생각한다.

• **신데렐라**

신데렐라에 대한 환상은 계부모가족에서의 권력 문제가 확대된 형태다. 부모를 '좋은' 부모와 '나쁜' 부모로 이분화하는 것은 아동의 환상과 동화에서 보편적으로 나타나는 현상인데, 이는 지역사회 가치체계에까지 영향을 미칠 수 있다. 이에 따라 계모와 사는 아동에 대한 동정심이 유발되고 계모는 어찌할 수 없는 위치(no-win status)에 처하게 된다(Hetherington & Kelly, 2002: 174-176; Stanton, 1986: 202).

2. 재혼가족의 문제점

재혼은 이혼한 부모와 자녀에게 정서적 · 사회적 지지를 제공할 수 있을 뿐 아니라 이혼여성이 빈곤에서 벗어나는 가장 빠른 길이다. 많은 사람은 재혼이 생활 수준을 향상시켰다고 지적한다. 또한 재혼은 정서적 문제에도 진전을 가져온다. 외로움과 우울증이 감소되고 사회적 생활이 개선된다. 이와 같은 긍정적 변화에도 불구하고 재혼가족의 이혼율은 매우 높다. 이는 부분적으로 재혼한 부부의 성격, 기대, 태도 및 행동에 기인하기도 하고 부분적으로 원가족, 초혼 그리고 이혼 후 한부모가족에서의 관계에 기인하기도 하며, 일부는 계부모가족의 관계에 내재되어 있기도 하다. 다음에서는 계부모가족의 일반적인 문제점을 살펴보고자 한다.

헤더링턴과 켈리는 계부모가족에서 자녀, 재정문제, 아동보호역할과 같은 영역에서 문제가 발생한다고 지적한다. 첫째, 계자녀가 있는 재혼이 자녀가 없는 재혼보다 이혼율이 높다. 아동은 재혼을 결속시키거나 해체시키는 데 기여하기 때문이다. 부부관계를 형성하는 과업, 계부모역할을 구축하는 과업, 서로 다른 생물학적 관계를 가진 두 가족의 아동을 계부모가족에 융합시키는 과업은 모두 만만치 않은 일이다.

둘째, 재혼부부가 아동문제만큼이나 자주 다투는 문제는 재정문제다. 대다수 경우 재정문제는 아동에 대한 논쟁의 연장선에서 이해될 수 있다. 다시 말해서 재정문제는 누가 아동에 대한 경제적 책임을 지는가—생물학적 비양육부모인가? 아니면 양육부모와 계부모인가?—와 밀접한 관련이 있다.

셋째, 계부모가족에서 흔히 발견되는 스트레스는 아동을 누가 돌볼 것인가에 관한 문제다. 계부모, 특히 자녀양육의 경험이 없는 계부모는 아동을 돌보는 데 소요되는 시간과 노력에 충격을 받는다. 그리고 동반자가 필요해서 재혼한 배우자에게 아동보호에 따른 과업은 환상을 깨뜨릴 수 있다.

넷째, 아내로부터 차단된 느낌이나 소외, 계자녀와의 끊임없는 갈등, 계부모가족에 본질적으로 내재하는 모호성 등은 재혼이 깨지는 또 다른 이유다 (Hetherington & Kelly, 2002: 163-179).

아직까지 재혼가족에 대한 이해가 부족하고 부정적인 사회인식이 강하게 자리 잡고 있는 우리 사회에서 재혼가족이 경험하는 어려움은 더욱 큰 것으로 보인다.

장혜경과 민가경은 재혼가족의 갈등을 가족과 친족의 맥락에서 살펴보고 있다. 우선 부부관계에서 나타나는 갈등을 크게 전혼 배우자에 관련된 갈등과 자녀에 관련된 갈등으로 구분한다.

첫째, 전혼 배우자와 관련된 갈등에는 아직 혼자인 전혼 배우자가 현재의 재혼생활을 방해하는 경우, 배우자를 속이고 전혼 배우자를 계속 만나는 경우, 사별한 전혼 배우자의 제사를 지내는 문제에 따른 갈등 그리고 전혼 배우자와의 결혼생활이 현재 생활의 평가기준이 되는 경우에 부부 사이에 갈등이 표출되는 것으로 나타났다.

둘째, 자녀와 관련된 갈등에는 핏줄에 대한 집착 등으로 친자녀를 눈에 띄게 편애하는 경우, 초혼이며 자녀를 양육해 본 경험이 없는 배우자가 계자녀의 양육을 거부하는 경우, 계부모가 계자녀를 홀대한다고 선입견을 가지고 보는 경우에 부부관계에서 어려움을 겪는 것으로 나타났다.

그리고 자녀와의 관계에서, 계부모로서의 역할갈등과 친척의 양육관여 등에 따른 어려움이 지적되고 있다. 보다 구체적으로 자녀의 입장에서는 계부모의 역할과 위치를 인정하는 것이 곧 함께 살지 않는 친부모에 대한 배신이며 친부모의 존재를 부정하는 것으로 해석하고 계부모의 자리와 역할을 쉽게 인정하지 않는다. 반면, 계부모는 계부모자녀관계에 대한 사회적 모델이 부재한 상황에서 친부모의 자리를 대신하는 것에 대해 불편하지만 어떻게 계부모자녀관계를 설정해 나가야 하는지 모르는 데서 혼란을 경험하게 된다. 그 외에도 친자녀와 계자녀 간에 갈등이 있는 경우도 있으며, 비동거자녀와의 접촉이 갈등의 소지가 되기도 한다.

한편, 재혼 후 출산한 자녀는 상황에 따라 전혼 자녀를 방치할까 하는 시댁식구의 우려와 같이 가족 간 갈등을 증폭시키기도 하고, 반대로 시어머니에게 며느리로서 인정받고 배우자 자녀들과 친밀감을 형성하는 가족화합의 계기가 되기도 한다.

마지막으로 혈연과 친족중심적인 한국 가족문화에서 친족은 재혼가족이 새로운 가족을 형성하는 데 상당한 영향을 미치는 것으로 나타났다. 그리하여 시어머니와 시누이가 남편의 전혼 자녀에 대한 계모의 부모역할을 인정하지 않으면서 양육에 참견하거나 남편의 이전 배우자와 비교하거나 가족구성원으로 받아들이지 않아 갈등을 유발하기도 하였다(장혜경, 민가경, 2001: 166-200 참조).

3. 재혼부부 관계의 취약성

초혼가족과 마찬가지로 튼튼한 부부관계는 재혼가족의 토대가 된다. 다른 말로 하면, 분명하고도 융통성 있는 재혼부부체계의 경계가 성공적 재혼가족의 초석이 된다는 의미다. 재혼의 부부하위체계는 부모-자녀하위체계와 동시에 형성된다는 점에서 초혼과는 근본적으로 다르다. 이는 결혼과 동시에 누군가의 부모가 되는 것을 의미한다. 또한 이는 부부만의 강한 연대감을 형성시킬 수 있는 시간과 자원이 허락되지 않은 채, 친자녀 혹은 계자녀가 부부관계의 친밀감 형성을 방해하거나, 한편 부모와 연합할 가능성에 대처하면서 부부체계의 경계를 수립해야 함을 의미한다.

부부체계의 경계를 튼튼히 하는 기본적 요건은 부부가 친밀한 관계를 맺고자 하는 욕구다. 그러나 전혼이 해체되는 과정에서 겪은 심리적 상처는 때로 친밀한 관계 형성을 주저하게 만든다. 파버(Faber)는 재혼자는 전혼에서 미처 해결되지 않은 갈등이나 감정을 재혼에 가져오는 경우가 많다고 지적한다. 이런 정서적 짐은 재혼부부 사이에 투사나 오해를 낳을 수도 있고, 상처받기 두려워서 자신을 보호하려고 배우자로부터 심리적 장벽을 쳐서, 결과적으로 부부의 친밀감 형성에 제약을 가져온다. 김연옥의 연구에서도 초혼과는 달리 재혼부부는 부부유대가 약하여 '운명공동체의식' 이 희박하며 서로에 대한 헌신이 약하고 미래를 함께 구상하고 준비하는 부분도 소홀한 것으로 나타났다.

그리고 친자녀 혹은 계자녀의 존재는 다양한 방식으로 부부관계의 형성을 방해하기도 한다. 앞서 살펴본 바와 같이, 재혼가족에서는 초혼과는 달리 부모-자녀하위체계가 부부하위체계보다 먼저 성립되어 그 유대가 강할 수 있다. 즉, 전혼 해체 이후의 어려운 시기를 함께 겪으면서 친부모자녀가 상당히 밀착되었을 수 있다. 이렇게 형성된 밀착된 관계는 부부하위체계의 경계를 방해하여 삼각관계 등 역기능적 가족관계를 형성하기 쉽다. 친부모자녀와 새 배우자 사이에 형성되는 삼각관계는 우리나라 연구에서도 확인되고 있다. 일단 연합이나 삼각관계가 형성되면, 관여된 가족구성원에게는 안정감을 제공하지만 배제된 사람은 소외감을 느끼고 새로운 가족 간 동맹을 연속적으로 형성하기도 한다(김연옥, 2007; 김효순, 하춘광, 2011: Faber, 2004; Roberts & Price, 1985: 김연옥, 2014: 40에서 재인용).

4. 계부모자녀관계의 문제

서구사회든 우리나라든 간에 계부모자녀관계는 재혼가족문제의 핵심이라고 해도 과언이 아니다. 계부모자녀관계의 문제는 재혼가족과 초혼가족의 차이점에서 비롯된다. 다시 말해서, 초혼에서는 만족스러운 부부관계가 행복한 결혼생활의 초석이 되며 보다 긍정적인 부모-자녀관계와 의좋은 형제자매관계를 가져온다. 그러나 계부모가족에서 이는 흔히 반대로 작용한다. 계부모자녀 간의 관계형성과 갈등해결이 재혼과 계부모가족의 성공을 좌우할 수 있다. 따라서 여기에서는 계부모자녀관계 형성에 따른 주요 문제를 고찰해 보고자 한다.

1) 모성의 저항위험

계부가 모성의 부모역할을 향상시키는 몇 가지 방법이 있다. 첫째, 아내가 자녀양육 사안과 문제에 대해서 이야기할 때 방향판이 되어 주는 것이다. 둘째, 아내가 까다로운 아이를 다루는 데 문제가 생기거나 부모로서의 능력을 의심할 때 정서적 지지를 주는 것이다. 그 외에도 훈육에 대한 지원, 아동의 활동에 대한 참여, 아동의 활동에 대한 모니터링 그리고 아동보호과업의 분담 등이 있다.

여성 한부모의 과도한 역할은 널리 지적되어 왔으며, 이에 따라 이론상 이런 부담을 계부와 나누는 것은 반가운 일이다. 그러나 때로 오랫동안 혼자서 부모역할을 하는 데 익숙해져서 '어머니가 제일 잘 안다.' 는 태도를 가지게 될 수 있다. 이런 태도는 계부의 도움 제의를 수용하기 어렵게 하며, 도움을 주고자 했던 계부를 고립시키고 인정받지 못한다는 느낌을 주는 결과를 가져온다.

이와 같은 모성의 저항은 적어도 두 가지 방식으로 재혼에 부정적 영향을 미친다. 첫째, 계부를 고립시키고 가족과 정서적으로 덜 관여되었다고 느끼게 만든다. 둘째, 모성의 저항에 따른 보다 심각한 위협은 아동의 행동과 계부의 권위와 관련된다. 초기 계부모가족생활에 수반된 스트레스는 이혼 초기와 같이 어머니의 양육기술을 감소시키고 아동문제를 증가시키지만, 재혼여성은 흔히 이 사실을 인식하지 못한다. 그리하여 계부가 조언이나 도움을 제공하고자 할 때 여성은 도움이 필요 없다고 생각하고 이를 거절한다. 더욱 문제가 되는 것은 계부가 상당히 합리적으로 개입하였음에도 불구하고 이를 중도에 차단시키는 것이다. 이는 아동에게 어머니가 계부의 권위를 존중하지 않는다면 자신도 이를 존중할 필요가 없다는 결론에 도달하게 만든다. 결과적으로 이 과정에서 계부에 대한 버릇없고 도전적인 행동이 증대된다.

2) 계부의 위축행동

대개 남성은 사랑과 동반자에 대한 필요 때문에 재혼을 하며, 이에 따라 계자녀와 깊이 관여되기를 꺼려하므로 부성의 저항은 모성의 저항보다 흔한 현상이다. "나는 그녀와 결혼했지 아이들과 결혼한 것이 아니다."라는 말은 계부들이 자주 사용하는 표현이다. 그러나 부부의 행복을 위해서 어느 정도 계자녀와의 관계형성이 필요하기 때문에 대다수 남성은 재혼 초기에 계자녀와 친근하고 바람직한 관계를 형성하기 위해 노력한다.

계부모자녀 간의 즉각적인 정서적 애착은 극히 드물다. 이런 애착은 점진적으로 구축되어야 하며, 계부가 아동이 어렸을 때부터 양육에 관여하였을 때 형성될 가능성이 크다. 보편적으로 계부는 스포츠, 영화, 음악과 같은 공통의 관심사를 찾고자 하며, 아동을 비판하는 일은 드물지만 정서적 친밀함이 거의 없으며 예의는 갖추지만 낯선 사람처럼 행동한다. 이와 같이 정서적 거리를 두는 것은 흔한 일이다.

심지어는 계자녀와의 친밀한 관계를 구축하는 것을 회피하는 계부도 있다. 이들은 흔히 적대적이고 비판적인 계부가 되며, 계자녀와의 관계는 기복이 크고 갈등이 심하다. 이 경우 계자녀에게 행동, 학문, 정서적 측면에서 문제가 발생할 위험이 높다.

그러나 가장 흔한 계부의 유형은 적극적인 부모역할은 주저하지만, 계자녀와 유쾌한 경험을 나눌 수 있는 의좋은 단짝관계를 형성하고자 하는 유형이다. 이런 노력은 특히 의붓아들과의 관계에서 궁극적으로 친밀한 권위적인 관계를 구축하는 데 기여한다. 이들은 아내의 부모역할을 지지하고 아동과 친근한 관계를 유지함으로써 계자녀의 양육을 돕는 역할을 한다. 불행히도 계부에 대한 계자녀의 독설과 거부가 몇 년씩 지속되면 이와 같은 선의는 점차 잠식된다.

3) 성급한 접근

계부모의 성급한 접근이 재혼가족에게 문제를 가져올 수 있다. 이는 흔히 아동의 저항, 독설, 반항 수준을 상승시킨다. 이 경우에는 부모역할의 부족이 아니라 역할과잉에 문제가 있다. 계부모는 과도한 열의 때문에 계자녀와의 긍정적 관계 수립이 우선되어야 한다는 사실을 간과하기 쉽다.

남성에게 과도한 열의는 흔히 전통적인 부모역할을 빨리 구축하고자 하는 시도에서 비롯된다. 계자녀의 미온적인 반응은 '천천히 하세요.' 라기보다는 적극적인 거부로 해석되기 쉽다. 친밀한 관계가 형성되기 전에 아동이 버릇없이 행동할 때, 친모가 훈육을 담당하는 대신 계부가 성급하게 개입하면서 문제가 발생한다.

계모가 지나친 열의에 빠지는 것은 더욱 흔한 일이다. 남성과 마찬가지로 여성도 계부모역할에 점진적으로 관여하고자 한다. 그러나 모성에 대한 사회적 기대는 즉각적인 부모역할을 요구하는 경우가 많다. 무엇보다도 여성은 선천적으로 부모기술과 지식을 가진다고 믿고 계자녀의 보호를 여성에게 전적으로 위임하는 데서 문제가 발생한다. 더욱이 여성의 경우 생물학적 부모와의 경쟁문제가 추가될 가능성이 있다.

4) 계자녀의 저항 이유

재혼 전에 아동에게 이에 대해 준비할 기회를 주고, 재혼 후에 부부관계가 좋고 계부모가 따뜻하고 지지적이라면, 많은 아동이 궁극적으로 재혼을 긍정적인 관점에서 본다. 그리고 많은 아동이 계부모가족 초기에는 적응하는 데 어려움을 보이지만 대개는 시간이 지남에 따라 저항이 감소된다.

이혼한 어머니와 강요적 순환관계에 있었던 남자아동의 경우 계부를 잠재적 동맹자 혹은 동반자로 볼 가능성이 크다. 이에 따라 어머니의 사랑을 빼앗겼다고 생각하여 계부를 라이벌이라고 간주하는 여자아동보다 계부에 대한 수용도가 높다. 재혼 전에 어머니와 딸의 관계가 친밀했던 여자아동은 완고하며 분개하는 편이다. 그리고 일부는 계부모가 너무 성급하게 접근하였기 때문에 저항하고 화를 내기도 한다. 다른 일부는 계부모가 생물학적 부모를 대체하고, 재혼이 부모의 재결합에 대한 환상을 깨뜨렸기 때문에 저항하기도 한다. 이들은 계부모를 '엄마' 혹은 '아빠'라고 부르는 것에 저항하기도 한다(Hetherington & Kelly, 2002: 181-193).

제3절 재혼가족의 발달단계 및 성공적 재혼가족의 특성

1. 재혼가족의 발달단계

앞서 살펴본 바와 같이, 기존의 가족생활주기는 이혼가족이나 재혼가족과 같이 점증하고 있는 새로운 가족형태의 발달단계를 반영하지 못한다는 비판을 받고 있으며, 이에 따라 이혼이나 재혼가족의 발달단계가 제기되고 있다. 여기에서는 브래트 부부(Bradt & Bradt)의 재혼의 단계와 카터와 맥골드릭의 재혼가족 형성단계를 살펴보고자 한다.

1) 재혼의 단계

브래트 부부(Bradt & Bradt, 1986)는 재혼식과 절차에서부터 시작하여 통합된 가족구조 출현까지의 재혼의 단계를 제시하였다. 각 단계는 성장과 가족응집의 기회를 제공하지만, 재발과 가족해체의 위험도 내재하고 있다.

- 되돌아보기: '도대체 무슨 일을 한 것인가?' '실수한 것은 아닌지?' '이럴 것이라고는 상상도 안 했는데.' 재혼부부는 의심과 불안으로 가득 차 있을 수 있다. 자녀는 여러 방식으로 저항할 수 있으며 재혼을 잠식할 수 있다. 친구와 친척도 지지를 유보할 수 있다.
- 공간 만들기: 가족구성원은 물리적 영역과 정서적 공간을 다른 가족구성원과 공유하는 것을 배우고, 일/가사분담 방식이 규정되며 침입자라는 느낌에서 벗어나는 것을 배운다.
- 재조정을 위한 노력: 이전의 관계에서 형성된 동맹이 해체되고 재구조화

됨에 따라 충성심 갈등, 권력투쟁, 저항, 협상이 발생한다.

- (재)헌신: 가족이라는 느낌이 싹트면서 가족정체성이 확립된다. 가족신화와 의식이 만들어지고 경험이 공유되면서, 축하하는 방식, 방학을 보내는 방법 혹은 가족모임을 가지는 방법에 대한 의식이 발달된다.
- 관계의 재균형: 과거가 아니라 현재를 토대로 각 가구에서 독자적인 성격을 지닌 구성원으로서의 위치를 확보하고, 각 가구에 충성심을 유지하면서 가족구성원은 자유롭게 양쪽 가구를 오가게 된다.
- 박탈감과 부담감 포기하기: 가족구성원이 자신과 다른 사람에 대한 의무를 보다 잘 규정함에 따라 고립감, 불신감, 과도한 책임에 따른 부담감, 비협조적 태도 등이 해소된다.
- 통합을 향한 성장: 서로의 차이점을 수용하고 도전을 이해하고 복잡성을 인정하고 헌신을 확고히 하고 박탈감과 부담감이 사라짐에 따라, 가족은 다른 기능적 가족처럼 정체성과 응집력을 갖추게 된다.
- 전진: 가족구성원은 문제해결, 성장 그리고 가족 외부의 보다 큰 체계와의 상호작용에 초점을 둔 복잡한 관계망으로 자유롭게 이동한다(Goldenberg & Goldenberg, 1998: 170-171에서 재인용).

2) 재혼가족의 발달단계

〈표 11-1〉은 카터와 맥골드릭의 발달단계와 각 단계에서의 전제조건 그리고 각 단계에서의 발달 문제를 보여 주고 있다.

재혼가족에서, 계부모와 계자녀 사이의 상호 만족스러운 관계는 재혼가족의 통합, 조화 그리고 안정성을 예측하는 가장 주요한 요인이다. 따라서 계부모-계자녀 관계의 질은 재혼가족의 질과 안정성의 잣대가 된다고 할 수 있다. 단, 재혼한 부부관계가 기반이 되어야 만족스러운 계부모-계자녀 관계가 수립된다. 재혼가족의 통합은 견고한 부부결속뿐 아니라 계부모-계자녀 관계의 형성이 필요하다. 초혼가족과는 달리 재혼가족에서는 부부결속이 잘 형성되었다고 해서 반드시 성공적인 계부모-계자녀의 관계가 보장되지는 않는다. 대체적으로 부부가 먼저 협조하는 것을 습득하면, 이는 계부모와 계자녀 사이의 만족스러운

표 11-1 재혼가족의 발달단계

단 계	전제조건	발달문제
1. 새로운 관계로 들어가기	• 첫 번째 가족상실로부터의 회복(적절한 정서적 결별)	• 결혼에 다시 헌신하고, 복잡성과 모호성을 다루기 위해 준비하며 가족을 형성하기
2. 새로운 결혼과 가족을 개념화하고 계획하기	• 자기자신, 새 배우자 및 아동의 재혼에 대한 두려움을 수용하고, 계부모가족을 형성하기 • 다음과 같은 복잡성과 모호성에 적응하기 위한 시간과 인내의 필요성을 수용하기 – 복합적인 새로운 역할들 – 경계: 공간, 시간, 구성원, 권위 – 정서적 문제: 죄의식, 충성심 갈등, 상호성에 대한 욕구, 해결할 수 없는 과거의 상처	• 가식적 상호성(pseudomutuality)을 피하기 위해서 새로운 관계에서 개방성을 추구하기 • 전 배우자와의 협조적인 부모관계를 유지하기 위한 계획 • 아동의 두려움, 충성심 갈등 그리고 두 가구(체계)에 소속됨으로써 생기는 문제를 돕기 위한 계획 • 새 배우자와 아동을 포함시키기 위해서 확대가족과의 관계를 재조정하기 • 전 배우자의 확대가족과 아동과의 연계를 유지하기 위한 계획
3. 재혼과 가족의 재구조화	• 전 배우자에 대한 애착과 온전가족(intact family)에 대한 이상을 최종적으로 해결하기 • 융통성 있는 경계를 지닌 다른 가족모델을 수용하기	• 새 배우자/계부모의 유입을 허용하는 가족경계의 재구조화 • 재혼가족과 관련된 여러 체계를 연계시킬 수 있도록 하위체계를 통한 관계의 재조정 • 모든 아동이 생물학적(비양육) 부모, 조부모 그리고 다른 확대가족과의 관계를 맺을 수 있는 여건을 조성하기 • 계부모가족의 통합을 촉진시키는 추억과 역사를 공유하기

출처: Carter & McGoldrick(1989); Goldenberg, H., & Goldenberg, I. (1998), p. 172.

관계를 발달시키는 안정된 기반이 된다(Bray & Kelly, 1998; Papernow, 1993: Visher et al., 2003: 159에서 재인용).

2. 성공적인 재혼가족의 특성

재혼가족은 부부 두 사람, 아니면 적어도 부부 중 한 사람이 제2의 기회에 대한 희망을 가지고 출발한 가족이다. 재혼가족은 초혼가족과는 달리 구조적으로 복잡하므로 통합되는 과정에서 여러 적응과제에 직면하게 되지만, 성공적인 재혼가족은 현실적으로 가능한 목표다. 성공적인 재혼가족은 초혼가족과 차이점을 이해하고 수용하고 적응과제를 수행하는 데 필요한 충분한 시간을 가지고 이를 위한 노력을 해 나간다. 특히 이들은 적응상의 어려움이 어느 구성원이 부족해서라기보다는 과도기적 난관임을 인지하고 가족구성원 모두가 만족하고 행복할 수 있는 방법을 찾아나간다. 즉, 그들은 재혼가족이 직면한 과업이 도전이 되기는 하지만 불가능한 것은 아니며 궁극적으로 제2의 기회가 가족구성원 모두에게 보다 나은 기회가 될 것이라는 믿음을 가지고 있다. 특히 최근 계부모가족에 대한 '결함모델' 에서 탈피하여, 아직 초보적인 단계이기는 하지만 성공적 재혼가족의 특성에 대한 관심이 대두되고 있다. 다음에서는 성공적인 재혼가족의 특성에 대하여 살펴보고자 한다(Visher, Visher, & Pasley, 2003: 163-171에서 인용 및 재인용).

1) 기대가 현실적이다

성공적인 재혼가족의 구성원은 가족에 대한 기대가 현실적이며, 인스턴트 사랑이나 재혼가족을 초혼가족과 동일시하는 재혼가족에 대한 잘못된 통념을 받아들이지 않는다. 이들은 사랑과 돌봄은 시간이 걸리며 재혼가족과 초혼가족은 서로 다르다는 점을 인식하고 있어서 초혼가족의 형태에 억지로 맞추려고 시도하지 않는다.

2) 상실이 애도될 수 있다

재혼가족은 사별 혹은 이혼 이후에 형성되었다는 점에서 흔히 '상실에서 태어난(born of loss)' 가족이라고 불린다. 설사 이혼을 원했던 성인이라고 할지라도 과거에 유지하고 싶어 했던 관계를 상실한 것이다. 결혼한 적이 없는 배우자는 재혼가족에서 배우자의 전처(남편)와 계자녀가 삶의 일부가 되어야 하는 현실에서 상실을 경험한다. 이와 같은 상실이 인정되고 애도되지 않는다면 만족스러운 재혼가족으로의 통합과정에 장애가 될 것이다.

기능적 재혼가족에서 부모는 이혼이나 재혼과 같은 삶의 변화에 자녀가 거의 통제력을 가지지 못한다는 점에서, 슬픔이나 우울 그리고 분노 등 자녀의 감정에 민감하게 반응한다. 부모는 자녀가 두려움, 기대, 분노와 같은 감정을 언어적으로 표현하도록 지지하고 자녀가 여러 변화에 적응할 시간을 준다. 조부모, 숙모, 삼촌, 사촌과 같은 확대가족과의 결속은 상실과 변화에 직면한 아동에게 지속성의 망이 된다.

3) 튼튼한 부부관계가 수립되어 있다

초혼가족과 마찬가지로 튼튼한 부부관계—부부가 팀으로서 협동하는—는 성공적인 재혼가족의 주요 특성이다. 연구에 의하면, 성공적인 재혼가족은 초혼가족보다 결속력이 상대적으로 약하며 초혼가족보다 강한 부모-자녀 동맹을 보유한다. 그러나 이는 반드시 역기능을 의미하는 것은 아니며 가족의 구조적 특성을 고려할 때 크게 놀랄 만한 일은 아니다.

기능적 재혼가족은 안정적인 가족분위기를 제공하는 것의 중요성을 이해하고 있다. 재혼부부의 관계는 부부에게 행복을 가져올 뿐 아니라 다시 한 번 부모가 헤어지는 데 대한 불안을 감소시킬 수 있다. 그리고 친부(모)-자녀 관계가 존중되고, 지지적이고 따뜻한 계부모-계자녀 관계가 격려되는 분위기를 조성할 수 있다. 이는 또한 부부가 함께 행복하고 가족이 직면하는 시련을 팀으로서 해결해 나가는 모델을 아동에게 제공할 수 있다.

4) 만족스러운 계부모자녀, 계형제자매관계가 형성된다

계부모는 부모역할을 서서히 그리고 점진적으로 시작한다. 아동의 입장에서 보면 계부모는 부모로서의 권위를 가지지 않았다는 점에서 아동이 아주 어리지 않는 한 점진적 역할 수행은 매우 중요하다. 생물학적 부모의 지위는 출산으로 저절로 획득되지만, 재혼가족에서의 지위는 노력으로 얻어지는 것이기 때문이다.

따라서 계부모는 계자녀와의 관계를 점진적으로 구축하고 훈육기능을 서서히 시작하도록 한다. 성공적인 재혼부부는 팀으로서 협동하여 처음에는 친부(모)가 적극적인 부모역할 그리고 계부(모)는 지지적 역할을 수행하고, 차츰 계부모자녀관계가 발전함에 따라 부모로서의 역할을 확장시켜 나간다.

때로 기능적인 재혼가족에서 계부모자녀관계는 상당히 다양할 수 있으며 반드시 부모역할에 국한될 필요는 없다. 계자녀의 연령과 관계에 따라 부모역할을 할 수도 있고 마음을 털어놓는 사람이나 친구가 될 수도 있다.

그리고 계형제자매관계가 발전하는 데도 많은 노력이 필요하다. 설사 부모가 모든 자녀를 공정하게 대한다고 할지라도 계형제자매관계는 다양하며 친밀한 관계가 이루어지지 않는 경우도 있다.

5) 만족스러운 일상과 의식이 수립된다

재혼가족구성원은 서로 다른 가족배경을 가지고 있다. 부부가 모두 재혼을 하였다면 각기 원가족, 초혼가족, 한부모가족을 경험하였다. 이는 현재 재혼가족까지 합하면 일곱 개의 가족체계의 경험이 작용하는 것을 의미한다. 예를 들어, 세탁하는 방법, 요리하는 방법, 생일을 축하하는 방법, 명절을 즐기는 방법이 각기 다를 수 있다. 재혼가족이 새로운 일상과 의식을 수립하기까지는 융통성과 창의성이 요구된다.

6) 가구들이 서로 협동한다

기능적인 재혼가족은 전 배우자의 가구를 포함하여 아동들이 속해 있는 복합적 가구(multiple households)들 사이에 협조체계를 유지한다. 이 가구들이 아동양육에 서로 경쟁하는 것이 아니라 협동할 때, 아동은 충성심 갈등을 덜 겪게 되고 성인도 보다 마음이 편하게 가족생활을 즐길 수 있기 때문에 재혼가족에 관련된 가구들이 서로 협동하는 것은 중요하다. 아동을 돌보는 모든 성인(재혼부부, 전 배우자)이 각기 아동에게 베풀 수 있는 특별한 자질과 기술을 가졌음을 인정할 때 '부모역할 동맹(parenting coalition)'이 형성될 수 있다.

제4절 재혼가족에 대한 개입

1. 재혼가족의 문제 영역

재혼가족이 기능적 단위로 발달하기 위해서 사회복지사가 관심을 가져야 할 문제 영역은 〈표 11-2〉와 같다.

표 11-2 재혼가족을 위한 문제평가 체크목록표

- 부모역할을 수행하는 데 계부모의 어려움
- 계형제자매 간의 경쟁과 질투
- 경계의 모호성
- 전 배우자 사이의 미해결된 갈등
- 생물학적 어머니와 계모 사이 혹은 생물학적 아버지와 계부 사이의 경쟁
- 부재부모에 대한 이상화
- 부모와 계자녀(비생물학적 자녀)와의 친밀감 결여
- 부재부모와 계부모에 대한 아동의 충성심 갈등
- 부재아동과 계자녀에 대한 부모의 충성심 갈등
- 자녀의 성이 다른 문제
- 재혼에서 출생한 자녀의 영향
- 재정적 의무(전 배우자에 대한 부양비, 자녀양육비 지급)
- 청소년 문제-양육권 변화의 요청, 느슨해진 성적 경계

출처: Goldenberg, H., & Goldenberg, I. (1998), p. 165.

2. 재혼가족에 대한 상담

카터와 맥골드릭(Carter & McGoldrick, 1980)은 재혼이 가장 어려운 전환기라고 지적하였다. 재혼가족구성원의 대다수가 상실, 고통, 모호성을 경험하였기 때문에 재혼과정에 내재된 복잡성을 회피하려고 할 수 있다. 그러나 계부모가족이 통합되기 위해서는 과거 가족관계의 상실이 애도되어야 하고 새로운 가족전통이 구축되어야 하며, 동거하지 않는 생물학적 부모와의 유대가 재협상되어야

하고, 아동은 갈등 없이 두 가구에서 지내는 것을 배워야만 한다. 이런 의미에서 재혼가족, 특히 자녀가 있는 재혼가족은 상당 기간 대인 간, 세대 간 그리고 정서적 스트레스에 취약할 수밖에 없다. 한편, 스탠튼(Stanton)은 계부모가족이 (사회적으로, 기능적으로) '건강'하지만 흔히 새로운 가족의 역할에 대처하는 기술을 결여하고 있다고 지적한다(Stanton, 1986: 201). 재혼가족에 대한 상담에서는 초혼의 실패 이유, 이혼 후 각 가족구성원의 개별적 발달 그리고 새로운 가족으로서의 미래를 이해하도록 최대한 도울 필요가 있다. 무엇보다도 즉각적인 통합의 환상에서 벗어나 계부모가족으로서의 정체성을 구축하기 위해 점진적으로 노력해 나가야 함을 이해해야 한다. 여기에서는 재혼가족 상담에서 주로 나타나는 주제와 사회복지사의 역할에 대하여 살펴보고자 한다.

- 상실의 애도: 계부모가족은 사별 혹은 이혼을 통한 관계의 상실에서 유래하며, 이전의 가족에서 가졌던 희망과 꿈을 포기했던 경험이 있다. 예를 들어, 이전 가족에서 지녔던 아동의 지위(예: 한자녀로서의 위치) 혹은 특정 가사역할(예: 자신감 있는 한부모)을 상실하게 된다. 이에 따라, 계부모가족이 이런 상실을 다루고 심리적으로 과거와 분리하고 미래관계를 지향한 삶을 재정립하도록 도와야 한다.
- 차이점 수용하기: 계부모가족은 가족 역사와 전통 그리고 가족생활주기가 각기 다른 구성원으로 되어 있다. 이에 따라 대인 간 갈등을 가져올 수 있는 차이점을 협상하고 새로운 가족체계를 구축하도록 도와야 한다.
- 충성심 문제 해결하기: 계부모가족에서는 부모-자녀관계가 부부관계를 선행하기 때문에 성인은 자녀에 대한 애정과 새로운 배우자에 대한 애정 사이에서 충성심 갈등을 느낄 수 있다. 재혼 초기에는 계부모가족에 대한 충성심이 아직 형성되지 않았으므로, 자녀들의 충성심은 흔히 친부모에게 향하게 된다. 때로 아동은 재혼하기 전에 한부모가족에서 누렸던 부모와의 친밀한 관계를 상실했다고 느끼기도 한다. 이에 따라 가족구성원이 재혼가족의 구성원으로서의 정체성을 발달시키도록 도와야 한다.
- 부재부모 인정하기: 동거하지 않는 생물학적 부모를 인정하는 것이다. 부재

부모와의 지속적 접촉은 아동이 계부모와의 관계를 형성하는 능력을 도울 것이다. 단, 계부모와 생물학적 부모 사이의 적대적 관계를 피하도록 도와야 한다.

- 두 가구에 소속되기: 아동은 규칙과 기대 그리고 양육 방식이 다른 두 가구의 구성원이 될 수 있다. 전 배우자들이 우호적으로 구체적 사항을 타협할 수 있다면, 아동이 양쪽 부모와 접촉을 유지할 수 있도록 해야 한다.
- 가족정체성 발달시키기: 계부모가족의 통합, 특히 계부모자녀의 결속은 시간이 걸린다는 것을 인식할 필요가 있다. 자녀가 어릴 때 형성된 일부 계부모가족을 제외하고서는 생물학적 가족에 맞추려는 어떤 시도도 실패할 것이다.
- 경계문제 극복하기: 전혼의 부부체계에서 성공적으로 분리하고, 재혼한 부부와 그들의 가구를 중심으로 경계를 형성하는 것은 쉽지 않다. 계부모가족이 새로운 역할과 규칙이 작동할 수 있는 새로운 경계를 구축하도록 도와야 한다.
- 부모역할 공유하기: 재혼가족이 새로운 배우자, 전 배우자 그리고 그들의 가족이 섞일 수 있는 경계를 가진 개방체계로 유지되도록 한다. 이혼한 부부가 정서적 이혼을 이룩하였고 감정적 앙금을 최소한의 수준에서 유지할 수 있다면, 협조적인 부모역할을 공유하는 것이 바람직하다(Goldenberg & Goldenberg, 1998: 174-176).

3. 재혼가족을 돕는 지침

앞에서 재혼가족이 직면하는 여러 적응과제들을 살펴보았다. 여기에서는 재혼가족의 적응을 돕는 몇 가지 지침을 살펴보고자 한다.

1) 자녀에게 재혼사실 알리기

아동이 재혼사실을 다른 사람에게 전해 듣지 않도록 직접 전달한다. 다른 사람의 방해 없이 충분히 이야기를 나눌 수 있는 시간과 장소를 택한다. 재혼사실은 간단하고 정직하게 이야기한다. 설사 본인이 행복하더라도 자녀가 재혼에 대해 어떻게 반응하는지를 알고자 하는 것이 주목적이므로 '행복한' 과 같은 표현을 삼간다. 그러고 나서 아동이 이에 대해 어떻게 생각하는지 물어본다. 아동이 재혼사실에 대해 어떻게 느끼는지를 파악하고 난 후 보다 자세한 설명을 해 준다. 이때 재혼하더라도 변화하지 않는 것(내가 너를 항상 사랑할 것이라는 것 등)을 먼저 이야기하고 나서 변화하게 되는 것(계형제자매와 함께 살게 될 것 등)에 대해서 알려 준다. 그리고 마지막으로 어떻게 하면 이 상황에서 아동이 가장 편안할 수 있는지를 알아본다(Neuman & Romanowski, 1998: 384 참조).

2) 부모역할 문제 다루기

적어도 처음 한동안 계자녀는 계부모가 부모역할을 하는 것을 거부하는 경우가 많을 것이다. 재혼부부는 부모역할에 대한 생각이 어떤지를 사전에 논의할 필요가 있다. 재혼부부는 친자녀와의 관계, 이에 따른 기쁨과 고난, 이 관계를 보호하는 것이 얼마나 중요한지 그리고 칭찬이나 훈육 등은 어떻게 하는지 등을 나눌 필요가 있다. 생물학적 부모와 튼튼하고 열린 관계를 가진 아동은 계부모 혹은 계형제자매와의 관계에서 위협을 느끼고 문제행동을 일으킬 가능성이 줄어든다.

문화적인 차이를 감안해야겠지만, 계부모가 계자녀에게 다음과 같이 자신의 입장을 밝히면 도움이 된다.

- 아동의 비양육부모의 자리를 대신하기를 원하지 않는다는 것
- 호칭문제에 대한 의견을 나누고 싶다는 것
- 아동의 비양육부모를 존중한다는 것
- 아동에게 새로운 계부모자녀관계가 어려울 수 있음을 인식하고 있다는 것
- 아동과 생물학적 부모와의 관계를 존중한다는 것
- 계부모자녀관계가 발전하도록 시간을 두고 노력할 의사가 있다는 것 (Neuman & Romanowski, 1998: 137-139 참조)

3) 아동의 재혼가족에 대한 적응 돕기

첫째, 생물학적 부모는 아동과의 특별한 관계가 변화하지 않을 것임을 알려 준다. 아동이 어느 정도 컸다면 '새로운 상황과 관련하여 좋고 싫은 것이 무엇인지' 질문을 하고, 성급하게 재혼가족을 방어하기보다는 아동의 반응을 경청한다.

둘째, 아동에게 비양육부모에 관해 이야기하는 것이 괜찮다는 것을 알려 준다. 아동이 비양육부모와 접촉을 하면서도 이에 대해서 언급하지 못하도록 강요하거나 그렇게 느끼면 심한 고통과 거부감을 가질 수 있다.

셋째, 재혼가족에서도 아동은 항상 특별한 존재라는 것을 알려 준다. 그리고 아동이 상실한 것을 인정해 주되 긍정적 측면을 부각시켜 준다. 예를 들어, "더 이상 막내가 아니라 서운하겠지만 그래도 이제 동생이 생기지 않았니."

넷째, 재혼가족의 모든 관계가 자연스럽게 발전할 수 있는 충분한 시간을 준다(Neuman & Romanowski, 1998: 403-404 참조).

4. 재혼가족 프로그램

최근 국내에서도 재혼가족을 위한 프로그램의 개발이 활발하게 이루어지고 있다. 재혼가족을 위한 프로그램은 크게 두 가지로 나눌 수 있다. 첫째, 재혼가족 준비 프로그램은 재혼가족이 성공적으로 적응할 수 있도록 돕는 데 유용하다. 한국가족상담연구소에서 개발한 재혼준비교육 프로그램은 이에 해당된다. 둘째, 재혼가족의 가족관계를 개선하고 적응을 돕기 위한 프로그램들도 개발되고 있다(김효순, 2015; 임춘희, 1998 등).

1) 재혼준비교육 프로그램

재혼준비교육 프로그램의 목표는 다음과 같다. 첫째, 재혼가족에 대해 정확하게 이해하고 합리적이고 현실적인 기대를 갖도록 한다. 둘째 재혼생활에서 대두될 수 있는 주요 문제에 대하여 사전점검하는 기회를 제공함으로써 재혼에 따른 생활변화를 긍정적으로 수용하도록 한다. 셋째, 자기개방, 감정이입, 상호 이해를 통해 예비부부로서 유대감과 상호 협력적인 태도를 형성하도록 한다. 재혼준비교육 프로그램의 내용은 〈표 11-3〉과 같다.

표 11-3 재혼준비교육 프로그램

제1단계: 재혼 이해하기	• 재혼준비교육 프로그램에 참석한 것을 격려한다. • 참석자들 간에 라포를 형성한다. • 재혼가족에 대해 전반적으로 이해한다. • 재혼생활을 위한 자신의 준비상태를 점검한다.
제2단계: 상실감과 변화 수용하기	• 자기개방과 감정이입을 통해 자신 또는 상대방의 전혼생활에서의 상실감을 이해하고 긍정적으로 수용한다. • 재혼생활로 겪게 될 변화들을 인식하고 수용하는 태도를 갖는다.
제3단계: 부부 유대감 형성하기	• 재혼가족생활에서 부부 유대감의 중요성을 인식한다. • 재혼생활에서 부부역할의 범위와 내용을 분명히 설정하여 부부하위체계의 경계를 명확히 한다.
제4단계: 새 부모 되기	• 재혼가족 내에서의 계부모-계자녀 관계의 중요성을 인식한다. • 계부모역할의 내용과 범위에 대하여 부부간의 합의를 도출한다.
제5단계: 부모역할 계속하기	• 재혼으로 이전 결혼은 해체되나 부모의 역할은 계속되어야 함을 인식한다. • 전혼 자녀에 대한 부모역할에 대해 기본원칙을 정한다. • 결혼 후 자녀를 출산하는 문제에 대해 의견조정을 통해 파트너와 사전합의한다.
제6단계: 친족관계 맺기	• 재혼으로 친족관계가 새로이 형성되어야 함을 인식한다. • 재혼생활에 미치는 친족관계의 영향에 대해서 이해하고, 친족으로부터 재혼가족의 경계가 분명해야 함을 인식한다. • 친족관계를 재혼가족의 지지체계로 변화시키는 방법을 모색한다.
제7단계: 우리 가족의 새로운 전통 만들기	• 건강하고 성공적인 재혼가족의 요소와 특징을 이해한다. • 재혼가족으로서 새로운 역사를 시작하며 가족으로서의 정체성을 수립하는 데 도움이 되는 구체적인 가족전통을 만든다.

출처: 임춘희(1998).

2) 재혼가족의 관계개선을 위한 프로그램

최근 재혼가족의 관계개선과 적응을 돕는 프로그램도 다양하게 개발되고 있다. 여기에서는 상담과 교육을 함께하는 김미옥의 재혼가족의 생활적응 향상을 위한 부모교육 프로그램을 소개하고자 한다. 1회기에서는 재혼가족의 발달단계에 대한 강의를 통해 현재 가족의 발달단계 수준을 점검하고 프로그램 참여에 대한 목표를 정한다. 2회기에서는 재혼부모가 재혼을 결정하기까지의 과정인 '재혼스토리'를 통해 배우자를 선택하게 된 이유, 재혼과정에서 자녀에 대한 배려가 부족했었는지 등을 탐색하도록 한다. 3회기에서는 '다르게 살아온 우리'라는 주제로 재혼부모의 가족에 대한 기대와 부모로서의 역할을 탐색하고, 자녀가 지닌 부정적 감정의 원인을 이해하고, 자녀를 수용해 나갈 수 있도록(존중하는 방식으로 자녀에게 선택권 주기 등) 돕는다. 4회기에는 '서로 통해요'라는 주제로 감정카드 게임을 통해 부모 자신의 감정표현 수준을 알아보고 경청, 공감 등 소통방법을 습득하도록 돕는다. 5회기에서는 '우리는 가족'이라는 주제로 우리 가족의 행복했던 순간의 회상, 동영상과 가족 앨범 만들기 등의 활동을 통해 하나의 가족이라는 의미를 찾아가는 기회를 제공한다. 6회기에는 행복한 가족이라는 주제로 가족회의, 감사편지 쓰기 등 현재 가족의 모습에 감사하고 실생활에서 실천해 나갈 수 있도록 돕는다(김미옥, 천성문, 2014: 912-913). 이 프로그램은 재혼가족 부모의 역할긴장과 양육스트레스를 감소시키고, 부모-자녀관계 만족도를 증진시켜 재혼가족 부모의 심리적 안녕감을 증진시키는 효과가 있었다(김미옥, 천성문, 2014: 920-922).

제 12 장

다문화가족

우리 사회에서 국제결혼의 증가로 인한 결혼이민자의 증가는 주목할 만하며, 이를 계기로 다문화가족, 다문화사회라는 용어가 널리 통용되게 되었다. 결혼이민자, 특히 여성결혼이민자가 구성한 가족 및 그 출산 자녀들이 현재 한국사회 다문화현상의 중심에 위치하고 있다. 무엇보다도 이들은 더 이상 이방인으로서가 아니라 '누구 집 며느리' '내 마누라' 그리고 '우리 엄마' 로서 존재한다(최명민 외, 2009: 26 참조). 그리하여 한국사회는 내 가족과 내 이웃에서 구성원들의 문화적 다양성을 목격하게 되었고, 그 존재를 인정하지 않을 수 없게 되었다.

2015년 전국 다문화가족 실태조사에 의하면, 전국 다문화가구[1)]수는 27만 8,036가구로 2012년 26만 6,547가구에 비해 4.3% 늘어났다. 특히 만 9~24세 자녀의 수가 8만 2,476명으로 2012년 6만 6,536명보다 24% 증가하였다. 결혼이민자 · 귀화자의 출신국적은 중국(한국계)이 30.7%로 가장 많고 다음으로 중국 22.4%, 베트남 20.8%의 순으로 나타났다(여성가족부, 2016. 4. 27.: 1-2).

최근 다문화 혼인은 감소추세에 있다. 다문화 혼인은 2008년 3만 6,629건에서 2014년 2만 4,387건으로 감소하였다. 이에 따라 다문화 혼인이 전체 혼인에서 차지하는 비중은 2008년 11.2%에서 2014년 8.0%로 감소하였다. 전체 다문화 혼인 중에서 한국남자와 외국여자의 혼인이 63.6% 그리고 외국남자와 한국여자의 혼인이 24.1%를 차지한다. 평균초혼연령은 남자 35.2세, 여자 27.8세이며 남녀 간의 평균초혼연령 차이는 지속적으로 감소추세에 있다. 또한 다문화 혼인에서 남자가 10세 이상 연상인 부부의 비율은 37.5%로 지속적인 감소를 보이고 있다. 다문화 혼인에서 남녀 모두 초혼은 59.2%였고 남녀 모두 재혼(17.4%), 남자 재혼 · 여자초혼(12.2%) 그리고 남자 초혼 · 여자 재혼(11.2%)의 순으로 나타났다. 한편, 다문화 출생은 2만 1,174명으로 전체 출생에서 차지하는 비중은 4.9%다.

그리고 다문화 이혼은 2008년 1만 2,430건에서 2014년 1만 2,902건으로 비슷한 수준을 유지하고 있다. 2014년 다문화이혼이 전체 이혼에서 차지하는 비율은 11.2%다. 평균이혼연령은 남자 47.7세, 여자 38.0세였고 미성년 자녀가 있는 부부의

1) 여기에서 다문화가구라 함은 귀화 등 출생 이외의 방법으로 국적을 취득한 자 또는 외국인이 1명 이상 포함된 가구를 말한다.

비율은 26.6%였다. 그리고 이혼까지의 평균 결혼생활기간은 6.4년으로 증가추세에 있다. 다문화 이혼 중 협의이혼의 비율은 52.5%, 재판이혼은 47.5%로 나타나서, 한국인 간 부부보다 재판이혼(19.1%)의 비율이 상당히 높다(통계청, 2015. 11. 19., 보도자료: 3-20).

이와 같은 다문화 혼인과 이혼의 통계를 바탕으로 다문화가족이 서서히 안정되어 간다고 추정해 볼 수 있다. 예를 들어, 개인차는 있겠지만 다문화가족에서 부부간의 과도한 연령 차이가 문제로 지적되어 왔었는데 최근 남녀 간 연령이 10세 이상의 차이를 가진 혼인 비율이 감소하고 있으며, 비록 이혼건수는 비슷한 수준을 유지하고 있지만 이혼까지의 평균 결혼기간이 증가하고 있는 것은 긍정적이라고 하겠다.

다문화사회로 진입하면서 다문화가족의 적응에 대한 사회적 관심이 증가하고 있다. 언어와 문화가 다른 나라에서 적응하는 것은 누구에게나 어려운 과제다. 우리 사회가 오랫동안 자부심을 가져온 단일민족국가의 신화는 자칫 다른 문화에 대한 배타성과 편견을 낳을 수 있다. 국제사회에서도 단일민족주의가 인종차별의 원인이 될 수 있다고 판단하여 이의 개선을 요구하고 있다. 이런 사회환경적 여건은 결혼이민자들의 적응을 어렵게 하고 다문화사회의 정착에 걸림돌이 될 수 있다. 모든 다문화가족이 그러한 것은 아니지만, 출발점부터 취약한 다문화가족도 많다는 점에서 이들이 적응하는 데 어떤 어려움을 가지는지 규명하고 적극적인 지원책을 마련해야 할 것이다. 앞으로 결혼이민자 2세가 성장하면 학업, 취업 등의 어려움도 적지 않을 것으로 예상된다. 이런 맥락에서 김승권 등은 다문화가족을 위한 사회적 지원체계가 구축되지 않는다면, 다문화가족이 새로운 사회적 취약계층으로 대두될 가능성이 있다고 경고한다(김승권 외, 2010: 28 참조).

다문화가족과 다문화사회에 대한 경험이 부족한 상태에서 급격한 다문화사회로의 전환은 정부와 민간의 다각적인 노력에도 불구하고 '다문화주의'에 근거한 정책이라기보다는 '동화주의'에 가까운 정책이라는 비판을 받았으나(박진경, 2010: 279; 윤인진, 2008: 75; 최현미 외, 2010: 95-96 등 참조), 최근 통합적인 다문화정책에 대한 노력도 시작되고 있다. 마지막으로 용어와 관련하여, 현재 여성가족부에서는 결혼이민자, 여성결혼이민자, 이주여성, 다문화가족 등을 병용하고 있어서 이 장에서도 결혼이민자를 기본으로 하되 필요시 이주여성을 병용하고자 한다.

제1절 결혼이민자에 대한 개괄적 이해

1. 국제결혼의 변화

우리 사회에서 국제결혼을 통한 가족의 형성은 1950년대부터 시작되었다. 그러나 1980년대 말을 시작으로 1990년대 중반 이후 급증하고 있는 국제결혼은 과거 한국사회가 경험한 국제결혼과는 근본적으로 다른 양상을 보이고 있다. 첫째, 국제결혼의 양적 팽창이다. 둘째, 과거에는 한국여성이 외국남성과 결혼하여 해외로 이주하는 형태가 주를 이루었으나, 오늘날에는 외국여성이 한국남성과 결혼하여 국내로 이주하는 경향이 높다. 셋째, 한국남성과 여성이 한국보다 경제력이 낮은 국가 출신의 외국인 배우자와 결혼하는 경향이 높다(박경동, 2008: 141-142; 최명민 외, 2009: 26; 한건수, 2006: 194-195 등 참조).

이러한 유형의 국제결혼은, 첫째, 이들의 주 거주지가 한국사회가 됨으로써 가족과 지역사회의 구성원이 된다는 점, 둘째, 이들의 자녀가 한국에서 태어나서 이민 2세로 성장한다는 점, 셋째, 최근의 국제결혼 증가가 우리 사회에 미치는 파급효과는 크고 빠르다는 점에서 과거 국제결혼의 영향력에 비할 바가 아니다(최명민 외, 2009: 26 참조).

2. 결혼이민자 증가의 사회적 여건

1) 세계화와 이주의 폭발적 증가

인류역사를 통하여 인간은 목초지를 찾아서, 압제와 재앙을 피해서, 무역을 하기 위해서, 정복하고 식민지를 얻기 위해서 그리고 때로는 모험이나 재미를 위해서 등 여러 이유에서 이동을 하였다(Sam & Berry, 2006: 1). 이주의 오랜 역사에도 불구하고 오늘날 이에 대한 사회적 관심이 매우 높아진 것은 개인과 가족이 역사상 유례가 없을 정도의 규모와 비율로 이동하고 있기 때문이다(Lawson, 2001: 351-359 참조). 특히 1980년대 이후 세계화의 추세로 국가 간 장벽이 무너지고, 자본, 노동, 인구이동 등 모든 영역에 걸쳐 국가 간 이동이 이전과는 비교할 수 없을 정도로 빈번해졌다(세계화추진위원회, 1995: 최현미 외, 2010: 47에서 재인용).

그리하여 오늘날 송출이든 유입이든 간에 이주의 영향을 받지 않는 국가는 거의 없다고 해도 과언이 아니다. 이주에는 긍정적 양상과 부정적 양상이 모두 수반된다. 송출국가(sending country)의 입장에서는 인재의 고갈이라는 문제가 있으나 외국으로부터의 송금은 가족을 부양하고, 경제를 활성화시키는 데 기여한다. 반면, 유입국가(receiving country)에서는 인종갈등과 사회문제라는 부정적 측면에 직면하는 반면, 긍정적 측면에서 이주자들은 경제발전에 기여하고 인구감소 시기에 인구의 기반이 된다(Lawson, 2001: 351-359; Sam & Berry, 2006: 2 참조). 설동훈 등은 결혼이민자의 유입으로 노동시장, 문화, 가족이민과 이민의 장기 지속의 영역에서는 순편익이 발생하고, 사회복지와 사회적 고립, 정치영역 등에서는 순비용이 발생한다고 지적한다(자세한 내용은 설동훈 외, 2009: 76 참조).

2) 한국적 상황

이주의 세계화라는 보편적 현상과 맞물려 한국적인 특수상황은 이주자, 특히 여성결혼이민자의 급격한 증가를 가져왔다. 우리 사회에서 출산력의 저하, 성비의 불균형의 심화, 도 · 농 간의 격차 그리고 초혼연령의 상승 등이 결합하여 결혼시장의 교란현상이 일어났고, 결혼조건이 상대적으로 열악한 남성들은 국내에서 여성 배우자를 찾기가 어려워졌다. 이에 따라 이들은 그 대안으로 외국에서 여성 배우자를 찾게 되었다. 농촌총각, 경제 수준이 낮은 도시근로자 그리고 재혼 남성이 그 대표적 집단이다(최명민 외, 2009: 117-118).

3. 국제이주의 사회적 맥락에서 본 국제결혼을 통한 여성의 이주

국제결혼을 통한 여성들의 이주는 결혼만을 목적으로 한 것이 아니라 국경을 넘어 일자리를 찾거나 새로운 삶의 기회를 개척해 나가는 국제이주라는 보다 넓은 사회적 맥락에서 조명할 필요가 있다(김민정 외, 2006: 165-172 참조). 근래 아시아지역의 이주 유형은 남성 노동자 중심에서 여성들이 차지하는 비중이 높아지고 있다. 반면, 한국으로 이주한 여성 노동자는 남성 노동자에 비해 상대적으로 낮은 비율을 차지하고 있었는데[2] 이는 한국정부의 이주노동자 정책과 관련이 있다.[3] 그러다 보니 한국으로 노동이주를 하기 위해 여러 편법이 난무했고, 여성들이 연예인비자로 입국한 채 유흥산업에 종사하여 사회문제가 되기도 하였다.

흥미로운 사실은 한국정부가 이민정책을 최대한 제한하고 있는 가운데 거의 유일하게 공식적으로 허용하는 이민이 '결혼이민자'다. 즉, 국제결혼을 통해 한국으로 이주하는 외국인들은 개정된 국적법에 따라 남녀 모두 일정한 자격요건만을 갖추면 한국 국적을 취득할 수 있다. 노동이주에 대한 법적 규제가 심하고 비자 취득이 까다로운 상황에서 경제적 · 법적 안전망을 부여해 주는 '결혼'은 이주를 희망하는 저개발국 여성들에게 비용이 많이 들고 어려운 노동이주보다 수월한 선택일 수 있다.

국제이주가 활발해지고 국제이주를 선호하는 자국의 상황은 결혼을 통한 국제이주에 우호적인 사회적 맥락을 조성하기도 한다. 예를 들어, 필리핀의 경우 정부가 젊은이의 해외취업을 장려하며 외국인과의 결혼은 부와 경제적 안정, 사회적 이동을 성취할 수 있는 가장 안정된 방법으로 여겨진다. 그리고 베트남의 경우 1996년 개혁개방정책 이후 이국적인 생활방식과 외국인 남편까지도 많은

2) 한건수에 의하면 대만과 싱가포르는 외국인 노동자의 60%가 여성이며, 일본은 45%를 차지하는 반면, 외국인 노동자들이 한국으로 이주한 15년 동안 여성 이주노동자의 비율은 30~33%를 유지해 왔다(이혜경, 2005: 한건수, 2006: 199에서 재인용).

3) 현재 한국정부는 원칙적으로 이민을 수용하고 있지 않다. 외국인 노동자의 절대 다수를 차지하고 있는 미숙련 외국인 이주노동자들에게 한시적 체류만 허용하며 가족 동반을 허락하지 않는 이유는 이들이 한국사회에 영주할 가능성을 원천적으로 막기 위해서다(한건수, 2006: 196).

여성의 꿈이 되었다(Cahe & Hong, 2007: 홍성희, 2012: 159-160에서 재인용). 이런 사회적 맥락과 더불어 가족제도와 문화가 국제이주에 친화적일 수 있다. 예를 들어, 베트남은 동남아시아 특유의 모계제 영향으로 여성의 경제적 역할에 대한 기대가 크다. 베트남의 가족문화에서 여성은 가계를 활성화시킬 수 있는 노동자이자 도구로 인식된다. 또한 베트남전쟁을 겪으며 남편을 대신해 아내가 집안을 꾸려 나가고 자녀를 양육하는 강인한 모성을 보여 주기도 했다(Kim, 2006: 홍성희, 2012에서 인용 및 재인용).

이런 사회적 · 가족문화적 맥락에서 적극적이면서 주도적인 선택을 하며 살아온 여성결혼이민자도 있다. 홍성희의 연구에서는 중학교 졸업 후부터 일을 시작했으며, 취업을 위해 고향을 떠나 도시로 이주한 여성도 있고, 외국으로 '취업이주'를 경험했던 여성결혼이민자도 있었다. 즉, 이들은 경제적으로 자립하고 부모에게 도움을 주기 위해 타 지역뿐 아니라 외국으로의 취업이주를 감행하였고, 이 과정에서 독립심과 생활력을 갖춘 여성이었다(홍성희, 2012; 159). 출신국에서 결혼이주가 증가하거나 보편화되면서, 자매나 친척, 이웃의 국제결혼을 보아 온 이들에게 국제결혼은 더 이상 낯설지 않은 대안이 된다(홍성희, 2012: 162).

이런 맥락에서 볼 때, 다문화가족의 형성과정은 여성과 남성의 전략적 선택이 결합하는 과정으로 볼 수 있다. 즉, 국제결혼의 동기로서 이주여성의 계층 상승에 대한 열망, 자신의 꿈의 실현과 같은 능동적 선택과 국내에서 배우자를 찾기 어려운 한국남성의 전략적 선택이 맞아떨어졌다고 할 수 있다(Park, 2007: 홍성희, 2012: 156에서 재인용).

4. 결혼이민자의 역사적 배경

한국남성과 외국여성의 결혼은 심각한 농어촌 청년들의 결혼문제를 해결하는 방편으로 시작되었다. 1980년 무렵부터 농촌총각은 장가 가기가 힘들어졌으며, 그에 따라 농촌총각들은 결혼적령기에 도시로 이주하여 결혼한 후 다시 귀농하거나, 외국인 여성을 아내로 맞아들일 수밖에 없는 상황이 전개되었다. 1980년대 초 '농촌총각 장가보내기 운동' 은 이러한 결혼시장 상황을 반영한 것이다

(설동훈 외, 2005: 31 참조).

보다 구체적으로, 1980년대 말 농촌총각의 결혼문제가 사회문제로 대두되자 조선족 동포 여성과의 결혼이 추진되었다. 이후 한동안 농촌의 영농후계자들에게 배우자를 주선하려는 여성단체나 농민단체의 중국 방문이 늘기 시작했고, 1992년 중국과의 국교가 정상화된 이후에는 지방자치단체가 여러 경로로 조선족 동포와의 결혼을 주선하게 되었다. 그 결과 1995년부터는 외국여성과 결혼하는 한국남성의 수가 외국남성과 결혼하는 한국여성의 수를 능가하기 시작했다.

다른 한편에서는 통일교가 일본여성과 한국남성의 결혼을 주선하기 시작하였다. 1988년 통일교의 대규모 합동결혼식에서는 6,500쌍이 결혼을 했다. 그 후 통일교는 필리핀 여성들을 중개하였으며, 신도뿐만 아니라 일반인에게도 결혼을 권하면서 한국사회의 국제결혼을 대중화시키는 데 일조했다.

한편, 일부 조선족 여성들이 노동이주의 방편으로 결혼을 선택하여 입국 후 체류자격을 얻으면 일자리를 찾아 가정을 떠나는 사례가 많아졌다. 이와 동시에 국제결혼을 중개하는 중개업자가 등장하면서 국제결혼 대상국이 다변화되기 시작하였다. 대중화 초기에는 필리핀 여성이 많았으나, 피부색의 차이에 부담을 느끼는 사람이 늘면서 베트남, 태국, 몽골, 우즈베키스탄(고려인 동포) 등으로 확대되어 나갔다(한건수, 2006: 200-201 참조).

제2절 결혼이민자의 일반적 특성

1. 배우자와의 만남 경로

한때 국제결혼은 결혼중개업소를 통해 이루어지는 것처럼 대중매체에 비추어지기도 했다. 그러나 국제결혼이 증가하면서 결혼중개업체나 종교기관을 통해서 배우자를 만나기보다는 본인 스스로, 가족 또는 친척의 소개, 친구 또는 동료를 통해서 만나는 비율이 높아지고 있다. 2012년 전국 다문화가족 실태조사에서는 결혼중개업체를 통해서 20.1%, 종교기관을 통해서 5.7%였던 반면, 가족 또는 친척의 소개 20.1%, 친구 또는 동료의 소개 29.4% 그리고 스스로가 23.3%를 차지하였다(전성택 외, 2013: 189).

최근 국제결혼이 증가하면서 먼저 국제결혼을 한 사람이 주변의 친척이나 동네 사람을 소개해 주어 계속 그 지역의 사람들이 들어오는 연쇄이동(chain-migration) 현상이 나타나고 있다.

이모 친구가 한국사람과 결혼해서 한국에서 살고 있었습니다. 남편은 결혼중개회사를 통해서가 아니라 이모 친구가 소개해 주어 알게 되었어요. (중략) 이모 친구 부부가 베트남을 종종 방문하였는데, 지금의 남편이 이모 부부를 따라서 베트남을 방문했어요. 남편은 한 달 정도 머물렀는데, 그때 처음 남편을 만나게 되었고 당시 남편과 몇 번 같이 놀러 갔었어요. 같이 다니면서, 나한테 잘 대해 주고, 성격이 좋은 것이 마음에 들어서 결혼했습니다. 그리고 한국에서 사는 게 좋을 것이라는 생각을 하게 되었어요(베트남 여성 22세, 경기도 거주: 설동훈 외, 2006: 51-52).

2. 한국인이 외국인 배우자를 선택한 동기

한국남성의 국제결혼 동기에는 ① 호감과 사랑, ② 국제결혼의 증가추세 그리고 ③ 가족의 기대와 가계계승에 대한 의무감이 지적되고 있다. 결혼중개를 통해 신속하게 진행되는 국제결혼에서조차 상대방에 대한 첫인상이나 호감과 사랑은 결혼을 하는 주요 동기가 된다. 그리고 이주여성의 출신국만큼 국제결혼이 보편화되어 있지는 않지만, 이미 한국의 농촌이나 도시근로자계층에서도 국제결혼이 지속적으로 증가하여 결혼의 한 형태로 자리 잡고 있다. 형제나 친구, 동료의 국제결혼을 보아 온 이들에게 국제결혼은 한국여성과의 결혼을 대신하는 선택이다. 그리고 신체적 조건이나 경제적 조건 등의 열세로 인하여 결혼시장에서 취약했던 한국남성이 결혼적령기를 지나면서 부모와 형제의 강력한 권유와 가계계승의 의무감이 동기로 작용하기도 한다(홍성희, 2012: 162-163).

국제결혼이 여성과 남성의 전략적 선택 과정임에도 불구하고, 배우자 선택에서는 결혼비용을 더 많이 부담한 남성 배우자에게 '선택권'이 있는 것으로 보인다. 홍성희는 한국남성의 배우자 선택기준은 현실적인 조건이라고 밝힌다. 한 남성은 아내의 밝고 적극적인 성품에 끌려 사귀기 시작했지만 영어를 사용한다는 점이 결혼을 결심한 큰 이유였고, 대졸 학력을 '능력을 보여 줄 수 있는' 좋은 자원으로 생각했다. 그리고 다른 한 남성이 현지 맞선과정에서 여러 명의 여성 중에서도 현재의 아내를 배우자로 선택한 것은 한국인과 유사한 외모, 교육수준, 미래 직업능력에 대한 기대 등이 작용한 것으로 보인다.

> 처음에 여섯 사람을 선별했어요. 6명 다 앉혀 놓고 최종학력을 물어봤어요. 전부 5년, 6년, 그런데 와이프가 10년을 했어요… 미용을 2년 했더라고요. '될 수 있으면 직업을 살리고 싶다, 배우고 싶다'고… 그래서 추릴 필요도 없이 와이프 한 사람만 선택했어요(남성 사례 5: 홍성희, 2012: 163).

3. 결혼이민자의 결혼에 대한 기대와 동기

결혼이민자는 본국에서 개인 상황이 어떠하였는지, 배우자를 어떻게 만났는지, 어떤 과정을 통해 결혼에 이르게 되었는지 등에 따라 각기 다른 기대를 가지고 있다는 점에서 결혼에 대한 기대를 일반화하기는 어렵다. 그럼에도 불구하고, 문헌에서 가장 많이 지적되는 것은 여성결혼이민자의 경제적 동기다. 경제 세계화에 따른 국가 간 소득 격차의 확대는 아시아 여성들이 본국 가족을 돕고 자신의 삶을 개선할 수 있는 하나의 방식으로 결혼을 통한 이주를 선택하도록 한다.

경제적 동기는 다양한 방식으로 강화되는 듯하다. 경우에 따라 물질적 풍요와 근대화된 이미지로 재현된 '한국이라는 나라'에 대한 기대와 호기심이 국제결혼을 선택하도록 작용하기도 한다. 이러한 기대와 열망은 한국의 대중문화의 확산으로 보다 확고해지기도 한다(박경동, 2008: 151 참조). 그 밖에 중개업소나 종교

단체도 각각의 이해관계에 따라 경제적 동기를 강화시키는 것으로 보인다(김민정, 유명기, 이혜경, 정기선, 2006: 163 참조).

한건수의 연구에서는 일본여성을 제외한 여성결혼이민자 모두가 결혼을 통해 자신이나 본국의 친정식구가 얻을 수 있는 경제적 혜택이 결혼을 결정하는 중요한 배경요인임을 인정했다. 이와 같은 맥락에서 김희주와 은선경의 필리핀 여성을 대상으로 한 연구에서도, 결혼에 대한 망설임과 혼란스러움에도 불구하고 국제결혼을 선택하는 주요한 이유는 경제적 안정과 이를 통해 필리핀의 가족을 부양할 수 있다는 기대 때문인 것으로 나타났다(김희주, 은선경, 2007: 47-48).

그러나 결혼이민자가 단순히 경제적인 이유만으로 낯선 한국남성과 결혼을 결심했다고 보는 것은 지나친 단순화다. 이들은 경제적 동기 외에도 결혼을 하는 모든 사람이 꿈꾸는 것을 공유하고 있다. 즉, 이들은 행복한 가정을 이루고, 사랑받는 아내, 헌신적인 어머니로서의 삶을 꿈꾸면서, 이러한 꿈이 자국보다 잘사는 한국에서는 가능할 것이라고 생각했던 것이다(김희주, 은선경, 2007: 48).

제3절 결혼이민자의 한국사회 적응

김현숙의 여성결혼이민자의 결혼적응에 관한 연구에서는 배우자 지지가 높을수록, 가족생활 스트레스가 낮을수록, 의사소통 수준이 높을수록 결혼만족이 높은 것으로 나타났다(김현숙, 2010: 153). 여기에서 가족생활 스트레스는 가족관계, 경제관계, 대인관계 등을 포함한다. 그리고 홍미기의 연구에서는 문화적응 스트레스가 부부적응에 부정적인 영향을 미쳤으며, 특히 여성결혼이민자를 가장 힘들게 한 문화적응 스트레스는 향수병이었으며, 이들은 한국인에 의한 차별감과 적대감을 지각하고 있었다(홍미기, 2009: 104). 2012년 전국 다문화가족 실태조사에서 결혼이민자 · 귀화자가 한국에서 생활하면서 어려운 점으로, 언어문제(21.1%), 경제적 어려움(19.8%), 외로움(14.2%)을 가장 많이 지적하였고 그다음으로 자녀양육 및 교육(7.0%), 편견과 차별(7.0%), 생활방식 관습 등 문화 차이(6.5%)가 어렵다고 응답하였다(전기택 외, 2013: 200).

한편, 정혜영의 베트남 여성결혼이민자 가족에 대한 연구에서는 의사소통의 어려움, 가부장적 가족문화에 대한 이해 차이, 일상생활방식의 차이에서 가족갈등을 경험하는 것으로 나타났다(정혜영, 김진우, 2010: 37-43). 2012년 전국 다문화가족 실태조사에 나타난 다문화가족의 부부갈등 사유는 성격 차이, 생활비 등 경제문제, 언어소통문제 그리고 문화 · 종교 · 가치관의 차이의 순으로 나타났다(전기택 외, 2013: 399). 무엇보다도 가정폭력은 여성결혼이민자의 이혼 요인이 되기도 한다(박미정, 엄명용, 2015: 45; 전기택 외, 2013: 526). 다음에서는 결혼이민자를 중심으로 대표적인 적응문제 또는 갈등문제의 영역에 대해 살펴보고자 한다.

1. 정보의 불일치

정보 불일치는 여러 양상으로 드러나고 있다. 우선 잘못된 정보는 아니지만, 한국의 사정을 몰라서 그 지역이 농촌인지 모르고 왔거나 TV나 영화를 통해 상상하고 있던 한국의 생활 수준이 실제와 달라서 당황하는 경우도 있다. 한편, 심각하게 잘못된 정보를 가진 경우도 있다.

> 기관에서 주는 소개서 다 거짓말이에요. 나이도 월급도 다 달라요. 한국 와서 남편 집에 갔는데 집이 조그만 방이에요. 제가 남편한테 "이것 집이에요?" 하고 물어봤어요. 너무 작아서 목욕탕, 욕실도 없고 화장실도 밖에 있었어요. 이게 무슨 집이냐고 생각했어요(김희주, 은선경, 2007: 49-50).

때로 농사를 지어야 하는 것이나 시부모를 모셔야 하는 것을 몰랐다는 경우도 있으며, 시부모와의 동거문제로 갈등을 겪기도 한다.

> (중략) 아줌마가 살다 보면 서로 좋아지고, 한국사람 집에서 밥만 해 먹고 편히 지낼 수 있다고 해서 왔는데 2004년 한국에 와서 남편하고 같이 농사를 지었

어요. (중략) 시어머니도 모시고 살아야 했어요. 남편이 농사짓는 건 알았지만 이렇게까지 농사일을 하는 줄은 몰랐죠. 처음에는 시어머니 얘기는 안 했는데, 시어머니 모셔야 되는 것도 여기 와서 알게 되었어요(필리핀 여성, 23세, 경기도 거주, 결혼소개업체 통해 결혼: 설동훈 외, 2006: 66-67).

2. 의사소통

1) 한국어 능력 부족으로 인한 가족관계의 어려움

언어로 인한 의사소통의 문제는 국제결혼에서 가장 근본적인 문제의 하나다. 언어의 장벽은 부부간에 친밀성을 구축하고, 서로를 이해하며, 정서적 관계를 형성하는 데 어려움을 가져온다(한건수, 2006: 228-229). 또한 의사소통의 어려움은 가족 간에 오해를 초래하고 이들 간의 관계를 발전시키는 데 장애요인이 된다. 현재 절대다수의 결혼이민자들이 한국어로 의사소통하고 있다. 결혼이민자의 한국어 말하기 능력은 대체적으로 학력 수준과 비례하고 한국에서의 체류기간이 길수록 높아지지만,[4] 체류기간이 2년 미만인 이민자들이 언어 때문에 어려움을 가장 많이 겪는 것으로 보인다(김승권 외, 2010: 162-173 참조).

국제결혼을 해서 안 좋은 점은 한국말을 못해서 처음 1년 동안 남편과 많이 싸웠어요. 말이 안 통해서 좀 힘들었어요. 남편이 여자랑 통화하면 누군지 몰라서 여자친구인가보다 생각해서 싸웠고, 남편의 고모나 이모가 전화해도 여자친구인 줄 알고 의심하고 싸웠습니다. 그래서 남편이 한영 · 영한사전 사주면서 1년 동안 한국말 많이 가르쳐 줬어요. (중략) 처음에 한국에 와서 시어머니가 잔소리해서 좀 힘들었어요. 한국말을 많이 몰랐기 때문이기도 했고, 내가 왔을 때가 겨울이었는데, 추워서 10시에 일어나곤 하자 우리 시어머니가 "빨리 안 일어나! 왜 빨리 안 일어나!"라고 소리 질렀어요. 나는 시어머니가 무슨 말 하는지 몰라서,

---

4) 한국말이 서툴다고 응답한 비율은 1년 미만이 62.0% 그리고 1~2년 미만까지는 43.0%였지만, 2~5년 미만에서는 23.2%로 많이 감소하였다(김승권 외, 2010: 163).

우리 남편한테 시어머니에게 아침부터 혼났다고 얘기했어요. 아는 언니가 이렇게 하면 안 된다고 알려줬어요. 아침에는 일찍 일어나서 밥 해야 된다고 했어요. 나는 처음에 잘 몰랐는데, 시어머니가 만날 잔소리해서 속상해서 힘들었어요(필리핀 여성, 23세: 설동훈 외, 2006: 90-91).

여성결혼이민자는 한국어로만 소통하는 가족 내에서 소수자의 위치에 있다. 남편이나 시어머니가 많은 이야기를 해 주지만 정작 알아들을 수 있는 양은 그리 많지 않고 그마저도 제대로 이해하지 못하는 경우가 많다. 결혼 초기에는 시어머니와 남편이 결혼생활의 연착륙을 도와주기도 하지만, 차츰 '말귀' 를 알아들으면서 시어머니의 잔소리와 간섭이 지나칠 때면 짜증이 나고 스트레스를 받기도 한다. 많은 여성결혼이민자가 농어촌지역에서 생활한다는 점을 감안할 때, 사투리는 의사소통의 어려움을 가중시키기도 하고 심지어는 '게으르다'는 오해를 가져오기도 한다. 베트남에서 한글을 조금 배우고 들어온 한 여성은 사투리의 어려움을 이렇게 표현한다.

여기 와서는 하나도 못 알아들어요. 사투리도 심하고 '라면' 도 어머니는 '라멘' 이라 하니까 무슨 뜻이냐고 묻고, '뚜껑' 도 '따까리' 라 하니까 어떻게 알아들어요? '밥, 반찬 데워라' 를 밥 따사라.' 책이나 사전에서 찾을 수도 없고 사투리를 어떻게 찾아요? 알아듣는 게 하나도 없어요, 같이 살 때는. 그래서 안 하고 있으면 게으르다 그러고. 무슨 말인지 모르는데, 어떻게 해?(비엣 3: 정혜영, 김진우, 2010: 39)

2) 한국어 능력 향상의 어려움

여성결혼이민자의 한국어 능력 부족을 인식하면서도, 때로 남편과 시어머니 등 가족은 이들의 한국어 능력 향상을 위한 적극적 노력을 주저하는 것으로 나타나 안타깝다. 정혜영의 연구에서는 대부분의 시어머니는 며느리가 도망갈까봐 걱정이 돼서 한국어교실에 보내는 것을 꺼렸으며, 보내더라도 만일의 사태를 대비하는 데 신경을 썼다. 밖으로 보내기 싫은 경우에는 가족 내에서 한국어를 가르치는 방식을 택하거나 방문교사의 도움을 받기도 하였다. 예를 들어, 시누이가 매일 집으로 방문하여 한국어교육을 담당하고 시어머니는 시장으로 데리고 나가 현장학습을 시킨 사례도 있다. 그리고 혼자 공부하거나 학습지를 활용하도록 했지만 실력 향상이 되지 않다가 방문교사의 지도를 받은 후 실력이 향상되기도 하였다(정혜영, 김진우, 2010: 40).

3) 결혼이민자의 모국어에 대한 관심 부족

또 다른 문제는 결혼이민자의 모국어에 대한 관심의 부족이다. 다문화사회는 근본적으로 쌍방적 존중을 바탕으로 한다. 그리고 다문화가족이 가지는 언어와 문화다양성은 이들의 주요 자산이기도 하다. 그러나 결혼이민자의 본국어를 구사할 수 있는 한국인 배우자는 많지 않다. 한국인 남편은 여성결혼이민자가 한국어를 익혀서 적응하기를 바랄뿐, 자신이 이민자의 본국어를 배우는 데에는 별로 관심이 없다(설동훈 외, 2006: 95-96 참조).

> 그거 뭐 나이도 있고 하니까 머리에도 안 들어오고 시작도 안 해 봤습니다. 열심히 노력하는 사람들도 있더라만은 안 쉽더라구요. 일하고 하니까, 힘들고. 필요한지는 모르겠지만 조금… (중략) 지는 한국에서 사니까 마누라가 한국어를 배우는 게 더 빠를 것 같던데요(남편 7: 정혜영, 김진우, 2010: 39).

3. 경제적 문제

1) 경제적 풍요에 대한 기대와 현실과의 괴리

앞서 살펴보았던 것처럼 여성결혼이민자가 결혼을 선택하는 이유의 하나는 한국이 모국보다 경제적으로 풍족하다는 사실 때문이다. 이러한 환상은 짧은 결혼과정 중 자신이 준비해 간 목돈을 펑펑 쓰기도 하고 자신의 경제력을 과시하려고 처가에 얼마의 돈을 주기도 하는 행동들을 통해 믿음으로 바뀐다. 그러나 이는 결혼하기 위해서 빚을 지거나, 모아 두었던 목돈을 과시한 것에 지나지 않은 경우도 있다. 한국에 도착하면서 한국의 높은 물가와 부족한 수입은 경제적 풍요로움에 대한 환상을 깨 버린다(박경동, 2008: 157).

2) 누가 소득을 관리하느냐의 문제

경제적 문제에 대한 불만은 낮은 가구소득과 경제적 풍요로움에 대한 기대가 깨져서 발생하기도 하지만, 때로 소득관리의 주체가 더 큰 문제가 되기도 한다.

> 남편의 수입(월 170만 원)은 모두 내가 관리한다. 결혼 초기에는 시어머니가 관리했는데 아기를 낳은 후로는 아기 보험 때문에 내가 관리하게 되었다. 생활비는 내가 관리하고 큰돈을 쓸 일이 있으면 남편과 함께 상의한다(중국 동포여성, 39세, 서울 거주: 설동훈 외, 2006: 183).

여성결혼이민자는 입국 초기 언어문제 등으로 남편이나 가족에게 의존할 수밖에 없다. 그리고 남편의 입장에서도 한국 사정에 익숙하지 않은 외국인 아내에게 경제권을 모두 맡기기는 불안할 것이다. 그러나 아이가 커 가고 살림을 맡아 하는 데도 모든 경제권을 시어머니나 남편이 주관하면 불만이 생기게 된다. 여기에 경제권에 대한 문화적 차이, 본국의 가족을 돕는 문제로 인한 갈등 등이 결합되면 경제권에 대한 다툼이 증폭될 수밖에 없다. 이런 상황에서 여성결혼이민자는 시댁과 친정에 대한 이중적 태도, 불신 당하는 느낌, 통제받는 느낌, 소외된 느낌 등으로 상처를 받는다.

> 필리핀에서는 여자들이 돈을 관리해요. 여기서는 반대여서 남편이 가계부랑 영수증 관리하고 월급 타면 저한테 조금씩 용돈을 줘요. 기분 나빠요. 아직도 나를 안 믿는 거니까요. 남편은 월급받아서 와이프한테 주면 다 도망간다고 생각하나 봐요(김희주, 은선경, 2007: 50).

3) 본국으로의 송금문제

앞서 여성결혼이민자의 결혼에서 경제적 동기가 가장 많이 거론되고 있음을 살펴보았다. 국제결혼을 통해 잘사는 국가에서 시민권을 얻고 가난한 가족에게 경제적 도움을 주고자 하는 것이다. 홍성희의 연구에서도 결혼 동기로 '한국남자랑 결혼하면 앞으로 미래도 있고, 한국에 가면 송금을 해 준다.' 는 경제적 이유를 들고 있으며, 구체적으로 동생의 학비, 부모의 질병치료, 가족에게 집을 사 주기 위한 원조 등이 거론되었다. 모국가족에 대한 경제적 지원은 이들이 국제결혼을 선택한 가장 중요한 동기이므로, 이것이 충족되지 않을 때 갈등이 유발될 수 있다(홍성희, 2012: 161). 그리하여 결혼이민자는 자신이 성장한 국가의 문화적 전통에 따라 부모형제를 돕는 것을 당연시하는데, 한국인 남편이나 가족이 이를 이해해 주지 않는다고 느끼거나 시댁에 대한 지원은 하면서 친정에 대한 지원을 꺼려 한다고 느낄 때 심한 갈등을 겪기도 한다.

한편, 한국남성의 입장에서 본국으로의 송금문제는 다른 차원의 갈등을 느끼게 한다. 일반적으로 한국남성은 결혼생활에서 부부가 협력하여 주택구입이나 자녀교육 같이 목돈이 들어갈 때를 대비해 장기계획을 세우고 실천해 나간다. 그러나 미래 대비를 위한 저축보다는 친정 송금에 열중하는 아내의 태도에 실망하기도 한다(홍성희, 2012: 166).

자신이 버는 돈은 전부 어머니한테 드리는 거예요. 만일 한국 사람끼리 결혼을 했다면 그 돈을 자기가 꾸린 가정을 위해 대비하는 건데, 국제결혼은 그게 좀 안 되는 게 많은 것 같아요. 그 사람들 생각은 '가정은 남편이 알아서 하겠지, 나는 내 가족한테 돈을 보내고 싶다.' 고 생각하더라구요(남성 사례 4: 홍성희, 2012: 166).

남편은 우리 가족 안 도와줘요. 남편은 자기 집에 돈도 많이 주고, 형님 돈도 빌려주면서 제가 가족한테 10만 원만 보내도 필리핀에 돈 많이 보낸다고 화내요 (김희주, 은선경, 2007: 51).

4) 편중된 직종과 직장에서의 차별

세계 모든 나라에서 이민자 노동시장은 중간 직종이 거의 없고 전문직과 저숙련직으로 양극화되는 경향이 있는데, 이런 현상은 한국에서도 예외가 아니다. 전문직에 종사하는 결혼이민자는 매우 적다는 점을 감안할 때 대다수 결혼이민자가 저숙련직종에 집중되어 있음을 알 수 있다(김승권 외, 2010: 238 참조).

결혼이민자의 취업에 대한 애로사항이 많이 지적되고 있다. 때로 본국의 학력이 인정되지 않아서 육체노동을 할 수밖에 없으며, 때로는 도망갈 것을 우려한 가족의 반대에 봉착하기도 하고, 때로는 직장에서 외국인에 대한 차별대우를 받기도 한다.

> 4년제 대학을 2년 다니다가 가정형편이 어려워서 중도에 포기했어요. (중략) (한국에 와서) 처음에는 일 안 했어요. 왜 그러냐면 남편이 못 가게 했어요. 돈 많이 벌면 도망간다고 생각해서 못 하게 했어요. 작년 8월부터 김치공장 일을 시작했어요. 아침 7시 반부터 저녁 6시까지 일해서 80만 원 받아요. 우리 집에서 공장이 5분 거리에 있는데 일요일만 빼고 매일 가요. (중략) 다른 한국 사람하고 월급 다른데, 다른 한국 아줌마들한테 월급 물어봐도 얘기 안 해줬어요. 근데 나는 알 수 있었어요. 왜냐하면 아는 언니가 다니는 공장에서 언니가 100만 원 받는데 아줌마들은 150만 원 받는다고 했어요. 우리 김치공장도 한국 다른 아줌마들 월급은 한 100만 원 되는 것 같았어요(필리핀 여성, 23세, 경기도 지구 김치공장에서 일함: 설동훈 외, 2006: 171).

5) 높은 취업희망도

현재 미취업상태에 있지만 향후 취업을 희망하는 여성결혼이민자가 많다는 점에서 취업은 이들에게 중요한 관심사다(설동훈 외, 2006: 188). 이들은 자녀양육, 본국에의 송금 그리고 때로는 본국에 있는 전혼 자녀 생활비 등 여러 이유에서 취업을 희망한다.

아이가 크면, 교육비 등이 많이 들어서 걱정이다. 내가 돈을 벌어야 할 것이다. 지금 당장은 건강이 좋지 않기 때문에 일을 할 수 없고 건강상태가 나아지면 그때는 일자리를 구해 볼 생각이다(필리핀 여성, 38세, 서울 거주: 설동훈 외, 2006: 174).

나 한국에 와서 우리 남편이 집에 그냥 있어도 괜찮다고 그랬어요. 신랑이 일 안 해도 다 줘요. 근데 나는 왜 안 되냐면 중국 우리 부모님한테 용돈 부쳐 드려야 해요. 딸 학교 보내기 위해서 한 달에 얼마 돈 줘야 해요. 내가 집에 있으면 돈 못 벌어요. 나도 돈 없었는데 지금은 있어요. 지금은 서른세 살, 가만히 있으면 안 돼요(중국 한족 여성, 32세, 음식점 종업원, 서울 거주: 설동훈 외, 2006: 183).

4. 문화적 차이

1) 상대방 나라와 문화에 대한 지식부족, 편견 그리고 무시하는 태도

다른 나라의 언어를 습득하고 문화를 이해하는 것은 쉬운 일이 아니다. 특히 다문화에 대한 경험을 이제 시작한 한국사회에서 외국인 배우자의 문화를 이해하는 것은 난제라고 할 수 있다. 그러다 보니 한국인 남편이나 시부모는 결혼이민자의 출신국이나 문화에 대해 아는 바가 거의 없다. 더욱 커다란 문제는 편견을 가지거나 가난한 나라라고 무시하는 것이다. 예를 들어, 시어머니들은 며느리의 나라에 대해 '가난한 나라' 라거나 '먹을 것이 별로 없는 나라' 라는 식으로 설명했다. 여성결혼이민자는 시부모가 자신의 모국을 무시하는 발언을 하는 것에 대해 불만이 많다(한건수, 2006: 213 참조).

뤼○친은 자신의 시어머니가 중국 음식은 '무조건 느끼하다. 맛없다.' 라고 표현하는 것에 불쾌했다. 또한 중국 물건이 '가짜며 불량품이 많다.' 고 평가하는 것에 대해 사안의 단면만을 보고 판단하고 있음을 지적하며, '안 좋으면 본인이 안 사면 되는데' 노골적으로 표현하는 것에 불만스러워했다(중국 여성, 30세: 박경동, 2008: 162).

2) 외모나 언어가 같아도 문화가 다를 수 있다는 인식부족

중국의 조선족 동포나 우즈베키스탄의 고려인 동포 여성의 경우 신체적으로는 한국인과 구별되지 않고 한국말을 이해하기 때문에 그들의 문화도 같을 거라는 막연한 기대와 판단을 하는데, 이는 오해를 불러일으킬 수 있다. 예를 들어, 고려인 아내에 대한 남편과 시어머니의 불만은 '제멋대로' 라는 것인데, 이는 고려인 여성들이 서구문화 전통과 과거 사회주의 전통에서 '개인' 에 대한 문화적 가치에 익숙해 있다는 것을 모르는 데서 기인한다.

3) 그들에겐 낯선 한국적 전통과 문화

우리에게는 너무나 익숙한 전통과 문화가 결혼이민자에게는 감당하기 어려운 것도 있다. 예를 들어, 한국의 '빨리빨리' 문화에 익숙지 않은 여성결혼이민자는 남편과 시댁식구에게 굼뜬 사람으로 보일 수밖에 없다. 심지어는 일본과 중국 등 한국과 매우 유사한 문화를 가진 나라 출신의 여성결혼이민자도 국제결혼 후 문화적 차이를 많이 경험하는 것으로 나타났다. 여기에서는 몇 가지 대표적인 것을 살펴보고자 한다.

(1) 고맥락 문화

우리 사회의 고맥락 문화에 의거한 의사소통은 결혼이민자를 혼란스럽게 한다. 일정한 기준이나 법칙이 있는 것이 아니라 맥락에 따라 상황을 해석하고 판단해야 하는 일은 결혼이민자에게는 극복하기 어려운 장벽으로 다가온다.

E는 처음에는 말하지 않는 것보다는 일일이 말해서 어른들에게 설명하고 어른들의 뜻을 물어야 한다고 생각했는데, 다른 한편으로는 자신이 원하는 것을 말하지 않는 한국 사람들을 보면서 어떻게 해야 할지 몰라 고민을 했다고 한다. 시어머니에게 부탁이 있는데 다른 사람처럼 말하지 않아야 한다고 생각하기도 했다. 그런데 다른 한국 여성들은 때로는 자유롭게 어른들에게 말하기도 하고 어떤 경우는 전혀 말하지 않는 경우가 있는데 다들 적절하게 행동하는 것 같았다. E는 다른 한국 여성들이 어른들이 얘기하지 않아도 알아서 하는 게 "진짜 (나는) 거기

까지 생각하지 못하는데, 진짜 한국 여성들 보면 대단하다고 생각해 가지고… 부러워요. 그렇게 할 수 있으면 얼마나 좋을까."라며 말하지 않는 것까지 미리 알 수 없는 자신의 한계를 토로한다(일본 여성, 27세: 한건수, 2006: 219).

(2) 어울리는 문화

한국 사람은 예로부터 어울리기를 좋아한다. 외국인 배우자의 입장에서 이런 어울리는 문화는 '사이가 없는 문화' 또는 '같이 문화'로 여겨지며 사생활을 침해하는 것으로 느껴지기도 한다. 예를 들어, 한국 사람에게는 너무 익숙한 노래방문화가 그들에게는 아주 불편하게 느껴지기도 한다.

한국 사람은 중국 사람과 성격 달라요. 한국에서는 술 마시고 노래방 가지만 중국 사람들은 그걸 이해 못 해요. 우리 남편 친구의 와이프랑 같이 얘기하면 남자들이 술 마시고 노래방 가는 것 괜찮다고 해요. 하지만 나는 안 돼요. 우리 남편 술 마시면 노래방 안 돼요. 중국 사람은 안 돼요. 머릿속에 안 좋은 생각이 들어 있어요. 아줌마들이랑 같이 놀고 별로 안 좋아요. 우리 남편은 노래방 진짜 좋아해요. 이것 때문에 둘이 많이 싸웠어요. (중략) 우리 남편 친구 많이 있는데 친구소개 안 시켜줘요. 한국 사람, 중국 사람 생각 달라요(중국 한족 여성, 32세: 설동훈 외, 2006: 102).

(3) 부부역할 기대에 대한 문화적 차이

유교문화와 결합하여 가부장적 성격을 지닌 한국의 가족문화로 인하여, 한국 남성은 여성결혼이민자의 출신국의 양변적 가족문화를 이해하지 못하고 가사노동과 자녀양육을 여성의 몫으로 간주하는 경우가 많았다.[5] 특히 시머어니와 함께

5) 흥미로운 사실은 2012년 전국 다문화가족 실태조사에서는 여성결혼이민자 · 귀화자 가족의 외국출신 아내와 한국인 남편 가운데 부부가 공평하게 분담한다고 응답한 경우는 각각 27.1%와 28.9%로 나타났다. 그런데 2012년 통계청 사회조사의 19세 이상 부인과 남편 가운데 부부가 가사를 공평하게 분담한다고 응답한 경우가 각각 15.5%, 16.1%인 것을 감안하면, 다문화가족에서는 일반가족에 비해 부부가 가사를 공평하게 분담하는 경우가 많음을 알 수 있다. 특히 남성결혼이민자 · 귀화자 가족의 경우에는 다른 부부에 비해 상대적으로 가사를 공평하게 분담하고 있다고 지적되고 있다(전기택 외, 2013; 529-530).

사는 경우 이는 더욱 강화된다. 흔히 양변적 가족문화 전통을 가진 여성결혼이민자는 한국남성이 가사노동을 분담하지 않는 고정적인 성역할에 불만을 표출한다(정혜영, 김진우, 2010: 41; 홍성희, 2012: 164).

또한 여성결혼이민자는 외국인 아내를 배려하고 인내하는 관대한 남성으로서의 역할을 기대했으나 실망하는 경우가 많았다. 여성은 남편이 애정과 관심을 말로 표현하지 않으면서 자신의 마음을 알 것이라고 생각하는 '고맥락 문화' 를 '무관심' 과 '외국인 아내에 대한 무시' 로 해석하기도 했다(홍성희, 2012: 164).

부부의 역할에 대한 문화적 차이는 때로 심각한 부부갈등을 초래하고 심지어는 가족해체의 원인이 되기도 한다.

제○니는 결혼한 지 7년이 된 필리핀 여성이다. 그녀는 현재 남편과 별거 중이다. 그녀는 남편이 함께 식사하며, 병원도 같이 가고, 교회도 함께 다니는 인생의 동반자 같은 역할을 하기를 기대했다. 하지만 남편은 자신이 차려 준 밥도 먹지 않고, 혼자 다니며, 텔레비전만 보는 무심한 존재였다. 그녀가 보기에 남편이 비록 심성은 착하고 술도 먹지 않지만 자신의 존재를 무시하며 사랑하지 않는 것이라 판단했고 결국 별거에 들어갔다. 그녀의 남편이 보여 주는 이러한 모습들은 한국의 남성들이 일상적으로 보여 주는 모습일 수 있지만 그녀에게는 심각하게 결함 있는 모습으로 인식된다. 필리핀에서 고학력 여성이 결혼해서 사는 모습은 같이 교회를 가거나 하는 등 일상적 영역에서 친밀감을 표현해야 하지만 그녀의 남편은 그렇지 못했다(박경동, 2008: 158).

(4) 전통적 며느리역할 요구에 대한 문화적 갈등

급격한 사회변화로 부모봉양과 같은 가치가 퇴색되고 있지만, 농촌에서는 상대적으로 이런 가치가 더 많이 남아 있다. 농촌 남성이 외국인 배우자를 선택하는 대표적 집단이라는 점에서, 외국인 배우자에게 전통적 며느리역할이 기대되기도 한다. 한국 여성들조차 더 이상 전통적 역할을 따르지 않으려는 오늘날, 여성결혼이민자에게 이를 요구하는 것은 무리가 될 수 있다. 더욱이 본국에서 가사분담이나 의사결정 측면에서 평등한 부부관계에 익숙한 여성결혼이민자는 이를 더욱 힘들어한다. 설사 한국인 남편이 이해한다고 하더라도 시어머니와 갈등을 빚기도 한다.

> 뤼○친의 시어머니는 그녀에게 남편을 무조건 이해하고 내조하는 것이 여자의 본분이라고 말한다. 시어머니는 남존여비를 전통이라고 여긴 데 반해, 그녀는 모국에서 경험한 남녀평등의식을 내면화하고 있다. 남편은 중국에서 생활해 본 경험이 있기에 자신의 상황을 안쓰러워한다고 진술했다(중국 여성, 30세: 박경동, 2008: 159-160).

한편, 한국인 시어머니는 전혀 다른 입장에서 불만을 가지기도 한다. 시어머니는 며느리를 보면 당연히 봉양을 받아야 한다고 생각하기 때문에 가사노동의 책임을 며느리에게 넘겨주려 한다. 그러나 한국의 생활방식을 전혀 모르는 외국인 며느리를 맞이하여 봉양받기는커녕 모든 것을 가르치고 오히려 수발까지 해야 하니 사사건건 마음에 드는 것이 없다는 것이다(정혜영, 김진우, 2010: 41).

(5) 음식문화의 차이

사소한 것처럼 보일 수 있으나 여성결혼이민자가 한국사회에 적응하는 과정에서 공통적으로 겪는 어려움의 하나가 음식문화다. 심지어는 한국문화와 생활양식에 가장 익숙한 것으로 평가되는 중국의 조선족 여성도 음식 때문에 어려움을 겪는다고 한다. 즉, 중국식 조리법을 많이 수용한 조선족은 기름기가 적은 한국식 조리법을 힘들어했다. 일본인 여성은 마늘 향을 힘들어하고, 몽골 여성은 우유나 우유차 같은 유제품을 그리워했다.

여성결혼이민자의 언어와 문화를 이해하고 존중하기보다는 남편이나 시어머니가 생각하는 한국문화를 받아들이도록 요구하는 경향은 음식문화에도 반영된다. 그리하여 남편과 시어머니는 여성결혼이민자의 모국 음식에 대해 '맛이 없다.' 거나 '먹을 만한 음식이 아니다.' 라는 태도를 가지는 경우가 많다고 지적되고 있다. 또한 하루빨리 한국 음식에 적응하고 한국 음식을 요리할 수 있어야 한다며 여성결혼이민자가 모국 음식을 요리하는 것을 달가워하지 않는다(한건수, 2006: 212-213 참조).

5. 자녀교육

자녀교육은 일반 한국인가족과 마찬가지로 다문화가족에게도 중요한 문제다. 단지 다문화가족에서는 다양성으로 인해 자녀교육에 대한 관심과 고민의 양상에 차이가 있다.

1) 자녀교육의 어려움과 학교에서의 적응

여성결혼이민자에게 있어 자녀는 중요한 의미를 지닌다. 낯선 나라로 이주해 와서 낯선 문화적 배경을 가진 배우자와 가정을 형성하는 과정에서, 자녀는 배우자와 여성결혼이민자를 직접적으로 이어 주는 연결고리이자 낯선 나라에서 뿌리 내리고 살 수 있게 해 주는 버팀목이 된다. 이런 점에서 여성결혼이민자에게 있어 자녀의 성공적인 양육과 교육은 중요한 관심의 대상이며 열의도 높게 나타난다.

2015년도 전국 다문화가족 실태조사에서는 전체 재학 자녀의 약 90%가량이 '학교에 잘 적응하고 있다.' 고 답했고, 적응 못하는 주된 이유로는 '친구들과 어울리지 못해서' 와 '학교 공부에 흥미가 없어서' 로 나타났다(여성가족부, 2016. 4. 27.: 7). 그러나 천호성과 박계숙의 연구에서는 연구대상 다문화가족의 자녀 4명 중 3명이 학교부적응 현상을 보였다. 다문화가족 자녀의 경우 언어나 대화능력에서는 다른 아이들과 비교해 볼 때 거의 문제가 되지 않았으나 자존감이 낮았고 부모와 교사 간의 의사소통에도 어려움이 있는 것으로 나타났다(천호성, 박계숙, 2012: 440).

그러나 여성결혼이민자가 직면하는 자녀교육의 어려움은 보다 근원적인 측면에서 이해해야 한다. 이채원에 의하면, 가정 내에서 여성결혼이민자가 자녀양육 및 교육에 적극적으로 참여할 수 있도록 도와줄 가족의 지원이 부족할 때가 많고, 가정 외적으로도 생소한 한국의 교육제도나 문화적 관행 등에 대해 정보를 제공하고 안내해 줄 자원이 부족할 때가 많다. 이런 환경적 조건은 여성결혼이민자가 적극적으로 자녀양육에 참여하는 데 제약조건으로 작용하며 결과적으로

부모역할 효능감에도 영향을 미친다(이은하, 2010; 이채원 외, 2013: 이채원, 2015: 240에서 인용 및 재인용).

이와 유사하게 김승희는 다문화가족이 자녀교육에 대한 정보의 부족, 한국문화 및 역사에 대한 이해의 부족 그리고 경제활동으로 인한 시간의 부족 등으로 인해 자녀교육에 어려움을 겪는다고 지적한다(김승희, 2011: 30). 보다 구체적으로 여성결혼이민자는 한국에서 교육을 받지 않았기 때문에 한국의 교육체계나 학교생활 등 교육문화에 대한 정보가 부족하며 이를 극복할 수 있는 방법을 제대로 활용하지 못한다. 예를 들어, 자녀교육에 관한 정보를 얻을 수 있는 학부모 모임도 직장생활 때문에 참석하지 못하거나 참석하더라도 다른 한국 엄마들과 대화가 제대로 이루어지지 않는다는 것이다(김승희, 2011: 29-30).

2012년 전국 다문화가족 실태조사에서 학업을 중단한 비율은 1.9%로 매우 낮았으나, 학업중단의 사유는 주목할 만하다. 동 연구에 의하면, 친구나 선생님과의 관계문제로 학업을 중단한 경우가 가장 많았고, 그다음으로 가정형편이 어려워서, 학교공부가 어려워서의 순으로 나타났다(전기택 외, 2013: 565). 그러나 2015년도 실태조사에서는 '학교생활 및 문화가 달라서' (18.3%), '학교공부가 어려워서' (18.0%)의 순으로 나타나서, 2012년 결과와는 다소 다르게 나왔다(여성가족부, 2016. 4. 27.: 7).

담임선생님: (현빈이는) 친구들과 어울리려고 일부러 심부름도 하고 놀림을 당해도 오히려 고맙게 생각하고 그러는 거 같아요. (같은 반에 왕따 당하는 내성적인 아이가 있는데) 그 애를 자기가 괜히 '찝쩍' 거려서 맞은 적도 있어요(김민정, 2008: 74).

2) 교육방식의 선택

향후 외국계 부모의 모국으로 유학 의사가 있는지 여부를 조사한 결과, 다문화가족 자녀의 31.7%는 외국계 부모의 국가로 유학할 의사가 있다고 응답하였다. 이 결과는 외국출신 부모의 국적에 따라 차이가 크게 났다. 즉 미국, 서유럽

등의 국가출신 부모의 자녀는 유학을 희망하는 비율이 매우 높았으나, 베트남, 파키스탄 등의 국가출신 부모의 자녀는 유학희망률이 낮았다(전기택 외, 2013: 586). 아직은 일부 서구국가, 일본 그리고 영어권인 필리핀 결혼이민자들이 주로 고려하는 방식이기는 하지만, 국제화가 강조되고 다문화 정체성이 사회적으로 인정받으면서 무조건적으로 한국의 교육방식을 따르기보다는 두 나라의 장점을 취합하기 위한 방법을 다각적으로 모색할 가능성이 엿보인다.

앞으로 우리 아이 교육은 이상적으로는 한국식, 서양식 모두를 접목시켜 하고 싶어요. 두 부모와의 괴리감 없이 지낼 수 있기 위해 그런 것도 있고, 또한 각국 방식의 장점이 있기 때문이지요. 한국에서는 교육문제를 제외하면 아이를 지나치게 관대하게 대하는 측면이 있어요. 매사에 과도하게 챙겨 주고 잘못도 쉽게 넘어가는 경향이 있는 것 같아요. 반면에 캐나다에서는 교육에 대해서는 상대적으로 관대하지만, 어린 나이부터 스스로에 대해 책임을 지고 자립하는 것이 중요하게 여겨져요. 이러한 장단점들을 최대한 활용할 계획이에요(캐나다 남성, 36세: 설동훈 외, 2006: 138).

결혼이민자는 배우자보다 자녀와 대화할 때 본국어를 자주 사용하는 것으로 나타났다. 이들은 자녀가 한국에서 성장하기 때문에 일단 한국어를 익히고 학교생활에 잘 적응하기를 바라지만, 어느 시점이 되면 본국어를 익히기를 바라는 듯하다. 이는 단순히 교육적 차원을 떠나서 모국 가족과의 의사소통을 가능케 한다는 점에서 중요한 것으로 보인다.

나중에 아이한테 베트남 말을 가르칠 거예요. 지금은 한국에서 살아가야 하니까 한국말을 먼저 사용하고 가르치고 있는데, 하지만 아이가 일곱 살 넘어서 유치원 들어가면 베트남어도 가르칠 거예요. 베트남 말을 알면, 베트남도 자유롭게 갔다 올 수 있고, 베트남의 가족들과도 이야기가 통하고, 베트남 사람들하고 이야기하고 서로 이해할 수 있도록 하고 싶습니다(베트남 여성, 22세: 설동훈 외, 2006: 138).

3) 자녀의 정체성

아직은 크게 가시화되고 있지는 않지만 앞으로 다문화가족은 자녀의 정체성 문제에 직면하게 될 것이다. 다문화가족에 따라 한국인으로서의 정체성을 강조하기도 할 것이며, 아버지와 어머니의 나라를 모두 자랑스럽게 생각하도록 훈육하기도 할 것이다. 부모가 어떤 태도로 양육하는가는 자녀의 정체성이 형성되는 초기에 강력한 영향을 미칠 것이다. 그 외에도 자녀가 어디에서 성장하고 누구에게 양육되는가, 학교생활, 특히 또래관계에서 어떤 경험을 하는가 등에 따라 정체성이 변화해 갈 것이다(김민정, 2008: 65-68 참조).

6. 폭력, 편견과 억압, 차별

1) 가족 내 폭력

김이선 등은 대다수 국제결혼부부의 이혼에서 배우자나 시댁식구의 각종 폭력이 주요한 사유가 되고 있다고 보고하면서, 다문화가족에서의 여성인권침해성 폭력에 대한 문제의 심각성을 지적하고 있다. 무엇보다도 여성결혼이민자는 이주와 더불어 평생 쌓아온 사회적 관계망으로부터 유리되기 때문에 무방비상태로 각종 폭력에 노출될 위험이 있으며, 폭력에 직면한 경우에도 이에 적극 대처하는 데 어려움이 따른다(김이선 외, 2010: 87 참조).

> 남편이 … 성격이 급하고, 성격이 급하니까 폭력이 좀 있어요. 가끔 쌍욕을 하고, 말보다 손이 먼저 나와요. 손찌검을 해요. 한국 남자들이 다 그렇게 생각하는지는 모르겠는데, 남자는 하늘이고, 여자는 종이라고 생각하는 거 같아요. 그것 때문에 싸울 때가 많죠. 하늘 같은 남편한테 어떻게 그러냐고(설동훈 외, 2006: 106).

2) 가족 내 편견과 억압

국제결혼이 증가하면서 이혼 또한 증가하고 있다. 이혼절차를 정식으로 거치기도 하지만 간혹 몰래 도망가는 경우도 있다. '도망가는' 며느리에 대해 언론

매체에서 보도된 적도 있었고, 부정적인 풍문이 돌기도 하여, 한국인 배우자와 가족들은 막연한 불안감을 느끼기도 한다.

안타까운 것은 이러한 불안감이 때로 여성결혼이민자에 대한 감시와 억압, 외부와의 접촉차단의 방식 등으로 표출되기도 한다는 점이다. 여성결혼이민자 입장에서는 이러한 의심과 감시가 힘들고 갇혀 있는 기분을 느끼게 한다.

> 혹시나 잘못해 갖구 어디로 나갈까 그럴까 싶어서 그러쥬. 여기서는 아직 없는디. 전주서도 저번에 누군가 하나가 도망갔다 그러더라구, 어린애까지 낳는디. 애를 데리구 도망갔다 그래(한건수, 2006: 224).

3) 학교에서의 차별

부모는 자녀가 학교에서 '혼혈' 또는 '외모 차이'로 따돌림을 당하거나 차별을 받을까 봐 걱정이 많다. 이들은 자녀가 혼혈인이 아니라 한국인으로서 대접받기를 희망하고 요구한다.

> 아이를 혼혈인이라고 하면 섭섭해요. 그냥 그렇게 부르지 말고 아이 이름 불렀으면 좋겠어요. 우리 아이는 밖에 데리고 나가면 혼혈인인지 몰라요. 나중에 애 학교 들어가면 걱정이 되는데, 친구들이 엄마가 외국 사람이라고 같이 안 논다 그럴까 봐 걱정이 돼요(베트남 여성, 25세: 설동훈 외, 2006: 135).

4) 사회적 차별

2012년 전국 다문화가족 실태조사에서는 결혼이민자・귀화자에게 한국에서 생활하면서 외국인이라는 이유로 차별이나 무시를 당한 적이 있는지 질문한 결과, 41.3%가 있다고 응답하였다. 이는 2009년 36.4%와 비교해 보면, 사회적 차별 경험이 있는 비율이 증가한 것이었다(전기택 외, 2013: 228). 그러나 2015년 실태조사에서 차별을 경험한 비율은 40.7%로 다소 감소한 것으로 나타났다(여성가족부, 2016. 4. 27.: 2). 사회적 차별을 경험한 비율이 다소 감소한 것은 다행이지만 2009년 이래 그 비율이 별로 변화하지 않았다는 점은 우려가 된다.

김희주와 은선경에 의하면, 한국사회의 부정적인 태도나 지나친 관심도 한국 사람들과 교제하는 데 장애물의 하나다. 밖에 나가면 최소한 한 번 정도는 낯선 사람들로부터 질문을 받는다고 한다. 이들은 한국에 왜 왔는지, 남편이 돈을 잘 벌어다 주는지, 심지어는 남편이 폭력을 행사하는지를 묻는 등 사적인 부분도 망설임 없이 물어봐 당황한다고 한다. 또한 여성결혼이민자는 돈 때문에 한국남성과 결혼했다는 사람들의 선입견을 부담스러워한다(김희주, 은선경, 2007: 52).

최근 불황을 틈타 한국사회에서도 외국인 혐오증이 다소 확산되는 조짐을 보이고 있어서 우려가 되고 있다. 특히 일부 인터넷 포털 등에서 외국인노동자를 '일자리를 뺏고 범죄나 저지르는 이방인' 으로 몰아세우며 외국인 혐오증을 조장하는 모습까지 보이고 있다. 외국인 혐오증은 다문화가족의 이혼사유의 하나이며(김이선 외, 2010: 87-89 참조), 앞으로 다문화가정의 자녀들까지 외국인 혐오증의 피해자가 될 수 있다고 전문가들은 경고하고 있다(내일신문, 2009. 1. 6.). 따라서 이에 대한 사회적 대처가 요구된다고 하겠다.

제4절 결혼이민자의 대처와 해체

이상 살펴본 바와 같이 결혼이민자가 한국에서 적응하는 과정에서 부딪히는 적응문제는 다양하지만, 한국에서의 삶에 적극적으로 대처해 나가는 결혼이민자들 역시 많다. 중첩된 어려움과 시련에도 불구하고 결혼과 이주라는 선택의 주체로서, 많은 결혼이민자는 가정과 이웃 그리고 한국사회에 성공적으로 적응해 가고 있다. 그러나 일부 다문화가족은 이혼에 이르기도 한다.

1. 여성결혼이민자의 대처전략

1) 한국문화 수용하기

여성결혼이민자는 한국문화와 생활방식을 적극적으로 수용하는 대처전략을 구사하기도 한다. 이들은 한국어만을 사용하고 본국 음식이 먹고 싶어도 남편과 아이들이 좋아하지 않기 때문에 주로 한국 음식을 요리해서 먹는다. 그리고 한국의 가부장적 제도에 불만이 있더라도, 시부모를 모시고 제사상을 차리는 등 한국문화를 적극 수용하기 위해 노력한다.

2) 남편 이해하고 변화시키기

모든 여성과 마찬가지로 여성결혼이민자도 남편과의 긍정적 관계는 결혼생활에 힘이 된다. 이들은 결혼 초기에 남편과의 갈등과 차이로 힘들고 어려웠지만 시간이 지나면서 가부장적인 남편에게 신뢰감을 갖기도 하고 가장으로서의 성실함과 책임감을 보면서 점차 남편을 이해하게 된다(김희주, 은선경, 2007: 54 참조). 한 걸음 나아가 이들은 자신의 의견을 남편에게 표현하기도 하고, 아내로서의 권리를 요구하면서 남편과의 관계를 개선시키고자 노력한다.

3) 시댁과의 좋은 관계 맺기

김민정 등의 연구에 의하면, 여성결혼이민자는 남편을 자기편으로 만들기 위해서 적극적으로 시댁과의 관계를 관리한다. 이들은 시댁식구 중 자신에게 호의적인 사람을 중심으로 관계를 맺기도 한다. 며느리의 시어른 봉양은 유교적인 전통이기는 하지만 오늘날의 많은 한국 여성이 따르려 하지 않는 '미풍양속' 이기에, 외국인 며느리의 진가가 드러나는 지점이기도 하다. 예를 들어, 15년간 시어른 세 분의 병 수발을 한 효부상감의 며느리로 자리매김을 한다든가, 이혼한 맏며느리의 자리를 대신하여 제사상 차리기 등을 적극적으로 배우려고 노력하거나, 금전적 요청은 거부하지만 시댁친척의 자식을 돌보아 주거나, 전처 소생의 자식들과의 관계에 공을 들이거나 하는 등 다양한 방식으로 남편 및 시댁과의 좋은 관계를 만들어 나간다(김민정 외, 2006: 180).

4) 경제적 능력 갖추고 인정받기

여성결혼이민자는 흔히 남편의 소득이 부족하거나 남편의 돈을 맘 편하게 쓸 수 없는 현실에 봉착한다. 일부 여성은 본국에의 송금 등 경제적 문제로 남편과 심각한 갈등에 직면하기도 한다. 그러나 이런 상황에 좌절하지 않고, 일부 여성은 스스로 경제적 능력을 갖추고 가족으로부터 당당하게 인정받기도 한다. 아직은 식당일 등 미숙련직종이 많지만 통역이나 업무대행과 같은 새로운 영역을 개발하는 방식으로 스스로 경제적 능력을 키워 나간다.

> 흐엉은 2년 전까지만 해도 베트남 바이어들이 한국의 중고차를 대신 구매하고 선적할 수 있도록 통역하고 도와주는 일을 했고, 이 일로 (중략) 남편에게 "나도 돈 벌었다."라고 큰소리 칠 정도로 벌었다.
>
> 알마는 집안에 가게를 차려 놓고 필리핀 음식이나 물건을 팔며 송금을 대신해 주는 일을 한다(김민정 외, 2006: 174).

여성결혼이민자가 경제적 능력을 갖추는 것은 경제적 문제의 해결에만 기여하는 것은 아니고 삶의 다른 영역에도 파급효과를 미치는 것으로 보인다. 예를 들어, 경제적 능력을 갖추면 친정식구들을 도울 수 있고, 시댁에도 체면이 선다. 또한 집안일과 육아에 대한 남편의 간섭에서도 벗어날 수 있다. 그리고 집안일과 육아를 대신해 줄 친정식구를 불러와 함께 살 수도 있다(김민정 외, 2006: 175).

5) 종교에 의지하기

때로 종교가 여성결혼이민자의 삶에 큰 힘이 된다. 이들에게 신앙은 힘을 주고 위로를 받고 또 마음을 긍정적으로 변화시켜 주기도 한다.

> 가장 힘이 되는 분은 하느님이에요. 너무 외롭고 힘들 때, 혼자 집에 있으면서 성경책 읽고 기도하면서 울어요(김희주, 은선경, 2007: 55).

6) 본국 사람들과 연대 및 소통하기

본국 사람들과의 연대 및 소통은 여러 가지 방식으로 이루어지며, 한국생활에 정착하는 데 점차 그 중요성을 더해 가는 것으로 보인다. 친정식구들과의 유대는 한국으로 데려와 같이 또는 가까운 곳에서 함께 사는 연쇄이주의 방식을 취하기도 한다. 예를 들어, 자신의 여동생을 한국 남자와 결혼시켜서 이웃으로 살기도 하고, 취업비자로 불러오기도 하고, 자녀의 경우 유학비자로 불러와 함께 살기도 한다.

또 다른 방법은 이미 한국에 들어와 있는 다른 본국 사람들과 접촉하는 것이다. 이러한 네트워크 만들기는 국적별로 다소 차이를 나타내기도 한다. 예를 들어, 조선족의 경우 먼저 입국한 사람은 나중에 들어온 친구들에게 한국생활에 대한 조언과 정보를 제공하기도 하고, 필리핀 여성의 경우 종교모임을 통해 집단정체성을 강화시키기도 한다(박경동, 2008: 167 참조). 흥미있는 사실은 이들이 본국 사람들을 만나는 것이 단순한 오락이나 시간 때우기가 아니라 장사를 하거나 일자리를 구해 주거나 한국생활의 정보를 교환하는 지극히 실제적인 통로를 확보하는 것이기도 하다(김민정 외, 2006: 181).

2. 여성결혼이민자 가족의 변화 및 적응

앞서 여성결혼이민자의 다양한 대처전략을 살펴보았지만, 진정한 변화는 다문화가족의 상호작용에서 이루어진다는 점에서, 가족이 어떻게 변화하는지 탐색해 볼 필요가 있다. 여기에서는 다문화가족의 한국남성, 시어머니가 각기 어떻게 적응하고 변화하는지 소개하고자 한다.

1) 한국남성

홍성희의 연구에서는 한국남성이 일상생활문화의 수용, 성역할 차이의 선택적 수용, 가족문화의 타협, 부부관계를 위한 노력과 배려에서 변화하고 있다고 밝히고 있다. 보다 구체적으로 이주여성이 한국문화를 수용해 나가듯이, 한국남성도 아내와의 문화 차이를 수용해 나간다. 이 중 가장 많이 언급되는 것은 식생활이다. 예를 들어, 아내의 식성에 맞게 요리하라고 배려하거나, 아내 나라 음식을 자주 해 먹고 이를 즐기는 수용적인 태도를 보인다. 그리고 성역할의 차이에 대해서 가사노동과 육아를 분담하는 데 어느 정도 수용적 태도를 보인다(홍성희, 2012: 167-168).

(중략) 근데 베트남은 보니까 (음식을) 다들 안 하고 앉아 있고, 형부, 남동생, 아버지, 남자들이 가서 해 오고 그러더라고요. 어찌 보면 그게 신기한 거죠. 문화의 차이점이고. (중략) 본인도 그걸 아는 거죠. 지금은 많이 좋아져서 청소도 하고 그러는데. 내가 좀 변해야 되는데 힘들어요(남편 7: 정혜영, 김진우, 2010: 49).

한국남성은 여성결혼이민자가 며느리역할을 거부하는 것을 수용하기 힘들어 함에도 불구하고(홍성희, 2012: 167), 아내의 적응과 가정 이탈을 막으려면 자유를 구속하거나 일방적인 한국문화를 강요하는 시어머니와 남편의 태도 변화가 우선되어야 함을 절실히 깨닫기도 한다. 처음에는 모든 일을 자기 주도적으로 해야 직성이 풀리는 시어머니에게 아내가 순종하기를 바라다가 갈등이 극단으로 다다르면 분가를 결심하기도 한다. 그리고 적극적으로 아내에게 관심과 애정을 가지고 아내에게 필요한 것이 무엇인지 살피는 데까지 발전하기도 한다(정혜영, 김진우, 2010: 48-49).

내가 생각하지 못한 것들이 너무 많으니까. 옛날에는 내가 얘를 데리고 와서 '야 씨바 베트남 사람들 와 이렇노.' 하면서 했는데, 요새는 생각을 어떻게 하냐면 한국 신랑이고 시어머니들이 조금만 외국인 여성들한테 조금만 생각하고 조금만 더 관심을 기울여 주면 애들이 나쁜 생각을 안 할 텐데, 요즘은 내가 그래요, 신랑하고 시어머니들이 못하는 부분들이 많았기 때문에 외국인 여성들이 나갈 수 밖에 없다 그런 생각이 든다고. 맞잖아요?(남편 2: 정혜영, 김진우, 2010: 49).

또한 한국남성은 본국 가족을 돕기를 원하면서도 미래를 걱정하는 책임과 역할을 남편의 일로 여기는 아내의 방관적 태도를 수용하기 힘들어하지만, 아내가 한국어에 능숙해지면서 스스로 돈을 벌어 송금하게 되자 송금을 묵인하거나 장모와 장인이 한국에서 돈을 벌 수 있도록 초청하는 방식의 타협을 하기도 한다(홍성희, 2012: 167-168).

2) 시어머니

시어머니는 며느리에게 한국문화에 동화할 것을 강요하고 여러 면에서 며느리가 미숙하고 마음에 들지 않지만, '빨리 한국생활에 적응해서 잘살기를 바라는' 마음이 내면에 자리하고 있다. 그래서 오랫동안 혼자서 생활해 온 아들이 가족을 이루고 오순도순 사는 모습을 보고 싶어서 부부갈등을 중재하기도 한다. 갈등과 적응과정을 거치면서 한 인간으로서 며느리의 장단점을 파악하고 인정하는 느린 변화를 경험한다. 즉, 며느리의 문화와 성격을 고려하지 않고 한국식의 역할을 강요하던 시어머니는 아들의 행복을 지켜 주기 위한 마음에서 먼저 '마음을 비우기' 도 한다(정혜영, 김진우, 2010: 49-50).

이와 같이 다문화가족이 갈등을 해결해 나가는 과정에서 여성결혼이민자의 대처노력과 더불어 남편과 시어머니를 포함한 가족의 변화가 동시적으로 일어나게 된다. 이 과정에서 상대를 인정하고 이해의 폭을 넓혀 나가며, 서로의 문화를 수용해 나가고, 한국문화에 동화하기를 강요하는 대신 통합을 지향하게 된다(정혜영, 김진우, 2010: 50-51; 홍성희, 2012: 168).

3. 해 체

많은 다문화가족이 갈등을 해결하고 적응해 나가지만, 일부 다문화가족은 이혼을 하고 해체되기도 한다. 이런 맥락에서 최근 다문화가족의 이혼에 대한 연구가 다양한 시각과 차원에서 이루어지고 있다. 이혼의 요인으로서 경제적 문제, 결혼 전 취득한 남편과 시댁 가족에 대한 사전정보와 현실 간 차이, 문화적응 스트레스, 남편의 학대, 폭력과 음주, 외도와 도박 등이 지적되고 있다. 그리고 다문화가족의 이혼 현상은 여성결혼이민자 당사자와 그 주변 체계 간의 갈등 차원에서 파악되기도 한다. 보다 구체적으로 사기와 농간을 부린 국제결혼 중개업자, 폭력적 · 일방적인 남편, 외국인 며느리를 인격적으로 존중하지 않는 시댁 등 주변 체계와의 갈등상황을 이겨 내지 못한 여성결혼이민자가 직면한 문제로 보기도 한다(김이선 외, 2010; 문경연, 2011; 김정선, 2011: 박미정, 엄명용, 2015: 34-37에서 재인용).

이와 같이 다문화가족의 이혼은 개인의 선택이기도 하지만 사회적 사건이기도 하다. 여성결혼이민자의 이혼에는 본국에서의 경험과 선진국으로의 안전한 진입수단으로 결혼을 선택해야 했던 사회적 요인과 결혼이주 이후 한국에서의 적응과정에서 발생하는 여러 적응문제와 갈등 그리고 사회적 상황까지 복합적으로 상호작용한다(박미정, 엄명용, 2015: 37).[6] 박미정은 여성결혼이민자의 이혼 경험을 남편의 실체를 알게 되고 절망하고 마음을 추수리지 못하는 맥락적 조건에서 '어긋한 현실에 대해 저항' 하는 것이라고 규명하였다. 그리고 하녀취급을 당하는, 가정폭력의 피해자가 되는, 주변화되는, 그리고/혹은 이방인 의식이 드는 정도가 이혼결정에 영향을 미친다고 밝혔다(박미정, 엄명용, 2015: 49-54).

이와 같이 여성결혼이민자는 능동적으로 한국문화와 생활에 적응하기 위한 대처를 하고 있다. 또한 이 과정에서 남편과 시어머니 등 가족도 변화해 나간다. 그러나 일부 다문화가족은 해체되기도 한다. 이에 따라 이들의 노력을 지원하고 강화시키는 프로그램이 개발 · 실시되어야 할 것이다. 이은희는 여성결혼이민자가 직면하는 다양한 생활스트레스에 대한 적응을 돕기 위해서 보호요인과 탄력성 강화에 초점을 맞추는 강점 관점에 근거한 실천적 개입이 바람직하다고 제시하고 있다. 특히 보호요인을 강화시키기 위해서 '부부간의 친밀감' 향상뿐 아니라 '여성결혼이민자와 다른 가족구성원들과의 이해와 친밀감 향상을

6) 베트남 출신 여성들의 이혼 후 삶에 대한 사례연구에 의하면, 드물게는 부부싸움을 유도한 후 가출과 도망, 이혼의 명분으로 삼고 이혼 후에는 자국출신 남성 이주노동자의 동거녀로 살거나 본국 가족들과 관계를 더욱 강화하는 계기로 만드는 사례도 있다. 이런 맥락에서 다문화가족의 이혼을 '남성 가해자 여성 피해자' 라는 이분법적 담론이 아니라(탄티튀히엔, 2006: 박미정, 엄명용, 2015: 37에서 재인용), 다문화가족의 적응을 돕고 이혼을 예방하기 위한 효과적 개입의 차원에서 접근해 나가야 할 것이다.

위한 프로그램이 개발되어야 한다고 지적한다. 나아가 여성결혼이민자의 내구력을 강화시키고[7] 적응적인 대처전략의 사용 그리고 사회적 지지의 향상을 지원해야 한다고 제안한다(이은희, 2009: 90). 이러한 강점중심적 접근은 결혼이민자가 한국사회에서 적응하는 데 직면하는 문제에 과도하게 초점을 두지 않고, 이들이 가진 강점을 토대로 적응해 나가도록 도울 것이다.

또한 기존의 서비스와 프로그램도 문화상대주의와 강점 관점으로 보완해 나갈 수 있다. 예를 들어, 한국에서의 결혼생활 적응을 위한 요리교육은 대표적인 동화주의 프로그램으로 지적되는데, 창의적인 기관은 한국요리와 함께 여성결혼이민자의 모국요리를 소개할 기회를 제공한다. 그리고 여성결혼이민자가 직접 기획안을 작성하게 하여 한국어 역량을 키우는 데 활용하기도 한다(사회복지공동모금회, 2009: 현경자, 2014: 149에서 재인용). 또한 여성결혼이민자가 자주 이용하는 한국어교육도 창의적으로 활용하여 통합적인 효과를 가져올 수 있다. 예를 들어, 한국어교육에서 여성결혼이민자의 한국생활 적응과 꿈을 도울 수 있다. '인생곡선 그리기 수업'을 통해 자신의 꿈을 생각해 보며 삶의 계획을 세우는 기회를 제공하고 '모국어 동화 소개하기' 수업을 통해 자신의 문화에 대한 자부심을 키울 수 있도록 한다. 그리고 '인권을 주제로 하는 한국어' 수업에서 기본권과 사회권에 대해 학습하고 차별감수성, 주체성 확립, 자기결정 등 인권실천에 대한 이해를 도울 수 있다(이주영, 2009: 현경자, 2014: 150에서 재인용).

7) 동 연구에서는 내구력은 문제 발생에 적극적으로 관여하는 '수행력', 역경에 처했을 때 이에 영향을 미칠 수 있다고 믿는 '통제력', 새로운 일을 경험하고 배우려는 '도전력'을 측정한 것이다(이은희, 2009: 81).

제 13 장

새로운 가족이 온다

제1절 양육미혼모 가족

오늘날 우리 사회에서 양육미혼모의 증가는 더 이상 낯설지 않은 현상이다. 미혼모 현황 및 욕구조사 결과에 의하면, 미혼모의 31.7%는 양육을 희망하고 있다. 그리고 경제적 지원이 이루어진다면, 입양을 희망한 미혼모의 37.7%도 양육을 원한다고 응답하였다(여성가족부, 2005: 5). 한국여성정책연구원, 한국미혼모지원네트워크(2010)에 의하면, 십 대 양육미혼모의 비율이 1984년 24.9%에서 2009년 30.8%로 증가하였으며, 25세 이상 양육미혼모도 15.3%에서 37.5%로 증가추세를 보이고 있다(한국미혼모지원네트워크; 한국여성정책연구원, 한국미혼모지원네트워크, 2010: 박영혜, 2015: 1에서 재인용).

1. 역사적 배경

역사적으로 볼 때 서구사회에서 미혼모가 사회문제로 등장하게 된 시기는 19세기 산업혁명기라고 볼 수 있다. 농촌인구의 대도시로의 이동, 노동여성의 급증, 성 개방 풍조 등으로 인한 미혼모의 증가는 사회문제로 등장하였다. 우리나라에서는 1960년대 이후 여성인력, 특히 청소년이 제조업에 취업하여 도시에서 독립적인 생활을 하고 이성교제와 성적 접촉의 기회가 많아지면서 혼전임신과 출산으로 인한 미혼모 문제가 대두되었다(석홍, 1990; 이지연, 2001: 이복숙, 전영주, 2005: 5-6에서 재인용). 그러나 임신과 출산의 합법성이 결혼관계와 연계되는 한국사회에서 '미혼모' 문제는 부도덕한 여성 '개인 탓' 또는 가족의 책임으로 전가되었다(서정애, 2009: 1). 이런 맥락에서 미혼모와 그 자녀는 요보호여성과 요보호아동으로 간주되었으며, 미혼모의 아동을 보호하기 위한 대표적 정책은 입양이었다. 미혼모의 아동이 정상가족 안에서 보호되어야 한다는 이유에서 그리고 혼인하지 않은 상태에서의 비합법적 출산이라는 이유에서, 미혼모와 아동을 분리시키는 입양이 사회적으로 정당하게 간주되었다(서정애, 2009: 11-13).

보건복지부에 보고된 입양아동의 숫자를 통해서 추정하는 미혼모의 수는

1990년부터 급격히 감소하였다. 당시 미혼모의 감소는 미혼여성의 임신이 줄었다기보다는 인공유산의 증가로 인한 현상일 가능성이 지적되고 있다. 여하튼 1990년대 중반부터 미혼모의 양적 증가는 안정되었으나 십 대 미혼모의 증가가 새로운 쟁점으로 등장하였다. 미혼모시설 입소자 중 십 대의 비중이 1995년 39.9%, 1997년 47.9% 그리고 1999년 59.4%로 증가하였다(보건복지부, 2004: 204; 최경화, 2006: 11에서 재인용). 흥미로운 사실은 이 시기에 미혼모 논의에서 모성 이슈가 부각되기 시작했으나 아직은 원치 않은 임신에 따른 스트레스, 모성 역할에 대한 염려와 긴장 등 부정적인 측면이 강조되었다(고숙경, 2002; 김만지, 2005; 안재진, 김지혜, 2004: 서정애, 2009: 18에서 재인용).

보다 최근에 양육미혼모의 증가는 새로운 사회적 현상이다. 박영혜에 의하면, 그 이유는 다음과 같다. 첫째, 혼전임신과 미혼모에 대한 의식의 변화다. 둘째, 사회변화에 따라 양육미혼모에 대한 인식과 다양한 가족의 형태에 대한 인식이 변화하고 있다. 셋째, 저출산 고령화 사회로 진입하면서 국가차원에서 양육미혼모를 지원하는 데 관심을 보이고 있다. 넷째, 가족 관련법과 제도의 변화다. 예를 들어, 국가인권위원회(2010)는 청소년의 임신과 출산이 학업중단의 사유가 될 수 없다는 판결을 내렸다(박영혜, 2015: 10-11). 그리고 양육미혼모가 증가하면서 이들의 모성권을 인정하고 사회적 지원을 위한 제도가 마련되고 있다.

2. 양육미혼모의 출산과 양육 경험

1) 성장가족배경

이복숙과 전영주에 의하면, 대부분 미혼모 가정은 부모와 자녀 간의 대화 시간이 부족하고, 가족구성원 간에 서로 무관심하며 친밀감이 부족하여 소원한 원가족관계를 보였다. 무엇보다도 부모의 사랑과 이해, 가족 간의 대화가 결핍되어 가족응집력이 낮았다(이복숙, 전영주, 2005: 13). 또한 미혼모의 가족형태도 유동적이고 불안정하다고 지적한다. 서정애의 연구에 나온 사례(상영이)는 세 살 때까지는 부모하고 같이 살다가 부모가 이혼(별거)하고 나서 엄마와 동거하다가, 다시 엄마와 사는 '중간에 만난 아저씨' 의 등장으로 새로운 가족을 이루고 살게 된다. 그러다가 초등학교 2학년 때 다시 아버지랑 살다가 아버지와의 갈등으로 엄마와 같이 살게 된다. 그런데 엄마가 초등학교 5학년 때 돌아가시면서 다시 아버지와 살게 되는 여러 차례의 가족변동을 경험하였다. 그러다 보니 가족의 의미도 같은 공간에 함께 거주하는 집단이라기보다는, 다른 공간에서 살고 있는 가족구성원들과의 관계망으로서의 의미가 더욱 부각된다. 또 다른 사례(하정)는 부모의 이혼으로 아버지, 조부모와 같이 살지만 가까이 사는 이혼한 엄마와도 소통하면서 지낸다. 같은 공간에 살지는 않지만 하정에게 엄마는 같이 사는 아빠보다 더 기대고 의존할 수 있는 존재다(서정애, 2009: 64-66). 생계가 어려운 저소득층 가족에서는 딸에게 진학을 포기하고 취업할 것을 요구하기도 하는데, 이런 상황에서 가출이나 동거에 대한 규범적 구속력도 상대적으로 약화된다.

> 제가요. 학교는 다니면서 가출하거든요. 학교는 나가는데 집에만 안 들어가요. (중략) 그냥 제가 전화가 오면 엄마 전화받아서 학교만 나가라고 해서 알았다고 하고. 며칠 뒤에 집 들어가면 그냥 어딨었냐고 하고. 그런 얘기하고 마는 거죠(윤미: 서정애, 2009: 70).

2) 성과 임신

(1) 사랑과 친밀감에 대한 추구

후기산업사회에 만연된 소비주의는 성과 사랑조차 개인의 욕구와 취향에 따라 교환 가능한 소모품으로 이미지화하고 있다. 그리하여 드라마, 광고, 영화에서는 이미지화된 성과 사랑이 매력적으로 묘사되고 있다. 이런 사회적 여건은 십 대 청소년에게 사랑과 친밀성에 대한 강한 자극으로 작용한다. 성인이 되기 전까지는 사랑을 통한 이성과의 유대와 성적 친밀성이 엄격히 분리되어야 한다는 성규범은 이들에게 상당히 모순되기도 한다(김혜영, 2010: 114). 특히 가족이나 학교에서 아웃사이더가 되는 청소년은 가정 밖에서 친밀성을 추구하게 된다. 십 대 청소년 미혼모의 대다수가 미혼부와의 교제관계에서 임신하게 되었다고 밝히고 있다. 이들은 이성교제에서의 성관계 경험과 임신을 서로에 대한 유대와 애정의 교감으로 생각한다(김혜영, 2010: 115-116).

그냥 딱 그때는 사귄지 얼마 안 돼서 철이 없어서 그랬던 것 같아요. 지금도 없는 건 맞는데 그때는 욕심이었던 것 같아요, 그냥. 내가 이 사람을 너무 좋아하니까 이 사람 아이도 갖고 싶다. 어린 마음에(사례 2: 김혜영, 2010: 116).

(2) 뜻하지 않은 임신과 임신사실 알리기

십 대 미혼모는 사랑을 통한 유대감과 정서적 친밀성을 확인하고 싶은 욕구 때문에 이성교제와 성경험을 하지만, 그럼에도 불구하고 대다수 미혼모에게 임신은 원치 않게 뜻하지 않은 것으로 다가온다(김혜영, 2010: 116; 최경화, 2006: 50).

거의 만난 지 3개월, 4개월 정도 되면서 제가 그런 관계가 있었고 솔직히 임신에 대해 생각이 전혀 없었어요. 저는 그렇게 되리라고는 상상을 못했다가 어~ 생리를 안 한게 이상하더라고요. 그래서 혹시나 해서 테스트를 했는데 임신이길래 (중략) (참여자 F: 최경화, 2006: 50).

임신을 원했던 것이 아니기 때문에 미혼모는 임신사실을 확인한 후 여러 가지 반응을 보인다. 첫째, 충격과 놀라움, 걱정, 두려움, 죄책감 등 복합적인 감정을 경험한다. 둘째, 미혼모는 어떻게 해야 할지 몰라 당황하고, 낙태를 해야 할 지 갈등하기도 한다. 그러면서 상대방과 가족에게 임신사실을 알리는 문제 등 현실적인 문제를 고민한다. 셋째, 일부 미혼모는 자신의 몸 안에 생명이 있다는 사실에 신기하고 기뻐하기도 한다. 이런 생명에 대한 경이로움은 힘든 상황에서도 출산을 선택하고 양육을 결정하는 데에도 영향을 미친다.

충격에 빠져 가지고… 저도 매일 울다시피 하고, 학교생활도 제대로 못하고… (사례 10: 김혜영, 2010: 117).

처음 임신사실을 알았을 때 무서웠어요, 울었고, 이걸 어떻게 하나, 이걸 지워야 하나 말아야 하나, 이 사람하고 어떻게 해야 하나, 알고 난 뒤 한참 많이 울었어요(참여자 J: 최경화, 2006: 51).

(중략) 몸 안에 한 생명이 있다니까 신기하기도 하고, 일단 남자친구 애기 가지고 있다니까 기쁘기도 하고 그랬어요(사례 7: 김혜영, 2010: 117)

임신하고서 한 달, 1개월 됐을 때 알았어요. (중략) 느낌이 좀 이상해 가지고, 생리도 규칙적이었는데 안 하고 그러니까 걱정돼서… 한편으로 기분 좋기도 했고, 그게 걱정되기도 했어요. (중략) 부모님한테 어떻게 말해야 되나 그런 것 들고, 경제적으로 돈, 그 문제도 있으니까 그런 것들…(사례 4: 김혜영, 2010: 117).

미혼모에게 임신사실의 고지는 주변으로부터 부정적 반응을 경험하는 첫 번째 관문이라고 할 수 있다. 대개 미혼모는 임신 사실을 미혼부에게 알린다. 물론 임신사실을 알고 파트너와 자녀에 대한 애정으로 결혼에 이르는 커플도 있겠지만, 다음의 사례에서 보는 것처럼 미혼부도 미혼모 못지않게 준비되지 않은 임신사실에 당황하고, 여기에서 벗어나기 위해서 낙태를 희망하는 것으로 보인다. 특히 십 대 미혼모의 파트너는 아직 독립적인 사회경제적 지위를 갖추지 못한 경우가 많고 이에 따라 미혼모를 지원하거나 책임지지 못하는 것으로 보인다(김혜영, 2010: 120). 경우에 따라 함께 양육을 결정하였다가 어려운 현실적 여건에서 갈등이 잦아지면서 헤어지기도 한다.

아무 말 못하더라고요, 못해요. 그냥, 내가 할 얘기가 있다고 오라고 그랬거든요. 밥 먹고 있다가 무슨 얘기냐고 계속 물어보더라고요. 그래서 말을 해야 하나 말아야 하나 계속 한참 동안 멍하고 있다가 그래도 차마 그 소리를 못했어요. 못하겠더라고요. 그 테스트한 것을 보여 주었어요. 이게 뭐냐고 하다가 멍하니 가만히 있어요. 나 보고 어떻게 할 거냐고, 나도 모른다고. 그래도 뭐가 있을 거 아니냐고 그랬더니 무슨 뭐가 있냐고, 나도 어떻게 해야 할지 모르겠다고, 지우라고 얘기해도 아무 말 못했었어요. (중략) (참여자 J: 최경화, 2006: 53)

미혼부에게 임신사실을 고지하는 것과 더불어, 미혼모는 가족에게 임신사실을 알리는 문제에 직면한다. 일부 미혼모는 가족에게 임신사실을 즉시 알리기도 한다. 그러나 부모에게 무섭고 죄송해서, 임신중절이나 입양강요가 두려워서, 가족에게 도움을 못 받을 것이라서 임신사실을 가족에게 알리지 않기도 한다(최경화, 2006: 54-55). 이 경우 이들은 가족에게 임신사실을 숨기기 위해 가출하기도 하고 그 밖에 학교, 직장, 친구들에게 임신사실을 숨기곤 한다.

(3) 임신에 대한 주변 반응과 출산까지의 어려움

결혼제도 밖에서 뜻하지 않은 임신을 하게 된 미혼모는 낙태와 출산의 두 가지 갈림길에서 선택을 해야 하며, 출산 이후에는 양육과 입양 둘 중 하나를 선택해야 한다. 이 과정에서 이들은 흔히 원가족 등 주변으로부터 좌절을 경험하고 출산 후 입양을 강요받기도 한다. 최경화에 의하면, 미혼모는 '가정을 이루기 원함' '임신중절에 대한 두려움' '임신중절 시기를 놓침' '미혼부의 결혼요구와 나이' '미혼부에게 친자임을 증명하고 싶음' '임신중절은 고려 안 함' 등의 다양한 이유에서 출산을 결정하게 된다(최경화, 2006: 57). 그리고 앞서 언급한 바와 같이 평소에 가지고 있는 생명에 대한 가치나 낙태에 관련한 윤리적 판단이 자녀의 출산과 양육 선택과정에서 중요하게 작용하기도 한다. "일단 제 몸에 제 피가 흐르고 있고 한 생명이니까 낙태를 하면 세상 빛을 못 보고 애가 죽는 거잖아요. 그것도 죄짓는 거잖아요. 그렇게 지울 거였으면 임신 안 하는 게 낫잖아요" (사례 7: 김혜영, 2010: 118).

안타깝게도 미혼모가 출산을 결정하고 양육을 선택할 경우, 흔히 원가족과 갈등관계에 처하게 된다. 가족주의가 강한 우리 사회에서 미혼모 당사자의 장래 문제와 다른 가족구성원에게 미칠 파장을 염려하여, 임신사실이 가족 외부에 알려지는 것을 경계하고 출산을 저지하기 위해 낙태를 강요하거나 출산을 하더라도 입양을 보내 은폐하려는 것이 일반적인 반응이다(이해진, 2014: 66). 심한 경우 가족이 가장 커다란 상처를 주기도 한다. 한 미혼모는 "처음에는 오히려 가까운 사람이, 가족이 가장 큰 상처를 준다고, 가족이, 막말로 내 가족 중에, 내 딸이 쪽 팔려서 처음에는 식구 꼴 안 해 줘요."(사례 14: 이해진, 2014: 66)라고 속상해하였다.

이런 상황에서, 미혼모는 출산 결정과정부터 출산에 이르기까지의 기간 동안 가족과 친구, 주변의 지원 없이 그리고 때로는 이들로부터 상처를 받으면서 모든 어려움을 홀로 감수해야 한다. 일반적으로 여성이 가족과 주변으로부터 특별한 관심과 지원을 받는 시기가 임신기간이라는 점을 감안할 때 홀로 '미혼 임신부로서의 고통스러운 삶' (최경화, 2006: 61)을 살아가는 것은 용기가 필요한 도전이다. 이때 집에서 머물 수 없는 미혼모는 출산을 위해 시설을 찾기도 하고, 아이와 살기 위해 출산 전까지 일을 지속하기도 한다.

(4) 출산과 양육 결정

흔히 미혼모에게는 출산의 고통을 함께하고 아이의 탄생을 함께 기뻐해 주는 이가 없다. 미혼부는 무책임하게 아이의 존재를 회피하고, 미혼모 자신의 가족들조차 꺼려 하고 거부하는 가운데 홀로 현실을 견뎌 내면서 서럽고 비참한 기분을 느끼기도 한다(김혜선, 김은하, 2006: 383).

> (중략) 내가 굳이 이런 선택을 해 가지고 이런 사람들 그 따가운 시선받아 가며 완전히 불쌍한 사람 취급받아 가며 내가 이렇게 비참하게까지 굳이 살 필요가 있나, 그때는 진짜 말도 못하게 너무 비참해요. (중략) 저는 몸조리는 아예 생각도 안 했고, 그 먹는 것도 있죠, 나오는 음식 먹는 것도 다 안 먹었어요(참여자 5: 김혜선, 김은하, 2006: 383).

이런 와중에도 미혼모는 새로운 생명을 맞이하여 기쁨을 경험하기도 하고 버림받은 자신의 처지와 아이의 모습이 비슷하다고 느끼면서 아이에게 연민을 느끼기도 한다. 이런 생명에 대한 기쁨과 경이로움, 아이에 대한 연민 등은 양육 결정에 긍정적으로 작용한다.

> 너무 신기했어요. 수술하고 애기 나오는 거, 얼굴도 다 보이고, 막 이렇게 소리도 다 들리고, 그때 수술실에서 흘러나왔던 노래부터 의사선생님이 했던 얘기,

딸그락 소리 이런 거 막 다 기억이 나는데, 태어날 때 아이 손을 딱 잡았던 때의 그 느낌이랑 이런 거, 그런 것들을 기억하면은? 드디어 만났구나 생각이 드는데…. 수술하고 나서 어떤 누구한테 따뜻한 말 한마디를 제대로 못 들었어요. 그나마 동생도 진짜 어렵게 와 가지고 동생이 이렇게 옆에서 있어 주었다는 게, 엄마 대신에 가족 가까이에 있었다는 건데, 이런 것들이 막, 어쨌든 세상을 다 얻는 것 같았어요, 후련하기도 했었어요(참여자 I: 최경화, 2006: 65).

(중략) 안 그래도 축복도 못 받고 태어났는데, 약할까 봐 막 (젖을) 먹였는데, 이리저리 많이 막 내가 막 갈등할 때이니까 아이만 보고 있었어요. (중략) 우리 잘 살자. 앞으로 잘해 보자. 그 생각, 우리 이렇게 세상 힘들게 태어났으니까 한번 잘해 보자. 엄마랑, 엄마가 너의 친구가 돼 주고 엄마가 돼 줄게. 중요한 건 이 세상 한번 이겨 살아야지 아마 그랬어요. 지금 아무것도 모르는 상황이어도 그냥 느낌에, 내가 상처 입은 게 우리 아이들 상처다, 그 생각이 들고(참여자 5: 김혜선, 김은하, 2006: 384).

(5) 양육과 엄마로서의 새로운 삶

미혼모가 양육 결정을 하고 자녀를 양육하게 되면 여러 가지 현실적 어려움에 직면하게 된다. 출산으로 인해 건강도 미처 회복되지 않은 상태에서 양육경험도 없고 주변의 도움도 거의 없이 자녀를 양육하는 것은 힘든 일이다. 그리고 경제적 어려움, 주거의 문제, 무책임하게 떠나가는 미혼부로 인한 고통 등 현실적으로 해결해야 하는 일이 산적해 있다. 설상가상으로 원가족과의 관계—양육에 대해 부정적인 반응을 보이거나 자신을 창피해 하여 관계가 소원해지는 등—로 고통받기도 한다(최경화, 2006: 67-80).

그럼에도 불구하고 자녀양육은 미혼모에게 어머니로서의 새로운 삶과 이를 위한 변화의 길이기도 하다. 양육을 결정한 많은 십 대 미혼모는 '힘들지만 아이와 함께라서 행복하다.' 고 느끼고 과거에 비해 '책임감이 강해짐을 느끼거나' '삶의 목표가 더 뚜렷해지고' '자신이 더 가치 있는 사람으로 느껴지는' 등의 긍정적인 변화를 경험하는 것으로 나타났다. 이런 긍정적인 변화는 20~30대

미혼모보다 십 대 미혼모에게서 다소 높게 나타났다(김혜영, 2010: 122).

> 저 또한 아이가 있기 때문에 굉장히 정착이 많이 됐어요. 실제적으로 그게 가장 후회하지 않고 가장 고마운 것은 내가 정착이 되었다는 거, 예전에는 정말로 나쁜 마음도 먹었을 것 같아요. 실제로 그러한 가운데서 아이를 가졌다는 것은 그래서 내가 죽고 싶어도 죽지 못한다는 말을 했던 게 (중략) (참여자 I: 최경화, 2006: 93).

시간이 지나가면서 미혼모는 미혼부에 대한 믿음과 기대를 접고 독립적인 삶을 개척하겠다는 각오를 가지고 아이에게 부끄럽지 않은 어머니가 되기 위해 노력한다. 그래서 미혼모는 자신이 양육미혼모라는 사실을 수용하고 앞으로의 삶에 적극적으로 대처하고 가능하면 원가족과의 관계도 개선해 나간다. 또한 이들은 종교적 지지, 양육미혼모의 자조집단 등의 사회적 지원에 힘을 얻기도 한다.

3. 양육미혼모에 대한 사회적 편견과 차별

가족주의가 강하고 이에 따라 혼인을 기반으로 한 자녀 출산을 중요시해 왔던 우리 사회에서 양육미혼모를 바라보는 사회적 시선은 우호적이지 않다. 최근 양육미혼모에 대한 인식이 서서히 바뀌고 있으며, 드라마나 영화와 같은 대중문화 속에서는 사회적 오명과 당당히 맞서며 미혼모의 길을 선택하는 결단을 내리기도 한다. 대중문화는 그 시대의 사회적 관념과 인식을 투사하는 거울상이면서 동시에 한 걸음 더 나아가 대중의 인식변화를 견인한다는 점에서, 양육미혼모에 대한 인식변화는 고무적이라고 하겠다(이해진, 2014: 60).

그러나 양육미혼모 개개인이 자녀를 양육하면서 경험하는 사회적 편견과 차별은 여전히 심각하다. 자녀가 어릴 때는 원치 않는 관계를 맺지 않을 수 있어서 부정적 시선과 접할 기회를 축소시킬 수 있다. 그러나 자녀가 학령기에 들어가면서 학부모 모임에서 배제를 당하는 등 차별을 경험하기도 한다.

차별 같은 거…, 못 느꼈었는데…, 이번에 초등학교 1학년 모임을 하면서…, 엄마들이 단체 채팅을 하는데 25명인가 해 가지고 분명히 3월, 4월 달 같이 채팅을 하고 그랬거든요. 근데 (중략) 6월 달 지나면서… 우리 공원에 같이 가고 있는데 한 스무 명 모여 있는데, 저한테 카톡을 안 한 거예요. 연락도 전혀 안 한 거예요. 자기네끼리 하다가 저한테 들킨 거예요. (중략) (사례 7: 이해진, 2014 : 70).

어떤 의미에서 양육미혼모는 아이의 출산과 양육에 대한 주위의 반대와 미혼모에 대한 부정적인 사회적 시선에도 불구하고 모성권을 선택하고 이를 지키기 위해 노력한 것이다. "미혼모가 된다는 것은 생각했던 것보다 10배는 힘든 일이다."(이해진, 2014: 72)라는 발언이 시사하는 것처럼, 양육미혼모는 일상 속에서 경제문제, 주거문제, 양육문제 등 여러 가지 현실적 어려움을 극복하면서 살아간다. 최근 사회적 인식과 정책이 변화하면서 이들에 대한 지원도 늘어나고 있는 것은 다행한 일이지만, 미혼모가 자립할 수 있도록 적극적인 지원을 하고, 미혼부에 대한 실효성 있는 법적 양육책임을 제도화하고, 사회적 편견을 개선해 나갈 필요가 있다.

제2절 북한이탈주민 가족

북한을 탈출하여 남한에 입국한 북한이탈주민은 2016년 3월 현재 총 2만 9,137명에 이르고 있다(www.unikorea.go.kr). 2012년 이후 연간 1,400~1,500명 수준으로 다소 감소하였고, 여성이 70%, 20~30대가 58%다(국정감사, 2015. 9. 1., 보고자료: 36). 상대적으로 소수의 북한이탈주민이 입국했던 1993년까지는 개인 단독 남한 입국의 형태가 많았다. 1987년 귀순한 김만철씨 가족 11명의 남한 입국은 당시로는 예외적 상황이었다. 1994년부터 가족동반 입국형태가 나타났고, 1996년 이후부터는 상당수의 북한이탈주민이 가족단위로 남한에 입국하고 있다. 그리고 단독 입국자라 하더라도 이미 남한에 들어와 정착하고 있는 가족이 있는 경우가 많다(김현경, 2010: 47). 특히 주목할 사실은 2000년대 이후에는 생계형 북한이탈주민의 수가 증가함에 따라 탈북 이후 체류환경에 용이하게 적응할 수 있는 여성의 비율이 증가하였다는 점이다. 이러한 탈북여성의 이주는 중국과 한국에서 다양한 가족관계 양상을 만들어 내고 있다. 즉, 이들은 북한에서 탈북하면서 가족해체의 경험을 하였고, 탈북 후 중국을 거쳐 오는 경우 그곳에서 또 다른 형태의 가족을 구성하고, 이후 남한 입국과정에서 중국에서 출생한 자녀들과 또다시 가족해체를 경험하게 된다. 그리고 이들은 한국에서 정착하면서 북한과 중국에 두고 온 자녀들을 한국에 데려오면서 다시 가족을 재구성(재결합)하게 된다(김선화, 2013: 1-2). 이런 북한이탈 과정은 복잡한 가족적응의 이슈를 내재할 수밖에 없다

1. 북한이탈주민, 이주집단으로서의 특수성

한국에서 이주에 대한 연구는 아시아 각국에서의 결혼이주와 경제이주가 본격화된 1990년대 후반 이후 활발히 진행되었다. 한국의 결혼이주와 경제이주는 세계화가 작동되는 맥락에서 이해될 수 있는 반면, 북한이탈주민은 한국이라는 역사적 · 지정학적 특수성을 함축한 이주라는 점에서 차이가 있다. 서구와는 다른 냉전시대의 경험과, 냉전과 탈냉전이 교차하고 있는 남 · 북한 대치상황은 북한이탈주민이라는 특수한 이주집단을 만들어 냈다(김성경, 2011: 2).

북한이탈주민의 이주집단으로서의 특수성은 그들을 지칭하는 용어와 지원하는 정부부서의 변화에서도 살펴볼 수 있다. 과거 탈북자는 '월남귀순용사' 로 일컬어졌다. 1993년 문민정부 출범 이후 더 이상 냉전 이데올로기적 시각으로 규정하지 않고 민족정체성을 강조하는 틀에서 '귀순북한동포' 그리고 1997년부터는 공식적으로 '북한이탈주민' 이라고 부른다. 1997년 개정 공포된 「북한이탈주민의 보호 및 정착지원에 관한 법률」에서는 북한이탈주민을 "북한에 주소 · 직계가족 · 배우자 · 직장 등을 두고 있는 자로서 북한을 벗어난 후 외국의 국적을 취득하지 아니한 자" 로 규정한다. 한편, 북한이탈주민을 지원하는 정부부서의 변화도 이를 반영하고 있다. 이념 대립이 한창이었던 1980년대까지만 해도 국가

보훈처에서 관리하였지만, 1990년 이후에는 보건복지부가 관리하는 생활보호 대상자가 되었고, 2000년대에는 통일부로 주관부서가 바뀌고 "인도주의에 입각하여 특별한 보호를 행하는 것"을 목표로 하고 있다(김성경, 2011: 7).

김성경에 의하면, 북한이탈주민은 다른 다문화가족과는 차별화된다. 북한이탈주민은 외국인이 아닌 우리 '동포'이기 때문에 남한사회에 동화되어야만 하는 대상이지만, 남한과 대치하고 있는 '북한출신'이기 때문에 외국인보다도 더 외계인화(alienating)하는 경향이 있다. 지난 50여 년의 분단으로 인해 북한과 남한은 문화, 언어, 생활양식, 가치, 규범 등 여러 측면에서 이질화되었으나, 이를 '다문화주의' 맥락에서 접근하지 못하고 있다(김성경, 2011: 5-6).

다시 말해서, 북한이탈주민은 점차 '더 나은 미래' '자기 발전을 통한 질 높은 삶' '남한 대중문화 접촉으로 인한 남한사회에 대한 막연한 동경' '좋은 교육환경' 등 경제적이고 미래지향적인 이유에서 북한을 이탈하지만, 이런 탈북동기로만 단순화하면 이해의 폭이 제한적이다. 즉, 많은 수의 북한이탈주민이 경제적 이유로 탈북을 감행한다 하더라도 남북 대치상황과 중국의 강제송환 방침 때문에 이동경로는 극도로 위험하고, 이주과정은 불법적이어서 인권 측면에서 난민적 성격이 강하기 때문이다(김성경, 2011: 6-7).

2. 북한이탈주민의 가족해체와 재구성

1) 북한이탈 과정에서의 가족해체

많은 북한이탈주민은 탈북을 위해 북한에서 가족과 헤어지는 과정을 경험하게 된다. 다행스럽게 가족과 충분히 상의하여 일부가 먼저 탈북하고 이후 잔류가족의 탈북이 이어지는 경우도 있다. 그러나 북한의 심각한 감시와 이에 따른 신변위험으로 인해 가족원에게도 자신의 탈북에 대해서 비밀로 하고 남한에 입국하는 경우도 있다(김선화, 2013: 5-6). 부부간의 금슬이 좋았던 경우에도 아내와 헤어지면서 그리고 다시는 못 볼 수도 있는 고향을 떠나면서도 이를 속여야만 한다. 다음 사례에서 보는 바와 같이 탈북의 위험상황에서 할머니가 손을 놓쳐 사망에 이르는 비인간적인 가족해체가 발생하기도 한다(이덕남, 2013: 206).

한 가족이 두만강을 건너다가 아이가 미끄러지는 바람에 할머니가 손을 놓쳐 둥둥 떠내려 갔어요. 할머니는 떠내려 가면서도 "너희들만이라도 빨리 가라! 어서 가라! 나한테 오지 마라."고 계속 그러더래요. 할머니가 떠내려 가다가 다리 기둥에 걸렸는데 경비대들이 나와서 늙은 게 어디 가냐고 하믄서 발로 차는데 결국 사망했다고 했어요(또순이 아줌마: 이덕남, 2013: 206).

2) 중국에서의 가족해체와 재구성

북한이탈주민의 배우자 국적은 북한 국적인 경우가 많으나, 탈북여성의 경우에는 배우자의 국적이 중국, 북한, 남한의 순으로 나타나고 있다(북한이탈주민지원재단, 2013: 김선희, 2013: 7에서 재인용). 이는 탈북여성이 중국을 거쳐 남한으로 입국하는 탈북과정에서 인신매매 형태로 중국인(한족 및 조선족)과 혼인관계를 유지하면서 체류하기 때문이다. 이와 같이 많은 탈북여성은 궁극적으로 한국으로의 입국을 목표로 하지만 중국에서의 생존과정에서 가족을 구성하고 자녀를 출산하기도 한다.

인신매매단에서 풀렸다고 해도 중국 땅에서는 살아갈 방법이 여자들은 많지 않기 때문에 매춘부로 일을 하게 되거나 가난한 중국남자와 결혼을 선택하는 길 밖에 없어요(또순이 아줌마; 이덕남, 2013: 207).

고난의 행군시기에 사는 게 너무 바빠서 힘들게 지냈는데, 친척이 아는 사람 집에 가서 돈을 빌려준다고 해서 따라 나섰는데, 거기가 중국이었어요, 나중에 알게 된 거죠. 거기서 두 번이나 팔려 나갔어요. 그때는 중국이 어딘지도 몰랐었는데…. 처음 사람이랑은 너무 맞지 않아서 두 번이나 도망쳐서 겨우 빠져나왔어요. 두 번째 사람을 만나서 아이를 낳았어요(여성 11: 김선화, 2013: 8).

북한이탈주민은 중국에서 불법체류하고 있는 것이며, 신고하면 포상해 주고 승진시켜 주는 혜택이 있다는 점에서 사냥의 먹이감과 같은 처지에 놓여 있다.

이들은 강제송환되어 자신의 신분이 탄로 나면 북한에 있는 가족에게 피해가 될 것을 우려하여 죽음을 선택하는 길밖에 없다고 생각하기도 한다. 또는 북한으로 송환되었다가 다시 희망의 끈을 놓지 않고 탈출하기도 한다(이덕남 2013: 207). 이렇게 탈북여성이 중국에서 일정 기간 체류하면서 가족을 구성하였다가 한국에 입국하기 때문에 가족 구성에 있어서 다문화적 특성이 강화된다. 즉, 일부 탈북여성은 북한에서 구성한 가족에서 출산한 자녀뿐 아니라 중국에서 구성한 가족에서 출산한 자녀가 있기 때문이다.

3) 한국 정착 후의 가족해체와 재구성

탈북을 하거나 혹은 북한으로 환송되었다가 재차 탈북한 북한이탈주민은 신변에 대한 불안으로 한국행을 감행한다. 북한이탈주민에게 한국행은 더 이상 배고프지 않아도 되고, 신고당해 북송될 염려가 없는 곳에서 자유를 누리면서 살 수 있는 기회다(이덕남, 2013: 209). 그러나 안타깝게도 이들에게 북한은 더 이상 돌아갈 수 없는 곳이 된다. 남한에 입국하면서 이들은 북한이나 중국에 있는 가족을 데리고 와서 재결합하기도 한다. 또한 일부 북한이탈주민은 남한에서 만난 북한이탈주민끼리 임시동거를 하거나 사실혼관계를 이루어 살기도 한다. 그리하여 탈북여성은 북한의 자녀, 중국에 체류하면서 낳은 자녀, 배우자 등으로 재구성된 복합적인 가족형태를 이루기도 한다.

3. 북한이탈주민 가족의 적응이슈

일부 북한이탈주민은 한국에 정착하기까지 복잡한 경로를 거치면서 가족이 해체되고 재결합 또는 재구성되는 과정을 거치게 되고, 이에 따라 적응이슈도 그만큼 복잡해진다.

1) 북한이탈주민 가족의 남한에서의 정착 경험

북한이탈주민은 남한사회에서 정착하는 과정에서 경제적 문제, 건강 · 의료문제, 교육문제, 정신건강문제, 사회문화적 측면에서의 어려움 등 다양한 문제에 적응해야 한다. 김성경은 인류학적 연구방법을 활용하여 A씨 북한이탈가족의 대화와 행동을 관찰하였다. A씨 가족은 중국과 북한을 오가면서 밀수를 해서 자본주의 사회에 대한 이해가 많은 편이었다. 그는 남한사회의 자본주의 구조를 탐색하면서 직장을 구하고 임금이 적정한 수준인지를 확인하고 이에 적합한 주거지를 선정하는 등 남한의 자본주의에 적응하는 모습을 보여 준다.

> "야(부인)는 일 못해요. 몸이 안 좋거든요. 내가 일을 빨리 해야 해요. 베어링 공장…, 들어 봤어요? 저 거기 하나원에서 면접 봐서 됐거든요. 120만 원 준다고 하던데…. 그 정도면 어떤 건가요? (중략) 하나원에서 다들 서울로 배정받고 싶어 하는데, 사실 내가 하나원에서 반장해서 전입하는 지역을 고를 수 있었거든요. 그런데 난 서울 안 가고 부천으로 온다고 했어요. 왜냐면 중소기업…, 중소기업 그것 때문에요. 중소기업이 많으니까 직장 구하기 쉬울 것 같아서요."(2011년 4월 A씨 전언: 김성경, 2011: 12).

이 사례는 외면적으로 잘 적응하는 것으로 보이지만 남한사회의 낯선 환경에 적응하는 데는 어려움이 따르지 않을 수 없다. 이런 생소함은 일상생활의 작은 사건이나 신체반응으로 나타나기도 한다. A씨 가족은 차멀미를 심하게 하는 것, 남한의 음식을 먹지 못하는 것, 소외감과 외로움 때문에 나타나는 두통 및 스트레스성 증상 등으로 표현하였다. 사회문화적 환경의 괴리감은 큰 건물과 같은 혼잡한 곳에서 극대화된다. 쇼핑몰이나 사람들이 많이 모이는 공간에서 부부는 어리둥절해 하거나 정신을 차리기 어렵다고 호소하는 반면, 사람들이 상대적으로 적은 동네 재래시장이나 가족들만 있는 집안 공간에서는 안정감을 느꼈다. 그러나 시간이 지나고 경험이 늘어나면서, 이들은 나름의 극복방법을 모색한다. 예를 들어, 주변 남한사람이나 드라마를 관찰하고 이를 모방하는 전략을 사용하기도 한다. 그리고 시간이 지나면서, 달고 기름지다던 남한음식 취향으로 바뀌고 입에도 대지 않았던 커피도 식사 후 꼭 마셔야 한다. 또한 이들은 '남한 말투'를 흉내 내려고 노력하거나 북한 억양을 드러내지 않기 위해 작은 소리로 말을 하기도 한다(김성경, 2011: 13-14).

> "오늘 아침에 ○○이 친구들이 왔는데 어무이는 그래도 비슷하게 남한 말 하는데 아부지는 남한 말 하는 게 어색하다고 말하지 말라고 야(아이)가 그러는 거예요. 내 웃겨서… (2001년 5월 A씨 아내: 김성경, 2011: 14).

하나원 퇴소 이후 약 8개월이 지난 지금 A씨 가족은 나름의 방식으로 일상세계를 구성해 가고 있다. 여러 번 직장을 옮기기는 했지만 A씨는 경제활동을 하고 있고, 부인에게 나타났던 불안감을 동반한 신체증상도 완화되었다. 아이의 경우 북한에서 왔다고 놀려서 가슴앓이를 하기는 했지만 점차 학교생활에 적응하고 있다. 최근에는 정부에서 나온 지원금과 A씨가 한 달 동안 가구점에서 일한 임금을 합하여 침대, 소파, 책상, 장 등 가구를 장만하였는데, 가구를 들여 놓고 나니 이제 이곳이 내가 살 곳이라는 생각이 든다고 기뻐하였다. 그전에는 계속 떠돌아다니는 느낌이었는데, 이제는 내 삶이 이곳에 있다는 생각이 든다고 하였다. 김성경에 의하면, 이렇게 구성된 일상과 일상의 공간을 통해서 이들은 점차적으로 존재론적 안정감을 찾으면서 남한사회에 정착해 나간다. 무엇보다도 이들은 남한사회에 무조건 적응하는 수동적 존재가 아니라 점 그리고 적응과정에서 남한사회에도 변화를 가져온다는 점에도 주목해야 할 것이다(김성경, 2011: 16).

2) 떨어져 있는 가족에 대한 부양과 재결합

북한이탈주민이 한국에 입국하는 과정에서 가족과 분리되었지만, 가족으로서의 심리적 유대와 책임감이 사라진 것은 아니다. 북한이탈주민은 한국에 정착하면서 힘이 닿는 대로 북한에 남아 있는 가족과 연락을 취하고, 그들을 돕기 위해 경제적인 지원을 하고, 장기적으로 이들을 남한으로 데려오기 위해 노력한다. 최근에 입국하는 북한이탈주민의 상당수는 한국에 이미 정착해 있는 가족이 있어, 탈북을 계기로 해체된 가족이 남한에서 재결합하는 경우가 증가하고 있다. 이들이 물리적으로 가족과 합류하는 것은 커다란 위험이 따르지만, 재결합하고 나서도 여러 어려움에 직면한다. 예를 들어, 부모와 떨어져 있는 동안 자녀는 신체적 · 정신적 위험에 처해 있을 뿐 아니라, 외로움, 분노, 슬픔, 버림받았다는 서러운 감정 등 복합적인 정서를 가지게 된다. 반면, 부모는 자녀를 데려오기 위해 희생하였으나 자녀가 이에 대해 감사하지 않거나, 부모가 기대한 것과 다른 모습을 대하게 될 때, 또는 다시 만난 자녀가 통제가 되지 않을 때 힘들어한다.

탈북여성이 중국에 체류하면서 중국인과 가족을 형성하고 자녀를 출산하였을 경우에는 또 다른 과제에 직면하게 된다. 이들은 남한에 정착하면서 국제결혼의 형태로 배우자와 자녀를 데려온다. 그러나 중국에 체류하면서 중국인 배우자에게 심한 가정폭력을 당했던 경우, 배우자 초청문제를 놓고 갈등한다. 그리고 한국에 초청한 후 탈북여성은 적극적으로 경제활동을 하는 데 비해 중국배우자는 언어소통의 어려움 등으로 아내에게 경제적으로 의존하기도 한다. 탈북여성이 중국출신의 배우자와 자녀와 함께 남한에서 생활할 경우 가족 내에서 문화적 갈등을 겪기도 한다. 또한 중국에서 태어나서 일정 기간 성장한 자녀는 떨어져 사는 동안 심리정서적 불안이 형성되기도 하고, 한국사회에서 언어 및 문화적응의 어려움을 가지며, 양육과 교육에서의 차별과 편견을 경험하기도 한다.

> 내가 먼저 한국에 입국한 후에, 남편과 아이를 데려올 생각을 했었어요. 그런데 남편이 빚도 많고 함께 사는 동안 많은 무시를 받으면서 살았기 때문에 한국에 들어온 이후 생각이 바뀌어서 아이만 데려왔어요. 남편이 많이 반대했지만, 결국 아이를 데려오게 되었는데, 남편이 우리 딸한테는 엄마는 너를 버리고 갔다고 말을 했고, 한참 자랄 무렵에 내가 아이를 두고 왔기 때문에 우리 아이는 정서적으로 좀 불안해 보여요(여성 1: 김선화, 2013: 11).

4. 북한이탈주민 가족 지원 및 이의 과제

북한이탈주민은 일반 다문화가족과는 다른 특수한 위치에 있으므로 통일부,

하나원, 북한이탈주민지원지역협의회 등을 중심으로 지원이 이루어지고 있다(김현경, 2010: 48-49). 북한이탈주민을 대상으로 다양한 서비스가 제공되고 있으나, 이들에 대한 상담 효과가 긍정적이지만은 않다는 보고도 있다. 상담자의 역량문제, 프로그램이나 서비스의 부족 등의 전달체계와 전문인력의 문제에서 그 원인을 찾을 수도 있겠으나, 북한이탈주민에 대한 이해가 선행되어야 할 것으로 보인다. 김현경은 북한이탈주민의 자기해결적 성향이 도움을 요청하는 데 장애요인으로 작용한다고 지적한다. 즉, 상호 감시 비판의 북한문화, 탈북상황, 제3국 체류기간의 차별대우, 지지체계의 미약, 은신생활을 겪으면서 자기해결적 성향이 강화된다는 것이다(김현경, 2010: 52).

북한에서부터 습관입니다. 부모-자식 간에도 서로 감시하게끔 교육받았고 주 생활총화라고 해서 자체총화와 호상 간(상호 간) 비판을 일주일에도 몇 번씩 하면서 자랐기 때문에 사람 조심, 입 조심 하라는 이야기를 많이 들으며 살았습니다. 내 문제는 내가 결정하고, 결심하고, 나 자신이 나를 믿고 모든 것을 결정해야 한다고 생각합니다. 그래서인지 지금도 사람이 많이 모이는 장소가 싫고 소심성이 많아졌습니다(여, 38세 중국체류기간 7년: 김현경, 2010: 54).

혼자서 북한을 떠나 제3국에서 3년 이상을 지냈습니다. 중국에서 살면서 항상 불안감과 공포감 등에 시달리고 보니 정신적으로 아주 예민해지고 또 육체적으로는 떳떳하지 못하다 보니 남한테 자연히 기가 죽고 소심해지게 되었습니다. 저는 문제가 생기거나 어려움이 있을 때 의논할 사람이 아무도 없었습니다. 내 문제를 다른 사람에게 털어놓게 되면 약점이 잡힐 것 같고 또 남한테 얘기하면 북한여자이기 때문에 그럴 것이라고 말할 것 같아서 내 문제는 내가 해결해야 한다고 생각하게 되었습니다. 북한을 탈출하고 나서 1년 정도 지났을 때부터 이런 생각이 굳어진 것 같습니다(여, 35세 중국 체류기간 3년 7개월: 김현경, 2010: 54).

이런 맥락에서 북한이탈주민 가족에 대한 상담과 서비스는 이들의 상황과 특수성을 이해하고 신뢰를 바탕으로 제공되어야 할 것이다. 예를 들어, 북한에서는 흔히 감정표현에도 북한 사회의 사회정치생활과 결부된 가치판단이 작용한다. 이에 익숙한 북한이탈주민은 집단상담 과정에서 자신을 너무 노출시키고 나서 강한 불안이나 혼란을 경험하기도 한다. 나아가서 다문화가족의 사회통합에는 쌍방적인 노력이 필요한 것과 같은 맥락에서 북한이탈주민 가족과 지역사회 주민과의 통합에도 쌍방적인 노력이 필요하다.

제3절 동성애가족

영화 〈블러바드(Boulevard)〉(2015년 개봉)는 미국배우 로빈 윌리엄스의 생애 마지막 작품이자 동성애를 그린 작품이다. 26년 동안 은행원으로 일한 놀란(로빈 윌리엄스)은 친절하고 좋은 사람이며 결혼하여 부인과 평온한 삶을 살고 있다. "괜찮아요? 나 때문에 누가 다치는 건 싫은데."라는 말은 그의 좌우명에 가깝다. 은행지점장 승진 기회도 부인과의 크루즈 여행 얘기에도 별 감흥 없이 사람 좋은 웃음만 짓는다. 뇌졸중으로 쓰러져 죽어 가는 아버지를 만나고 돌아오다가 남자에게 몸을 파는 낯선 블러바드에서 갑자기 유턴을 하면서 인생에 변화가 시작된다. 열두 살 여름, 놀란은 자신이 게이라는 것을 깨달았지만 그 사실을 인정하거나 밝힐 수 없어 결혼도 하고 남들처럼 살아왔다. 이 영화에서 60세의 놀란은 우여곡절 끝에 부인과 헤어지고 더 이상 평온하지 않지만 그가 원하는 게이로서의 삶을 시작한다(남은주, 2014. 8. 11.). '진짜 원하는 삶을 살 수 있을까?'라고 질문하는 이 영화는 동성애자로서의 삶의 길을 선택하는 어려움을 보여 주고 있다.

우리 사회에서는 1990년대 이후 성소수자로서 동성애에 대한 논의가 시작되었다. 1993년 국내 최초의 레즈비언·게이 모임인 '초동회'가 결성되었고, 2004년 퀴어문화축제에서 '한국에서 동성 결혼은 가능한가' 토론회가 최초로 개최되었고, 한국게이인권운동단체 '친구사이'는 2006년 동성애자 가족 구성권 보장을 위한 프로젝트를 전개하였다. 또한 2013년 김조광수-김승환 커플의 공개 결혼식과 혼인신고 불수리 불복 소송제기가 동성애가족에 대한 대중적 공론화를 촉발하였다(한빛나, 2015: 3, 23).

아직까지 동성애가족에 대한 관심은 사회복지학에서조차 찾아보기 쉽지 않고, 여성학에서 조금 연구되고 있을 뿐이다. 역사적으로 사회복지사와 사회복지실천은 항상 소수자에게 관심을 가져왔다는 점에서 동성애가족의 아픔과 그들이 하나의 가족으로 자리매김하려는 도전에도 관심을 가져야 할 것이다.

1. 동성애에 대한 대중의 인식

가족의 다양성은 현대사회의 특징의 하나라고 할 만큼 오늘날 다양한 형태의 가족이 공존하면서 살아가고 있다. 그중에서 동성애가족만큼 사회적으로 논란이 격렬한 가족은 드물다. 2010년 반영된 SBS 주말연속극 〈인생은 아름다워〉는 평범한 생활인으로서의 동성애자 및 동성애 커플의 일상을 직접적으로 드러내는 첫 공중파 드라마로서 상당한 사회적 반향을 낳았다(한빛나, 2015: 3). 우주현과 김순남은 게시판에 드러난 찬반 논쟁을 분석하였는데 이는 일반 대중의 동성애와 동성애가족에 대한 인식을 반영하고 있다는 점에서 흥미롭다. 대표적인 찬반 논의를 살펴보면 다음과 같다(우주현, 김순남, 2012: 71-112).

"남자끼리, 여자끼리 결혼하면 어떻게 자녀를 낳겠습니까? 동성부부가 아이를 입양하여 기른다고 하지만 남자엄마 밑에서 자란 아이들이 과연 행복하겠습니까?" 이는 '동성애허용법안반대국민연합' 이 〈인생은 아름다워〉가 동성애를 조장하고 있다면서 조선일보에 게재한 광고문구다. 우주현과 김순남은 이 광고문구가 남자엄마 밑에서 자란 아이들이 행복할 수 있겠느냐고 다그치면서 아이들의 행복을 박탈하는 '동성부부' 에 함께 맞서기를 요구한다고 해석한다(우주현, 김순남, 2012: 77-78). 서구사회에서도 이런 유사한 일이 발생하였다. 1981년 〈제니는 에릭, 그리고 마틴과 함께 살고 있어요〉라는 동화책이 덴마크에서 출판되었고, 1983년 영국에서 영어로 번역되었는데 동성애를 다룬 최초의 영어 동화책으로 알려져 있다. 다섯 살 제니가 아빠와 그의 남자친구 에릭과 함께 침대

위에서 아침을 먹는 사진을 "두 퀴어들과 함께 침대에 있는 제니"(Sunday Mirror, 1986. 5. 4)라고 비판하고, 동성애 관계를 행복한 가족관계로 사칭하고 조장함으로써 "아이들을 불행한 동성애자로 만드는 것"을 방지하기 위해 「지방정부법」 제28조를 통과시켰다(우주현, 김순남, 2013: 84-85). 이 두 사건은 동성애라는 불행을 추구할 수 있는 취약한 우리 아이들을 보호한다는 정당성을 바탕으로 하고 있다(우주현, 김순남, 2012: 86). 덧붙여 "동성애자의 삶이 결코 행복하지 않기에 동성애를 계속하도록 내버려 두는 것은 진정한 사랑이라고 보기 어렵다."라는 논지는 동성애자에게 반대하는 것 그리고 그들에게 '돌을 던지는' 것이 진정한 사랑에서 비롯된 것이라고 정당화한다(우주현, 김순남, 2012: 87-89).

반면, 동성애의 행복할 권리를 주장하는 근거로서, '타인에 의해 동성애자가 된 사람'이 없다고 그리고 동성애는 '타고나는 것'이라고 호소하고 변호한다. 그러나 이는 동성애의 행복할 권리를 당연시하고 인정하는 것과는 다소 거리가 있다.

> 제가 선택한 게 아닙니다. 제 이름이며, 제 얼굴이며, 제 성격이며, 제가 동성애자인 것도 이렇게 태어나고 싶었던 것도 아닙니다. (중략) 동성애는 치료받아야 할 병이라구요? 치료할 수만 있다면 치료하고 싶습니다. 이성애자가 되는 약이 있다면 얼마가 됐든 살 겁니다(A48, 04: 우주현, 김순남, 2012: 100-101).

2. 동성애를 둘러싼 학문적 논쟁

대중에게 동성애의 찬반논쟁이 뜨거운 것처럼, 학문적으로도 동성애에 대한 논쟁은 쉽게 결론에 도달하지 못하고 있다. 그 논쟁에는 역사학, 인류학, 심리학, 정신병리학, 생물학, 법학 그리고 종교적 차원의 논거까지 동원되고 있다. 여기에서는 한채윤이 정리한 내용을 중심으로 소개하고자 한다(한채윤, 2002: 290-293).

• **결혼의 정의(민족학적) 측면–결혼은 남자와 여자가 서로 부부관계를 맺는 것이다.**

결혼은 역사적으로 볼 때 남녀 간의 결합이므로, 동성혼을 인정하면 결혼제도가 뿌리채 흔들릴 수 있다는 것이 반대파의 주장이다. 그러나 역사적으로 보면 결혼이 남녀 간 일부일처제였던 것은 근대 서구사회에서일 뿐, 일처다부혼, 망령결혼, 동성혼 등 다양한 결혼형태가 있었으므로 동성애결혼을 허용한다고 해서 결혼제도의 붕괴나 사회의 혼란으로 이어지지는 않을 것이다.

• **생물학적 측면– 남녀 간의 육체적 결합을 통해 종족보존을 하는 것이 본능이다.**

동성애는 종족번식에 기여하지 못한다는 것이 반대파의 주장이다. 즉, 결혼은 사회의 근간이 되는 가족을 생성하는 통로로서, 부부와 자녀들이 안정된 생활을 해 나가도록 보호하는 합법적 제도라는 것이다. 그러나 오늘날 이성애자도 반드시 생식을 위해서 결혼하는 것은 아니며 과학의 발전으로 동성애가족도 자녀를 얻을 수 있다는 것이 옹호론자의 주장이다.

• **심리학적 측면–동성애는 정신적 · 심리적으로 건강한 상태가 아니다.**

동성애는 일종의 심리장애이며 동성애자는 정신적인 결함이 있는 것이므로 인도적 차원에서 치료하고 정상적으로 생활하도록 배려할 수 있다. 그러나 결혼을 인정하면 동성애자가 늘어나게 될 것이므로 인류에게 유익하지 않다는 것이 반대론자의 주장이다. 그러나 1973년 미국 정신의학회는 동성애를 정신질환에서 제외시켰다.

• **종교적 측면– 하나님은 동성애를 금지시키셨다.**

전세계 기독교인의 정신적 지주인 교황청은 낙태, 이혼과 함께 동성애가 가족을 붕괴시키고 있으며, 동성애는 창조주의 뜻에 반하고 있다는 성명을 매년 발표한다. 종교적 신념에 대한 반론은 쉽지 않지만, 옹호론자는 동성애에 대한 반대가 모든 인간은 평등하며 서로 사랑하라는 근본적 가르침에 위배되지 않는지 고려해 봐야 할 것이라고 제기한다.

• **입양의 권리 측면-아이는 정상적인 가정에서 자랄 권리가 있다.**

동성애자끼리 사랑하는 건 어쩔 수 없다 해도, 아이의 균형적인 심리발달과 올바른 성역할의 학습에 부적합하므로 동성애자에게 입양이나 인공수정 등을 허용해서는 안 된다는 논리다. 그러나 동성애자가 아이의 성적 성향이나 정신건강에 영향을 미치지 않는다는 것이 미국정신분석협회의 공식입장이다.

3. 동성애 동거 커플의 가족실천

1990년대 이래 제도로서의 가족과는 달리, 실제 사람들이 가족으로서의 삶을 수행하는 방식의 의미에서 '가족실천(family practice)' 혹은 '가족하기(doing family)' 의 개념화가 이루어졌다(Morgran, 1999: 16: 한빛나, 2015: 7에서 재인용). 이는 가족을 이에 참여하는 행위자들에 의해 의미가 만들어지는 주관적이고 관계적인 상호작용의 집합으로 이해하는 것이다. 스테이시(Stacy, 1996, 2003)는 이성애 관계와 가족관계에서의 규범적 제도와 관습으로부터 '자유롭기' 때문에, 동성애 관계는 친밀한 헌신의 목적과 의미를 더 진지하게 성찰하는 경향이 있으며, 동성애자가 만드는 가족은 모호성, 다양성, 모순, 자기성찰 그리고 유동성의 특징과 함께 포스트모던 가족의 선봉에 있다고 평가한다(한빛나, 2015: 9에서 재인용). 그러나 동성애가 보다 용인되는 서구사회에서도 동성애자는 흔히 '타락한' 것으로 간주되거나 혐오와 공포의 대상이 되는 경향이 있다. 더욱이 한국사회에서 동성애는 가족을 해체하는 비정상적 관계로 차별받으며, 이에 따라 경제적인 독립의 어려움, 공적인 공간에서의 배제와 삶의 모델의 부재 등 어려움에 직면한다(김순남, 2013: 93).

1) 동성애자로서의 정체성[1]과 선택

동성애자가 성정체성을 결정하는 데는 개인차가 존재해서, 크게 혼란이나 갈등

1) 동성애자 정체성 구성이론은 혼란-비교-용인-수용-긍정-통합의 여섯 가지 과정으로 설명되는데, 이 책에서는 가족을 초점으로 하므로 포함시키지 않았다(윤가현, 1997: 한빛나 2015: 24에서 재인용).

없이 자신의 동성애적 정체성을 수용하기도 하고 많은 갈등을 겪기도 한다. 예를 들어, 한빛나의 연구에 나오는 사례는 30대 중반에 게이 인권운동단체 활동에 참여하기 전까지는 내내 '벽장 안'에 있었다고 기억한다. 벽장 안에 있다는 것은 자신의 성소수자 정체성을 외부로 드러내지 않고 은폐하는 상태를 의미한다. 외적으로는 전문직에 종사하는 모범생으로 보이지만 내적으로는 우울하고 절망하며 '과연 내가 앞으로 어떻게 살 수 있을까' 하는 갈등이 심했다고 한다(한빛나, 2015: 25).

동성애자로서의 삶을 선택한다고 하더라도 그 삶은 녹록지 않은 경우가 많다. "잘 나가는 엘(레즈비언의 약자)들이 있어요?"라는 동성애자의 질문은 사회적 위치의 불안정성을 반영해 준다. 물론 안정된 전문직 직업과 경제적 능력을 가진 동성애자도 있고 이들은 끼리끼리 문화에 소속되어 살아간다. 그러나 커밍아웃하지 못하는 동성애자가 경험하는 경제적인 자립의 어려움과 관계망의 부재에 대해 회자되는 이야기는 루머인지 실제 이야기인지 파악하기 힘들다(김순남, 2013: 96-101).

우리 저기 칠십 대 먹은 사람들이 옥탑방에서 홀로 지내는 사람들이 그렇게 많단다. (중략) 힘들어서 못하니까 동료끼리 한방에서 같이 사는 사람들이 그렇게 많대. 늙은이들이 한 칠십 먹은 대선배들이 그렇게 외롭게 죽어 가는 사람이 그렇게 많단다(L8, 진영: 김순남, 2013: 97).

2) 결혼적령기의 선택

결혼적령기에 이성과 결혼하는 것이 당연한 규범으로 여겨지는 사회에서 동성애자는 개인적 상황이나 성향에 따라 여러 가지 방법을 선택한다. 동성애자에 따라 동성애 정체성을 받아들인 이후로 결혼에 대해 부정적인 시각을 가지고 주변 사람들에게 혼자 살 것이라고 못을 박아 두기도 한다. 이들은 결혼과 거리를 두고 동성애자로서의 삶을 살아가기 위해 '상경'이나 '이동'을 통해 자립공간의 확보를 위해 노력한다. 예를 들어, 어렸을 때는 보수적인 집에서 자랐지만,

대학진학 이후 자취를 하고 오랫동안 떨어져 지내면서 원가족과 너무 얽히지 않고 각자 잘 지내는 선에서 왕래를 한다. 이런 자립공간의 확보는 새로운 환경에서 보다 자유롭게 동성과의 교제를 시작하고 유지하는 데 도움이 된다. 그러나 양성애자 정체성을 가진 경우에는 결혼적령기에 '안정적인 삶'과 결혼을 고민하다가 동성애자로서의 삶을 결정하고 자신의 정체성을 확인하기도 한다.

이전에는, 어쩌면 결국은 남자랑 결혼을 해야 될지도 모르겠다는 생각을 굉장히 많이 했었어요. 어떻게 우리나라에서 여자 둘이서 살까, 여자는 경제권도 낮잖아요. 그런데 어느 순간에, 정신없이 생각을 하다 보니까, 왜 내가 남자를 만나서 살아야지만 한국에서 편안하게 살 수 있다는 생각을 하고 있지 하는 생각이 들더라고요. 내가 스스로 혼자도 살 수 있을 만큼 굳건하면 그거는 누가 옆에 있어서의 문제가 아니지 않나, 그걸 알게 되니까, 아 이제 더 이상 남자나 결혼에 대해서는 생각 안 해도 되겠구나 깨달았고. 그때부터 아 그러면 확실히 나는 이쪽이구나라고 정체화를 한 거예요(한지혜: 한빛나, 2015: 28).

때로 동성애자는 이성애 결혼을 한다. 실험적인 시도인 경우도 있고, 등 떠밀려서 결혼을 하기도 하고 위장전술로 결혼을 선택하기도 한다. 예를 들어, 한 사례는 청소년기부터 레즈비언 정체성을 수용하고 여성과 교제를 해 왔지만 부모에게 들켰다. 평범한 생활을 요구하는 부모님 압력에 남성과 교제를 하고 결혼까지 이르렀다. 결혼생활을 3년가량 하였고 자녀도 한 명 있었지만 결국 본인의 성향에 맞춰서 제자리로 돌아오게 되었다. 이 과정에서 부모도 '정 그렇다면 어쩌겠니'라며 딸의 동성애자 정체성과 파트너와의 관계를 인정하고 딸이 인공수정으로 자녀를 낳도록 허용하였다(한빛나, 2015: 30-31).

어떤 계기를 통해 동성애 정체성을 확고히 하는 사람도 있으나 평범한 길로 전향하는 사람도 있다. 이들의 선택에 대한 이해는 동성애자로서의 자신의 정체성을 유지하고 살아온 삶이 힘겨운 세월이었음을 보여 준다. 54세 레즈비언 영진은 다음과 같이 말한다.

중간중간에도 수도 없이 많은 사람들이 있었어, 친구들도. 명희라는 애도 있었고. 진해라는 애는 2년 전엔가 죽었고, 잠실에 살다 죽었고. 그 나머지들은 다 중간에 사라져서 연락이 끊겼어. 그전에는 시집 갔나 보다 원망도 하고 이렇게 얘기를 했잖아. 지금은 조금은 그런 부분을 이해를 해. 얼마나 걔네들이 힘들었으면 그래 평범한 길을 갔을까 싶고(L1, 영진: 김순남, 2013: 103-104).

3) 동거하기

동성애 커플은 관계가 발전되면서 동거를 하게 된다. 처음에는 연애의 연장선에서 동거가 시작되더라도 기간이 장기화되고 관계가 발전되면 가족으로서의 관계가 형성된다.

일반적으로 사회에서 결혼이라고 하면 사실은 가족과의 만남과 제도적인 뒷받침이 있는데 우리는 결혼이 안 되는 사이니까. 제도적으로 아무것도 없으니까 (중략) 같이 살고도 한 1년 정도까지는, 그냥 애인? 남들 부르는 애인이랬는데, 그때는 많이 싸웠어요. 성격도 차이가 많고, 서로의 고집이 있다 보니까, 근데 그걸 넘어서니까, 이 사람은 내 배우자다 싶은 그런 여유가 되니까, 이제는 배우자라고 해요. (중략) 결국 마음가짐 같아요. 애인일 때 그 사람을 바라보는 마음이랑, 가족 말마따나 식구라고 할 때 그 사람을 바라보는 마음가짐이 틀려질 수 있으니까, 제가 원가족 형제들이 있고 중요하긴 하지만 결국 이 사람이 형제들보다 더 중요한 사람이다, 그래서 가족, 식구이고(하수철: 한빛나, 2015: 35).

4) 동성애 커플의 가족실천

결혼이라는 법제도적 기반을 가진 이성애 가족에 비해, 동성애 동거 커플의 일상적인 가족실천은 일종의 공백상태에서 끊임없는 역동과 협상을 통해 만들어진다. 동성애 동거 관계에서는 주 생계부양자가 남성이고 보조 생계부양자 혹은 가사노동 전담자가 여성이라는 성역할 기대가 존재하지 않는다. 이에 따라 동성애 커플은 가사노동과 경제적 자원의 운영을 개별적으로 협상하는 실용주의적 실천을 해 나간다. 그리고 동성애 동거 커플은 원가족과 친족과의 관계에서도 선별적으로 커밍아웃을 조절하면서, 가족관계를 인정받는 것과 가족생활을 안전하게 지키는 것을 선택한다. 때로 동성애 동거 커플은 '부부' 로서의 정체성을 확증하고 이를 기존 관계망에 표명하고 자리매김하기 위해 결혼식의 의례를 실천하기도 한다(한빛나, 2015: 85-87).

마지막으로 일부 동성애자는 애인 유무에 상관없이 자신의 노후에 공동체를 꾸리거나, 친구와 함께하는 삶을 상상한다. 흔히 일반 사회에서 배제되고 차별받는 동성애자에게 있어서 그들의 관계망이나 커뮤니티는 또 하나의 확대된 가족으로 기능하는 것으로 보인다.

> 소중한 사람들이요? 아, 지금 물론 같이 살고 있는 사람(애인)이 제일 소중하죠. (중략) 다 소중한데요. 어, 지금 이제 소중한 것을 떠나서 제가 맺고 있는 관계 중에 잃어버리면 안 될 것 같은 관계는 지금 커뮤니티 형들하고는 이제 좀 떨어지면 안 될 것 같아요. 같이 가야 제가 힘을 받아서 살 수 있을 것 같거든요. 저한테는 아주 중요한 부분이죠(G3, 준서: 김순남, 2013: 117).

이와 같이 동성애가족은 가족으로서의 모델이 없는 상태에서 새로운 삶의 방식과 관계 맺기를 실험하고 있다. 김순남에 의하면, 이들의 이야기는 귀 기울여 듣지 않기에 들리지 않는 것이며, 공유하려 하지 않기에 계속적으로 묻혀지고 있을 뿐이다(김순남, 2013: 120). 동성애가족은 개인적 차원에서 납득하기 어렵고 수용하기 어려운 가족일 수 있다. 그러나 사회복지실천의 관점에서는 개인적으로 우리가 수용할 수 없다는 것이 차별과 배제를 정당화하는 것은 아니다.

부 록

가족강점척도

가족강점척도

튼튼한 가족의 특성은 여섯 가지 범주로 나누어 볼 수 있다. 각 문항의 내용을 자기 가족이 가진 '강점(strenth)'으로 여긴다면 S자를, 앞으로 더욱 '성장(growth)' 시켜 나가야 한다고 여긴다면 G자를 왼쪽번호 옆에 적는다. 특정 문항의 내용을 자기 가족에게 적용시킬 수 없거나 중요하지 않다고 여긴다면 NA(not applicable)라고 적는다.

이 척도를 통해 평가해 봄으로써, 가족의 성장과 긍정적 변화를 촉진할 수 있는 가족강점을 발견할 수 있을 것이다.

평가도구

헌신

1. ______ 우리 가족은 '항상 함께' 한다.
2. ______ 부부관계를 우리 가족의 핵이라 여기고 성장시키려 한다.
3. ______ 우리 부부는 서로 성적으로 충실하게 대한다.
4. ______ 우리는 서로를 소중한 사람으로 여기고 서로에게 가치를 부여한다.
5. ______ 우리는 서로를 배려하고 돕는다.
6. ______ 우리는 가족공통의 목표를 세우며 산다.
7. ______ 우리는 직장을 포함한 바깥활동보다 가족에게 우선을 둔다.
8. ______ 우리는 서로 정직하다.

9. ______ 우리는 좋은 가족전통을 만들어 가려고 한다.
10. ______ 우리는 필요할 때 서로 인내할 줄 안다.
11. ______ 우리는 서로 무조건적인 사랑을 한다.
12. ______ 우리는 서로 의지하며 산다.
13. ______ 우리는 가족을 위해 희생할 줄 안다.
14. ______ 가족에 대한 전반적인 헌신의 정도는 S인가? G인가?

고마움과 애정표현

15. ______ 우리는 서로 고마움을 표현할 줄 안다.
16. ______ 우리는 서로에게 깊고 진정한 애정을 느낀다.
17. ______ 우리는 서로 심한 비판을 하지 않는다.
18. ______ 우리는 긍정적으로 말한다.
19. ______ 우리는 서로 상대방이 잘한 일을 인정해 준다.
20. ______ 우리는 서로 상대방의 좋은 점을 볼 줄 안다.
21. ______ 우리는 서로(다이아몬드를 캐듯이) 좋은 점을 찾으려고 애쓴다.
22. ______ 우리는 진지하게 감사나 고마움을 표할 줄 안다.
23. ______ 우리는 집에서나 남에게나 예의바르고 정중하다.
24. ______ 우리는 상대방에게 빈정대거나 상대방을 깎아내리지 않는다.
25. ______ 우리는 긍정적인 유머를 많이 사용한다(상대방을 당황하게 하거나 상처주는 일이 없는 농담).
26. ______ 우리는 칭찬이나 찬사를 고맙게 받아들인다.
27. ______ 우리는 가정을 즐거운 보금자리로 만들려고 한다.
28. ______ 우리는 서로의 자기존중감을 강화시켜 주려고 한다.
29. ______ 우리는 함께 있으면 편안함과 안정감을 느낀다.
30. ______ 우리 가족의 전반적인 고마움이나 애정표현 정도는 S인가? G인가?

긍정적인 의사소통

31. ______ 우리는 의사소통(대화나 토론)하는 시간을 갖는다.
32. ______ 우리는 긍정적인 의사소통을 한다.
33. ______ 우리는 서로의 말에 귀를 기울인다.
34. ______ 우리는 메시지의 의미를 잘 점검한다(피드백을 보내고 명료화시킴).
35. ______ 우리는 상대방의 입장에서 보려고 한다(공감하기).
36. ______ 우리는 비판, 판단, 군림을 삼간다.
37. ______ 우리는 정직하고 진실하다(그리고 친절하다).
38. ______ 우리는 의견이 어긋나도 수용한다.
39. ______ 우리는 갈등이 있어도 한 번에 한 가지씩 다룬다.
40. ______ 우리는 갈등이 생길 때 상대방의 인격을 공격하지 않고 구체적인 문제에 초점을 맞춘다.
41. ______ 우리는 갈등을 해결할 때 타협이나 합의를 찾는다(누가 이기고 누가 지는 방법이 아니라).
42. ______ 우리는 상처주는 말이나 행동을 삼간다.
43. ______ 우리는 차이가 있어도 이해하고 수용하려고 한다.
44. ______ 우리 가족의 전반적인 긍정적 의사소통의 정도는 S인가? G인가?

함께 시간 보내기

45. ______ 우리는 정기적으로 함께 식사한다.
46. ______ 우리는 집안일을 함께한다.
47. ______ 우리는 집안에서 함께 즐기는 시간을 갖는다(놀이나 게임).
48. ______ 우리는 가족이 함께 종교활동에 참여한다.
49. ______ 우리는 함께 학교나 사회활동에 참여한다.
50. ______ 우리는 함께 모여 생일이나 기념일을 축하해 준다.
51. ______ 우리는 가족휴가를 갖는다.
52. ______ 우리는 각자의 동료관계(company)를 즐거워한다.

53. ______ 우리는 계획하지 않고도 저절로 즐거운 시간을 가지게 된다.
54. ______ 우리는 서로 함께할 수 있는 시간을 마련한다.
55. ______ 우리가 함께 보내는 시간은 즐겁거나 유익하다.
56. ______ 가족과 함께 보내는 시간의 전반적인 평가는 S인가? G인가?

영성적 차원

57. ______ 우리는 하느님이 우리 삶에 어떤 목적을 가지고 계심을 믿는다.
58. ______ 우리는 우리 삶을 인도한 도덕적 신념과 가치를 가지고 있다(정직, 책임감).
59. ______ 우리는 인내, 용서, 그리고 분노표현의 절제와 같은 미덕을 실천한다.
60. ______ 우리는 어려운 시기라도 하느님과의 관계 때문에 내적 평화를 누린다.
61. ______ 우리의 삶은 희망적이고 신뢰할 수 있다고 믿는다.
62. ______ 우리는 하느님이 우리의 가족을 돌보고 인도해 주시리라 믿는다.
63. ______ 우리는 교회라는 가족의 일원임을 믿는다(한 지체임을 믿음).
64. ______ 우리는 성실한 신앙심을 가진 가족이나 친구와 교류한다.
65. ______ 우리는 하느님이 우리 가족을 사랑하고 인도해 주심을 고맙게 여긴다.
66. ______ 우리는 교회모임에 다같이 참여한다.
67. ______ 우리는 성서를 읽거나 영적 독서를 한다.
68. ______ 우리는 매일 기도하는 시간을 갖는다.
69. ______ 우리는 살아가면서 하느님의 말씀을 생각해 본다.
70. ______ 우리는 일상생활에서 영성적 가치를 실현하려 한다(예를 들면, 용서의 가르침).
71. ______ 우리는 믿음에 관한 극단적이거나 끝없는 논쟁을 삼간다.
72. ______ 가족의 영성적 차원에 대한 전반적 평가는 S인가? G인가?

스트레스와 위기대처

73. ______ 우리는 사소하고 성가신 스트레스는 무시할 수 있다.
74. ______ 우리는 사소한 근심에 관심과 정력을 쏟지 않는다.
75. ______ 우리는 일상의 고투나 도전이 큰 목표달성을 위한 단계라고 믿는다.
76. ______ 우리는 유머나 건설적인 농담을 통해 스트레스와 긴장을 해소한다.
77. ______ 우리는 앞으로 있을지도 모를 일을 놓고 걱정하지는 않는다.
78. ______ 우리는 일정이 너무 복잡할 때는 줄일 줄 안다.
79. ______ 우리는 중요한 일에 우선적으로 관심과 정력을 쏟는다.
80. ______ 우리는 여가활동과 취미생활을 즐긴다.
81. ______ 우리는 야외활동이나 레크리에이션을 즐긴다.
82. ______ 우리는 정기적으로 운동을 한다.
83. ______ 우리는 상황이 나빠도 긍정적인 면을 보려고 한다.
84. ______ 우리는 위기에 처하면 마음을 모아 대처하려 한다.
85. ______ 우리는 위기상황에 놓이면 서로 지지해 주려고 한다.
86. ______ 우리는 힘들 때 친구, 교회, 이웃으로부터 도움을 구한다.
87. ______ 우리는 위기상황에 처할 때 전문가의 도움을 구한다.
88. ______ 우리는 위기상황에서 영성적 자원(하느님의 도움, 신앙, 희망)을 활용한다.
89. ______ 우리는 위기상황을 개인이나 가족의 성장기회로 여긴다.
90. ______ 우리는 바람직한 의사소통을 통해 감정을 나누고 문제를 해결하려 한다.
91. ______ 우리는 변화에 유연하게 대처하고 잘 적응해 나간다.
92. ______ 가족스트레스와 위기대처에 대한 전반적인 평가는 S인가? G인가?

출처: Nick & Nancy Stinnet · Joe & Alice Beam (1999). *Fantastic Families*. 제석봉, 박경 공역 (2004). 환상적인 가족 만들기. 학지사, pp. 261-266.

참고문헌

강명순 외 부스러기사랑나눔회 지역사회복지사 팀(2008). 빈곤아동 · 가족과 함께하는 찾아가는 사례관리. 서울: 학지사.

건강가족기본법(2004년 2월 9일 법률 제7166호).

관계부처 합동(2011). 제2차건강가정기본계획(안)(2011~2015). 2015 가족행복 더하기.

관계부처 합동(2016. 2.). 제3차 건강가정기본계획(안)[2016~2020].

국정감사(2015. 9. 1). 국회외교통일위원회 업무현황 보고자료.

권진숙(1996). 배우자학대 부부집단프로그램에 관한 연구. 이화여대 박사학위논문.

김미경(2001). 한부모 여성의 복지 욕구에 관한 연구-인천여성민우회 한부모 프로그램 참여자를 중심으로-. 강남대학교 대학원 사회사업학과.

김미숙(2005). 이혼에 대한 개괄. 우리 시대 이혼이야기-가족주기별 사례연구-(pp. 11-42). 경기: 양서원.

김미옥, 천성문(2014). 재혼가족의 생활적응향상을 위한 부모교육 프로그램 개발 및 효과. 한국심리학회지: 상담과 심리치료, 26(4), 903-928.

김민정(2008). 국제결혼 가족과 자녀의 성장: '여러 종류' 의 한국인이 가족으로 살아가기. 한국문화인류학, 41-1, 51-89. 한국문화인류학회.

김민정, 유명기, 이혜경, 정기선(2006). 국제결혼 이주여성의 딜레마와 선택: 베트남과 필리핀 아내의 사례를 중심으로. 한국문화인류학, 39-1, 159-193. 한국문화인류학회.

김선화(2013). 북한이탈주민 가족의 적응이슈와 가족복지실천 방안: 가족구성, 가족해체와 재결합 과정을 중심으로. 2013 한국가족사회복지학회 추계학술대회 학술발표논문집, 1-21.

김성경(2011). 북한이탈주민 일상연구와 이주연구 패러다임 신고찰. 아태연구, 28(3), 1-21.

김성애, 전명희(2001). 우리가 성에 관해 너무나 몰랐던 일들. 서울: 또 하나의 문화.

김순남(2013). 이성애결혼/가족 규범을 해체/(재)구성하는 동성애 친밀성. 한국여성학, 29(1), 85-125.

김승권(2001). 여성복지증진을 위한 가족정책. 여성과 가족정책 세미나: 가족정책의 새로운 전망(pp. 95-100). 한국여성개발원.

김승권, 김유경, 김혜련, 박종서, 손창균, 최영준, 김연우, 이가은, 윤아름(2012). 2012 전국출산력 및 가족보건 복지실태조사. 한국보건사회연구원.

김승권, 김유경, 조애저, 김혜련, 이혜경, 설동훈, 정기선, 심인선(2010). 2009년 전국 다문화가족실태조사 연구. 보건복지가족부 · 법무부 · 여성부, 한국보건사회연구원.

김승희(2011). 다문화가족의 자녀교육 문제에 관한 질적 연구. 한국가정관리학회지, 29(4), 17-33.

김연옥(2012). 재혼가족의 가족경계모호성과 가족기능에 관한 연구. 한국사회복지학회지, 64(3), 183-202.

김연옥(2014). 재혼가족에 대한 체계론적 분석-경계와 역할개념을 중심으로-. 한국가족복지학, 44(3), 31-55.

김유숙(2003). 가족치료: 이론과 실제(개정판). 서울: 학지사.

김유정(2012). 재혼가족의 레질리언스 강화를 위한 실천모형 기초연구. 한국가정관리학회지, 30(4), 147-161.

김이선, 마경희, 선보영, 최호림, 이소영(2010). 다문화가족의 해체와 정책과제. 여성가족부.

김인숙(2007). 건강가정기본법 제정과정에 나타난 가족 및 가족정책 담론. 한국사회복지학회지, 제59권, 제3호, 253-280.

김정옥(1993). 이혼원인의 실증적 연구. 한국가족학연구회 편. 이혼과 가족문제. 서울: 하우.

김주현(2006). 가정폭력피해여성이 폭력에서 벗어나는 과정에 관한 근거이론 연구. 이화여자대학교 대학원 박사학위 청구논문.

김지선, 박미랑, 윤정숙(2010). 아동 · 청소년대상 성범죄의 발생추세와 동향분석(2000~2009년). 여성가족부.

김지선, 홍영오(2011). 2011년도 아동 · 청소년대상 성범죄 동향분석-2010년 신상정보등록대상자를 중심으로. 여성가족부.

김지혜(2011). 아동기 성폭력 경험의 회복과정에 관한 연구. 강남대학교 사회복지전문대학원. 2010학년도 후기 박사학위논문.

김현경(2010). 북한이탈주민가족 해체와 통합에 대한 사회복지실천 관계의 고찰. 한국가족사회복지학회 제27회 춘계학술대회 자료집, 47-63.

김현숙(2010). 결혼이주여성의 결혼 적응에 관한 연구. 한국사회복지학, 62(2), 135-160.

김현주(2005). 부모의 이혼, 자녀의 자리: 이혼가족의 자녀. 우리 시대 이혼이야기-가족주기별 사례연구- (pp. 329-362). 경기: 양서원.

김혜경(2003). 양성평등한 가족정책의 방향과 내용. 제14차 여성정책 포럼. 새로운 가족유형 확산에 따른 국가적 대응전략 (pp. 2-13). 한국여성개발원.

김혜경(2005). 이혼경험의 성차: 양육기 이혼. 우리 시대 이혼이야기-가족주기별 사례연구- (pp. 87-124). 경기: 양서원.

김혜선, 김은하(2006). 미혼 양육모의 양육 결정 체험: 현상학적 연구. 한국사회복지학회지, 58(1), 373-372.

김혜선, 김은하(2010). 이혼한 여성 한부모 어머니의 경험-삶의 위기에서 시작된 경험들-.

한국위기관리논집, 6(1), 219-242.

김혜영(2010). 십대 청소년 미혼모의 출산 및 양육경험: 주체와 타자의 경계에서. 한국여성학회지, 26(4), 101-131.

김효순(2015). 재혼가족 관계향상을 위한 프로그램개발방향. 한국콘텐츠학회논문지, 15(2), 262-280.

김희주, 은성경(2007). 결혼이주여성의 적응을 위한 대처전략에 관한 사례연구-필리핀 여성을 중심으로-. 사회복지연구, vol. 35, 33-66.

노정자, 강기정(2012). 한부모이혼 남성의 홀로서기 과정. 한국가족자원경영학회지, 16(2), 145-163.

박경동(2008). 다문화가족 형성과 갈등에 대한 연구-한국의 광주 · 전남지역 사례를 중심으로-. 청소년문화포럼, vol. 18. 한국청소년문화연구소.

박미정, 엄명용(2015). 결혼이주여성 이혼경험 연구. 한국사회복지학회지, 67(2), 33-60.

박민자, 이경아(2005). 21세기 한국인의 가족의미-가족공동체 윤리의식의 확산과 실천. 21세기 한국가족-문제와 대안 (pp. 394-419). 한국가족문화원 편. 서울: 경문사.

박숙자(2001). 여성정책으로서의 가족정책 조명. 여성과 가족정책 세미나: 가족정책의 새로운 전망 (pp. 105-110). 한국여성개발원.

박영란, 변화순, 김영란, 김재엽, 박경숙, 박인선, 이원숙, 이명숙, 이서원(2001). 여성폭력방지 종합대책 방안. 여성부.

박영혜(2015). 미혼모의 양육효능감에 영향을 미치는 요인 연구. 강남대학교 사회복지전문대학원 박사학위논문.

박영희(1999). 편모가족 개입 모델 개발에 관한 연구. 한국가족복지학, 제4호, 53-91.

박옥희, 공선영(2005). 남편의 배신으로 인한 이혼: 중년기 이혼II. 우리 시대 이혼이야기-가족주기별 사례연구- (pp. 177-216). 경기: 양서원.

박진경(2010). 한국의 다문화주의와 다문화정책의 선택적 적용. 한국정책학회보, 제19권, 3호, 259-288.

박태영(2001). 가족치료이론의 적용과 실천. 서울: 학지사.

변화순(1996). 이혼가족을 위한 대책연구. 한국여성개발원.

변화순 외(2001). 한국의 가정폭력관련법제정 이후 가정폭력실태에 관한 연구. 한국여성개발원.

보건복지부 노인정책과, 중앙노인보호전문기관(2015. 6.). 2014 노인학대 현황보고서.

보건복지부 노인정책과(2016. 3.). 2016 노인보건복지사업안내(I).

보건복지부, 중앙아동보호전문기관(2015). 2014 전국아동학대현황보고서.

부스러기사랑나눔회 지역사회복지사(2005). 찾아가는 사례관리 매뉴얼-부스러기사랑나눔회 지역사회복지사 파견사업중심-. 서울: 도서출판 부스러기.

사이소림 엮음(1993). 이혼 또 하나의 선택. 서울: 여성사.

서정애(2009). 십 대여성의 임신과 '모성선택' 에 관한 연구. 이화여자 대학교 대학원 여성학과 박사학위 청구논문.

설동훈, 이혜경, 조성남(2006). 결혼이민자 가족 실태조사 및 중장기 지원정책방안 연구. 여성가족부.

성정현(1998). 이혼여성들이 경험하는 심리사회적 문제와 대처전략. 사회복지연구, 제11호, 53-77.

성정현(2000). 이혼문제와 사회복지실천. 조홍식 외 공저. 사회복지실천 분야론. 서울: 학지사.

손서희(2013). 이혼한 여성 한부모의 홀로서기 경험. 한국가정관리학회지, 31(2), 59-75.

손승영(2001). 가족정책의 새로운 방향과 과제. 여성과 가족정책 세미나: 가족정책의 새로운 전망 (pp. 3-16). 한국여성개발원.

송성자, 김유순, 어주경, 정윤경, 최중진(2013. 1.). 가정폭력 피해대상 유형별 치료·회복 프로그램 개발 2권(가정폭력 피해대상 유형별 치료·회복 프로그램 매뉴얼). 여성가족부.

송유진(2005). 강한 어머니의 잘못된 자식사랑: 신혼기 이혼. 우리 시대 이혼이야기-가족주기별 사례연구- (pp. 43-86). 경기: 양서원.

신은주(1995). 아내학대에 대한 페미니스트접근에 관한 사회사업적 분석. 서울대 박사학위논문.

양혜경(2000). 한부모 가족의 사회복지지원 대책에 관한 연구-이혼, 사별의 발생원인에 따른 별도의 지원대책에 대하여-. 서강대학교 공공정책대학원 사회정책학과 사회복지전공.

여성가족부(2005). 미혼모 현황 및 욕구조사결과.

여성가족부(2011). 2011 여성 · 아동권익증진지침.

여성가족부(2011). 제2차 건강가정기본계획('11~'15). 2011년도 시행계획-중앙행정기관-.

여성가족부(2016. 3.). 2016 여성 · 아동권익증진사업 운영지침.

여성가족부(2016. 4. 27.). 2015년 전국다문화가족실태조사 결과 발표.

여성가족부 가족정책과(2016. 1.a). 2016년 건강가정 · 다문화가족지원센터 통합서비스 사업안내(I).

여성가족부 가족정책과(2016. 1.b). 2016년도 건강가정지원센터 사업안내.

여성가족부, 관계부처 합동(2012. 12.). 제2차 다문화가족정책기본계획(2013~2017).

여성가족부 권익증진국 권익기획과(2010. 12.). 성폭력 상담소 및 보호시설 등 운영실적 보고.

여성가족부 권익증진국 권익정책과(2014. 5). 2014년 성폭력피해자 지원사업 운영실적보고.

여성가족부 다문화가족정책과(2015. 2.). 2015년 다문화가족지원 사업안내.

여성가족부 다문화가족정책과(2016. 1.). 2016년 다문화가족지원 사업안내.

여성가족부 복지지원과(2014. 2. 6.). 본인집 · 이웃집의 가정폭력사건 10명 중 5명은 신고의사 있어. 보도자료.

여성가족부 복지지원과(2015. 3.). 2014년도 가정폭력지원시설 운영실적.

여성한국사회연구소(2002). 가족과 한국사회-변화하는 한국가족의 삶 읽기-. 서울: 경문사.

우주현, 김순남(2012). '사람' 의 행복할 권리와 '좀비-동성애자' 의 해피엔딩 스토리. 한국여성학, 28(1), 71-113.

유희정(2001). 부모자녀관계. 여성한국사회연구소 편. 가족과 한국사회(개정판). 서울: 경문사.

윤인진(2008). 한국적 다문화주의의 전개와 특성-국가와 시민사회의 관계를 중심으로-. 한국사회학, 제42집, 2호, 72-103.
윤홍식(2004). 가족의 변화를 둘러싼 최근의 담론과 한국 가족(복지)정책의 방향-건강가정기본법을 중심으로-. 건강가정기본법에 대한 다문학적 입장과 사회복지관의 방향모색. 2004년 한국가족사회복지학회 제15회 춘계학술대회 자료집, 7-44.
윤홍식(2012). 가족주의와 가족정책 재유형화를 위한 이론적 논의. 한국사회복지학회지, 제64권, 제4호, 261-284.
이덕남(2013). 북한이탈주민의 가족재구성 경험과정연구-정책적 시사점 도출을 중심으로. 한국 컴퓨터 정보학회지, 18(11), 201-212.
이동원(2005). 이혼을 통해 본 한국 가족. 우리 시대 이혼이야기-가족주기별 사례연구-(pp. 363-372). 경기: 양서원.
이배근(2003). 피학대아동을 위한 그룹홈 활성화에 관한 연구. 강남대학교 대학원 사회사업학과 박사학위청구논문.
이복숙, 전영주(2005). 미혼모 생애사 연구. 여성연구논집, 16, 1-32.
이승미, 송혜림, 라휘문, 박정윤(2012). 가족복지전달체계 통합을 위한 기초연구. 한국가정관리학회지, 30(5), 1-15.
이여봉(2003). 이혼 가정의 자녀 양육 지원 방안. 강남대학교 · 보건복지부.
이여봉(2006). 가족 안의 사회 사회안의 가족. 경기: 양서원.
이영숙, 박경란, 전귀연(1999). 가족문제론. 서울: 학지사.
이원숙(1994). 가족정책에 관한 일 연구-미국 복지정책에 있어서 여성의 취업과 아동보호의 상충적 가치를 중심으로-. 강남대학교 논문집, 제25집, 471-499.
이원숙(1995). 사회적 망과 사회적 지지이론-실천적 접근-. 서울: 홍익재.
이원숙(1997). 아동학대피해자 및 가족을 위한 사회복지적 개입에 관한 연구. 강남대학교 논문집, 제29집, 439-491.
이원숙(1998a). 아내학대 피해자 및 가족을 위한 사회복지개입에 관한 연구-페미니즘, 구성주의 및 매맞는 여성의 관점에서. 강남대학교 논문집, 제32집.
이원숙(1998b). 성폭력과 사회복지. 경기: 강남대출판부.

이원숙(2002). 쉼터 거주아내학대 피해여성을 위한 지지집단 프로그램에 관한 연구: 페미니스트 접근의 쉼터를 중심으로. 정신보건과 사회사업, 제12집.

이원숙(2003). 성폭력과 상담. 서울: 학지사.

이원숙(2004). 가정폭력 피해여성을 위한 쉼터의 역할과 전망. 한국사회복지, 제9집.

이원숙(2005). 경기도 가족정책 및 실천 방향. 경기도 가족정책에 바란다. 경기여성정책포럼 1주년 기념식 및 제8차 포럼 자료집. 경기여성정책포럼.

이원숙, 박미선(2010). 가정폭력 프로그램. 서울: 학지사.

이은희(2009). 생활스트레스에 대한 결혼이민자 여성의 적응 연구-탄력모델을 적용하여-. 한국가족복지학, 제14권, 1호, 73-94.

이재담, 이지윤 역(2008). 스트레스: 당신을 병들게 하는 스트레스의 모든 것. Sapolsky의 Why Zebras Don't Get Ulcers(3rd ed.). 서울: 사이언스 북스.

이종복, 이배근(1999). 아동학대의 원인과 대책. 서울: 홍익재.

이채원(2015). 사회자본이 여성결혼이민자의 양육참여 및 양육효능감에 미치는 영향. 한국사회복지학회지, 67(1), 239-262.

이해진(2014). 양육미혼모의 삶의 조건과 모성권. 젠더연구, 19, 59-79.

이화여자대학교 사회복지연구회 편(2003). 가족폭력-사정과 실제-. 경기: 양서원.

임춘희(1998). 재혼준비 교육 프로그램 모형개발. 한국가족상담교육연구소 개소 5주년 기념 학술대회 자료집.

장정순 엮음(1994). 왜 이혼 못하는가: 이혼한 여성들의 건강한 삶이야기. 서울: 현민시스템.

장혜경(2003). 이혼여성의 부모역할 실태와 지원방안. 한국사회학회 사회학대회 논문집, 841-861.

장혜경, 김혜영, 김혜경, 송혜림, 윤홍식, 이진숙, 진미정, 김영란, 선보영(2005b). 가족정책기본계획수립을 위한 연구. 여성가족부(한국여성개발원 수행).

장혜경, 김혜영, 홍승아, 은기수, 이명진, 김영란, 주재선, 송치선(2005a). 가족실태조사. 여성가족부(한국여성개발원 수행).

장혜경, 민가영(2001). 재혼가족의 적응실태와 지원방안에 관한 연구. 한국여성개발원.

장혜경, 송다영, 김영란, 김정훈(2001). 여성 한부모가족을 위한 사회적 지원방안. 한국여성개발원.

장화경(2005). 결혼의 안정과 굴레: 중년기 이혼 III. 우리 시대 이혼이야기-가족주기별 사례연구- (pp. 217-266). 경기: 양서원.

전기택, 정해숙, 김이선, 김영란, 주재선, 김혜영, 손창균, 이재분, 정기선, 황정미, 강민정, 선보영, 최윤정, 주유선, 박건표, 동제연(2013). 2012년 전국 다문화가족 실태조사 연구. 여성가족부.

전명희(2012). 이혼가족 부모교육 프로그램 개발에 관한 연구. 임상사회사업연구(1), 63-79.

정재훈 외(2005). 건강가정지원센터 발전방안 연구. 여성가족부.

정춘숙(2104). 가정폭력 피해여성의 자립의지에 영향을 미치는 요인에 관한 연구. 강남대학교 사회복지전문대학원 사회복지학과.

정혜영, 김진우(2010). 베트남여성결혼이민자 가족의 문화적응과정에서 나타나는 갈등연구. 한국사회복지학회지, 62(2), 29-56.

조흥식, 김인숙, 김혜란, 신은주(2006). 가족복지학(3판). 서울: 학지사.

천호성, 박계숙(2012). 다문화가정 자녀의 학교생활에 관한 연구. 현대사회와 다문화, 2(2), 416-444.

최경석, 김양희, 김성천, 김진희, 박정윤, 윤정향(2001). 한국가족복지의 이해. 인간과복지.

최경화(2006). 양육미혼모의 삶의 과정에 관한 연구. 평택대학교 대학원 사회복지학 박사학위 청구논문.

최명민, 이기영, 최현미, 김정진(2009). 문화적 다양성과 사회복지. 서울: 학지사.

최윤진, 허정은(2006). 여성 한부모에 대한 사회복지 임파워먼트 실천. 임상사회사업연구, 3(2), 203-224.

최은희(2004). 건강가정기본법에 대한 소견. 건강가정기본법에 대한 다학문적 입장과 사회복지관의 방향모색. 2004 한국가족사회복지학회 제15회 춘계학술대회 자료집, 1-2.

최현미, 이혜경, 신은주, 최승희, 김연희, 송성실(2010). 다문화가족복지론(개정판). 경기: 양서원.
홍성희(2012). 다문화가족의 문화차이 인식과 문화적응의 양상. 한국가정관리학회지, 30(2), 153-172.
켐프, 알란 저 · 이화여자대학교 사회사업연구회 역(2001). 가족학대 · 가족폭력. 서울: 나남출판.
통계청(1990~2014). 인구동향조사. 시도/이혼사유별 이혼.
통계청(2009. 1. 20.). 향후 10년간 사회변화 요인분석 및 시사점. 보도자료.
통계청(2011). 2010 한국의 사회지표.
통계청(2015. 4. 23.). 2014년 혼인 · 이혼 통계.
통계청(2015. 8.). 통계로 본 광복 70년 한국사회의 변화(요약본).
통계청(2015. 11. 19.). 2014년 다문화 인구동태 통계.
통계청(2016). 2015 한국의 사회지표.
통계청(2016. 2. 26.). 2015년 초 · 중 · 고 사교육비조사 결과. 보도자료.
통계청(2016. 4. 7.). 2015 혼인 · 이혼 통계. 보도자료.
통계청(2017). 2016 한국의 사회지표.
통계청(2019). 2018 한국의 사회지표.
한건수(2006). 농촌지역 결혼이민자 여성의 가족생활과 갈등 및 적응. 한국문화인류학회. 한국문화인류학, 39-1, 195-243.
한국가정법률상담소(2007. 5. 1.). 가족관계 등록 등에 관한 법률안 국회 통과를 환영하며.
한국여성민우회(2001). 한부모가족 지원사업, 어떻게 할 것인가?
한국재가노인복지협회, 사회복지공동모금회(2001). 노인학대 예방 및 상담사례.
한빛나(2015). 동성애 동거 커플의 '가족 실천'과 의미에 관한 연구. 이화여자대학교 대학원 여성학과 석사학위 청구논문.
한채윤(2002). 연속기획-대안을 찾아서-동성애-결혼과 가족의 획일성 깨기. 사회비평, 33, 288-299.
함인희(2010). 가족정책의 바람직한 방향. 젠더리뷰, 여름호, 한국여성정책 연구원,

12-19.

현경자(2014). 여성결혼이민자의 다문화가족지원사업 이용과 결혼의 안녕 및 희망의 관계: 문화상대주의와 강점관점에 기반한 지원사업 참여자들을 중심으로. 한국사회복지학회지, 66(2), 127-158.

홍경자, 차영희, 최태산, 채유경 역(2009). 이혼 · 별거 가정의 부모역할, 자녀를 갈등으로부터 보호하기. Susan Boyan & Ann Marie Termini의 Cooperative Parenting and Divorce. 서울: 학지사.

홍미기(2009). 결혼이주여성이 인지한 문화적응스트레스와 부부적응에 관한 연구: 사회적 지지와 부부의사소통의 매개효과를 중심으로. 이화여자대학교 대학원 박사학위 청구논문.

황정임, 장혜경, 윤덕경, 김영란, 주재선, 김동식, 이인선, 정수연, 정춘숙(2013. 12.). 2013년 가정폭력실태조사. 여성가족부.

Adelman, R. D., Lachs, M. S., & Breckman, R. (2003). 노인학대와 방임.

Alessi, J. J., & Kristin, H. (1998). Group Treatment of Children in Shelters for Battered Women. In A. R. Roberts (Ed.), *Battered Women and Their Families: Intervention Strategies and Treatment Programs* (2nd ed.). New York: Springer Publishing Company, Inc.

Becker, C. (2001). 동아시아 정황에서의 말기 보살핌과 종교적 상담. 노인의 삶과 종교. 한국종교학회 · 한국노년학회 연합학술대회 자료집 (pp. 7-49). 한국종교학괴 · 한국노년학회.

Boat, B. W., & Everson, M. D. (1988). Interviewing Young Children with Anatomical Dolls. *Child Welfare* (pp. 337-352).

Bograd, M. (1988). Feminist Perspectives on Wife Abuse: An Introduction. In K. Yllo & M. Bograd (Eds.), *Feminist Perspectives on Wife Abuse*. Newburg Park: Sage Publications.

Briar-Lawson, K., Lwason, H. A., Hennon, C. B., & Jones, A. R. (2001). The Meaning and Significance of Families and Threats to Their Well-Being. In K. Briar-Lawson, H. A. Lawson, C. B. Hennon, & A. R. Jones (Eds.), *Family-Centered Policies and Practices: International Implications* (pp. 115-152). New York Chichster: Columbia University Press.

Brownell, P., & Abelman, I. (1998). Elder Abuse: Protective and Empowerment Strategies for Crisis Intervention. In A. R. Roberts (Ed.), *Battered Women and Their Families: Intervention Strategies and Treatment Programs* (pp. 313-344). New York: Springer Publishing Company.

Burke, J. G., Denison, J. A., Gielen, A. C., McDonnell, K. A., & O' Campo, P. (2004). Ending Intimate Partner Violence: An Application of the Transtheoretical Model. *American Journal of Health Behavior, 28* (2), 122-133.

Caffaro, J. V., & Conn-Caffaro, A. (1998). *Sibling Abuse Trauma: Assessment and Intervention Strategies for Children, Families, and Adults*. Binghamton: The Haworth Press, Inc.

Carlson, B. E. (2005). The Most Important Things Learned About Violence and Trauma in the Past 20 Years. *Journal of Interpersonal Violence, 20* (1), 119-126.

Carp, R. M. (2000). *Elder Abuse in the Family: An Interdisciplinary Model for Research*. New York: Springer Publishing Company.

Collins, D., Jordan, C., & Coleman, H. (1999). *An Introduction to Family Social Work*. F. E. Peacock Publishers, Inc.

Compton, B. R., & Galaway, B. (1989). *Social Work Processes* (4th eds.). Belmont: Wadsworth Publishing Company.

D'Ardenne, P., & Balakrishna, J. (2001). Domestic violence and intimacy: what the relationship therapist needs to know. *Sexual and Relationship Therapy, 16* (3), 229-246.

Davis, L. V. (1991). Violence and Families. *Social Work, Vol. 36*, No. 5.

Davis, L. D. (1995). Domestic Violence. *Encyclopedia of Social Work* (19th eds., pp.

780–789). NASW Press.

DeJong, P., & Berg, Insoo K. (1998). *Interviewing for Solutions*. Pacific Grove: Brooks/Cole Company.

DePanfilis, D., & Scannapieco, M. (1994). Assessing the Safety of Children at Risk of Maltreatment. *Child Welfare,* No. 3, 229–245.

Dietz, C. A., & Craft, J. L. (1994). Family Dynamics of Incest: A New Perspective. *Social Casework* (pp. 602–608).

Dinitto, D. M., & McNeece, C. A. (1997). *Social Work: Issues and Opportunities in a Challenging Profession* (2nd ed.). Needham Heights: Allyn & Bacon.

Domestic Violence and Addictions Manual (2005).

Doyle, C. (1990). *Working With Abused Children*. London: MacMillan Education LTD.

Doyle, C. (1994). *Child Sexual Abuse: A Guide for Health Professionals*. London: Chapman & Hall.

Emery, R. E. (1999). *Marriage, Divorce, and Children' s Adjustment* (2nd ed.). Thousand Oaks: Sage Publications. Inc.

Figley, C. R. (1983). Catastrophes: An Overview of Family Reactions. In C. R. Figley & H. I. McCubbin (Eds.), *Stress and the Family*. New York: Brunner/Mazel Publishers.

Fugate, M., Landis, L., Riodan, K., Naureckas, S., & Engel, B. (2005). Barriers to Domestic Violence Help Seeking. *Violence Against Women, 11*(3), 290–310.

Gagliano, C. K. (1987). Group Treatment for Sexually Abused Girls. *Social Work* (pp. 102–108).

Giele. J. (1979). Social Policy and the Family. *Annual Review of Sociology, 5,* 275–302.

Godenberg, H., & Goldenberg, I. (1998). *Counseling Today' s Families* (3rd ed.). Pacific Grove: Brooks/Cole Publishing Company.

Corcoran, J. (2003). Clinical Applications of Evidence-Based Family Interventions. New York: Oxford University Press.

Graham, D. L. R., Rawlings, E., & Rimini, N. (1988). Survivors of Terror: Battered Women, Hostages and the Stockholm Syndrome. In K. Yllo & M. Bograd (Eds.), *Feminist Perspectives on Wife Abuse.* Newburg Park: Sage Publications.

Groth, N. (1986). Incest Offender. In S. M. Sgroi (Ed.), *Handbook of Clinical Intervention in Child Sexual Abuse.* Lexington: D.C. Heathe and Company.

Hagan, J. L., & Early, T. J. (1994). Social Services for Battered Women: Are They Adequate, Accessible, and Appropriate? *Social Work, Vol. 39,* No. 6, 695-704.

Hepworth, D. H., & Larsen, J. A. (1993). *Direct Social Work Practice* (4th ed.). Brooks/Cole Publishing Company.

Hepworth, D. H., Rooney, R. H., & Larsen, J. A. (2002). *Direct Social Work Practice: Theory and Skills* (6th ed.). Pacific Grove: Brooks/Cole.

Hepworth, D. H., Rooney, R. H., Rooney, G. D., Strom-Gottfried, K., & Larson, J. (2006). *Direct Social Work Practice: Theory and Skills* (7th ed.). Toronto: Thomson Brooks/Cole.

Hetherington, E. M., & Kelly, J. (2002). *For Better or For Worse: Divorce Reconsidered.* New York: W. W. Norton & Company.

Hoff, L. A. (1991). *Battered Women as Survivors.* London: Routledge.

Howing, P. T., & Wodarski, J. S. (1992). Legal Requisites for Social Workers in Child Abuse and Neglect Situations. *Social Work, Vol. 37,* No. 4, 330-335.

Jones, M. J. (1994). Speaking the Unspoken: Parents of Sexually Victimized Children. In A. Gillterman & L. Shulman (Eds.), *Mutual Aid Groups, Vulnerable Populations, and the Life Cycle* (2nd eds). New York Chichster: Columbia University Press.

Kamerman, S. B. (1995). Families Overview. *Encyclopedia of Social Work* (19th ed., pp. 927-935). Washington, DC: National Association of Social Workers

Press.

Kemp, A. (1998). *Abuse in the Family: An Introduction*. Pacific Grove: Brooks/Cole Publishing Company.

Kirst-Ashman, K. K., & Hull, Jr., G. H. (2002). *Understanding Generalist Practice* (3rd ed.). Pacific Grove: Brooks/Cole Cengage Learning

Kirst-Ashman, K. K, & Hull, Jr., G. H. (2009). *Understanding Generalist Practice* (5th ed.). Belmont: Brooks/Cole Cengage Learning.

Kübler-Ross, E. (1969). *On Death and Dying*. New York: MacMillan Publishing Co., Inc.

Lawson, H. A. (2001). Globalization, Flows of Culture and People, and New-Century Frameworks for Family-Centered Policies, Practices, and Development. In Katharin Briar-Lawson, Hal A. Lawson, Charles B. Hennon, & Alan R. Jones (Eds.), *Family-Centered Polices & Practices: International Implications* (pp. 338-376). New York Chichester: Columbia University Press.

Lawson, H. A., Briar-Lawson, K. E., & Hennon, C. B. (2001). Key Sensitizing Concepts, a Family Policy Continuum, and Examples from IYF. In K. Briar-Lawson, H. A. Lawson, C. B. Hennon, & A. R. Jones (Eds.), *Families-Centered Polices & Practices: International Implications*. New York Chichster: Columbia University Press.

Lehmann, P., & Carlson, B. E. (1998). Crisis Intervention with Traumatized Child Witnesses in Shelters for Battered Women. In A. R. Roberts (Ed.), *Battered Women and Their Families: Intervention Strategies and Treatment Programs* (2nd ed.). New York: Springer Publishing Company, Inc.

Leon, A. M. (1999). Family Support Model: Integrating Service Delivery in the Twenty-First Century. *Families in Society* (pp. 14-24).

Loseke, D. R. (1992). *The Battered Woman and Shelters: The Social Construction of Wife Abuse*. Albany: State University of New York Press.

Lukas, S. (1993). *Where to Start and What to Ask*. 하정미 역(2004). 사회복지상담의 첫걸음. 서울: 학지사.

Lupton, C. (1994). The British Refuge Movement: the Survival of an Ideal? In C. Lupton & T. Gillespie (Eds.), *Working With Violence*. London: The Macmillan Press.

Maguire, L. (2001). *Clinical Social Work: Beyond Generalist Practice with Individuals, Groups, and Families*. 배태순, 최명민, 김영미 역(2007). 전문 사회복지실천 기술. 시그마프레스.

Miley, K. K., O'Melia, M., & DuBois, B. (1995). *Generalist Social Work Practice: An Empowering Approach*. Needham Heights: Allyn and Bacon.

Miley, K. K., O'Melia, M., & DuBois, B. (2002). *Generalist Social Work Practice: An Empoering Approach*. Boston: Pearons Educaiton, Inc.

Miley, K. K., O'Melia, M., & DuBois, B. (2007). *Generalist Social Work Practice: An Empoering Approach*. Boston: Pearons Educaiton, Inc.

Miller, A. J., Bobner, R. F., & Zarski, J. J. (2000). Sexual Identity Development: A Base For Work With Same-Sex Couple Partner Abuse. *Contemporary Family Therapy, 22*(2), 189-200.

Morgan., A. (2000). *What is narrative therapy?: An easy-to-read introduction*. Adelaide: Dulwich Centre Publications.

Neuman, N. G., & Romanowski, P. (1998). *Helping Your Kids Cope with Divorce: The Sandcastles Way*. New York: G. K. N. Corporation.

Nichols, M. P., & Schwartz, R. C. (2005). *The Essentials of Family Therapy* (2nd ed.). Boston: Pearson Education, Inc.

O'Keefe, M., & Lebovics, S. (1998). Intervention and Treatment Strategies with Adolescents from Maritally Violent Homes. In A. R. Roberts (Ed.), *Battered Women and Their Families: Intervention Strategies and Treatment Programs* (2nd ed.). New York: Springer Publishing Company, Inc.

Patterson, J. M., & McCubbin, H. I. (1983). Chronic Illness: Family Stress and Coping. In C. R. Figley, & H. I. McCubbin (Eds.), *Stress and the Family*. New York: Brunner/Mazel Publishers.

Paul, M. (2004). Clinical Implications in Healing from Domestic Violence: A Case Study. *American Psychologist*, Nov., 809-816.

Pecora, P. J., Reed-Ashcraft, K., & Kirk, R. S. (2001). Family-Centered Services: A Typology, Brief History, and Overview of Current Program Implementation and Evaluation Challenges. In E. Walton, P. Sandau-Beckler, & M. Mannes (Eds.), *Balancing Family-Centered Services and Child Well-Being: Exploring Issues in Policy, Practice, Theory, and Research*. New York Chichster: Columbia University Press.

Pinheiro (2006). *Report of the independent expert for the United Nations study on violence against children*. 이양희(역). 아동폭력에 관한 유엔보고서.

Porter, F. S., Blick, L. C., & Sgroi, S. M. (1985). Treatment of the Sexually Abused Child. In S. M. Sgroi (Ed.), *Handbook of Clinical Intervention in Child Sexual Abuse*. Lexington: D.C. Heathe and Company.

Quinn, M. J., & Tomita, S. K. (1997). *Elder Abuse and Neglect: Causes, Diagnosis, and Intervention Strategies* (2nd ed.). New York: Springer Publishing Company.

Rice, P. L. (1987). *Stress and Health: Principles and Practice for Coping and Wellness*. Monterey: Brooks and Cole Publishers Company.

Righthand, S., Kerr, B., & Drach, K. (2003). *Child Maltreatment Risk Assessments: An Evaluation Guide*. The Haworth Maltreatment and Trauma Press.

Roberts, A. R., & Roberts, B. S. (2002). A Comprehensive Model for Crisis Intervention with Battered Women and Their Children. In A. R. Roberts (Ed.), *Handbook of Domestic Violence Intervention Strategies: Policies, Programs and Legal Remedies*. New York: Oxford University Press.

Ronnau, J. P. (2001). Values and Ethics for Family-Centered Practice. In E. Walton, P. Sandau-Beckler, & M. Mannes (Eds.), *Balancing Family-Centered Services and Child Well-Being: Exploring Issues in Policy, Practice, Theory, and Research*. New York Chichster: Columbia University Press.

Ross, G., & O'Carroll, P. (2004). Cognitive Behavioral Psychotherapy Intervention in Childhood Sexual Abuse: Identifying New Directions from the Literature. *Child Abuse Review, 13*, 51-64.

Runyon, M. K., Deblinger, E., Ryan, E. E., & Thakkar-Kolar, R. (2004). An Overview of Child Physical Abuse. *Trauma, Violence, & Abuse, 5*(1), 65-84.

Sager, C. J., Brown, H. S., Crohn, H., Engel, T., Rodstein, E., & Walker, L. (1983). *Treating Remarried Family*. New York: Brunner/Mazel, Inc.

Sam, D. L. (2006). Acculturation: conceptual background and core components, In David L. Sam & John W. Berry (Eds.), *The Cambridge Handbook of Acculturation Psychology* (pp. 11-26). Cambridge: Cambridge University Press.

Sandau-Beckler, P. (2001). Family-Centered Assessment and Goal Setting. In E. Walton, P. Sandau-Beckler, & M. Mannes (Eds.), *Balancing Family-Centered Services and Child Well-Being: Exploring Issues in Policy, Practice, Theory and Research*. New York: Columbia University Press.

Sebold, J. (1987). Indicators of Child Sexual Abuse in Males. *Social Work* (pp. 75-80).

Senter, K. E., & Caldwell, K. (2002). Spirituality and the Maintenance of Change: A Phenomenological Study of Women Who Leave Abusive Relationships. *Contemporary Family Therapy, 24*(4), 543-564.

Sgroi, S. M., & Dana, N. T. (1985). Individual and Group Treatment of Mothers of Incest Victims. In S. M. Sgroi (Ed.), *Handbook of Clinical Intervention in Child Sexual Abuse*. Lexington: D.C. Heathe and Company.

Sgroi, S. M., Porter, F. S., & Blick, L. C. (1985). *Handbook of Clinical Intervention in Child Sexual Abuse*. Lexington: D.C. Heathe and Company.

Sgroi, S. M., Porter, F. S., & Blick, L. C. (1985). Validation of Child Sexual Abuse. In S. M. Sgroi (Ed.), *Handbook of Clinical Intervention in Child Sexual Abuse*. Lexington: D.C. Heathe and Company.

Shamai, M. (1996). Couple Therapy With Battered Women and Abusive Men: Dose It Have a Future? In J. L. Edleson & Z. C. Eisikovits (Eds.), *Future Interventions With Battered Women and Their Families*. Thousand Oaks: Sage Publications.

Sheafor, B. W., & Horejsi, G. R. (2006). *Techniques and Guidelines for Social Work Practice* (7th eds.). Boston: Pearson Education, Inc.

Stanton, G. (1986). Preventive Intervention with Stepfamilies. *Social Work* (May-June).

Stephens, M. A. P. (1990). Social Relationships as Coping Resources in Later-life Families. In M. A. P. Stephens, J. H. Crowther, S. E. Hobfoll, & D. L. Tennenbaun (Eds.), *Stress and Coping in Later-Life Families*. New York: Hemisphere Publishing Corporation.

Sue Foley (2014. 11. 18.). 흔들린 아이 증후군의 인식과 예방의 중요성. 훈육과 아동학대, 그 경계를 말하다. 2014 국제아동권리포럼. 15-40.

Tracy, E. M., & Whittaker, J. K. (1990). The Social Network Map: Assessing Social Support in Clinical Practice. *Families in Society* (pp. 461-470).

United Nations (1996). *Family: Challenges for the Future*. New York: United Nations Publications.

Visher, E. B., Visher, J. S., & Pasley, K. (2003). Remarriage Families and Stepparenting. In F. Walsh (Ed.), *Normal Family Processes* (3rd ed.). New York: Guilford.

Vizard, E. (1987). The Historical and Cultural Context of Child Abuse. In P. Maher (Ed.), *Child Abuse: The Educational Perspective*. Oxford: Basil Blackwell.

Vizard, E., & Tranter, M. (1988). Helping Children to Describe Experiences of Child

Sexual Abuse-A Guide to Practice. In Bentovim et al. (Eds.), *Child Sexual Abuse within the Family: Assessment and Treatment* (pp. 105-129). Norfork: Butterworth and Co.

Walker, L. E. (1988). The Battered Woman Syndrome. In G. T. Hotaling, D. Finkelhor, J. T. Kirkpatrick, & M. A. Straus (Eds.), *Family Abuse and Its Consequences: New Directions in Research*. Beverly Hills: Sage Publications.

Wallerstein (2005). Growing Up In The Divorced Family. *Clinical Social Work Journal, 33*(4), 401-418

Whalen, M. (1996). *Counseling to End Violence Against Women: A Subversive Model*. Thousand Oaks: Sage Publications.

Wilke, D. J., & Vinton, L. (2003). Domestic Violence and Aging: Teaching About Their Intersection. *Journal of Social Work Education, 39*(2), 225-235.

Winton, M. A., & Mara, B. A. (2001). *Child Abuse & Neglect: Multidisciplinary Approaches*. Needham Heights: Allyn & Bacon.

Zastrow, C., & Kirst-Ashman, K. K. (1997). *Understanding Human Behavior and the Social Environment* (4th ed.). Chicago: Nelson-Hall Publishers.

〈법안〉

남인순, 김재윤, 추미애, 김상희, 장하나, 유성엽, 김제남, 김광진, 박남춘, 서기호, 진선미, 부좌현(2014. 4. 11.). 건강가정기본법 일부개정법률안(의안 제 1910148호).

법제처 국가법령정보센터, 아동복지법(법률 제 13259호, 2015. 3. 27., 일부개정).

법제처 국가법령정보센터, 아동학대범죄의 처벌 등에 관한 특례법(법률 제 12341호, 2014. 1. 28. 제정).

〈참고사이트〉

여성가족부 www.mogef.go.kr

중앙노인보호전문기관 www.noinboho.or.kr

중앙아동보호전문기관 www.korea1391.org

통계청 www.kpstat.go.kr

통일부 www.unikorea.go.kr

〈기사〉

김병규(2014. 12. 27.). 대졸자 4명 중 1명은 '니트족' … OECD 3위 '불명예'. 연합뉴스.

김수현(2016. 1. 6.). "저소득층 · 자영업자 붕괴 우려… 가계부채 축소가 유일한 해법". 한계레신문.

김태훈(2015. 2. 28.). 결혼 · 출산 늦어지면서 연약한 아기 늘고 있다. 경향신문.

남은주(2013. 8. 11.). 로빈 윌리엄스가 마지막으로 하고 싶었던 말. 한겨레.

내일신문(2009. 1. 6일자). 불황 틈타 '외국인혐오증' 우려.

서울신문(2011. 5. 13일자). 미혼모 '현주소'는 …해마다 6,500명 이상 늘지만 정부지원책은 '제자리'.

송응철(2016. 3. 8.). 사교육, 가정파괴범이 되다. 시사저널.

송충현(2011. 5. 15.). 서울시 남 "맞벌이 선호하지만 주말에 집안일NO". 머니투데이.

연합뉴스(2015. 3. 15.). 한국 노인빈곤 OECD '최악' … 연금소득은 최하위권.

오창민(2014. 6. 8.). 소득 양극화, 임계점에 다다르다. 경향 비즈앤라이프.

유네세프한국위원회(2015. 2. 6.). 2월 6일 세계여성할례철폐의 날.

이명옥(2005. 11. 9.). 여성할례 고발한 세계적인 모델, 와리스 달리, 전통과 야만사이에선 여성할례 〈사막의 꽃〉. 오마이뉴스.

조재길(2012. 9. 20.). 7백만 베이비부머 '은퇴 충격' 다가온다. 시사저널.

홍석호(2015. 8. 28.). [세태기획]아픈 청춘…5포→7포 넘어 'n포 세대' 좌절. 국민일보.

찾아보기

인 명

〈국내〉

내 용

저자 소개

이원숙(李元淑, Rhee wonsook)

학력 이화여자대학교 문리대학 사회사업학과 졸업
이화여자대학교 대학원 사회사업학과 졸업 및 문학석사 취득
University of Michigan Graduate School of Social Work, M. S. W. 취득
이화여자대학교 대학원 사회사업학과 박사과정 졸업 및 문학박사 취득

경력 한국사회복지학회 총무
한국사회복지학회 이사
한국가족사회복지학회 이사
한국성폭력상담소 부설 성폭력문제연구소 소장
경기도 여성발전위원

현재 강남대학교 사회복지전문대학원 교수

주요 저서 및 역서
사회적 망과 사회적 지지 이론-실천적 접근(홍익재, 1995)
선진국 사회복지발달사(공저, 홍익재, 1995)
아동복지의 이해(공저, 학문사, 1997)
성폭력과 사회복지(강남대학교, 1998)
사회복지실습의 길라잡이(공저, 홍익재, 1999)
가족학대 · 가족폭력(공역, 나남, 2001)
가족폭력-사정과 실제(공역, 양서원, 2003)
성폭력과 상담(학지사, 2003)
사회복지실천론(2판, 학지사, 2014)
가정폭력 프로그램(공저, 학지사, 2010)
건강가정론(2판, 공저, 학지사, 2016)

| 4판 |
가족복지론
Social Work with Families(4th edition)

2004년 7월 15일 1판 1쇄 발행
2006년 8월 20일 1판 4쇄 발행
2007년 7월 30일 2판 1쇄 발행
2009년 7월 20일 2판 4쇄 발행
2012년 3월 15일 3판 1쇄 발행
2014년 9월 25일 3판 5쇄 발행
2016년 7월 30일 4판 1쇄 발행
2019년 8월 7일 4판 4쇄 발행

지은이 • 이원숙
펴낸이 • 김진환
펴낸곳 • (주) 학지사
04031 서울특별시 마포구 양화로 15길 20 마인드월드빌딩
대표전화 • 02)330-5114 팩스 • 02)324-2345
등록번호 • 제313-2006-000265호

홈페이지 • http://www.hakjisa.co.kr
페이스북 • https://www.facebook.com/hakjisabook

ISBN 978-89-997-0990-6 93330

정가 20,000원

이 도서의 국립중앙도서관 출판시도서목록(CIP)은 서지정보유통지원시스템 홈페이지(http://seoji.nl.go.kr)와 국가자료공동목록시스템(http://www.nl.go.kr/kolisnet)에서 이용하실 수 있습니다.
(CIP제어번호: CIP2016016543)